FUNDO SOCIAL DO TRABALHADOR AUTÔNOMO

PROTEÇÃO E REGULAMENTAÇÃO DE DIREITOS FUNDAMENTAIS

LEANDRO KREBS GONÇALVES

Doutor em Direito do Trabalho pela Faculdade de Direito da USP, Especialista em Direito do Trabalho pela UNISINOS, Juiz Titular da 6ª Vara do Trabalho de Porto Alegre, Conselheiro e Coordenador Acadêmico da Escola Judicial do TRT da 4ª Região.

FUNDO SOCIAL DO TRABALHADOR AUTÔNOMO

PROTEÇÃO E REGULAMENTAÇÃO DE DIREITOS FUNDAMENTAIS

EDITORA LTDA.

© Todos os direitos reservados

Rua Jaguaribe, 571
CEP 01224-003
São Paulo, SP — Brasil
Fone (11) 2167-1101
www.ltr.com.br
Fevereiro, 2017

Produção Gráfica e Editoração Eletrônica: RLUX
Projeto de capa: FABIO GIGLIO
Impressão: PIMENTA & CIA LTDA.

Versão impressa — LTr 5659.8 — ISBN 978-85-361-9115-7
Versão digital — LTr 9075.4 — ISBN 978-85-361-9092-1

Dados Internacionais de Catalogação na Publicação (CIP)
(Câmara Brasileira do Livro, SP, Brasil)

Gonçalves, Leandro Krebs
    Fundo social do trabalhador autônomo : proteção e regulamentação de direitos fundamentais / Leandro Krebs Gonçalves. — São Paulo : LTr, 2017.

    Bibliografia.

    1. Direito do trabalho 2. Direitos fundamentais 3. Direitos sociais 4. Economia informal — Brasil 5. Trabalhadores autônomos I. Título.

16-08621   CDU-331.102.12

Índice para catálogo sistemático:
1. Trabalhadores autônomos : Direito do trabalho   331.102.12

Agradeço ao Prof. Dr. Guilherme Guimarães Feliciano, por acreditar no potencial do meu projeto de pesquisa e pela exímia orientação.

Agradeço à minha mãe, Vania Krebs dos Santos, pela dedicada e incansável revisão ortográfica e gramatical do trabalho.

*Dedico aos meus pais, Aires e Vania,
pelo constante incentivo à realização
dos meus sonhos.*

SUMÁRIO

PREFÁCIO 13

INTRODUÇÃO 15

1. JUSTIFICATIVA HISTÓRICA: A AFIRMAÇÃO DOS DIREITOS HUMANOS 19

1.1. A identificação de verdades autoevidentes 19

1.2. O princípio da solidariedade nas relações sociais 29

1.3. O reconhecimento dos direitos humanos e as principais declarações 33

    1.3.1. Declaração dos direitos do bom povo da Virgínia, declaração de independência dos Estados Unidos da América e Constituição Norte-Americana. 36

    1.3.2. Declaração dos direitos do homem e do cidadão. 39

    1.3.3. Declaração universal dos direitos humanos. 43

    1.3.4. Pacto internacional dos direitos econômicos, sociais e culturais 46

1.4. A repercussão do progresso dos direitos humanos nas relações sociais e econômicas ... 50

2. A EVOLUÇÃO DOS DIREITOS SOCIAIS ATÉ O MERCADO DE TRABALHO CONTEMPORÂNEO 56

2.1. O fenômeno da industrialização e o surgimento da questão social 56

2.2. A intervenção estatal na economia: equilíbrio entre valor social do trabalho e livre iniciativa 62

2.3. A discussão acerca das dimensões dos direitos fundamentais 68

2.4. A constitucionalização dos direitos sociais nos ordenamentos jurídicos 75

2.5. As inovações tecnológicas e o novo mercado de trabalho 79

2.6. Os efeitos da globalização nas relações de trabalho e o *dumping* social 86

2.7. A redefinição do papel do estado brasileiro: o princípio protetor como garantia da dignidade da pessoa humana 89

3. AS RELAÇÕES DE TRABALHO E AS NOVAS DIRETRIZES DE PROTEÇÃO AO TRABALHO HUMANO 96

3.1. As relações de trabalho e a pessoalidade na prestação de serviços 97

3.2. A relação de emprego típica e suas características 106

3.3. O trabalho autônomo e seus elementos 113

3.4. A parassubordinação — o debate da Zona Gris: uma releitura da dependência econômica e da subordinação jurídica 118

    3.4.1. Alemanha — os "quase-assalariados" (*arbeitnehmerähnliche person*) 126

    3.4.2. Espanha — o estatuto do trabalhador autônomo 131

    3.4.3. França — le portage salarial, a qualificação contratual e suas repercussões 136

    3.4.4. Inglaterra — uma classe intermediária de trabalhadores (*workers*) 141

3.4.5. Itália — o trabalho a projeto e os contratos de colaboração continuada........ 145

3.4.6. Portugal — o Novo Código do Trabalho e suas inovações 151

3.5. Uma discriminação jurídica compensatória: a efetividade do princípio da igualdade frente à hipossuficiência dos trabalhadores em geral.. 155

4. A REGULAMENTAÇÃO DO TRABALHO AUTÔNOMO... 164

4.1. A organização internacional do trabalho e a agenda do trabalho decente 164

4.2. As normas de direito comunitário de proteção dos trabalhadores........................ 170

4.3. O trabalho humano nas constituições brasileiras... 175

4.4. A legislação vigente no Brasil 179

4.5. O direito social ao trabalho e a compatibilidade ponderada dos arts. 6º e 7º da Constituição Federal brasileira para os trabalhadores autônomos 185

5. OS ENCARGOS SOCIAIS E OS IMPACTOS ECONÔMICOS 196

5.1. A importância do trabalho autônomo na economia: a necessidade de ações estatais afirmativas 196

5.2. Espécies de mercado: regime de Welfare — sistemas de empregos e de proteção social 203

5.3. A polêmica sobre os encargos trabalhistas e o custo da mão de obra no Brasil....... 208

5.4. Políticas governamentais ativas e passivas dentro do mercado de trabalho: inclusão social e redistribuição de riquezas 216

5.5. Fundo social do trabalhador autônomo: efeitos da taxação de serviços 222

6. DIRETRIZES DE FUNCIONAMENTO E OPERACIONALIZAÇÃO DO FUNDO SOCIAL DO TRABALHADOR AUTÔNOMO 231

6.1. Conceito 231

6.2. Contribuintes e beneficiários.. 232

6.3. Princípios norteadores.. 232

6.3.1. Universalidade 235

6.3.2. Obrigatoriedade de filiação e de contribuição... 235

6.3.3. Seletividade dos benefícios.. 239

6.3.4. Precedência da fonte de custeio 240

6.3.5. Caráter alimentar das prestações... 240

6.3.6. Preservação do valor das prestações.. 241

6.3.7. Solidariedade social 242

6.4. Administração e fiscalização 242

6.5. Certificado de regularidade.. 244

6.6. Cadastro nacional de trabalhadores autônomos.. 246

6.7. Regime de financiamento 248

6.8. Conta vinculada 251

6.9. Natureza jurídica 252

    6.9.1. Indenização 252

    6.9.2. Contribuição previdenciária 254

    6.9.3. Obrigação dualista 254

    6.9.4. Tributo 255

    6.9.5. Contribuição (Constituição Federal, art. 149) 258

    6.9.6. Salário diferido 259

6.10. Prestações trabalhistas 260

6.11. Base de cálculo 263

6.12. Responsabilidades 264

6.13. Fato gerador 267

6.14. Vencimento 268

6.15. Atualização monetária, juros e multas 268

6.16. Impenhorabilidade 271

6.17. Movimentação da conta 271

6.18. Competência Jurisdicional 272

6.19. Incentivos fiscais compensatórios 273

CONCLUSÃO — O futuro do direito do trabalho: que trabalho? 275

REFERÊNCIAS BIBLIOGRÁFICAS 277

PREFÁCIO

Na Faculdade de Direito da Universidade de São Paulo, o regulamento dos cursos de pós-graduação admite o chamado "doutorado direto", pelo qual o aluno realiza diretamente as provas de doutoramento, a despeito de não lhe ter sido conferido anteriormente o grau de mestre. Embora eu próprio tenha recorrido a esse "atalho" quando me doutorei pela FDUSP, anos depois, já na condição de professor-orientador da mesma instituição, tornei-me um crítico da sua utilização por meus orientandos, notadamente por duas razões: **(a)** a alternativa termina privando o aluno de um tempo maior de imersão e convívio acadêmicos, mitigando-lhe a maturidade científica que só a experiência da pós-graduação e o diálogo com outros pesquisadores pode lhe proporcionar; e **(b)** a mudança compromete a estrutura básica do projeto de investigação aceito pelo docente, já que, não raramente, o aluno ingressa como mestrando, com um projeto próprio para os propósitos do mestrado (a não reclamar, p. ex., a chamada contribuição inédita para a Ciência do Direito), e somente depois requer a convolação da sua inscrição para o doutorado direto.

Pois bem. Assim tem sido, durante todo o meu tempo de orientação junto à pós-graduação da Universidade de São Paulo: mestrados como pré-condição para os doutoramentos que oriento. Houve, nesses anos todos, *duas* únicas exceções, ambas justificadas pela bagagem científica que os interessados revelaram já trazer consigo, por exclusivo mérito próprio, de outros ensejos e circunstâncias.

Leandro Krebs Gonçalves, jovem magistrado vinculado ao Tribunal Regional do Trabalho da 4ª Região (Rio Grande do Sul), com destacadas funções desenvolvidas junto à escola judicial daquele tribunal, está entre tais exceções. E o produto de sua investigação é o que agora vem publicado neste volume, para a apreciação do grande público, com o selo tradicional da LTr Editora, imbatível no campo das publicações trabalhistas.

E o que o espera, caro leitor?

"Fundo Social do Trabalhador Autônomo: proteção e regulamentação de direitos fundamentais" é um estudo único no Brasil (como havia de ser, em sede de doutorado). Defendido com êxito em 2014, perante qualificadíssima banca examinadora, a tese propõe, para o caso brasileiro e nas palavras do autor, a instituição de um fundo público destinado a *"proteger e regulamentar direitos fundamentais dos trabalhadores por conta própria, na perspectiva das relações individuais de labor"*, na concepção de que *"[a] dinâmica da sociedade atual exige uma releitura da dependência econômica e da subordinação jurídica, sob pena de tornar letra morta os dispositivos constitucionais tutelares"* (nomeadamente, aqueles que constam do elenco do art. 7º da Constituição Federal). Sua justificada preocupação é a de assegurar, aos trabalhadores autônomos economicamente dependentes, níveis de proteção social que o aproximem do empregado em sentido estrito (mesmo porque, a rigor, o *caput* do art. 7º/CF jamais extremou, textualmente, os trabalhadores subordinados dos não-subordinados — valendo atentar, a esse respeito, para as considerações de Krebs acerca da "compatibilidade ponderada" entre os arts. 6º e 7º da CF), especialmente nos dias

de hoje, sob os ventos da pós-modernidade, em que os pressupostos clássicos da relação de emprego diluem-se nos infinitos modelos "atípicos" de contratação laboral que diuturnamente descobrem mais e mais caminhos tecnológicos inovadores para a apropriação da mais-valia relativa. Isto há de ser feito, porém, sem que a ampliação de direitos, no eixo horizontal da tendência *in fieri* do Direito do Trabalho, signifique restrições ou impactos negativos no seu eixo vertical (*v.* FELICIANO, G. G. *Curso Crítico de Direito do Trabalho*. São Paulo: Saraiva, 2013. p. 110-111); ou, o que é o mesmo, sem que aquela extensão *"implique precarização de direitos já consagrados"*, na precisa expressão desta monografia.

Para este efeito, inspirando-se na casuística estrangeira — com particular atenção para o Estatuto do Trabalhador Autônomo espanhol (*Ley n. 20/2007*) — e nos princípios constitucionais que informam o sistema brasileiro de seguridade social (CF, arts. 195 e ss.), Krebs concebe um fundo regido, também ele, por uma série de princípios que expressam garantias institucionais específicas de proteção social (universalidade, caráter alimentar das prestações, preservação do valor das prestações, impenhorabilidade), por um lado, e, por outro, de integridade jurídica e equilíbrio econômico-financeiro (obrigatoriedade de filiação e contribuição, seletividade de benefícios, precedência da fonte de custeio). Além disso, elabora sinteticamente as primeiras condições de operacionalidade do Fundo, traçando lineamentos para o que poderá vir a ser a sua futura lei de regulamentação, ao discutir a base de cálculo das contribuições que o alimentarão, os respectivos fatos geradores, os consequentes critérios de vencimento e de atualização monetária, as suas hipóteses de movimentação e os correspondentes incentivos fiscais compensatórios (cogitando, sem medo da polêmica, da criação de mecanismos fiscais de dedução, no cálculo do imposto de renda, dos valores das contribuições mensais que forem pagas ao Fundo pelos tomadores de serviços de trabalhadores autônomos).

Este livro descortina, em suma, um novo mundo, que certa parte da doutrina nacional parece temer enfrentar. Suas ideias serão, talvez, encomiadas ou execradas, sem termos médios. Mas, creio, não poderão ser ignoradas. Mesmo porque será esta, hoje, a única referência bibliográfica brasileira a oferecer uma efetiva resposta para o problema jurídico-econômico da proteção social do trabalhador autônomo, fora dos quadros da previdência e da assistência social.

São Paulo, 1º de janeiro de 2017.

Guilherme Guimarães Feliciano
Professor Associado II do Departamento de Direito do Trabalho e da
Seguridade Social da Faculdade de Direito da Universidade de São Paulo
Livre-Docente pela FDUSP e Doutor pela FDUSP e pela
Faculdade de Direito da Universidade de Lisboa;
Professor Coordenador da Pós-Graduação *lato sensu* em
Direito e Processo do Trabalho da Universidade de Taubaté
Vice-Presidente da Associação Nacional dos Magistrados da
Justiça do Trabalho (ANAMATRA);
Juiz Titular da 1ª Vara do Trabalho de Taubaté/SP.

INTRODUÇÃO

Da industrialização até a sociedade virtual da automação e da concentração dos processos produtivos, novos parâmetros de relações de trabalho surgiram, o que evidenciou limites do Direito do Trabalho em vigor. O contrato de emprego não conseguiu abranger, nem se compatibilizar, com as formas de pactuação que se estabeleceram. A diversidade tecnológica contribuiu para o despontar de profissões antes inexistentes e o ocaso de antigos ofícios. Assumindo novos contornos, o labor subordinado aproximou-se da autonomia.

Diante da insuficiência da CLT para regrar vínculos alheios ao modelo tradicional da subordinação jurídica e das singularidades apresentadas pelo trabalho na contemporaneidade, os autônomos ficaram à margem de qualquer regulação legal. Especialmente a partir da década de 1970, quando se começa a falar em *direito do trabalho de emergência*, denota-se, ao menos em um primeiro momento, que, no migrar do pleno emprego para os contratos de baixa garantia, precarizaram-se as condições de labor. Na busca pela sobrevivência diária, multiplicaram-se os *falsos* autônomos. Sob pretexto de necessária redução dos encargos das empresas geradoras de postos de trabalho, passou-se a aceitar, de forma passiva, o mascaramento de inequívocas relações de emprego e a fraude contra direitos legítimos previstos em uma legislação trabalhista ineficaz.

As dificuldades financeiras porventura enfrentadas e a acirrada competição empresarial transfronteiriça não justificam, todavia, o abandono à própria sorte ou a desobrigação do dever estatal de salvaguarda a quem labora. Vivemos período de transição e de questionamentos acerca da adoção de modelo de Estado intervencionista ou absenteísta. Nessa discussão, advém o peso dos encargos trabalhistas que, sob certa medida, inibem a iniciativa privada e distorcem a valoração da pessoa. Em compensação, emerge o princípio de solidariedade a orientar esforços conjuntos, direcionados ao desenvolvimento sustentável e à construção de sociedade mais justa. Adequações devem ser feitas, porque os movimentos sociais transmudam e demandam outra conformação mais eficiente do Direito.

A contínua recomposição do conceito de empregado e o crescimento da informalidade impingem, nesse contexto, medidas estatais acautelatórias de direitos trabalhistas básicos para todos os indivíduos. Na apreciação evolutiva dos direitos humanos no pensamento mundial, o direito social ao trabalho consolida-se como meta a ser atingida, impulsionando a reforma do modelo jurídico vigente. Como consequência, a análise da *roupagem* utilizada na formalização do liame laboral torna-se secundária, senão irrelevante, sempre que se perquire o padrão civilizatório a ser proporcionado para a generalidade dos trabalhadores.

Quando se pretende resguardar e regulamentar direitos fundamentais aos autônomos, inclusive com a proposição de um fundo social para custeio de benefícios trabalhistas (e não previdenciários), não significa questionar a atualidade de todo o arcabouço teórico que fundamenta essa legislação protetiva e impede vincular ditas mudanças tão-somente a melhores níveis de rentabilidade das empresas. Sem que implique flexibilizar direitos já concedidos aos empregados, que continuam existindo como uma das classes de trabalhadores, impõe-se modernizar o Direito do Trabalho para incluir outros tipos de relações, o que deve ser feito com cautela e à luz de critérios sociais. Sabe-se, já é de praxe, em momentos de recessão econômica, quando a lucratividade capitalista se vê ameaçada ou meramente reduzida, o Direito do Trabalho costuma ser colocado como obstáculo ao fluxo natural do mercado. Ocorre que esse caminho é conflituoso e, frente à força do capital, o elemento humano acaba sendo, em regra, subjugado por hipotética ameaça de catástrofes econômicas.

É fato que precisa o Estado interferir nas relações de trabalho, para afirmar direitos fundamentais aos trabalhadores, de modo a humanizar o capitalismo em bases da tão almejada justiça social. Dentro de diretrizes universais de valorização do trabalho humano como expressão da própria personalidade, busca-se hoje permitir o acesso de todos a patamares mínimos de civilidade e vida digna. Entende-se primordial essa postura intervencionista, ainda que vá de encontro aos supostos de maximização da autonomia privada presentes no ideário liberal, com vistas ao desenvolvimento sustentado e à preservação da integridade do indivíduo. Essas garantias estão previstas em normas de ordem pública. São, em princípio, inafastáveis pelo simples desejo de particulares, quiçá pelas categorias devidamente organizadas, face à existência de valores sociais e constitucionais assegurados à generalidade dos trabalhadores, propiciando, dentro do convívio coletivo, sua subsistência e respeitabilidade.

Não se trata, porém, de mera caridade. A circulação de riquezas é indispensável para manter sistema assentado no lucro e na propriedade privada. É, pois, de extremo relevo a movimentação do consumo promovida pelo poder de compra dos trabalhadores. Afinal, a maioria dos consumidores não se encontra em classes privilegiadas, mas no lado oposto, gerando o interesse na expansão do comércio em camadas sociais distintas pelos setores produtivos. Para maior inclusão social, é preciso instituir mecanismos de efetivação dos direitos fundamentais a todos os trabalhadores, autônomos ou subordinados, independentemente do tipo de contrato a que estejam vinculados.

Diante do patamar de civilidade hoje alcançado, não se coaduna visão restritiva, e porque não dizer discriminatória, da tutela estatal propiciada, cabendo, pois, a modernização das normas jurídicas para efetivar direitos trabalhistas aos não empregados. Na contraposição entre a defesa do direito social ao trabalho e os gastos necessários que decorrem da sua implementação, o presente estudo compreende a elucidação dos direitos fundamentais do trabalhador autônomo — regulamentação da norma constitucional brasileira, e a criação do Fundo Social do Trabalhador Autônomo, pelo qual se viabilizará o acesso a tais direitos elementares, financiado por receita extra proveniente do pagamento dos serviços.

Ultrapassada a etapa de declaração de direitos, não basta a isonomia formal. São imprescindíveis instrumentos que possibilitem um mesmo nível substancial de alcance aos bens da vida. Pela outorga de prestações estatais mínimas, que proporcionam uma vida decente em sociedade, dá-se a igualização das desigualdades, concedendo isonomia material a indivíduos sem perspectivas reais de exercício de suas liberdades básicas. Seguindo de perto a evolução dos direitos sociais, a Constituição Federal de 1988 indica, como fundamentos da República Federativa do Brasil, organizada em Estado Democrático de Direito, a dignidade da pessoa humana e os valores sociais do trabalho e da livre iniciativa (art. 1º da Constiuição Federal). No art. 7º, apresenta rol de direitos dos trabalhadores urbanos e rurais, além de outros que visem à melhoria de sua condição social. Resta, agora, criar instrumentos para por em prática esses supostos de forma mais abrangente e completa.

Face à nossa escassez legislativa, reporta-se ao direito estrangeiro como subsídio ao enfrentar o tema da reforma trabalhista no Brasil. Debatida em diversos países, auxilia a escolha do modelo a ser seguido na tentativa de implementar direitos elementares aos autônomos. Questiona-se, também, se uma distinção fulcrada na dependência econômica é justa, ou suficiente, para concretizar a valorização social do trabalho no ordenamento jurídico brasileiro. Em contrapartida, por entenderem que essa exígua proteção implica forma de burlar as leis trabalhistas em vigor, juristas criticam a criação de subcategorias de trabalhadores, não beneficiários dos direitos dos subordinados e tampouco da liberdade dos autônomos.

As novas formas de prestação de trabalho, que emanam desse mercado sem fronteiras, passam a requerer uma releitura da subordinação jurídica definidora das relações de emprego. Diante da hipossuficiência dos trabalhadores em geral, por dependerem economicamente de sua força de trabalho para sobreviver, encerra-se essa abordagem na defesa de discriminação jurídica compensatória. Os debates acerca das divisas do Direito do Trabalho permeiam a problemática da metamorfose do poder econômico e de um realinhamento da subordinação, que tende a afirmá-lo como um direito de todas as relações de trabalho.

O momento histórico evidencia a íntima ligação do novo Direito do Trabalho com os Direitos Humanos. A dignidade da pessoa humana e a valorização social do trabalho impingem uma atuação estatal, em prestações positivas que beneficiem trabalhadores subordinados e autônomos. No intuito de garantir a plena eficácia desses preceitos fundamentais, é primordial a criação de fundo de custeio de benefícios aos trabalhadores autônomos. O Direito do Trabalho é revitalizado frente às novas discussões, para limitar a exploração do trabalho humano, com a elevação da condição econômica e social dos trabalhadores. Não obstante predisposição natural das empresas transferirem o fator trabalho para áreas com menor custo, o elemento humano deve sobrepor-se ao capital.

1. JUSTIFICATIVA HISTÓRICA: A AFIRMAÇÃO DOS DIREITOS HUMANOS

No primeiro capítulo, destaca-se a afirmação dos direitos humanos na história universal, desde sua identificação como verdades que se autoevidenciam no sentimento de cada pessoa, até o seu reconhecimento formal nas principais declarações — quais sejam, Declaração de Direitos do Bom Povo da Virgínia, Declaração de Independência dos Estados Unidos América (1776), Constituição Norte-Americana (1787), Declaração dos Direitos do Homem e do Cidadão (1789), Declaração Universal dos Direitos Humanos (1948) e Pacto Internacional dos Direitos Econômicos, Sociais e Culturais (1966). Tangenciaremos a propagação do ideal de solidariedade nas relações sociais e a fixação de preceitos de exaltação do indivíduo, que repercutiram no desenvolvimento de supostos de ampla tutela ao trabalho humano, dentro da dinâmica das relações sociais e econômicas, gerando efeitos mantidos até os dias de hoje e que sustentam o propósito desta tese.

1.1. A Identificação de Verdades Autoevidentes

Em tempos remotos, o homem acreditava que uma divindade exercia o comando de sua existência. Independente da vontade humana, na Antiguidade, um direito superior era estabelecido pelos deuses, entendimento que perdurou por toda a Idade Média. Aos poucos, entretanto, a concepção do mito foi perdendo o vigor. O homem, então, passa a tomar consciência de que é o protagonista de sua própria história e assume o poder de decidir o caminho de contínua transformação a ser percorrido. Os ideais iluministas de valorização do indivíduo e de sua vida em comunidade chegam para provocar a reformulação das instituições políticas e da estrutura estatal até então vigente.[1]

Em perspectiva evolutiva, a afirmação dos direitos humanos[2] parte de verdades identificadas e de supostos de igualdade entre as pessoas. Caracterizam-se eles pela sua

---

(1) Pelo ponto de vista de Ana Maria D'Ávila Lopes: "A teoria dos direitos fundamentais surgiu graças ao desenvolvimento da teoria dos direitos do homem, cuja origem, assinala Lewandowsky, encontra-se no iluminismo e no jusnaturalismo, desenvolvidos na Europa nos séculos XVII-XVIII, quando se firmou a noção de que o homem possui direitos inalienáveis e imprescritíveis, decorrentes da sua própria natureza humana e existentes independentemente do Estado. O pensamento iluminista, com suas novas ideias sobre a ordem natural, sua exaltação às liberdades e sua crença nos valores individuais do homem acima dos sociais, foi o marco de afirmação do individualismo e da valorização do homem como protagonista da história." (*Os Direitos Fundamentais como Limites ao Poder de Legislar*. Porto Alegre: Sergio Antonio Fabris Editor, 2001. p. 47)
(2) José Afonso da Silva critica a terminologia utilizada, sob os seguintes fundamentos: "*Direitos humanos* é expressão preferida nos documentos internacionais. Contra ela, assim, como contra a terminologia *direitos do homem*, objeta-se que não há direito que não seja humano ou do homem, afirmando-se que só o ser humano pode ser titular de direitos. Talvez já não mais assim, porque, aos poucos, se vai formando um direito especial de proteção dos animais. (...) *Direitos fundamentais do homem* constitui a expressão mais adequada a este estudo, porque, além de referir-se a princípios que resumem a concepção do mundo e informam a ideologia política de cada ordenamento jurídico, é reservada para designar, *no nível do direito positivo*, aquelas prerrogativas e instituições que ele concretiza em garantias de uma convivência digna, livre e igual de todas as pessoas. (...)" (*Curso de direito constitucional positivo*. 19. ed. São Paulo: Malheiros, 2001. p. 180 e 182)

historicidade, inalienabilidade, imprescritibilidade e irrenunciabilidade[3]. Concretizam-se na medida em que se incorporam à pessoa, não sendo impostos por terceiros. Misto de emoção e razão, as ideias de bem e de mal, de certo e errado, inclusive com base em preceitos de justiça inerentes ao indivíduo, afloram e evidenciam espécie tão valiosa de garantias, que defluem da simples, e não menos grandiosa, condição humana. Lynn Hunt observa:

> Os direitos humanos são difíceis de determinar porque sua definição, e na verdade sua própria existência, depende tanto das emoções quanto da razão. A reivindicação de autoevidência se baseia em última análise num apelo emocional: ela é convincente se ressoa dentro de cada indivíduo. Além disso, temos muita certeza de que um direito humano está em questão quando nos sentimos horrorizados pela sua violação.[4]

Pela marcha incessante de adaptação às novas demandas e de auto-organização de suas engrenagens de funcionamento, a história, portanto, norteia a constituição de sociedade política única mundial. "Está em curso, há vários séculos, um amplo movimento de mundialização associativa comunitária."[5] O sentido de unificação permeia toda a trajetória dos direitos humanos. Sua revelação, todavia, parte de sentimento intrínseco de cada um, indicando não só a efetiva existência, como também se aperfeiçoa de forma progressiva quanto ao conteúdo ético.

Aquilo que é certo e fundamental em determinada época pode deixar de ser em outro momento histórico. As experiências pessoais, aliadas àquelas enfrentadas pela comunidade mundial, levam ao seu gradativo desenvolvimento[6]. Ademais, novas carências surgem pela mudança das condições sociais, econômicas e tecnológicas, o

---

(3) José Afonso da Silva sintetiza esses caracteres da seguinte forma: "(1) *Historicidade*. São históricos como qualquer direito. Nascem, modificam-se e desaparecem. Eles apareceram com a revolução burguesa e evoluem, ampliam-se, com o correr dos tempos. Sua historicidade rechaça toda fundamentação baseada no direito natural, na essência do homem ou na natureza das coisas; (2) *Inalienabilidade*. São direitos intransferíveis, inegociáveis, porque não são de conteúdo econômico-patrimonial. Se a ordem constitucional os confere a todos, deles não se pode desfazer, porque são indisponíveis; (3) *Imprescritibilidade*. O exercício de boa parte dos direitos fundamentais ocorre só no fato de existirem reconhecidos na ordem jurídica. Em relação a eles não se verificam requisitos que importem em sua prescrição. Vale dizer, nunca deixam de ser exigíveis. Pois a prescrição é um instituto jurídico que somente atinge, coarctando, a *exigibilidade* dos direitos de caráter patrimonial, não a exigibilidade de direitos personalíssimos, ainda que não individualistas, como é o caso. Se são sempre exercíveis e exercidos, não há intercorrência temporal de não exercício que fundamente a perda da exigibilidade pela prescrição; (4) *Irrenunciabilidade*. Não se renunciam direitos fundamentais. Alguns deles podem até não ser exercidos, pode-se deixar de exercê-los, mas não se admite sejam renunciados." (*Ibidem*, p. 185)
(4) *A Invenção dos direitos humanos. Uma história*. Tradução de Rosaura Eichenberg. São Paulo: Companhia das Letras, 2009. p. 24.
(5) COMPARATO, Fábio Konder. *Ética. Direito moral e religião no mundo moderno*. São Paulo: Companhia das Letras, 2008. p. 433.
(6) Norberto Bobbio comenta: "(...) na realidade, tão logo submetemos valores, proclamados evidentes, à verificação histórica, percebemos que aquilo que foi considerado como evidente por alguns, num dado momento, não é mais considerado como evidente por outros, em outro momento." (*A era dos direitos*. Nova Edição. Rio de Janeiro: Elsevier, 2004. p. 26-27)

que agrega classe de elementos variáveis dentre os direitos humanos[7]. Não se afasta, porém, seu caráter de universalidade. Há tendência natural de se tornarem verdades absolutas, a partir do momento em que se revelam subjetivamente e são assimilados pelos indivíduos como os mais importantes valores de convivência humana. Amparado em cuidadoso estudo sobre sua historicidade, Norberto Bobbio consigna:

> Do ponto de vista teórico, sempre defendi — e continuo a defender, fortalecido por novos argumentos — que os direitos do homem, por mais fundamentais que sejam, são direitos históricos, ou seja, nascidos em certas circunstâncias, caracterizados por lutas em defesa de novas liberdades contra velhos poderes, e nascidos de modo gradual, não todos de uma vez e nem de uma vez por todas.[8]

Observa-se essa evolução, por exemplo, nas diferentes visões que já existiram acerca de genocídio, escravidão e tortura. Outrora, houve aceitação dessas práticas, com o consentimento social (ainda que tácito). Atualmente, no entanto, são, com ênfase, refutadas. Basta lembrar que, somente após a morte de milhares de pessoas em campos de concentração nazistas, durante a Segunda Guerra Mundial, o genocídio passou a ser enquadrado dentre os crimes contra a humanidade. Da mesma forma, também se alterou a consciência de escravidão e de tortura. Inicialmente, a escravidão era decorrência lógica da guerra, servindo até mesmo para penalizar o perdedor. Após, ligada à expansão imperialista e ao desenvolvimento político-econômico, sobremodo das grandes nações europeias, a exploração da mão de obra escrava disseminou-se pelos continentes, diminuindo os custos da expansão do capital. Essa visão, contudo, foi fortemente abalada com a assimilação do valor social do trabalho e da dignidade daquele que labora. Por outro lado, durante séculos, a tortura foi instrumento normalmente utilizado dentro do processo penal, como meio de se obter provas por meio da confissão forçada e como sanção ao indivíduo. Com o tempo, a violência desse mecanismo passou a colidir com a expansão de supostos de respeito à integridade física e moral do Homem, inclusive quando comete algum delito. Desse modo, somente com a difusão de preceitos de relevância da vida e da liberdade, a humanidade converteu a imagem antes concebível dessas atitudes, passando a considerá-las criminosas.

Exercem supremacia, hoje, proposições elementares de preservação da vida, a incolumidade do corpo, além de máximas de liberdade, dignidade e de tratamento isonômico. É claro que esse aprendizado, e porque não dizer ascensão ética, não surgiu abruptamente. Aliás, em determinados lugares do mundo, ainda subsiste a falta de consciência dos indivíduos sobre a relevância das premissas que sustentam as relações humanas em patamares mínimos de civilidade. "Os direitos humanos expressam os aspectos básicos da plena realização humana de cada um dos membros da espécie humana"[9] e representam um limite ao bem comum, como interpreta Luís Fernando Barzotto:

---

(7) Norberto Bobbio acrescenta: "O elenco de direitos do homem se modificou, e continua a se modificar, com a mudança das condições históricas, ou seja, dos carecimentos e dos interesses das classes no poder, dos meios disponíveis para a realização dos mesmos, das transformações técnicas etc." (*Ibidem*, p. 18)

(8) *A era dos direitos*. Nova Edição. Rio de Janeiro: Elsevier, 2004, p. 5.

(9) BARZOTTO, Luís Fernando. Os direitos humanos como direitos subjetivos: da dogmática jurídica à ética. *Revista do Ministério Público do Rio Grande do Sul*. Os Desafios dos Direitos Sociais. MELLO, Cláudio Ari Coord.). Porto Alegre, Livraria do Advogado, n. 56, p. 51, set./dez. 2005.

[...] o bem comum é alcançado quando os membros da comunidade possuem condições comunitárias de realização da vida boa. Os direitos humanos como aspectos da vida boa são a articulação do conteúdo do bem comum, eles revelam a "natureza distributiva" do bem comum como bem de todos: o bem comum só existe na medida em que é partilhado por todos.[10]

Como é indispensável o aspecto emocional na sua percepção, torna-se ineficaz e inexitosa qualquer tentativa de elaborar uma lei regulamentadora dos direitos humanos. "O titular do dever não se reporta a uma norma para estabelecer o que deve a outro ser humano, mas à sua capacidade de *reconhecimento* do outro como pessoa humana, como co-partícipe da mesma humanidade."[11] A respeito desse contexto histórico-cultural inserto na abordagem da dignidade da pessoa humana, pondera Ingo Wolfgang Sarlet:

> Com efeito, é de se perguntar até que ponto a dignidade não está acima das especificidades culturais, que, muitas vezes, justificam atos que, para a maior parte da humanidade são considerados atentatórios à dignidade da pessoa humana, mas que, em certos quadrantes, são tidos por legítimos, encontrando-se profundamente enraizados na prática social e jurídica de determinadas comunidades.[12]

Os valores mudam com o decurso do tempo, seguindo a lógica de transformação incessante da essência incompleta e inacabada dos homens. A troca instantânea de informações entre longínquos lugares do mundo intensifica, cada vez mais, esse processo. Em suma, "os direitos humanos permanecem sujeitos a discussão porque a nossa percepção de quem tem direitos e do que são esses direitos muda constantemente. A revolução dos direitos humanos é, por definição, contínua."[13]

Na medida em que é posta em questão a moralidade de atos aviltantes e desprezíveis, emerge um novo sentimento e desponta um modo diverso de pensar. Antes mesmo das grandes declarações, constata-se que a noção da igualdade partiu até mesmo de obras literárias, que conquistavam a empatia do leitor, sensibilizando-o com impressões psicológicas comuns, sem interveniência de cor, sexo ou condição financeira[14]. Nesse processo de purificação e surgimento de uma ética universal diversa, a preservação da vida e a garantia de dignidade da pessoa humana[15] prevalecem na elaboração de

---

(10) *Ibidem*, p. 51-52.

(11) *Ibidem*, p. 85.

(12) *Dignidade da pessoa humana e direitos fundamentais na Constituição Federal de 1988*. Porto Alegre: Livraria do Advogado, 2001. p. 55.

(13) HUNT, Lynn. *A invenção dos direitos humanos*. Uma História. Tradução de Rosaura Eichenberg. São Paulo: Companhia das Letras, 2009. p. 27.

(14) Lynn Hunt, no capítulo denominado "Lendo romances e imaginando a igualdade", exemplifica essa situação: "Os romances apresentavam a ideia de que todas as pessoas são fundamentalmente semelhantes por causa de seus sentimentos íntimos, e muitos romances mostravam em particular o desejo de autonomia. Dessa forma, a leitura dos romances criava um senso de igualdade e empatia por meio do envolvimento apaixonado com a narrativa. Seria coincidência que os três maiores romances de identificação psicológica do século XVIII — Pamela (1740) e Clarissa (1747-8), de Richardson, e Júlia (1761), de Rousseau — tenham sido todos publicados no período que imediatamente precedeu o surgimento do conceito dos 'direitos do homem'?" (*Ibidem*, p. 39)

(15) Ingo Wolfgang Sarlet assim conceitua a dignidade da pessoa humana: "a qualidade intrínseca e

novas diretrizes comuns. A convivência pacífica, a harmonia social e a sobrevivência do homem como espécie impingiram essa modificação necessária.[16] Fábio Konder Comparato elucida a questão:

> Pois bem, a compreensão da dignidade suprema da pessoa humana e de seus direitos, no curso da História, tem sido, em grande parte, o fruto da dor física e do sofrimento moral. A cada grande surto de violência, os homens recuam, horrorizados, à vista da ignomínia que afinal se abre claramente diante de seus olhos; e o remorso pelas torturas, pelas mutilações em massa, pelos massacres coletivos e pelas explorações aviltantes faz nascer nas consciências, agora purificadas, a exigência de novas regras de uma vida mais digna para todos.[17]

"A pessoa humana é, sempre e em todo o lugar, uma finalidade em si mesma."[18] Integrados nessa dinâmica, os direitos do homem são, portanto, inerentes à própria condição humana. A pessoa é um ser único e insubstituível, corroborando sua dignidade singular em equilíbrio com a dos demais indivíduos. Não há como afastar a dimensão social que decorre "desta mesma dignidade de cada pessoa e de todas as pessoas"[19], uma vez que todos são iguais em dignidade e direitos, convivendo em comunidade. Isso constituirá, em tese, o substrato justificador do respeito à diversidade, que inibe defesa apaixonada e autoritária de sobreposição de uma cultura sobre a outra[20]. "A igualdade jurídica, assim estabelecida, não elimina, portanto, as diferenças naturais entre os indivíduos. O que ela suprime, isto sim, é a relação de dominação e sujeição entre eles."[21] Lynn Hunt descreve com propriedade:

---

distintiva de cada ser humano que o faz merecedor do mesmo respeito e consideração por parte do Estado e da comunidade, implicando, neste sentido, um complexo de direitos e deveres fundamentais que assegurem a pessoa tanto contra todo e qualquer ato de cunho degradante e desumano, como venham a lhe garantir as condições existenciais mínimas para uma vida saudável, além de propiciar e promover sua participação ativa e co-responsável nos destinos da própria existência e da vida em comunhão com os demais seres humanos." (*Dignidade da pessoa humana e direitos fundamentais na Constituição Federal de 1988*. Porto Alegre: Livraria do Advogado, 2001. p. 60)

(16) Norberto Bobbio assevera: "A esse conjunto de esforços que o homem faz para transformar o mundo que o circunda e torná-lo menos hostil, pertencem tanto as técnicas produtoras de instrumentos, que se voltam para a transformação do mundo real, quanto as regras de conduta, que se voltam para a modificação das relações interindividuais, no sentido de tornar possível uma convivência pacífica e a própria sobrevivência do grupo." (*A era dos direitos*. Nova Edição. Rio de Janeiro: Elsevier, 2004. p. 52)

(17) *A afirmação histórica dos direitos humanos*. 7. ed. São Paulo: Saraiva, 2010. p. 50.

(18) Idem, *Ética. Direito moral e religião no mundo moderno*. São Paulo: Companhia das Letras, 2008. p. 434.

(19) Sobre o assunto, leciona Ingo Wolfgang Sarlet: "Por outro lado, pelo fato de a dignidade da pessoa encontrar-se ligada à condição humana de cada indivíduo, não há como descartar uma necessária dimensão comunitária (ou social) desta mesma dignidade de cada pessoa e de todas as pessoas, justamente por serem todos iguais em dignidade e direitos (na iluminada fórmula da Declaração Universal de 1948) e pela circunstância de nesta condição conviverem em determinada comunidade ou grupo." (*Ibidem*, p. 52)

(20) Yara Maria Pereira Gurgel pondera: "O foco dos Direitos Humanos é o respeito ao ser humano, sobretudo em relação à diversidade cultural. A universalidade de ideias e o reconhecimento das diferenças que geram o diálogo intercultural são essenciais para o combate à intolerância e consequente implantação do convívio harmonioso entre os povos, que se traduz na democracia global e inserção de Direitos Universais a todos." (*Direitos humanos, princípio da igualdade e não discriminação. Sua aplicação às relações de trabalho*. São Paulo: LTr, 2010. p. 67)

(21) COMPARATO, Fábio Konder. *Ética. Direito moral e religião no mundo moderno*. São Paulo: Companhia das Letras, 2008. p. 255.

Os direitos humanos requerem três qualidades encadeadas: devem ser naturais (inerentes nos seres humanos), iguais (os mesmos para todo mundo) e universais (aplicáveis por toda a parte). Para que os direitos sejam direitos humanos, todos os humanos em todas as regiões do mundo devem possuí-los igualmente e apenas por causa de seu *status* como seres humanos.[22]

Os direitos humanos agregam-se aos poderes jurídicos e políticos, conferindo-lhes legitimidade perante a sociedade. "Trata de direitos comuns a toda a espécie humana, a todo homem enquanto homem, os quais, portanto, resultam da sua própria natureza, não sendo meras criações políticas."[23] Surgiram em oposição a regimes políticos que os desrespeitavam e que resguardavam privilégios abusivos a minorias centralizadoras do poder de comando em torno de si. "Deve-se recordar que a luta pela afirmação dos direitos do homem no interior de cada Estado foi acompanhada pela instauração dos regimes representativos, ou seja, pela dissolução dos Estados de poder concentrado."[24]

Por isso, defende-se que as convenções ou declarações mundialmente conhecidas — a exemplo da Declaração de Direitos da Inglaterra (*Bill of Rights* — 1689), Declaração de Direitos do Bom Povo da Virgínia, e Declaração de Independência dos Estados Unidos América (1776), Declaração dos Direitos do Homem e do Cidadão (1789) e Declaração Universal dos Direitos Humanos (1948) — apenas revelaram algo que já existia no interior dos indivíduos. Afinal, como as normas (inclusive jurídicas) não vigoram por si mesmas, é a vontade humana que lhes dá significado e efetividade. A lei, assim, constitui um dever-ser ético com forte conteúdo valorativo. Por traduzirem exigências de salvaguarda comum dos homens, como aponta Luís Fernando Barzotto, "não é o direito positivo que serve de fundamento para os direitos humanos, mas os direitos humanos é que fundamentam o direito positivo".[25] Portanto, apregoa-se que os direitos humanos se autoevidenciam, pois sua eficácia social depende de sentimento incutido em cada pessoa. Mais uma vez, Lynn Hunt esclarece:

> Os direitos humanos não são apenas uma doutrina formulada em documentos: baseiam-se numa disposição em relação às outras pessoas, um conjunto de convicções sobre como são as pessoas e como elas distinguem o certo e o errado no mundo secular. As ideias filosóficas, as tradições legais e a política revolucionária precisaram ter esse tipo de ponto de referência emocional interior para que os direitos humanos fossem verdadeiramente 'autoevidentes'.[26]

Conjunto de referências apreendidas de familiares e da convivência social, formado por crenças, valores e preconceitos, desde a infância, solidificam-se os direitos humanos,

---

(22) *A invenção dos direitos humanos.* uma história. Tradução de Rosaura Eichenberg. São Paulo: Companhia das Letras, 2009. p. 19.

(23) COMPARATO, Fábio Konder. *A afirmação histórica dos direitos humanos.* 7. ed. São Paulo: Saraiva, 2010. p. 32.

(24) BOBBIO, Norberto. *A era dos direitos.* Nova Edição. Rio de Janeiro: Elsevier, 2004. p. 40.

(25) Os direitos humanos como direitos subjetivos: da dogmática jurídica à ética. *Revista do Ministério Público do Rio Grande do Sul.* Os Desafios dos Direitos Sociais. MELLO, Cláudio Ari (Coord.). Porto Alegre, Livraria do Advogado, n. 56, p. 85-86, set./dez. 2005.

(26) *A invenção dos direitos humanos.* Uma História. Tradução de Rosaura Eichenberg. São Paulo: Companhia das Letras, 2009. p. 25.

interferindo no modo de ver o mundo. À vista disso, justifica-se a perspectiva do homem como ser histórico, em constância hegeliana de devir[27]. O conjunto de mentalidades individuais determina a mentalidade coletiva. A partir daí, refletem-se os obstáculos em conferir tratamento social isonômico, sem qualquer distinção pelas especificidades de cada indivíduo, superando preconceitos para enxergar o outro como igual. Por certo, "a consciência, individual ou coletiva, implica o reconhecimento da própria vida como um processo (*processus*: ação de avançar), em que o presente nada mais é do que o desdobramento de um passado e tende sempre ao futuro."[28] Da mesma forma, até mesmo em função da burocracia que lhe é característica, o Estado não consegue acompanhar, com a imediaticidade almejada e necessária, o desenvolvimento e os novos padrões adotados por essa mentalidade coletiva predominante. Sobre essa tensão dialética entre a mentalidade coletiva e as regras estatais, Fábio Konder Comparato faz sua apreciação crítica:

> [...] o conjunto dos direitos humanos forma um sistema correspondente à hierarquia de valores prevalecente no meio social; mas essa hierarquia axiológica nem sempre coincide com a consagrada no ordenamento positivo. Há sempre uma tensão dialética entre a consciência jurídica da coletividade e as normas editadas pelo Estado.[29]

Os direitos humanos têm por fim um ponto de perfeição e equilíbrio. O respeito à diferença é universalmente reconhecido, ao menos em tese, o que afasta atitudes discriminatórias em razão de sexo, raça, religião, costumes ou outro motivo torpe. Não se trata, pois, de uma questão hierárquica, em que os mais poderosos impõem suas verdades sobre os mais frágeis, como a tentativa de supremacia da cultura ocidental sobre as demais. De qualquer sorte, o conceito de dignidade da pessoa humana comporta multiplicidade de visões, especialmente quando consideradas, por exemplo, as noções de vida, costumes e práticas (até mesmo religiosas) orientais e islâmicas, o que, sob certo aspecto, coloca em xeque a força moral da pretendida universalidade[30]. Manoel Gonçalves Ferreira Filho pronuncia-se:

---

(27) *"Das Werden* 'devir', é formado a partir de *werden,* 'tornar-se, transformar-se em'. [...] Devir está associado, para Hegel, com Heráclito, que sustentou que tudo está envolvido não em ser, mas em contínuo devir e conflito. [...] Os pensadores alemães, em contrapartida, foram propensos a preferir *devir* à rigidez de *ser*, e aplicaram 'devir' ao DESENVOLVIMENTO autônomo, mas árduo e eivado de conflitos, da HISTÓRIA e da VIDA. [...] Tal como Heráclito, Hegel viu a oposição e o conflito como essenciais ao devir. [...] O ABSOLUTO não é uma entidade imutável que está subjacente em nossas tentativas de compreendê-lo, mas o próprio desenvolvimento dessas tentativas. [...] Assim, ser e nada, cada um vem a ser o outro, constituindo desse modo o conceito de devir. (o devir também è ou envolve a 'unidade' de ser e nada, na medida em que devir ou é o vir a *ser* do *não* era, ou deixar de ser do que era). [...]" (INWOOD, Michael. *Dicionário Hegel*. Rio de Janeiro: Jorge Zahar Editor, 1997. p. 292-293)

(28) COMPARATO, Fábio Konder. *Ética. Direito moral e religião no mundo moderno*. São Paulo: Companhia das Letras, 2008. p. 472.

(29) *A afirmação histórica dos direitos humanos*. 7. ed. São Paulo: Saraiva, 2010. p. 39.

(30) Questionando a universalidade dos direitos humanos, afirma Manoel Gonçalves Ferreira Filho: "Uma grave questão afeta a sua própria força moral. Concerne à divergência entre as diferentes culturas coexistentes no orbe acerca da noção de dignidade humana. Esta não é uma e fixa, mas profundamente marcada pela história, pela religião, pela experiência dessas culturas. Assim, a sua universalidade é posta em dúvida, podendo aparecer para muitos como uma imposição estranha a suas crenças, ao seu modo de vida, a seus costumes." (*Direitos humanos fundamentais*. 12. ed. São Paulo: Saraiva, 2010. p. 229)

[...] De fato, a antropologia mostra — e a prática torna evidente — que há pelo mundo a convivência de diferentes culturas, mesmo que se aceite (o que me parece contestável) existir uma única civilização. Ora, cada cultura tem da pessoa humana e de sua dignidade uma visão pelo menos em parte diversa. Isto deve ser levado em conta na definição das projeções dessa natureza e da dignidade que são os direitos fundamentais reconhecidos.[31]

As diversidades devem ser preservadas, sobremodo, quando dizem respeito a questões biológicas ou a aspectos culturais identificadores de um povo. Antes do que uma imposição de crenças e o intercâmbio de ideias são de suma importância na procura por um senso comum da humanidade, pelo significativo papel na evolução dos valores que embasam a formação dos direitos humanos. Sobre a influência da cultura nesse processo, esclarece Yara Maria Pereira Gurgel:

A cultura retrata as raízes, o espírito e identidade de um povo. Não é estática: sofre mudanças, adaptações com o passar do tempo, conforme as necessidades da sociedade. Valores culturais, quando moralmente válidos, em harmonia com o respeito à dignidade de todas as pessoas e sem qualquer resquício de discriminação, são fontes necessárias ao intercâmbio de ideias que proporcionam transformação social e reciprocidade.[32]

Consagra-se, assim, a concepção de que todos os seres humanos são iguais, ainda que com certas variáveis, em paralelo à liberdade de escolha e de oportunidades dos indivíduos em coletividade. A vida comunitária prioriza definir alguns parâmetros para a harmonia de interesses de todos, mas que nem sempre convergem com o respeito à identidade de seus semelhantes. Amartya Sen reforça essa abordagem:

Para lustrar esse argumento, examinemos a ideia de que a liberdade pessoal para todos é importante para uma boa sociedade. Podemos considerar que essa afirmação constitui dois componentes distintos: (1) o valor da liberdade pessoal — a liberdade pessoal é importante e deve ser garantida para aqueles que 'importam' em uma boa sociedade; e (2) a igualdade de liberdade — todos importam, e a liberdade que é garantida para um deve ser garantida para todos. Os dois componentes juntos implicam que a liberdade pessoal deve ser garantida, em uma base comum, para todos.[33]

"Os direitos humanos dependem tanto do domínio de si mesmo como do reconhecimento de que todos os outros são igualmente senhores de si."[34] A partir da cristalização de duas conquistas fundamentais, quais sejam, a mudança da concepção religiosa de mundo e a criação do saber racional, impõe-se a máxima de igualdade da

---

(31) *Ibidem*, p. 217-218.
(32) *Direitos humanos, princípio da igualdade e não discriminação. Sua aplicação às relações de trabalho.* São Paulo: LTr, 2010. p. 68.
(33) *Desenvolvimento como liberdade*. São Paulo: Companhia das Letras, 2009. p. 268.
(34) HUNT, Lynn. *A invenção dos direitos humanos. Uma História*. Tradução de Rosaura Eichenberg. São Paulo: Companhia das Letras, 2009. p. 28.

essência dos homens[35]. Fábio Konder Comparato, ao mencionar o seu entendimento sobre "a parte mais bela e importante de toda a História", aduz que constitui, justamente, "a revelação de que todos os seres humanos, apesar das inúmeras diferenças biológicas e culturais que os distinguem entre si, merecem igual respeito, como únicos entes do mundo capazes de amar, descobrir a verdade e criar a beleza".[36] Concernente à compreensão das diferenças culturais, Amartya Sen comenta sobre tolerância:

> Outra distinção existe entre (1) o valor da tolerância: deve haver tolerância para diversas crenças, comprometimentos e ações de diferentes pessoas; e (2) a igualdade de tolerância: a tolerância concedida a alguns deve ser razoavelmente concedida a todos (exceto quando a tolerância para alguns acarreta intolerância para outros).[37]

A organização da vida social não é, pois, fato da natureza, nem determinação divina. É produto da evolução política racional, que objetiva dar segurança aos indivíduos que a integram. "A vida em sociedade presume uma coordenação do exercício por parte de cada um de seus direitos naturais."[38] Com a ascensão da classe burguesa e a ruína dos estamentos feudais, ganha contornos como premissa a abolição da desigualdade jurídica, que alavancou a prevalência da liberdade contra a arbitrariedade dos governantes e a opressão econômica. Quanto à limitação de poder, segundo Manoel Gonçalves Ferreira Filho, "definem esses direitos a fronteira entre o que é lícito e o que não o é para o Estado. E, limitando o poder, deixam de fora de seu alcance um núcleo irredutível de liberdade"[39]. A ideia do homem criado à imagem e semelhança de Deus é fundamento do cristianismo primitivo e da afirmação de dignidade que lhe é conferida, conforme destaca José Afonso da Silva:

> [...] o cristianismo primitivo, sim, continha uma mensagem de libertação do homem, na sua afirmação da dignidade eminente da pessoa humana, porque o homem é uma criatura formada à imagem de Deus, e esta dignidade pertence a todos os homens sem distinção, o que indica uma igualdade fundamental de natureza entre eles; [...][40]

Isso não foi suficiente, todavia, para assegurar uma isonomia material, mas meramente formal, de acesso aos bens da vida. A distribuição concentrada de riquezas continuou favorecendo uma minoria burguesa e a sociedade passou a apresentar

---

(35) Fábio Konder Comparato afirma: "Seja como for, se a pessoa — e não todo e qualquer indivíduo, como queria Protágoras — é fonte e medida de todos os valores: ou seja, se o próprio homem, e não a divindade ou a natureza de modo geral, é o fundamento do universo ético, a História ensina que o reconhecimento dessa verdade só foi alcançado progressivamente, e que sua tradução em termos jurídicos jamais será concluída, pois ela não é senão o reflexo do estado de 'permanente inacabamento', de que falou Heidegger." (*A afirmação histórica dos direitos humanos*. 7. ed. São Paulo: Saraiva, 2010. p. 49).
(36) *Ibidem*, p. 13.
(37) *Desenvolvimento como liberdade*. São Paulo: Companhia das Letras, 2009. p. 268.
(38) FERREIRA FILHO, Manoel Gonçalves. *Direitos humanos fundamentais*. 12. ed. São Paulo: Saraiva, 2010. p. 22.
(39) *Ibidem*, p. 24.
(40) *Curso de direito constitucional positivo*. 19. ed. São Paulo: Malheiros, 2001. p. 177-178.

classes divididas a partir da propriedade. O cenário não era tão diverso dos estamentos anteriormente encontrados. De qualquer sorte, o reconhecimento da liberdade foi um dos primeiros passos a favorecer as declarações dos direitos humanos, até porque era indispensável à expansão do capital burguês, pelo comércio e pela cultura, na conquista de outras fronteiras. Buscava-se, por certo, limitar o poder de Estado na esfera das vidas privadas diante do conflito de classes existente entre uma monarquia em decadência e uma burguesia emergente.

Junto com a industrialização da economia, é inegável a conexão das inovações tecnológicas com a forma de tratamento dos direitos humanos, ou melhor, com aquilo que se tornou essencial ao convívio harmonioso em sociedade. Uma tendência de universalização desencadeará a necessidade de abordagem dos direitos sociais — em complemento aos individuais e políticos — bem como dos direitos de solidariedade e dos povos, o que será oportunamente analisado[41]. "Cada uma das sucessivas categorias de direitos humanos fortalece o respeito aos direitos pertencentes à categoria imediatamente anterior."[42] Sobre esse quadro progressivo, Norberto Bobbio discorre:

> Cabe considerar, de resto, que as exigências que se concretizam na demanda de uma intervenção pública e de uma prestação de serviços sociais por parte do Estado só podem ser satisfeitas num determinado nível de desenvolvimento econômico e tecnológico; e que, com relação à própria teoria, são precisamente certas transformações sociais e certas inovações técnicas que fazem surgir novas exigências, imprevisíveis e inexequíveis antes que essas transformações e inovações tivessem ocorrido.[43]

Os direitos, portanto, evoluem e refletem a mentalidade coletiva de dado momento histórico. Aquilo que foi nuclear em uma época, passa a ser secundário depois. O sentimento do que é essencial para a dignidade do homem norteia o rol de garantias basilares que deverão ser respeitadas em sociedade. Junto a isso, impõe-se a visão da humanidade como um fim, com a interação de forças para atingir objetivos que impliquem melhorias na qualidade de vida de todos. Não basta ficarmos como meros expectadores. É insuficiente a mera omissão de praticar atos que possam prejudicar os outros. É determinante a adoção de posturas ativas com vistas a um bem comum universal[44].

---

(41) Manoel Gonçalves Ferreira Filho observa: "Na visão contemporânea, as liberdades públicas, ou, como por muito tempo a elas se chamou no Brasil, os direitos individuais, constituem o núcleo dos direitos fundamentais. A eles — é certo –se agregaram primeiro os direitos econômicos e sociais, depois os direitos de solidariedade, mas estes outros direitos não renegam essas liberdades, visam antes complementá-las." (*Direitos humanos fundamentais*. 12. ed. São Paulo: Saraiva, 2010. p. 46)

(42) COMPARATO, Fábio Konder. *Ética. Direito moral e religião no mundo moderno*. São Paulo: Companhia das Letras, 2008. p. 435.

(43) *A era dos direitos*. Nova Edição. Rio de Janeiro: Elsevier, 2004. p. 70-71.

(44) Fábio Konder Comparato comenta: "[...], se o fim natural de todos os homens é a realização de sua própria felicidade, não basta agir de modo a não prejudicar ninguém. Isto seria uma máxima meramente negativa. Tratar a humanidade como um fim em si implica o dever de favorecer, tanto quanto possível, o fim de outrem. Pois sendo o sujeito um fim em si mesmo, é preciso que os fins de outrem sejam por mim considerados também como meus." (*A afirmação histórica dos direitos humanos*. 7. ed. São Paulo: Saraiva, 2010. p. 35)

Assume, desse modo, especial relevo estabelecer direitos mínimos a todos os trabalhadores. Trata-se de mais uma batalha entre capital e trabalho ou entre econômico e social, em que deve prevalecer a valorização do elemento humano. Este é o ponto de partida, o meio e o fim de qualquer desenvolvimento sustentável, sendo premissa básica de qualquer governo social-democrata. Com referência ao dever positivo que está interligado à noção e à afirmação dos direitos humanos, ensina Fábio Konder Comparato:

> [...] a ideia de que o princípio do tratamento da pessoa como um fim em si mesma implica não só o dever negativo de não prejudicar ninguém, mas também o dever positivo de obrar no sentido de favorecer a felicidade alheia constitui a melhor justificativa do reconhecimento, a par dos direitos e liberdades individuais, também dos direitos humanos à realização de políticas públicas de conteúdo econômico e social, [...][45]

Embora estejam naturalmente unidos ao sentimento daquilo que é bom e constituam verdades que se autoevidenciam no interior de cada indivíduo, não se questiona que o reconhecimento oficial dos direitos humanos, inclusive por meio de declarações, a exemplo das que serão a seguir analisadas, dá maior segurança às relações sociais. Se o fundamento é a natureza humana ou simplesmente um ideal comum de todos os povos e nações, pouco importa. Do seu contexto, emergem valores substanciais da civilização e que possuem papel pedagógico na comunidade, definindo padrões da consciência ética histórica e universal[46].

De qualquer forma, "o problema fundamental em relação aos direitos do homem, hoje, não é tanto o de justificá-los, mas o de protegê-los. Trata-se de um problema não filosófico, mas político."[47] Nessa diretriz, justifica-se a proteção mais ampla às diversas formas de labor com a outorga de estatuto próprio ao autônomo e a criação de fundo social para custeio de direitos trabalhistas, objetivando a plena eficácia de ideais de liberdade, igualdade, dignidade e cidadania.

1.2. O Princípio da Solidariedade nas Relações Sociais

Para alcance da almejada justiça social, o padrão de ajuda mútua mostrou-se indispensável. Os enunciados de liberdade irrestrita não foram suficientes para garantir vida digna à maior parte das pessoas, mas tão-somente para fortalecer privilégios de minorias detentoras dos poderes político e econômico. Ainda que os direitos humanos se autoevideciem como verdades intrínsecas ao indivíduo, consolidam-se, por certo, na

---

(45) *Ibidem*, p. 36-37.
(46) Sobre o assunto, leciona Fábio Konder Comparato: "Ora, os valores éticos não são visualizados pelo homem uma vez por todas e completamente, mas descobertos pouco a pouco, no curso da História. A pessoa é um modelo, ao mesmo tempo transcendente e imanente à vida humana, um modelo que se perfaz indefinidamente e se concretiza, sem cessar, no desenvolvimento das sucessivas etapas históricas." (*Ética. Direito moral e religião no mundo moderno*. São Paulo: Companhia das Letras, 2008. p. 481).
(47) BOBBIO, Norberto. *A era dos direitos*. Nova Edição. Rio de Janeiro: Elsevier, 2004. p. 23.

acepção de máximas de convívio pacífico dos povos, estando acompanhados do ideal de solidariedade a permear as relações sociais.

Com efeito, "enquanto a liberdade e a igualdade põem as pessoas umas diante das outras, a solidariedade as reúne, todas, no seio de uma mesma comunidade"[48]. A importância da solidariedade é fortalecida como meio de defesa da sobrevivência humana, seja na forma de sentimento de auxílio e de cooperação ao próximo, seja através de compromisso assumido pelo qual uns se obrigam a determinada conduta em relação aos outros. Os individualismos são superados à vista do que é geral e prevalente.

Na organização de sociedade plural, impõe-se o intervencionismo do Estado, para viabilizar o bem-estar e a segurança de cada integrante da comunidade. Para tanto, em sistema de repartir responsabilidades por problemas que surgem dentro de sua dinâmica, todos são convocados a defender os interesses comuns. No intuito de assegurar equivalência de oportunidades — o que está intimamente ligado ao próprio conceito de cidadania — limitam-se os poderes que emanam do capital dominante e criam-se políticas públicas, em clara redistribuição de riquezas, minimizando os efeitos perversos do capitalismo.

Surgem, assim, preceitos de solidariedade pelos quais quem tem mais deve contribuir naturalmente com os desprovidos de recursos, priorizando o desenvolvimento do gênero humano. A respeito dessa sobreposição do comprometimento social a sentimento egoísta de liberdade individual, reflete Dalmo de Abreu Dallari:

> [...], a experiência mostrou que a simples declaração de que todos são livres é completamente inútil se apenas alguns puderem viver com liberdade. A par disso é necessário que se corrija também o sentido egoísta da liberdade individual. Se todos os homens são livres e iguais e se os homens não vivem isolados uns dos outros é preciso que a convivência, a repartição dos bens e o acesso aos benefícios da vida social não permitam grandes desníveis.[49]

A solidariedade emerge, portanto, como instrumento ético fundamental que unifica a evolução da humanidade, proporcionando a convivência pacífica dos indivíduos no meio social. O espírito de colaboração assume relevância na construção de sociedade mais justa, em que cada pessoa tem papel participativo importante ao procurar o bem comum. O interesse do grupo toma assento e vigor, em rejeição à antiga luta darwiniana em que sobreviveriam os mais capazes. Nesse encadeamento, solidifica-se a preservação do homem como espécie, em que os mais aptos auxiliarão os menos aptos a viverem dignamente, em nítido processo de inclusão social e de justiça distributiva[50]. Dissertando acerca de supostas dimensões da solidariedade, conceitua Fábio Konder Comparato:

---

(48) COMPARATO, Fábio Konder. *Op. cit.*, p. 577.

(49) *Constituição & constituinte*. 4. ed. São Paulo: Saraiva, 2010. p. 15.

(50) Fábio Konder Comparato afirma sobre a solidariedade: "O fundamento ético desse princípio encontra-se na ideia de justiça distributiva, entendida como a necessária compensação de bens e vantagens entre as classes sociais, com a socialização dos riscos normais da existência humana." (*A afirmação histórica dos direitos humanos*. 7. ed. São Paulo: Saraiva, 2010. p. 77)

A solidariedade técnica traduz-se pela padronização de costumes e modos de vida, pela homogeneização universal das formas de trabalho, de produção e troca de bens, pela globalização dos meios de transportes e de comunicação. Paralelamente, a solidariedade ética, fundada sobre o respeito aos direitos humanos, estabelece as bases para a construção de uma cidadania mundial, onde já não há relações de dominação, individual ou coletiva.[51]

"A solidariedade prende-se à ideia de responsabilidade de todos pelas carências ou necessidades de qualquer indivíduo ou grupo social."[52] O reconhecimento dos direitos sociais dentre os direitos humanos de segunda geração segue a lógica do Estado garantidor de tutela aos mais fracos e mais pobres, socializando os riscos inerentes à existência humana, que exige postura ativa na criação de medidas agregadoras. Aliás, essa é regra que se extrai do inciso I do art. 3º da Constituição da República Federativa do Brasil, que aponta como primeiro objetivo fundamental a construção de sociedade livre, justa e solidária.

No que diz respeito à previsão constitucional, Eros Roberto Grau identifica como "solidária, a sociedade que não inimiza os homens entre si, que se realiza no retorno, tanto quanto historicamente viável, à *Gesenschaft* — energia que vem da densidade populacional fraternizando e não afastando os homens uns dos outros"[53]. Não obstante essa característica unificadora, Guilherme Machado Casali reforça as dimensões pelas quais o princípio em voga pode ser descrito:

> Em que pese o termo "solidário" seja referido apenas no inciso I do referido artigo, o Princípio da solidariedade é descrito por todos os seus incisos. A solidariedade compreende: a) responsabilidade recíproca entre as pessoas; b) prontidão para ajudar os menos favorecidos; c) elemento que, através da mediação jurídica, transforma súditos em cidadãos; d) reconhecimento e aceitação da diversidade e da pluralidade social, facilitando a democracia, ampliando o processo de comunicação; e) associada à comunicação transforma pessoas em povos, constituindo fator de identidade entre os indivíduos.[54]

A atuação do princípio da solidariedade no campo das relações sociais implica, por via de consequência, a cooperação recíproca entre capital e trabalho, na busca pela harmonia desse conflito. Conforme destaca Gabriela Neves Delgado, "o princípio da solidariedade social conclama pela necessidade de contribuição coparticipada da sociedade para o sustento de seus cidadãos. Corresponde, portanto, à universalização da técnica de proteção social"[55]. A garantia do sucesso do desenvolvimento econô-

---

(51) *A afirmação histórica dos direitos humanos*. 7. ed. São Paulo: Saraiva, 2010. p. 51.
(52) *Ibidem*, p. 77.
(53) *A ordem econômica na Constituição de 1988*. 14. ed. São Paulo: Malheiros, 2010. p. 217.
(54) O Princípio da Solidariedade e o art. 3º da Constituição da República Federativa do Brasil. *Revista Eletrônica Direito e Política*. Itajaí, v. 1, n. 1, p. 232, 3º quadrimestre de 2006. Disponível em: <http://www.univali.br/direitoepolitica>. Acesso em: 6 set. 2010.
(55) Princípios Internacionais do Direito do Trabalho e do Direito Previdenciário. In: DELGADO, Gabriela Neves; NUNES, Raquel Portugal; SENA, Adriana Goulart de. (Coords.) *Dignidade humana e inclusão social. Caminhos para a efetividade do direito do trabalho no Brasil*. São Paulo: LTr, 2010. p. 455.

mico está diretamente atrelada à melhora das condições de vida dos indivíduos em comunidade, que justifica o cuidado daqueles que a integram para com o todo. Sobre o assunto, retrata Maria Celina Bodin de Moraes:

> Ao imputar, ao Estado e a todos os membros da sociedade, o encargo de construir uma "sociedade igualitária", através da distribuição de justiça social, o texto constitucional agregou um novo valor aos já existentes, ao estabelecer natureza jurídica ao dever de solidariedade, que se tornou possível, portanto, de exigibilidade. Criou, assim, o Estado Democrático e Social de Direito, tanto por atribuir valor social à livre iniciativa como por projetar a erradicação da pobreza e da marginalização social, entre outras disposições. O projeto de uma sociedade livre, justa e solidária contraria a lógica da competição desmedida e do lucro desenfreado, presentes em situações jurídicas subjetivas de cunho patrimonial (o ambiente do ter) — situações próprias de um sistema capitalista sem qualquer moderação, sem valores sociais a proteger, onde vigora a máxima, proveniente de conhecida expressão popular, de que "é cada um por si e Deus por todos".[56]

Solidariedade é, porque não afirmar, fato social, pois cada indivíduo apenas pode ser pensado em sociedade. Define-se como a "interdependência existente entre cada indivíduo com os demais membros da sociedade e com esta, caracterizada pela cooperação mútua, pela igualdade de oportunidades e pela busca do bem-estar de todos"[57]. A respeito dessa tomada de consciência de que o homem não é um ser isolado, constata Carlos Henrique Bezerra Leite:

> A vida ganha sentido quando compartilhamos com o próximo e nos importamos com o seu sucesso e com a sua felicidade. Por isso, reitera-se aqui que a solidariedade não se confunde necessariamente com caridade, mas, sim, com preocupação com as outras pessoas e a vontade de agir para que todos tenham as mesmas oportunidades, as mesmas chances, para buscarem a felicidade.[58]

Da leitura da Constituição da República, reporta-se ao conceito de justiça distributiva e à redução das desigualdades, focalizando a redistribuição igualitária de direitos, deveres, vantagens e da própria riqueza dos membros que compõem a sociedade brasileira, por intermédio de juízos de conveniência social. A preocupação com os direitos individuais é colocada em segundo plano, não por ser destituída de importância, mas porque sopesada diante de um interesse coletivo. "O princípio constitucional da solidariedade identifica-se, assim, com o conjunto de instrumentos voltados para garantir

---

(56) *O princípio da solidariedade* (p. 17). Disponível em: <http://www.idcivil.com.br/pdf/biblioteca9.pdf>. Acesso em: 6 set. 2010.

(57) PONTES, Alan Oliveira. *O princípio da solidariedade social na interpretação do direito da seguridade social*. Dissertação (Mestrado em Direito do Trabalho), Faculdade de Direito da Universidade de São Paulo. São Paulo, 2006. 227 f. Disponível em: <http://www.teses.usp.br/teses/disponiveis/2/2138/tde-19052010-110621/>. Acesso em: 6 set. 2010.

(58) *Direitos humanos*. 2. ed. Rio de Janeiro: Lumen Juris, 2011. p. 54.

uma existência digna, comum a todos", desenvolvido em sociedade livre e justa, sem excluídos ou marginalizados[59]. Ademais, "a ordem jurídica não pode admitir, no estágio atual da civilização, a existência de um grupo de pessoas sem as mínimas condições materiais de subsistência, despidas de alimentação, educação, saúde, habitação, dentre outros requisitos".[60]

O princípio da solidariedade está, pois, ligado ao reconhecimento dos direitos humanos, de modo que a dignidade da pessoa passa a ser meta a orientar os caminhos para bom progresso da humanidade. Preceito expresso no texto da Carta brasileira de 1988, justifica-se a origem das ações estatais positivas que assegurem a inclusão de todos os trabalhadores a padrões mínimos de sobrevivência. Sobre o papel do Direito do Trabalho nesse panorama, declara Jorge Luiz Souto Maior:

> [...] O Direito do Trabalho procura impor ao sistema capitalista um retorno de cunho social, transformando a solidariedade em um valor jurídico. Ao mesmo tempo em que organiza o sistema de produção capitalista, viabilizando-o, o Direito do Trabalho busca humanizar o sistema, estabelecendo as bases de uma almejada justiça social. O Direito do Trabalho, também, em certa medida, limita a própria vontade do trabalhador, coibindo-lhe a venda da força de trabalho em quaisquer padrões socioeconômicos. Por isto o Direito do Trabalho é um direito social e sua inserção na realidade é uma questão de ordem pública.[61]

Ao se pretender a proteção do trabalho autônomo, com a fixação de direitos devidamente regulamentados pelo ordenamento jurídico, objetiva-se dar efetividade aos preceitos constitucionais por meio da criação de um fundo social. Sobressai daí o princípio da solidariedade a justificar essa postura ativa do Estado brasileiro, de modo a permitir a melhoria da condição dos trabalhadores com a consequente elevação dos patamares de subsistência. Antes de um mero capricho, a promoção do ser humano na vida social assinala o avanço de mentalidade coletiva com vistas à construção dessa sociedade livre, justa e solidária.

1.3. O Reconhecimento dos Direitos Humanos e as Principais Declarações

A avença acerca dos direitos humanos almeja consolidar ideias de liberdade e de isonomia em atenção à dignidade na vida humana. As declarações de direitos, imbuídas dessas premissas latentes em pressuposto de pensamento uniforme entre os povos, assinalaram transformações de atitudes e de expectativas gerais das sociedades frente

---

(59) MORAES, Maria Celina Bodin de. *O princípio da solidariedade* (p. 08). Disponível em: <http://www.idcivil.com.br/pdf/biblioteca9.pdf>. Acesso em: 6 set. 2010.
(60) BERNARDO, Wesley de Oliveira Louzada. *O princípio da dignidade da pessoa humana e o novo direito civil*: breves reflexões (p. 240). Disponível em: <http://www.fdc.br/Arquivos/Mestrado/Revistas/Revista08/Artigos/WesleyLousada.pdf>. Acesso em: 6 set. 2010.
(61) *Curso de direito do trabalho* — A Relação de Emprego. São Paulo: LTr, 2008. v. II, p. 45.

aos seus governantes. Partindo de interesses econômicos dominantes à época, opostos ao regime político monárquico, surgiram novas máximas de convívio harmonioso dos povos, que se sobrepunham às inquestionáveis diferenças culturais.

Na medida em que são inerentes à própria natureza humana, admite-se a sua existência, antes mesmo das declarações formais e escritas. Os documentos em voga simbolizam a afirmação histórica desses preceitos agora expressos, tais quais as normas constantes em cada ordenamento jurídico. Discute-se, na doutrina, acerca de eventual distinção entre direitos humanos e direitos fundamentais, bem como na sua fonte normativa. Sustenta-se que essa diferenciação seria prejudicial à própria teoria dos direitos fundamentais, pois relegaria ao Estado o poder de dizer quais são os verdadeiros direitos humanos fundamentais. Além disso, debate-se a possibilidade de inserção de outros direitos como fundamentais em razão de sua fundamentalidade, isto é, a própria dignidade da pessoa humana. Sem pretender aprofundar a discussão, entendemos que todos têm o mesmo valor. Nesse estudo, porém, prevalecerá, para fins de referência, o entendimento de que seriam fundamentais os direitos humanos efetivamente positivados no ordenamento jurídico.

Independente da distinção antes referida, mais do que impulsionarem sua defesa universal além do âmbito de circunscrições territoriais de origem, as declarações de direitos passam a ditar condicionantes, costumes e princípios jurídicos internacionais, legitimando governos democráticos que então se estabeleceram. A respeito do processo de democratização do sistema internacional, salienta Norberto Bobbio:

> Direitos do homem, democracia e paz são três momentos necessários do mesmo movimento histórico: sem direitos do homem reconhecidos e protegidos, não há democracia; sem democracia, não existem as condições mínimas para a solução pacífica dos conflitos. Em outras palavras, a democracia é a sociedade dos cidadãos, e os súditos se tornam cidadãos quando lhes são reconhecidos alguns direitos fundamentais; haverá paz estável, uma paz que não tenha a guerra como alternativa, somente quando existirem cidadãos não mais apenas deste ou daquele, mas do mundo.[62]

Com o enaltecer dos ideais democráticos, primava-se por ampliar a participação direta do povo no governo. Havia o propósito de melhor representar interesses burgueses que ascendiam em busca de espaço contra as monarquias absolutistas. A pretensa reformulação do papel do Estado dentro da sociedade dependia agora de assegurar ampla liberdade das pessoas, especialmente para fins de negociação comercial e de expansão do capital para outros mercados. Manoel Gonçalves Ferreira Filho define os princípios que passaram a reger a democracia contemporânea:

> A democracia contemporânea, do ângulo jurídico, pode ser resumida nalguns princípios. Ou seja: 1) ela tem o povo como fonte de todo poder — princípio da soberania popular; 2) todavia, o povo não exerce o poder, mas o faz por meio de representantes — princípio representativo — embora

---

(62) *A era dos direitos*. Nova Edição. Rio de Janeiro: Elsevier, 2004. p. 1.

excepcionalmente o exerça; 3) tal poder é, ademais, limitado por freios e contrapesos e, sobretudo, pelo reconhecimento de direitos fundamentais em favor dos seres humanos — princípio da limitação do poder.[63]

A efetivação dos direitos humanos, extrapolando uma concepção meramente individualista, já que se aspirava à adoção por todos os povos, tornou-se o ponto de partida do modelo estatal moderno. Conferiu-lhe, inclusive, legitimidade popular. "Mesmo afirmando que esses direitos já existiam e que eles os estavam meramente defendendo, os deputados criavam algo radicalmente novo: governos justificados pela sua garantia dos direitos universais".[64] Sobre a criação dessa inovadora conformação social, esclarece Paulo Bonavides:

> Do campo filosófico ao campo jurídico, do direito natural ao direito positivo, das abstrações do contrato social aos códigos, às constituições e aos tratados, depois de cursar a via revolucionária, essas Declarações fizeram vingar um gênero de sociedade democrática e consensual, que reconhece a participação dos governados na formação da vontade geral e governante. Ergueram-se desse modo conceitos novos de legitimação da autoridade, dos quais o mais importante vem a ser aquele que engendrou a chamada teoria do poder constituinte (*pouvoir constituant*). Mas o poder constituinte cuja titularidade nos sistemas democráticos há de pertencer sempre à Nação e ao Povo, portanto, à soberania política do cidadão. Os direitos humanos, tomados pelas bases de sua existencialidade primária, são assim os aferidores da legitimação de todos os poderes sociais, políticos e individuais. Onde quer que eles padeçam lesão, a Sociedade se acha enferma. Uma crise desses direitos acaba sendo também uma crise do poder em toda a sociedade democraticamente organizada.[65]

Valores fundamentais ao desenvolvimento global da civilização emergiram da repercussão direta desses postulados na consciência mundial, vindo a justificar a necessidade de se conferir tratamento isonômico a todas as espécies de trabalhadores, autônomos ou subordinados. A garantia de padrões mínimos de vida passa pela liberdade de exercer trabalho digno, visto que se trata do principal meio de subsistência dos indivíduos. A construção de sociedade livre, justa e solidária (objetivo inclusive previsto no art. 3º da Constituição Federal brasileira) depende da reserva indiscriminada de determinados direitos basilares.

Configura-se, a partir daí, a análise primordial das principais declarações com referência aos direitos humanos: Declaração de Direitos do Bom Povo da Virgínia (1776), Declaração de Independência dos Estados Unidos América (1776) e Constituição Norte-Americana (1787); Declaração dos Direitos do Homem e do Cidadão (1789); Declaração

---

(63) *Princípios fundamentais do direito constitucional*. 2. ed. São Paulo: Saraiva, 2010. p. 51.
(64) HUNT, Lynn. *A invenção dos direitos humanos*. Uma História. Tradução de Rosaura Eichenberg. São Paulo: Companhia das Letras, 2009. p. 116.
(65) *Curso de direito constitucional*. 25. ed. São Paulo: Malheiros, 2010. p. 575.

Universal dos Direitos Humanos (1948); e Pacto Internacional dos Direitos Econômicos, Sociais e Culturais (1966). Além de condicionantes do convívio do homem em sociedade, também constituem o preâmbulo da positivação do direito social ao trabalho.

1.3.1. Declaração dos Direitos do Bom Povo da Virgínia, Declaração de Independência dos Estados Unidos da América e Constituição Norte-Americana

"Havia duas versões da linguagem dos direitos no século XVIII: uma versão particularista (os direitos específicos de um povo ou tradição nacional) e uma visão universalista (os direitos do homem em geral)".[66] As antigas treze colônias britânicas da América do Norte, no processo de separação da Grã-Bretanha, cujo ápice se configurou na Declaração de Independência de 1776, utilizaram-se da segunda opção. Afinal, como fundamento da constituição dos governos, preconizavam a igualdade de todos os homens, portadores de direitos inalienáveis, conforme se observa no trecho colacionado:

> Consideramos estas verdades por si mesmo evidentes, que todos os homens são criados iguais, sendo-lhes conferidos pelo seu Criador certos Direitos inalienáveis, entre os quais se contam a Vida, a Liberdade e a busca da Felicidade. Que para garantir estes Direitos, são instituídos Governos entre os Homens, derivando os seus justos poderes do consentimento dos governados. Que sempre que qualquer Forma de Governo se torne destruidora de tais propósitos, o Povo tem Direito a alterá-la ou aboli-la, bem como a instituir um novo Governo, assentando os seus fundamentos nesses princípios e organizando os seus poderes do modo que lhe pareça mais adequado à promoção da sua Segurança e Felicidade.[67]

O rompimento da relação harmoniosa da colônia norte-americana com a metrópole britânica não se deu pelo simples despertar de sentimentos de liberdade e igualdade dos colonos americanos. Imposições tributárias e restrições econômicas nutriram sua insatisfação[68]. Iniciado o caminho pela Declaração de Direitos do Bom Povo da Virgínia (16.06.1776), que sustentava a liberdade e a independência por natureza de todos os homens, após a adesão das demais colônias norte-americanas, chegou-se à Declaração de Independência dos Estados Unidos da América (04.07.1776) e, por fim, à

---

(66) HUNT, Lynn. *A invenção dos direitos humanos*. Uma História. Tradução de Rosaura Eichenberg. São Paulo: Companhia das Letras, 2009. p. 116.

(67) *Declaração da Independência (1776). Apud Ibidem*, p. 219-220.

(68) Quanto ao contexto histórico que precedeu a independência norte-americana, esclarece Sahid Maluf: "Precisamente quando o governo, desnaturado pelos arroubos absolutistas de Jorge III, espezinhava os direitos dos seus súditos americanos, impondo tributos escorchantes e exercendo violências policiais, o povo das treze colônias, já entusiasmado pelas ideias republicanas que Lafayette viera pregar no novo mundo, valeu-se do *direito de rebelião* proclamado na doutrina de John Locke: quando um governo se desvia dos fins que inspiraram sua organização, assiste ao povo o direito de substituí-lo por outro condizente com a vontade nacional. A justificação doutrinária da guerra pela emancipação, redigida por Jefferson, contém os fundamentos da filosofia política norte-americana." (*Teoria geral do Estado*. 21. ed. São Paulo: Saraiva, 1991. p. 125).

Constituição Norte-Americana (17.09.1787). Esta notabilizou-se como a primeira Carta escrita do mundo moderno a afirmar princípios democráticos.

A partir desse momento, ligava-se intimamente a legitimação política com a soberania popular, já que o povo detinha o poder supremo. A dignidade humana, nesse contexto, exigia iguais condições de acesso e de busca da felicidade sem distinção. "Os Estados Unidos deram aos direitos humanos a qualidade de direitos fundamentais, isto é, direitos reconhecidos expressamente pelo Estado, elevando-os ao nível constitucional, acima portanto da legislação ordinária".[69] Ademais, depreende-se o tríplice conteúdo da Revolução Americana, conforme apontado por Luís Roberto Barroso:

> A primeira Constituição escrita do mundo moderno passou a ser o marco simbólico da conclusão da Revolução Americana em seu tríplice conteúdo: a) independência das colônias; b) superação do modelo monárquico; c) implantação de um governo constitucional, fundado na separação dos Poderes, na igualdade e na supremacia da lei (*rule of the law*). Para acomodar a necessidade de criação de um governo central com o desejo de autonomia dos Estados — que conservam os seus próprios Poderes e amplas competências — concebeu-se uma nova forma de organização do Estado, a Federação, que permitiu a convivência dos dois níveis de poder, federal e estadual.[70]

Passa-se a entender a liberdade e a independência como direitos naturais de auto-organização dos povos, que emanam da condição de igualdade dos indivíduos. A resistência à autoridade britânica buscou proteger os cidadãos americanos contra abusos cometidos pelo seu governo federal. A reivindicação de direitos inalienáveis de homens iguais por natureza embasou a luta então travada. A verdadeira preocupação consistia em estabelecer a estrutura de governo democrático burguês, no qual se limitassem os poderes de Estado em benefício de livres iniciativa e concorrência[71]. Fábio Konder Comparato resume a questão:

> A independência das antigas treze colônias britânicas da América do Norte, em 1776, reunidas primeiro sob a forma de uma confederação e constituídas em seguida em Estado Federal, em 1787, representou o ato inaugural da democracia moderna, combinando, sob o regime constitucional, a representação popular com a limitação de poderes governamentais e o respeito aos direitos humanos.[72]

---

(69) COMPARATO, Fábio Konder. *A afirmação histórica dos direitos humanos*. 7. ed. São Paulo: Saraiva, 2010. p. 124.

(70) *Curso de direito constitucional contemporâneo. Os conceitos fundamentais e a construção do novo modelo*. São Paulo: Saraiva, 2009. p. 17.

(71) Sobre a proteção de liberdades fundamentais, ensina Robert Alexy: "Toda a liberdade fundamental é uma liberdade que existe ao menos em relação ao Estado. Toda liberdade fundamental que existe em relação ao Estado è protegida, no mínimo, por um direito, garantido direta e subjetivamente, a que o Estado não embarace o titular da liberdade no fazer aquilo para o qual ele é constitucionalmente livre. Se se combinam liberdade e proteção no conceito de liberdade protegida, então, esse tipo de liberdade protegida é composto pela associação entre uma liberdade não-protegida e um direito ao não-embaraço de ações." (*Teoria dos direitos fundamentais*. São Paulo: Malheiros, 2008. p. 234).

(72) *A afirmação histórica dos direitos humanos*. 7. ed. São Paulo: Saraiva, 2010. p. 111.

José Afonso da Silva afirma que "as Declarações de Direitos, iniciadas com a da Virgínia, importam em limitações do poder estatal como tal, inspiradas na crença na existência de direitos naturais e imprescritíveis do homem".[73] Reconhecem direitos inerentes a todo ser humano, independentemente de diferenças de sexo, raça, religião, cultura ou posição social.[74] Sem menosprezar a importância da Declaração Francesa que veio logo a seguir e obteve maior notoriedade, não se pode negar: sinais de novos tempos, emancipando os indivíduos do poder estatal, irromperam das Américas para o resto do mundo, a determinar um caminho evolutivo sem volta para a humanidade.

Sobre os pressupostos jusnaturalistas e individualistas revelados nas declarações norte-americanas, Antonio E. Perez Luño explica que os direitos contidos em tais documentos à liberdade, à propriedade e à busca da felicidade pertencem a qualquer indivíduo, pelo simples fato do seu nascimiento. Não são direitos restritos a membros de uma classe ou de um país, mas sim, universais, absolutos, invioláveis e inalienáveis.[75]

Em síntese, partindo da Declaração do Bom Povo da Virgínia, todos os homens são igualmente livres e independentes, tendo certos direitos inatos.[76] Sem querer menosprezar a importância dessa e das demais declarações estadunidenses, que consolidaram a tônica preponderante do poder estatal e da democracia moderna, a tutela preconizada acabava recaindo somente sobre os homens livres, como alerta Carlos Henrique Bezerra Leite:

> Vale dizer: tais declarações tinham conteúdo extremamente individualista e patrimonialista, já que seus destinatários finais foram apenas os homens brancos, machos e ricos. É importante notar que, contraditória e paralelamente, nas Colônias do Sul, introduzia-se a escravidão negra, em flagrante violação aos direitos de liberdade e igualdade que as Declarações proclamavam.[77]

Trazendo essa ideia para o panorama atual, a intervenção do Estado não se justifica somente em benefício dos trabalhadores subordinados, quando lhes confere

---

(73) *Curso de direito constitucional positivo*. 19. ed. São Paulo: Malheiros, 2001, p. 158.

(74) COMPARATO, Fábio Konder. *Op. cit.*, p. 119.

(75) "Los derechos recogidos en tales documentos a la libertad, a la propiedad y a la búsqueda de la felicidad corresponden a todo individuo por el mero hecho de su nascimiento; se trata de derechos que, por tanto, no se hallan restringidos a los miembros de un estamento, ni siquiera a los de un país, sino de facultades universales, absolutas, inviolables e imprescriptibles." (LUÑO, Antonio E. Perez. *Los derechos fundamentales*. Temas Clave de La Constitucion Española. 9. ed. Madrid: Tecnos, 2007. p. 35)

(76) "A DECLARATION OF RIGHTS made by the representatives of the good people of Virginia, assembled in full and free convention which rights do pertain to them and their posterity, as the basis and foundation of government. Section 1. That all men are by nature equally free and independent and have certain inherent rights, of which, when they enter into a state of society, they cannot, by any compact, deprive or divest their posterity; namely, the enjoyment of life and liberty, with the means of acquiring and possessing property, and pursuing and obtaining happiness and safety. [...] Section 4. That no man, or set of men, is entitled to exclusive or separate emoluments or privileges from the community, but in consideration of public services; which, nor being descendible, neither ought the offices of magistrate, legislator, or judge to be hereditary. [...]". (*Bill of Rights — The Virginia Declaration of Rights*. June 12, 1776. Disponível em: <http://www.archives.gov/exhibits/charters/virginia_declaration_of_rights.html>. Acesso em: 18 jan. 2011.

(77) *Direitos humanos*. 2. ed. Rio de Janeiro: Lumen Juris, 2011. p. 3.

privilégios exclusivos de garantia de exercício de trabalho digno. Os autônomos também detêm a liberdade de escolher o seu labor, a ser desenvolvido nas mesmas condições outorgadas a qualquer outro indivíduo. À vista disso, impõe-se tutela estatal ampla, a fixar genericamente direitos mínimos e implementá-los de modo eficaz.

A Declaração de Independência dos Estados Unidos da América, por sua vez, marca a possibilidade de separar os laços políticos que unem as nações, quando houver violação ao direito de igualdade, na medida em que todos os homens são criados iguais e dotados de direitos inalienáveis de vida, liberdade e busca da felicidade.[78] Além do mais, a Constituição Norte-Americana em seguida estabeleceu o compromisso do povo em promover o bem comum.[79] Nesse sentido, extrai-se que a sustentabilidade de um estado democrático depende do atendimento aos anseios de todos. Significa dizer, ao menos, que as oportunidades de acesso aos meios de promoção da felicidade devem ser asseguradas sem distinção. Caso contrário, o governo perde a legitimidade de ocupar a direção do poder outorgado pelo povo.

Por meio do trabalho, o homem expressa sua individualidade e garante sua sobrevivência. É fator essencial de contentamento na vida em sociedade. Proteger e regulamentar o labor do autônomo revela tentativa de salvaguarda do bem-estar geral de todas as pessoas no meio em que vivem. As discussões latentes em pleno século XXI, na verdade, reproduzem premissas discutidas desde o século XVIII, o que garante a contemporaneidade do conteúdo das declarações de direitos humanos ora em debate.

1.3.2. Declaração dos Direitos do Homem e do Cidadão

A crise financeira do Estado na década de 1780, a recusa da nobreza em reduzir seus privilégios fiscais, a opressão do sistema feudal imposta aos camponeses e a busca da burguesia pelo poder conduziram a França à emergência de uma reforma política. A convocação dos Estados Gerais por Luis XVI, em maio de 1789, visava, inicialmente, reformar leis nacionais. Diante da pressão do Terceiro Estado, formado pela burguesia

---

(78) "When in the Course of human events, it becomes necessary for one people to dissolve the political bands which have connected them with another, and to assume among the powers of the earth, the separate and equal station to which the Laws of Nature and of Nature's God entitle them, a decent respect to the opinions of mankind requires that they should declare the causes which impel them to the separation. We hold these truths to be self-evident, that all men are created equal, that they are endowed by their Creator with certain unalienable Rights, that among these are Life, Liberty and the pursuit of Happiness.–That to secure these rights, Governments are instituted among Men, deriving their just powers from the consent of the governed, –That whenever any Form of Government becomes destructive of these ends, it is the Right of the People to alter or to abolish it, and to institute new Government, laying its foundation on such principles and organizing its powers in such form, as to them shall seem most likely to effect their Safety and Happiness. [...]". (*Declaration of independence*. July 4, 1776. Disponível em: <http://www.archives.gov/exhibits/charters/declaration_transcript.html>. Acesso em: 18 jan. 2011.
(79) "We the People of the United States, in Order to form a more perfect Union, establish Justice, insure domestic Tranquility, provide for the common defence, promote the general Welfare, and secure the Blessings of Liberty to ourselves and our Posterity, do ordain and establish this Constitution for the United States of America. [...]" (*Constitution of the United States*). Disponível em: <http://www.archives.gov/exhibits/charters/constitution_transcript.html>. Acesso em: 18 jan. 2011.

e pela classe de trabalhadores, todavia, proclamou-se uma Assembleia Nacional, logo em seguida convertida em Constituinte, deflagrando o processo revolucionário francês.

Pode-se afirmar que "a Revolução não foi contra a monarquia, que, de início, manteve-se inquestionada, mas contra o absolutismo, os privilégios da nobreza, do clero e as relações feudais no campo".[80] Embora desse fim à diferenciação jurídica das classes sociais, assegurava o direito de propriedade e preservava as posses da nobreza provincial.[81] Luís Roberto Barroso destaca:

> Sob o lema *liberdade, igualdade e fraternidade*, promoveu-se um conjunto amplo de reformas anti-aristocráticas, que incluíram: a) a abolição do sistema feudal; b) a promulgação da Declaração dos Direitos do Homem e do Cidadão; c) a elaboração de uma nova Constituição, concluída em 1791; d) a denominada constituição civil do clero. Essa primeira fase da revolução, que foi de 1789 a 1792, consumou o fim do Antigo Regime e pretendeu criar uma monarquia constitucional e parlamentar, em que o rei deixava de ser soberano por direito próprio e passava a ser delegado da nação.[82]

A Declaração dos Direitos do Homem e do Cidadão, de 26 de agosto de 1789, inspirada no exemplo norte-americano, surge em cenário de ruptura com a forma de exercício da autoridade até então estabelecida. É oportuno ressaltar que a monarquia francesa ora contraposta havia subsidiado o movimento de emancipação americana da década anterior. A tentativa frustrada de enfraquecer a Inglaterra, entretanto, serviu para agravar ainda mais a situação econômica do Rei da França, cada vez mais desacreditado diante dos seus súditos.

Sua importância notabilizou-se ao longo da história, não obstante ser posterior às Declarações de Virgínia e de Independência das colônias inglesas da América do Norte, ambas de 1776. No tocante às liberdades (civis e políticas) dos indivíduos frente ao Estado, tornou-se verdadeiro paradigma da defesa das garantias fundamentais dos homens. Comungando desse entendimento, pronuncia-se Manoel Gonçalves Ferreira Filho:

> Proclamada no impulso inicial da Revolução Francesa, não foi ela a primeira das Declarações, mas nenhuma a ela se compara em vários pontos capitais. Um. O ter servido de modelo e símbolo do reconhecimento dos direitos do Homem. Outro, por exprimir claramente a ideia de direitos fundamentais e sua significação política e jurídica. Ademais, nenhuma outra a ela se compara no seu universalismo: enuncia direitos do ser humano como tal, direitos derivados da natureza humana — direitos naturais.[83]

---

(80) BARROSO, Luís Roberto. *Curso de direito constitucional contemporâneo. Os conceitos fundamentais e a construção do novo modelo*. São Paulo: Saraiva, 2009. p. 26.
(81) *Revolução francesa* — Assembleia Nacional. Disponível em: <http://www.brasilescola.com/historiag/revolucao-francesa-assembleia-nacional.htm>. Acesso em: 20 jan. 2011.
(82) *Ibidem*, p. 26.
(83) *Princípios fundamentais do direito constitucional*. 2. ed. São Paulo: Saraiva, 2010. p. 85.

Do mesmo modo, atesta Norberto Bobbio:

> Dissemos, no início, que a Declaração de 1789 foi precedida pela norte-americana. Uma indiscutível verdade. Mas foram os princípios de 1789 que constituíram, durante um século ou mais, a fonte ininterrupta de inspiração ideal para os povos que lutavam por sua liberdade e, ao mesmo tempo, o principal objeto de irrisão e desprezo por parte dos reacionários de todos os credos e facções, que escarneciam "a apologia das retumbantes *blagues* da Revolução Francesa: Justiça, Fraternidade, Igualdade, Liberdade".[84]

Fortemente ligada aos ideais burgueses contrapostos aos abusos de poder da monarquia absolutista, definiu como direitos naturais e imprescritíveis do homem a liberdade, a propriedade, a segurança e a resistência à opressão. "Num único documento, portanto, os deputados franceses tentaram condensar tanto as proteções legais dos direitos individuais como um novo fundamento para a legitimidade do governo."[85] Fábio Konder Comparato ressalta a dimensão universalista da declaração em comento, a repercutir seus efeitos ao redor do mundo e durante décadas:

> Muito se discutiu a razão da dupla menção, ao homem e ao cidadão, no título da Declaração. A explicação mais razoável parece ser a de que os homens de 1789, [...], não se dirigiam apenas ao povo francês, mas a todos os povos, e concebiam portanto o documento em sua dupla dimensão, nacional e universal. As "disposições fundamentais" da Constituição de 1791, aliás, fazem nítida distinção entre os "direitos do homem", independentemente de sua nacionalidade, e os "direitos do cidadão", próprios unicamente dos franceses.[86]

Caracterizada por viés individualista e abstrato, sem falar expressamente em felicidade como as anteriores, ditava nova concepção de modelo estatal. "A verdadeira finalidade do Estado deve ser apenas dar aos súditos tanta liberdade que lhes permita buscar, cada um deles, a seu modo, a sua própria felicidade".[87] A segurança assumia relevo, pois representava a possibilidade de que todas as pessoas desfrutassem dos mesmos direitos, já que a lei devia ser a mesma para todos.

O princípio da reserva legal vem fortalecer o Legislativo, diante da subtração de parcela de poder do Executivo (governo), e sustentar, ao menos em tese, a democracia moderna e a soberania popular. Como indica Antonio E. Perez Luño, o pensamento liberal, na sua luta contra o absolutismo, pressupunha que a liberdade seria garantida, enquanto o povo detivesse a titularidade e o exercício do poder, mediante o reconhecimento do princípio da soberania popular, que deveria estar expresso na lei. Vinha, daí, a confiança dos autores da Declaração de 1789 na lei, que, por amanar da vontade geral, parecia ser o instrumento mais adequado para determinar o conteúdo e os limites

---

(84) *A era dos direitos*. Nova Edição. Rio de Janeiro: Elsevier, 2004. p. 118.
(85) HUNT, Lynn. *A invenção dos direitos humanos. Uma história*. Tradução de Rosaura Eichenberg. São Paulo: Companhia das Letras, 2009. p. 132.
(86) *A afirmação histórica dos direitos humanos*. 7. ed. São Paulo: Saraiva, 2010. p. 163.
(87) *A era dos direitos*. Nova Edição. Rio de Janeiro: Elsevier, 2004. p. 83.

dos direitos fundamentais. Para o autor, baseia-se nessa exigência o princípio básico do constitucionalismo liberal-democrático que é da reserva legal, isto é, uma garantia de que a regulação do estatuto das liberdades individuais é matéria reservada ao legislador e subtraída da interferência do governo.[88]

No documento de referência, identifica-se, ainda, base atual da apregoada igualdade de garantias estatais para exercer qualquer ofício ou profissão. A liberdade de escolha de oportunidades de cada indivíduo limita-se pela igual liberdade dos seus semelhantes. Compete ao Estado servir ao homem, o que legitima o governo colocado no poder e auxilia manter a ordem jurídica existente. A Declaração, como se observa, retirou privilégios da nobreza para beneficiar a burguesia, o que impediu a implementação da igualdade material e da fraternidade. Para Carlos Henrique Bezerra Leite, "o liberalismo absoluto preconizado pela Revolução Francesa implicou um Estado abstencionista. Com isso, o lema da igualdade perante a lei acabou gerando, na realidade, crescentes desigualdades econômicas e sociais entre as pessoas".[89]

Embora sua defesa fosse um dos alicerces da Revolução Francesa, imensa maioria de indivíduos sem propriedade buscava tutela estatal garantidora de melhores condições de vida e de trabalho. Lutava contra a posse e a exploração das terras pela nobreza agrária, o desemprego urbano provocado pela imigração do campo para as cidades, a elevação do preço dos alimentos e a condição de miséria que, na época, afligia grande contingente de pessoas. Sob certa medida, esse panorama não difere tanto do hoje vivido — quando se pretende a retirada de trabalhadores autônomos da economia informal, para que gozem de direitos mínimos, como, por exemplo, períodos de descanso remunerado, o que já foi obtido pelos empregados. O alcance de maior segurança jurídica nas relações sociais e laborais evidencia o bem comum tão aspirado dentro de uma democracia representativa.

Sustenta-se, como legado dos ideais franceses, a impossibilidade de distinção prejudicial de autônomos relativamente a trabalhadores subordinados. Como todos são cidadãos iguais em direitos e deveres, parafraseando o seu artigo VI, o Estado deve observar todas as dignidades dos indivíduos, já que as diferenças apenas devem ter origem nas capacidades, talentos ou virtudes de cada um. Afasta-se, assim, a interferência do tipo de contrato, verbal ou escrito, que vincula o trabalhador ao tomador de serviço, como definidor de garantias mínimas.

Antigos ideais de isonomia e de afastamento de privilégios injustificados são relembrados[90], para que o Estado atenda indiscriminadamente os interesses de todos

---

(88) "El pensamiento liberal, en su lucha contra el absolutismo, había supuesto que la libertad quedaría perfectamente garantizada en cuanto el pueblo fuera quien detentara la titularidad y el ejercicio del poder mediante el reconocimiento del principio de la soberanía popular, de la cual debía ser expressíon la ley. De ahí la confianza de los autores de la Declaración de 1789 en la ley, que por ser emanación de la voluntad general parecia el instrumento más adecuado para determinar el contenido y los limites de los derechos fundamentales. Em esta exigencia se funda el principio básico para el constitucionalismo liberal-democrático de la reserva de ley, esto es, de la garantia de que la regulación del estatuto de las libertades es matéria reservada al legislador y sustraída a la injerencia del gobierno." (LUÑO, Antonio A. Perez. *Los derechos fundamentales. temas clave de la Constitucion Española*. 9. ed. Madrid: Tecnos, 2007. p. 70)

(89) *Direitos humanos*. 2. ed. Rio de Janeiro: Lumen Juris, 2011. p. 4.

(90) "DÉCLARATION DES DROITS DE L'HOMME ET DU CITOYEN DE 1789. [...] Article premier. Les hommes naissent et demeurent libres et égaux en droits. Les distinctions sociales ne peuvent être fondées que sur

aqueles que dependem da disponibilização da sua própria força de trabalho para sobreviver em sociedade. Convergem, pois, com preocupação contemporânea de desfrute pela generalidade dos homens de maior segurança na vida e no trabalho, o que vai ao encontro de pretendido sentimento de bem-estar do indivíduo diante das instituições políticas a seu serviço.

1.3.3. Declaração Universal dos Direitos Humanos

Promulgada pela Assembleia Geral da Organização das Nações Unidas, em 10 de dezembro de 1948, a Declaração Universal dos Direitos Humanos significou grande passo evolutivo. A continuidade da raça humana — ao se constatarem as inegáveis atrocidades cometidas ao longo da Segunda Grande Guerra e os efeitos da devastação tanto do território geográfico como da economia europeia — converteu-se em preocupação das autoridades mundiais.[91] O risco do homem destruir sua própria espécie tornou-se realidade desde então, ensejando uma nova postura das nações entre si e para com seus cidadãos. Concernem os ensinamentos de Paulo Bonavides, quando se refere à Declaração como um documento de convergência e de síntese:

> Convergência de anseios e esperanças, porquanto tem sido, desde sua promulgação, uma espécie de carta de alforria para os povos que a subscreveram, após a guerra de extermínio dos anos 30 e 40, sem dúvida o mais grave duelo da liberdade com a servidão em todos os tempos. Síntese, também, porque no bronze daquele monumento se estamparam de forma lapidar direitos e garantias que nenhuma Constituição insuladamente lograra ainda congregar ao redor de um consenso universal.[92]

l'utilité commune. Article II. Le but de toute association politique est la conservation des droits naturels et imprescriptibles de l'homme. Ces droits sont la liberté, la propriété, la sûreté et la résistance à l'oppression. Article III. Le principe de toute Souveraineté réside essentiellement dans la Nation. Nul corps, nul individu ne peut exercer d'autorité qui n'en émane expressément. Article IV. La liberté consiste à pouvoir faire tout ce qui ne nuit pas à autrui : ainsi l'exercice des droits naturels de chaque homme n'a de bornes que celles qui assurent aux autres Membres de la Société, la jouissance de ces mêmes droits. Ces bornes ne peuvent être déterminées que par la Loi. [...] Article VI. La Loi est l'expression de la volonté générale. Tous les Citoyens ont droit de concourir personnellement, ou par leurs Représentants, à sa formation. Elle doit être la même pour tous, soit qu'elle protège, soit qu'elle punisse. Tous les Citoyens étant égaux à ses yeux, sont également admissibles à toutes dignités, places et emplois publics, selon leur capacité, et sans autre distinction que celle de leurs vertus et de leurs talents. Article VII. Nul homme ne peut être accusé, arrêté, ni détenu que dans les cas déterminés par la Loi, et selon les formes qu'elle a prescrites. Ceux qui sollicitent, expédient, exécutent ou font exécuter des ordres arbitraires, doivent être punis ; mais tout Citoyen appelé ou saisi en vertu de la Loi doit obéir à l'instant: il se rend coupable par la résistance. [...]" Disponível em: <http://www.assemblee-nationale.fr/histoire/dudh/1789.asp>. Acesso em: 19 jan. 2011.

(91) "Considerando que o desprezo e o desrespeito pelos direitos humanos resultaram em atos bárbaros que ultrajaram a consciência da Humanidade e que o advento de um mundo em que os todos gozem de liberdade de palavra, de crença e da liberdade de viverem a salvo do temor e da necessidade foi proclamado como a mais alta aspiração do ser humano comum, [...]." Preâmbulo da Declaração dos Direitos Humanos. Disponível em: <http://www.onu-brasil.org.br/documentos_direitoshumanos.php>. Acesso em: 24 jan. 2011.

(92) *Curso de direito constitucional.* 25. ed. São Paulo: Malheiros, 2010. p. 574.

Solidificando preceitos de convívio em sociedade, foi seu caráter internacional que procurou redimensionar os limites de interação entre os povos. "Retomando os ideais da Revolução Francesa, representou a manifestação histórica de que se formara, enfim, em âmbito universal, o reconhecimento dos valores supremos da igualdade, da liberdade, e da fraternidade entre os homens."[93] O respeito à dignidade de cada membro da "família humana", expressão utilizada no preâmbulo do documento[94], consolida o império da lei em todas as pátrias, de modo a proteger a autonomia, a equidade e a harmonia mundial. Avaliação semelhante faz José Afonso da Silva:

> A *Declaração Universal dos Direitos do Homem* contém *trinta artigos*, precedidos de um Preâmbulo com *sete considerandos*, em que reconhece solenemente: a *dignidade da pessoa humana*, como base da liberdade, da justiça e da paz; o *ideal democrático* com fulcro no progresso econômico, social e cultural; o direito de *resistência à opressão*; finalmente, a *concepção comum desses direitos*.[95]

Dando continuidade à proposição de Bonavides, a Declaração "é uma síntese em que lado a lado se inscrevem os direitos fundamentais, ditos da primeira geração — as *liberdades* —, e os da segunda geração — os *direitos sociais*".[96] Sobre esta última categoria, "caberia ao Estado não apenas abster-se de excessos lesivos ao patrimônio jurídico de seus súditos, como também, mediante ações promocionais e distributivas, assegurar-lhes um mínimo de proteção social apto a lhes preservar a dignidade humana."[97] É o marco inaugural de um outro ciclo, como assevera Rubens Fernando Clamer dos Santos Júnior:

> [...] a partir da Declaração Universal dos Direitos Humanos da ONU, tem início uma nova fase, caracterizada pela universalidade abstrata e concreta dos direitos fundamentais, com sua positivação, na esfera do Direito Internacional. A partir daí, estes direitos passam a ser reconhecidos concretamente aos cidadãos de um determinado Estado, aproximando-se cada vez mais dos direitos humanos e possibilitando a construção de um direito constitucional internacional.[98]

Considerando que ditames de igualdade formal foram insuficientes para neutralizar os efeitos perversos do capitalismo, impinge-se o Estado à reordenação de seus recursos

---

(93) COMPARATO, Fábio Konder. *A afirmação histórica dos direitos humanos*. 7. ed. São Paulo: Saraiva, 2010. p. 238.

(94) "Considerando que o reconhecimento da dignidade inerente a todos os membros da família humana e de seus direitos iguais e inalienáveis é o fundamento da liberdade, da justiça e da paz no mundo, [...]." Preâmbulo da Declaração dos Direitos Humanos. Disponível em: <http://www.onu-brasil.org.br/documentos_direitoshumanos.php>. Acesso em: 24 jan. 2011.

(95) *Curso de direito constitucional positivo*. 19. ed. São Paulo: Malheiros, 2001. p. 167.

(96) FERREIRA FILHO, Manoel Gonçalves. *Direitos humanos fundamentais*. 12. ed. São Paulo: Saraiva, 2010. p. 71.

(97) FREITAS JR., Antônio Rodrigues de. Direitos Sociais e Eficácia Horizontal dos Direitos Fundamentais: Possíveis Consequências Práticas para o Exercício do Poder Disciplinar do Empregador. In: SÉGUIN, Elida; FIGUEIREDO, Guilherme José Purvin de. (Coord.) In: *Meio ambiente do trabalho*. Rio de Janeiro: Verde, 2010. p. 115.

(98) *A eficácia dos direitos fundamentais dos trabalhadores*. São Paulo: LTr, 2010. p. 25-26.

e de suas atividades. A nova série de garantias indispensáveis ao desenvolvimento da personalidade do homem passa a inspirar reformas legislativas, inclusive no âmbito trabalhista, resultando nos dispositivos contidos na Declaração ora analisada. A força vinculativa da Declaração decorre justamente do fato de enunciar exigências básicas de salvaguarda à dignidade humana, o que dispensa qualquer querer estatal.[99] Guilherme Guimarães Feliciano e Marcos da Silva Pôrto afirmam:

> À míngua da lei humanizadora, as classes operárias rebelaram-se contra a opressão e instaram os Estados nacionais a tutelar as relações de trabalho. Mas somente meio século depois — em 1948 — os plenipontenciários das Nações Unidas reconheceriam, em textos oficiais, que o vilipêndio da dignidade humana, em todos os seus níveis, preordena a rebelião e o caos. Daí porque, muito antes da Declaração Universal dos Direitos do Homem (cujo artigo 23 consagrou o "direito ao trabalho, à livre escolha de emprego, a condições justas e favoráveis de trabalho e à proteção contra o desemprego"), os Estados soberanos cuidaram de implantar, nos seus ordenamentos internos, legislações tuitivas que pudessem mitigar as agruras das classes operárias e sinalizar para o estabelecimento de uma ordem jurídico social justa.[100]

O direito ao trabalho e o direito à livre escolha de emprego, em condições adequadas, embasam esse novo olhar a recair sobre as relações laborais.[101] A diretriz de qualquer atuação estatal deve condizer com compromisso de todos os países signatários da Declaração em viabilizar um padrão de vida que favoreça saúde e bem-estar, não só a seus nacionais, mas também aos estrangeiros, em notório repúdio à discriminação como um todo.[102] Retoma-se, no aspecto, a busca pela felicidade conclamada pela Declaração de Independência Norte-Americana.

Não se trata, como se poderia imaginar, de mera enumeração de direitos que já foram pronunciados outrora. A Declaração inova em diversos preceitos. Exemplifica

---

(99) Sobre o assunto, comenta Carlos Henrique Bezerra Leite: "Um dos grandes entraves para a operacionalização da DUDH residiu em sua natureza jurídica, na medida em que ela nada mais seria do que mera recomendação ou mera carta de princípios, sem força vinculante para os Estados, pois ela não fora submetida à ratificação pelos Estados-membros. [...] Tal entendimento, *data venia*, além de extremamente formalista, colide com a moderna teoria que distingue, para fins didáticos, os Direitos Humanos dos Direitos Fundamentais. É (preciso/válido?) dizer que, enquanto os Direitos Humanos correspondem aos costumes e aos princípios jurídicos internacionais, como exigências básicas de respeito à dignidade humana, e que, por isso, prescindem do querer estatal; os Direitos Fundamentais são aqueles que estão positivados nas Constituições ou nos ordenamentos jurídicos dos Estados." (*Direitos humanos*. 2. ed. Rio de Janeiro: Lumen Juris, 2011. p. 17)

(100) Afirmação e resistência: o trabalho na perspectiva dos Direitos Humanos. *Revista da Anamatra*, Brasília, p. 26, out. 2003.

(101) Declaração dos Direitos Humanos. "Artigo XXIII. 1. Todo ser humano tem direito ao trabalho, à livre escolha de emprego, a condições justas e favoráveis de trabalho e à proteção contra o desemprego." Disponível em: <http://www.onu-brasil.org.br/documentos_direitoshumanos.php>. Acesso em: 24 jan. 2011.

(102) Declaração dos Direitos Humanos. "Artigo XXV. 1. Todo ser humano tem direito a um padrão de vida capaz de assegurar-lhe, e a sua família, saúde e bem-estar, inclusive alimentação, vestuário, habitação, cuidados médicos e os serviços sociais indispensáveis, [...]." Disponível em: <http://www.onu-brasil.org.br/documentos_direitoshumanos.php>. Acesso em: 24 jan. 2011.

caráter criativo ao prescrever, de modo universal e inequívoco, que todo ser humano tenha direito a repouso e lazer (inclusive a limitação razoável das horas de trabalho e a férias remuneradas periódicas)[103]; bem como à segurança (nos casos de perda dos meios de subsistência em circunstâncias fora do controle do indivíduo)[104]. São formulações que atendem ao objetivo de assegurar o pleno exercício dos direitos fundamentais pelo trabalhador autônomo.

Desse modo, proteger e regulamentar o trabalho autônomo torna-se decorrência lógica do fiel cumprimento de máxima de igualdade estipulada na Declaração Universal dos Direitos do Homem — para não dizer nas demais declarações destacadas anteriormente. Como se verá adiante, a ideia de impedir distinção de qualquer natureza aos prestadores pessoais de serviços parte da premissa de que os seres humanos nascem livres e iguais em dignidade e direitos[105], a determinar a impossibilidade de discriminação do trabalho autônomo frente ao subordinado.

Impõe-se, portanto, a segurança pessoal e o desenvolvimento da personalidade de todos os trabalhadores, independente da forma como realizam seus ofícios.[106] Ademais, os reflexos de reconhecer a real eficácia do direito fundamental ao trabalho ultrapassam a esfera individual do trabalhador autônomo. Afetam as relações laborais e sociais, tornando-as mais estreitas. No círculo vicioso do bem, de constante ir e vir da história, volta à tona o espírito de fraternidade sustentado como um dos corolários da Revolução Francesa.

1.3.4. Pacto Internacional dos Direitos Econômicos, Sociais e Culturais

O avanço e a regulamentação dos direitos propostos na Declaração Universal dos Direitos Humanos ocorreram, sob determinados aspectos, pelo Pacto Internacional dos Direitos Econômicos, Sociais e Culturais. Os preceitos desse tratado normativo multilateral, adotado pela Assembleia Geral das Nações Unidas, em 16 de dezembro de

---

(103) Declaração dos Direitos Humanos. "Artigo XXIV. Todo ser humano tem direito a repouso e lazer, inclusive a limitação razoável das horas de trabalho e a férias remuneradas periódicas." Disponível em: <http://www.onu-brasil.org.br/documentos_direitoshumanos.php>. Acesso em: 24 jan. 2011.

(104) Declaração dos Direitos Humanos. "Artigo XXV. 1. Todo ser humano tem direito a um padrão de vida capaz de assegurar-lhe, e a sua família, saúde e bem-estar, [...] e direito à segurança em caso de desemprego, doença, invalidez, viuvez, velhice ou outros casos de perda dos meios de subsistência em circunstâncias fora de seu controle." Disponível em: <http://www.onu-brasil.org.br/documentos_direitoshumanos.php>. Acesso em: 24 jan. 2011.

(105) Declaração dos Direitos Humanos. "Artigo I. Todos os seres humanos nascem livres e iguais em dignidade e direitos. São dotados de razão e consciência e devem agir em relação uns aos outros com espírito de fraternidade." Disponível em: <http://www.onu-brasil.org.br/documentos_direitoshumanos. php>. Acesso em: 24 jan. 2011.

(106) Declaração dos Direitos Humanos. "Artigo III. Todo ser humano tem direito à vida, à liberdade e à segurança pessoal". Artigo XXII. "Todo ser humano, como membro da sociedade, tem direito à segurança social, à realização pelo esforço nacional, pela cooperação internacional e de acordo com a organização e recursos de cada Estado, dos direitos econômicos, sociais e culturais indispensáveis à sua dignidade e ao livre desenvolvimento da sua personalidade." Disponível em: <http://www.onu-brasil.org.br/documentos_ direitoshumanos.php>. Acesso em: 24 jan. 2011.

1966, integram, oficialmente, o ordenamento jurídico brasileiro, desde sua ratificação pelo Decreto Legislativo n. 226/91 e promulgação pelo Decreto n. 592/92.

Ao contrário das Declarações de Virgínia e Francesa, a omissão relativa à previsão expressa do direito de propriedade não se deu por acaso. Trata-se de indicador na escalada evolutiva dos direitos. Reflete a consciência de que não bastava enaltecer as liberdades civis e políticas de cada indivíduo frente ao Estado, porque isso não era o suficiente para diminuir as desigualdades sociais.

A intervenção estatal oportuniza o acesso de todos aos bens garantidores de uma vida digna. Para amenizar os efeitos perversos da competitividade do mercado, delimita-se a interferência na economia, sempre com vistas a reduzir as diferenças e a respeitar direitos considerados primordiais e intrínsecos ao homem. Certo grau de assistencialismo passa a ser admitido, para salvaguardar o ideal do pleno emprego e a fruição indiscriminada de prestações básicas. A segurança elementar ao alcance da desejada paz social dissocia-se, assim, da propriedade privada, razão pela qual se revela marco divisório. Acrescenta Fábio Konder Comparato:

> [...] em todos os países não comunistas, após a grande depressão de 1929, reconheceu-se que uma das funções primordiais do Estado consistia em garantir, por meio do pleno emprego e das prestações de caráter social (saúde, previdência e assistência social) aquela *freedom from want*, a que se referiu o Presidente Roosevelt em sua mensagem sobre o estado da União, de 6 de janeiro de 1941. Ou seja, estimava-se à época, antes das devastações provocadas pelo retorno avassalador do liberalismo econômico, no final do século, que a propriedade privada já não exercia o antigo papel de garantia contra a insegurança econômica.[107]

Tendo por base os princípios da dignidade da pessoa humana, da igualdade e da não discriminação, conforme se deduz do seu preâmbulo, "foi o primeiro instrumento jurídico internacional, de abrangência genérica, a conferir obrigatoriedade à proteção aos Direitos Econômicos, Sociais e Culturais".[108] Aos signatários endereça deveres que poderão ser implantados progressivamente, visando edificar um direito comum internacional sobre a matéria. Além disso, pressupõe sociedade democrática em que só o favorecimento do bem-estar geral poderá limitar as garantias enunciadas.[109] Arnaldo Süssekind enfatiza:

> [...] muitos preceitos do Pacto, ao contrário do que ocorre com a maioria das convenções da OIT sobre os correspondentes temas, são de caráter

---

(107) *A afirmação histórica dos direitos humanos*. 7. ed. São Paulo: Saraiva, 2010. p. 295.

(108) GURGEL, Yara Maria Pereira. *Direitos humanos, princípio da igualdade e não discriminação. Sua aplicação às relações de trabalho*. São Paulo: LTr, 2010, p. 82.

(109) Pacto Internacional dos Direitos Econômicos, Sociais e Culturais. "Art. 4º. Os Estados Membros no presente Pacto reconhecem que, no exercício dos direitos assegurados em conformidade com o presente Pacto pelo Estado, este poderá submeter tais direitos unicamente às limitações estabelecidas em lei, somente na medida compatível com a natureza desses direitos e exclusivamente com o objetivo de favorecer o bem-estar geral em uma sociedade democrática." Disponível em: <http://www.direitoshumanos.usp.br/index.php/Sistema-Global.-Declara%C3%A7%C3%B5es-e-Tratados-Internacionais-de-Prote%C3%A7%C3%A3o/pacto-internacional-dos-direitos-economicos-sociais-e-culturais-1966.html>. Acesso em: 26 jan. 2011.

promocional, o que não desobriga os Estados que aderiram ao Pacto, de implantar as suas normas em sucessivas etapas.[110]

"Completava-se, assim, a segunda etapa do processo de institucionalização dos direitos do homem em âmbito universal e dava-se início à terceira etapa, relativa à criação de mecanismos de sanção às violações de direitos humanos."[111] O reconhecimento do ideal do ser humano livre do temor e da miséria dependia da criação de condições que permitissem o gozo dos direitos econômicos, sociais e culturais. Nesse intuito, podem os povos se autodeterminarem e disporem de suas riquezas sem esquecer o compromisso assumido. Diante das distinções existentes entre os estágios de desenvolvimento de cada país, para que se chegue ao mesmo (ainda que utópico) patamar evolutivo, dita máximas de cooperação mútua entre as nações e de solidariedade internacional.[112] Fábio Konder Comparato destaca:

> [...] os direitos econômicos, sociais e culturais obedecem, primordialmente, ao princípio da solidariedade (ou fraternidade, no tríptico da Revolução Francesa), a qual impõe, segundo ditames da justiça distributiva ou proporcional, a repartição das vantagens ou encargos sociais em função das carências de cada grupo ou estrato da sociedade.[113]

Preocupa-se com a adoção de medidas efetivas pelos países, nas quais se insiram propostas legislativas, que possibilitem ao ser humano ganhar a vida por meio de trabalho de sua livre escolha.[114] Aliado a isso, cuida para manter condições justas e favoráveis à execução de cada ofício, o que se integra ao conceito de liberdades fundamentais. O atendimento de garantias mínimas estende-se genericamente a trabalhadores de todas as espécies. Nesse rol elementar, busca-se preservar remuneração igual para o trabalho

---

(110) *Direito internacional do trabalho*. 2. ed. São Paulo: LTr, 1987. p. 333.

(111) COMPARATO, Fábio Konder. *A afirmação histórica dos direitos humanos*. 7. ed. São Paulo: Saraiva, 2010. p. 291.

(112) Pacto Internacional dos Direitos Econômicos, Sociais e Culturais. "Art. 1º. § 1. Todos os povos têm o direito à autodeterminação. Em virtude desse direito, determinam livremente seu estatuto político e asseguram livremente seu desenvolvimento econômico, social e cultural. § 2. Para a consecução de seus objetivos, todos os povos podem dispor livremente de suas riquezas e de seus recursos naturais, sem prejuízo das obrigações decorrentes da cooperação econômica internacional, baseada no princípio do proveito mútuo e do Direito Internacional. Em caso algum poderá um povo ser privado de seus próprios meios de subsistência." Disponível em: <http://www.direitoshumanos.usp.br/index.php/Sistema-Global.-Declara%C3%A7%C3%B5es-e-Tratados-Internacionais-de-Prote%C3%A7%C3%A3o/pacto-internacional-dos-direitos-economicos-sociais-e-culturais-1966.html>. Acesso em: 26 jan. 2011.

(113) *A afirmação histórica dos direitos humanos*. 7. ed. São Paulo: Saraiva, 2010. p. 351-352.

(114) Pacto Internacional dos Direitos Econômicos, Sociais e Culturais. "Art. 6º. § 1. Os Estados Membros no presente Pacto reconhecem o direito de toda pessoa de Ter a possibilidade de ganhar a vida mediante um trabalho livremente escolhido ou aceito e tomarão medidas apropriadas para salvaguardar esse direito. § 2. As medidas que cada Estados Membros no presente Pacto tomará, a fim de assegurar o pleno exercício desse direito, deverão incluir a orientação e a formação técnica e profissional, a elaboração de programas, normas técnicas apropriadas para assegurar um desenvolvimento econômico, social e cultural constante e o pleno emprego produtivo em condições que salvaguardem aos indivíduos o gozo das liberdades políticas e econômicas fundamentais." Disponível em: <http://www.direitoshumanos.usp.br/index.php/Sistema-Global.-Declara%C3%A7%C3%B5es-e-Tratados-Internacionais-de-Prote%C3%A7%C3%A3o/pacto-internacional-dos-direitos-economicos-sociais-e-culturais-1966.html>. Acesso em: 26 jan. 2011.

de igual valor; segurança e higiene no labor; descanso, lazer, limitação razoável de horas, férias e feriados remunerados; liberdade de associação em sindicatos; previdência e seguro sociais.[115]

Não se permite, portanto, estabelecer pré-condições à fruição desses direitos, a exemplo de um contrato formal de emprego. Afinal, "o reconhecimento do direito de cada indivíduo a exercer livremente um trabalho que lhe proporcione meios de subsistência e, por conseguinte, condições de vida digna, representa a condição primária de existência de uma sociedade igualitária".[116] Não comporta, pois, discriminação entre empregados e autônomos, na medida em que ambos têm iguais dignidades a serem resguardadas pelo ordenamento jurídico.

Considerando que os Estados-parte do presente Pacto assumiram compromisso de que todas as pessoas desfrutassem do mais elevado nível de saúde física e mental, atenta-se para a melhoria dos aspectos de higiene do trabalho e do seu meio ambiente, que inclui medidas preventivas e o tratamento de doenças ocupacionais. Até mesmo quando deixa de regulamentar e efetivar os direitos fundamentais dos trabalhadores autônomos, mais uma vez, sobressai a inobservância dessas regras de isonomia pelas autoridades brasileiras.

Como se extrai da norma em comento, os países vinculados ao Pacto devem enviar relatórios periódicos, em que atestam o cumprimento das metas estabelecidas, ainda que por etapas, indicando fatores facilitadores ou prejudiciais ao seu implemento. Diante dessa necessidade de apresentar justificativa, questiona-se qual o verdadeiro motivo para, até os dias de hoje, continuar impedindo os trabalhadores autônomos do pleno exercício de seus direitos humanos (e fundamentais, já que também estão estabelecidos na Constituição brasileira). Não será mais uma mazela do capitalismo a despistar os olhos de gama tão representativa de trabalhadores?

---

(115) Pacto Internacional dos Direitos Econômicos, Sociais e Culturais. "Art. 7º. Os Estados Membros no presente Pacto reconhecem o direito de toda pessoa de gozar de condições de trabalho justas e favoráveis, que assegurem especialmente:uma remuneração que proporcione. no mínimo, a todos os trabalhadores; um salário equitativo e uma remuneração igual por um trabalho de igual valor, sem qualquer distinção; em particular, as mulheres deverão ter a garantia de condições de trabalho não inferiores às dos homens e perceber a mesma remuneração que eles, por trabalho igual; uma existência decente para eles e suas famílias, em conformidade com as disposições do presente Pacto; condições de trabalho seguras e higiênicas; igual oportunidade para todos de serem promovidos, em seu trabalho, à categoria superior que lhes corresponda, sem outras considerações que as de tempo, de trabalho e de capacidade; o descanso, o lazer, a limitação razoável das horas de trabalho e férias periódicas remuneradas, assim como a remuneração dos feriados. Art. 8º. § 1. Os Estados Membros no presente Pacto comprometem-se a garantir: O direito de toda pessoa de fundar com outras sindicatos e de filiar-se ao sindicato de sua escolha, sujeitando-se unicamente aos estatutos da organização interessada, com o objetivo de promover e de proteger seus interesses econômicos e sociais. O exercício desse direito só poderá ser objeto das restrições previstas em lei e que sejam necessárias, em uma sociedade democrática, ao interesse da segurança nacional ou da ordem pública, ou para proteger os direitos e as liberdades alheias; [...] Art. 9º. Os Estados Membros no presente Pacto reconhecem o direito de toda pessoa à previdência social, inclusive ao seguro social." Disponível em: <http://www.direitoshumanos.usp.br/index. php/Sistema-Global.-Declara%C3%A7%C3%B5es-e-Tratados-Internacionais-de-Prote%C3%A7%C3%A3o/ pacto-internacional-dos-direitos-economicos-sociais-e-culturais-1966.html>. Acesso em: 26 jan. 2011.
(116) COMPARATO, Fábio Konder. *A afirmação histórica dos direitos humanos*. 7. ed. São Paulo: Saraiva, 2010. p. 359.

Acredita-se que nenhum argumento em resposta seja suficiente para afastar a obrigação do Estado. A inserção dos autônomos no mercado de trabalho deve respeitar direitos intrínsecos à própria dignidade humana. Quando se fala em direito ao trabalho, não significa apenas a faculdade de firmar um contrato de emprego justo, mas também de ter a liberdade de poder explorar atividade econômica independente. Nesse encadeamento, Pacto Internacional dos Direitos Econômicos, Sociais e Culturais respalda conjunto de ações afirmativas, que concretizem ideal igualdade para acesso ao trabalho.

1.4. A Repercussão do Progresso dos Direitos Humanos nas Relações Sociais e Econômicas

As principais declarações trazidas à colação, na especificidade do contexto histórico, demarcam a gradual tomada de consciência sobre os direitos humanos. A busca pela felicidade corroborou a luta das colônias norte-americanas contra a monarquia inglesa opressora. Em novo amanhecer da democracia, chegou-se à proclamação da liberdade frente ao Estado a balizar a Revolução Francesa, com o surgimento do constitucionalismo. Da contraposição de interesses entre capital e trabalho, definiu-se o papel intervencionista do Estado — em que os direitos sociais primam sobre os direitos individuais patrimoniais — no propósito de consolidar a dignidade do indivíduo. Manoel Gonçalves Ferreira Filho identifica esses diferentes estágios:

> Vale apontar que, historicamente, a afirmação dos direitos fundamentais é marcada por três etapas, ou momentos de conscientização. A primeira é a do reconhecimento das *liberdades*, que acompanha o nascimento do constitucionalismo. Outra é a da consagração dos *direitos sociais*. A última, que é a contemporânea, a dos *direitos de solidariedade*.[117]

Os direitos humanos, não obstante sua pluralidade de significados no tempo, no espaço e em cada cultura, direcionam para referencial ético na construção da ordem internacional contemporânea. A dialética desse movimento, de constante formação, segundo ensinamentos de Norberto Bobbio, "começa pela universalidade abstrata dos direitos naturais, transfigura-se na particularidade concreta dos direitos positivos, e termina na universalidade não mais abstrata, mas também ela concreta, dos direitos positivos universais".[118] Na opinião de Oscar Ermida Uriarte:

> A sua eficácia é diferente porque é um Direito imperativo, *erga omnes*, que rege independentemente da aprovação dos Estados, porque são direitos que têm relação com a natureza da pessoa humana, que é universal, não dependendo de nacionalidade, de domicílio, de residência. São direitos da pessoa humana, quem queira que ela seja, onde quer que ela esteja, qualquer que seja a sua relação com um estado determinado.[119]

---

(117) *Princípios fundamentais do direito constitucional*. 2. ed. São Paulo: Saraiva, 2010, p. 84.

(118) *A era dos direitos*. Nova Edição. Rio de Janeiro: Elsevier, 2004, p. 30.

(119) A Aplicação das Normas Internacionais. *Cadernos da Amatra IV*, Porto Alegre, HS, ano V, n. 13, p. 98-106 (100), jun. 2010.

A incumbência de proteger o ser humano ultrapassa as fronteiras de cada nação. "Nenhum Direito nacional, ocidental ou não, aborígene ou não, pode desrespeitar os direitos humanos que é o cerne, o centro, da ordem pública internacional, das normas imperativas não disponíveis, nem renunciáveis, nem delegáveis."[120] Para concretizar os direitos humanos irrestritamente, exige-se cooperação mútua e solidariedade entre os povos.

Sobre esse cenário, que repercute dentro do direito constitucional de cada país, Oscar Zas esclarece que, hoje em dia, o Direito dos direitos humanos, ponto de convergência do Direito Internacional e do Direito Constitucional, admite a existência de normas supranacionais que se impõem à soberania dos Estados, em matérias que são de ordem pública internacional, por constituir princípios básicos de convivência internacional. Tais princípios constituem, segundo o autor, o denominado *jus cogens*, que inclui o respeito aos direitos fundamentais acima dos interesses e da vontade particulares de cada Estado.[121]

Assim interpretados, os direitos humanos, além de universais, são indivisíveis. Logo, não basta garantir liberdades. Impõe-se, tanto quanto, assegurar a igualdade. Somente o respeito ao conjunto de suas dimensões é capaz de contemplar a plenitude da dignidade humana, a qual deve ser entendida como princípio "que obriga a que algo seja realizado da melhor maneira, segundo as possibilidades materiais e jurídicas existentes, constituindo — a dignidade — uma obrigação de otimização"[122]. Trata-se de obrigação vinculada à experiência histórica e concreta da vida prática, cujo conceito decorre de manifestação multilateral e consciente das necessidades humanas.[123] Segundo Flávia Piovesan:

> **Universalidade** porque clama pela extensão universal dos direitos humanos, sob a crença de que a condição de pessoa é o requisito para a titularidade de direitos, considerando o ser humano como um ser essencialmente moral, dotado de unicidade existencial e dignidade. **Indivisibilidade** porque a garantia dos direitos civis e políticos é condição para a observância dos direitos sociais, econômicos e culturais e vice-versa. Quando um deles é violado, os demais também o são.[124] (grifo nosso)

---

(120) Ibid., p. 102.

(121) "Hoy en dia, el Derecho de los derechos humanos, punto de convergencia del Derecho Internacional y del Derecho constitucional, admite la existencia de normas supranacionales que se imponem a la soberanía de los Estados en aquellas materias que son de orden público internacional, por constituir principios basicos de la convivência internacional. Estos, que constituyen el denominado *jus cogens*, incluyen el respecto de los derechos fundamentales por encima de interesses y voluntad de los Estados." (ZAS, Oscar. La Interpretación y Aplicación de las Normas Internacionales de Derechos Humanos en Materia Laboral, com Especial Referencia al Ordenamiento Jurídico Argentino. *Cadernos da Amatra IV*, Porto Alegre, HS, ano V, n. 13, p. 107-130 (112), jun. 2010)

(122) LOPES, Ana Maria D'Avila. *Os direitos fundamentais como limites ao poder de legislar.* Porto Alegre: Sergio Antonio Fabris Editor, 2001. p. 197.

(123) *Ibidem*, p. 197.

(124) Direitos Humanos e o Trabalho. *Revista da Amatra II*, São Paulo, ano IV, p. 7, n. 10, dez. 2003.

A ineficácia material da simples enunciação de direitos passou a demandar medidas concretas que os implementassem. Devidos aos custos econômicos e financeiros daí decorrentes, bem como às situações distintas enfrentadas em cada país, admitiu-se sua aplicação progressiva. A Convenção Americana de Direitos Humanos de 1969 (Pacto de San José da Costa Rica), em seu art. 26, estabelece diretriz de desenvolvimento progressivo:

> Os Estados-partes comprometem-se a adotar providências, tanto no âmbito interno, como mediante cooperação internacional, especialmente econômica e técnica, a fim de conseguir progressivamente a plena efetividade dos direitos que decorrem das normas econômicas, sociais e sobre educação, ciência e cultura, constantes na Carta da Organização dos Estados Americanos, reformada pelo Protocolo de Buenos Aires, na medida dos recursos disponíveis, por via legislativa ou por meios apropriados.

A flexibilidade dos prazos, desse modo, está intimamente ligada às providências para efetivar os direitos então resguardados. A legitimação das instituições integrantes do Estado democrático moderno, inclusive para cumprimento de deveres internacionais, norteia-se pela ampla defesa dos direitos humanos.

Muito se discutiu sobre a necessidade de exprimir esses direitos, uma vez que são intrínsecos à natureza humana. As manifestações escritas foram, todavia, essenciais para consolidar tais preceitos como paradigmas de convivência pacífica do homem em sociedade. Levaram à formulação dos direitos fundamentais, isto é, aqueles previstos expressamente nas Constituições que as sucederam.

Recordemos que as Grandes Guerras do século passado exacerbaram a violação dos direitos humanos, para depois induzir à sua percepção e à indispensabilidade de sua salvaguarda. Nesse aspecto, a incorporação de ditames escritos em documentos internacionais pelos ordenamentos de cada nação ajudaram a alicerçar objetivo comum dos povos. Chega-se, então, à noção referida por Flávia Piovesan em sua obra de *mínimo ético irredutível*, a afastar todas as formas de discriminação entre os seres humanos, que hoje passa a vigorar, expresso ou não, no corpo jurídico de cada país. Fábio Konder Comparato relata:

> Reconhece-se, hoje, em toda parte, que a vigência dos direitos humanos independe de sua declaração em constituições, leis e tratados internacionais, exatamente porque se está diante de exigências de respeito à dignidade humana, exercidas contra todos os poderes estabelecidos, oficiais ou não. A doutrina jurídica contemporânea, de resto, como tem sido reiteradamente assinalado nesta obra, distingue os direitos humanos dos direitos fundamentais, na medida em que estes últimos são justamente os direitos humanos consagrados pelo Estado mediante normas escritas.[125]

"O sentido universalizante das declarações de direitos, de caráter estatal, passou a ser objeto de reconhecimento supra-estatal em documentos declaratórios de feição

---

(125) *A afirmação histórica dos direitos humanos*. 7. ed. São Paulo: Saraiva, 2010. p. 239.

multinacional ou mesmo universal."[126] Serviram para propagar ideia de que o Estado deve agir, com a força de sua autoridade, na proteção da igualdade humana, pelo menos, no que diz respeito às oportunidades de acesso aos bens da vida. Ainda que a isonomia material permaneça como aspiração diante de tanta diversidade, o compromisso assumido pelos partícipes dessas Declarações levou ao intento comum dos governantes em geral: proporcionar o bem-estar dos seus governados. Convém citar Antônio Rodrigues Freitas Júnior:

> Em outros termos: as autoridades públicas, seus agentes e os Poderes Públicos são os destinatários imediatos do comando subjacente aos direitos humanos fundamentais. Por outro lado, os seres humanos, sob seu poder soberano, reconhecidos como titulares de direitos "ante o Estado".[127]

"A questão técnica que se apresenta na evolução das declarações de direitos foi a de assegurar sua efetividade através de um conjunto de meios e recursos jurídicos, que genericamente passaram a chamar-se *garantias* constitucionais dos direitos fundamentais."[128] O Estado Democrático de Direito requer a representação dos interesses dos indivíduos em geral, a pautar a defesa de garantias básicas. "O princípio organizador que monta todas as peças em um todo integrado é a abrangente preocupação com o processo de aumento das liberdades individuais e o comprometimento social de ajudar para que isso se concretize."[129] Luís Roberto Barroso afirma:

> O núcleo essencial das primeiras constituições escritas é composto por normas de repartição e limitação do poder, aí abrangida a proteção dos direitos individuais em face do Estado. A noção de *democracia* somente viria a desenvolver-se e aprofundar mais adiante, quando se incorporaram à discussão ideias como fonte legítima do poder e representação política. Apenas quando já se avançava no século XX é que seriam completados os termos da complexa equação que traz como resultado o Estado democrático de direito: *quem* decide (fonte do poder), *como* decide (procedimento adequado) e o *que* pode ou não ser decidido (conteúdo das obrigações negativas e positivas dos órgãos de poder).[130]

Em atual e prevalente perspectiva, a propriedade deixou de ser o fundamento da segurança jurídica. A valorização do indivíduo dita a atuação dirigida do Estado. "Essas declarações fizeram vingar um gênero de sociedade democrática e consensual, que reconhece a participação dos governados na formação da vontade geral e governante."[131]

---

(126) SILVA, José Afonso da. *Curso de direito constitucional positivo*. 19. ed. São Paulo: Malheiros, 2001. p. 166.
(127) Direitos Sociais e Eficácia Horizontal dos Direitos Fundamentais: Possíveis Consequências Práticas para o Exercício do Poder Disciplinar do Empregador. In: SÉGUIN, Elida; FIGUEIREDO, Guilherme José Purvin de. (Coord.) In: *Meio ambiente do trabalho*. Rio de Janeiro: Verde, 2010. p. 117.
(128) SILVA, José Afonso da. *Op. cit.*, p. 170-171.
(129) SEN, Amartya. *Desenvolvimento como liberdade*. São Paulo: Companhia das Letras, 2009. p. 336.
(130) *Curso de direito constitucional contemporâneo*. Os Conceitos Fundamentais e a Construção do Novo Modelo. São Paulo: Saraiva, 2009. p. 40.
(131) BONAVIDES, Paulo. *Curso de direito constitucional*. 25. ed. São Paulo: Malheiros, 2010. p. 575.

Como o respeito aos direitos humanos consagra o poder político, "onde quer que eles padeçam lesão, a Sociedade se acha enferma. Uma crise desses direitos acaba sendo também uma crise do poder em toda a sociedade democraticamente organizada".[132] Como bem sintetiza Paulo Bonavides:

> Quando se faz do Estado unicamente um fim, privando-o de sua tarefa legítima de coadjutor eficaz da libertação das dependências, para erigi-lo em nascente e estuário de todos os valores, é que se perde de forma irremediável a faculdade de discernir os grandes momentos da trajetória libertadora, com que as ideias se afirmam e os princípios prevalecem; mas prevalecem em ordem a fazer o homem menos sujeito à coação das regras compulsivas e menos atado ao império das necessidades, sempre responsáveis, no ampliado universo da vida social, por uma diminuição dos espaços livres e audodeterminativos da pessoa humana.[133]

No processo contínuo de ampliar a proteção da espécie humana, os postulados dessas declarações são hoje resgatados. No elenco de direitos humanos, integra-se grande número de direitos trabalhistas. Por expressarem conjunto de aspirações e de obrigações morais, os direitos humanos exigem mecanismos de imposição. Significa implementar ditames de liberdade e de igualdade, de modo a garantir o pleno exercício do direito ao trabalho, como expressão da própria personalidade do trabalhador. Para ser livre, reivindicam-se oportunidades reais de escolha. A possibilidade de optar depende da eficácia das disposições tutelares do labor humano, a regrar direitos sociais básicos presentes no conteúdo dos direitos humanos fundamentais.

A regulamentação do trabalho autônomo justifica-se nesse panorama. Os empregados já dispõem dessa tutela. Os princípios da igualdade e da não discriminação estão, ademais, implícitos na promoção do direito ao trabalho para todos os seus destinatários. O Estado tem a obrigação de estabelecer, portanto, garantias mínimas aos autônomos, revertendo o quadro de informalidade e exclusão social. A adoção de medidas estatais positivas compreende todos aqueles direitos trabalhistas inseridos dentre os direitos humanos. Reflete Oscar Zas que a positivação da proibição de discriminar parte da constatação da existência, na sociedade, de grupos de pessoas sistematicamente marginalizados, isto é, cidadãos que ocupam posição secundária, quando comparados com aqueles que gozam uma plenitude de vantagens, apesar do reconhecimento formal da situação de igualdade entre todos.[134]

É importante destacar que os direitos fundamentais assegurados na Constituição Brasileira, inclusive por força de normas internacionais de garantia aos direitos humanos,

---

(132) *Ibidem*, p. 575.
(133) *Ibidem*, p. 574-575.
(134) "La positivización de la prohibición de discriminación parte de la constatación de la existencia en la sociedade de grupos o coletivos de personas sistemáticamente marginados, ciudadanos con una posición secundaria respecto de aquellos que gozan o puden lozar de plenitud de posiciones de ventaja, pese al formal reconocimiento de su condición de <iguales> a éstos." (ZAS, Oscar. La Interpretación y Aplicación de las Normas Internacionales de Derechos Humanos em Materia Laboral, com Especial Referencia al Ordenamiento Jurídico Argentino. *Cadernos da Amatra IV*, Porto Alegre, HS, ano V, n. 13, p. 107-130 (120), jun. 2010)

direcionam-se não só aos poderes públicos. Procuram também proteger particulares em face dos poderes privados[135], em especial, daqueles que detêm o controle dos empreendimentos econômicos. À guisa de conclusão, compete ao Estado velar pela prelazia dos direitos humanos, até mesmo no campo das relações privadas, de modo a efetivar a participação solidária da sociedade, visando a melhor qualidade de vida de seus membros.[136] Afinal, "o centro e fim de toda a atividade estatal deve ser o ser humano"[137].

---

(135) "SOCIEDADE CIVIL SEM FINS LUCRATIVOS. UNIÃO BRASILEIRA DE COMPOSITORES. EXCLUSÃO DE SÓCIO SEM GARANTIA DA AMPLA DEFESA E DO CONTRADITÓRIO. EFICÁCIA DOS DIREITOS FUNDAMENTAIS NAS RELAÇÕES PRIVADAS. RECURSO DESPROVIDO. I. EFICÁCIA DOS DIREITOS FUNDAMENTAIS NAS RELAÇÕES PRIVADAS. As violações a direitos fundamentais não ocorrem somente no âmbito das relações entre o cidadão e o Estado, mas igualmente nas relações travadas entre pessoas físicas e jurídicas de direito privado. Assim, **os direitos fundamentais assegurados pela Constituição vinculam diretamente não apenas os poderes públicos, estando direcionados também à proteção dos particulares em face dos poderes privados.** (...)." (grifo nosso — BRASIL. Supremo Tribunal Federal. Órgão Julgador: Segunda Turma. Recurso Extraordinário n. 201819/RJ. Relatora: Ministra Ellen Gracie. Relator p/ Acórdão: Ministro. Gilmar Mendes. Julgamento: 11/10/2005). Disponível em: <http://www.stf.jus.br/portal/jurisprudencia/listarJurisprudencia.asp?s1=efic%E1cia+dos+direitos+fundamentais+nas+rela%E7%F5es+privadas&base=baseAcordaos>. Acesso em: 27 jan. 2011.

(136) Oscar Zas tece as seguintes ponderações sobre o assunto: "La obligación impuesta por el respecto y garantia de los derechos humanos frente a terceros se basa también en que los Estados son los que determinan su ordenamiento jurídico, el cual regula las relaciones entre particulares y, por lo tanto, el derecho privado, por lo que deben también velar para que em esas relaciones privadas entre terceros se respeten los derechos humanos, ya que de lo contrario el Estado puede resultar responsable de la violación de los derechos". (La Interpretación y Aplicación de las Normas Internacionales de Derechos Humanos em Materia Laboral, com Especial Referencia al Ordenamiento Jurídico Argentino. *Cadernos da Amatra IV*, Porto Alegre, HS, ano V, n. 13, p. 107-130 (117), jun. 2010)

(137) LOPES, Ana Maria D'Avila. *Os direitos fundamentais como limites ao poder de legislar*. Porto Alegre: Sergio Antonio Fabris Editor, 2001. p. 198.

2. A EVOLUÇÃO DOS DIREITOS SOCIAIS ATÉ O MERCADO DE TRABALHO CONTEMPORÂNEO

A origem, a evolução e a vocação ampliativa dos direitos sociais no pensamento mundial, até a consolidação do mercado de trabalho hodierno, são temas do segundo capítulo. Os avanços do processo de industrialização e o despontar da questão social configuraram a necessidade do Estado intervir, como tentativa de equilibrar máximas de valorização social do trabalho com a liberdade de iniciativa empresarial. A substituição da força humana pela máquina a vapor impeliu o desemprego em massa.

A percepção de dimensões dos direitos fundamentais e a constitucionalização dos direitos sociais, como se viu inicialmente nas Constituições do México (1917) e de Weimar (1919), permitem retomada panorâmica para melhor compreender o alcance e o significado da inclusão do trabalho como direito fundamental do homem, contextualizando o Direito do Trabalho, a fim de que não se perca seu verdadeiro sentido. As inovações tecnológicas, o novo mercado de trabalho, a globalização e o fenômeno do *dumping social* redefinirão o papel intervencionista do Estado, inclusive o brasileiro. Do conflito entre capital e trabalho, renovado de tempos em tempos, sob cenários distintos, emerge o princípio protetor, atenuando o risco de colapso social e as instabilidades do sistema capitalista em vigor.

O Direito, agente regulador das relações humanas, tendo na sua base a coerção como um de seus elementos essenciais, converte-se em instrumento a influir na sociedade. Busca preservar valores primordiais à construção de comunidade justa e reduzir distorções do capitalismo, permitindo a regulação estatal em setores estratégicos. Cada ordenamento jurídico, nesse processo de constante reformulação, deve compreender os consensos morais vigentes na sociedade em equilíbrio com padrões universais de justiça. No nosso caso, a Constituição brasileira define direitos, princípios e valores que norteiam a atuação do Estado para salvaguarda de todos, e não de poucos afortunados, aqui representados pelos trabalhadores que detêm um ordenamento específico protetivo.

2.1. O Fenômeno da Industrialização e o Surgimento da Questão Social

As grandes revoluções provocam mudanças radicais que, por vezes, implicam transformações nos grupos sociais dominantes e na forma de organizar a vida humana. A industrialização da economia, nessa dialética, resultou no abandono progressivo das atividades agropecuárias, no êxodo rural para grandes centros urbanos e na ascensão da burguesia, novo segmento detentor do poder. Como analisado anteriormente:

> Os burgueses criaram a classe dos comerciantes modernos. No início, desenvolveram seus ofícios até chegar à atividade bancária, que assumiu relevante papel ao subsidiar empréstimos à (até então) classe dominante. Aliás, esse pode ser apontado como um dos aspectos que determinaram a

transição do feudalismo para o capitalismo. Quando a burguesia se tornou "poderosa", a organização feudal dos estamentos começou a ruir, pois seus membros pertenciam ao povo e não possuíam quaisquer privilégios, ainda que, aos poucos, seu espaço fosse cada vez mais claro pela detenção do capital. Por via de consequência, passaram a ditar novas premissas, dentre elas a abolição da desigualdade jurídica, já que todos os indivíduos eram iguais, ao menos em tese, o que veio em benefício de seus interesses.[138]

Na origem do liberalismo econômico, sustentou-se a paridade de todos perante a lei, pressupondo a livre-negociação das partes e modelo de Estado abstencionista. O mercado concorrencial "sem fronteiras" regularia as relações entre capital e trabalho. Pensamentos de liberdade e igualdade (meramente formal) corroboravam, a partir da detenção da propriedade, o domínio de uns sobre os outros. O aprofundamento das desigualdades criou distorções que colocaram em xeque o capitalismo e sua democracia supostamente representativa. O proletariado despontava como nova classe, pondo em risco a harmonia da sociedade burguesa. Faz sentido recordar ponderações encontradas no Manifesto do Partido Comunista de 1848:

> O desenvolvimento da burguesia, isto é, do capital, corresponde, na mesma proporção, ao desenvolvimento do proletariado, da classe dos operários modernos que só sobrevivem à medida que encontram trabalho, e só encontram trabalho à medida que seu trabalho aumenta o capital. Esses operários, compelidos a venderem-se a retalho, são uma mercadoria como qualquer outro artigo do comércio e, portanto, estão igualmente sujeitos a todas as vicissitudes da concorrência, a todas as flutuações do mercado.[139]

"Ao desenvolver técnicas produtivas incessantes, a burguesia transforma o mundo material e revoluciona a sociedade. O modo de vida burguês-capitalista torna-se regra mundial, o que é privilegiada pela dominação imperialista."[140] A substituição da força humana pela máquina impeliu o desemprego em massa. Aliando-se a isso, a industrialização, com seus métodos de produção em série, impulsionou a criação de grandes centros fabris e uniformizou o consumo dos povos. "Pela exploração do mercado mundial, a burguesia tornou cosmopolita a produção e o consumo de todos os países."[141]

A perversa sujeição do trabalho às leis da oferta e da procura difundiu-se. O excesso de mão de obra trouxe por consequência baixos salários e jornadas excessivas.

---

(138) GONÇALVES, Leandro Krebs. A Teoria Marxista e a Evolução do Direito Social. *Revista Eletrônica do Tribunal Regional do Trabalho da 4ª Região*, Porto Alegre, n. 100, p. 112-120 (113), jul. 2010. Disponível em: <http://www.trt4.jus.br/portal/portal/trt4/consultas/jurisprudencia/revistaeletronica>. Acesso em: 04 fev. 2011.

(139) ENGELS, Friedrich; MARX, Karl. *Manifesto do Partido Comunista*. Tradução de Sueli Tomazini Barros Cassal. Porto Alegre: LPM, 2010. p. 35.

(140) GONÇALVES, Leandro Krebs. A Teoria Marxista e a Evolução do Direito Social. *Revista Eletrônica do Tribunal Regional do Trabalho da 4ª Região*, Porto Alegre, n. 100, p. 112-120 (113), jul. 2010. Disponível em: <http://www.trt4.jus.br/portal/portal/trt4/consultas/jurisprudencia/revistaeletronica>. Acesso em: 04 fev. 2011.

(141) ENGELS, Friedrich; MARX, Karl. *Op. cit.*, p. 29.

Os trabalhadores, ultrapassando limites basilares de dignidade, reduziram-se a simples mercadorias. Para os detentores dos meios de produção, pela perspectiva individualista de crescimento, o componente humano não passava de acessório ao funcionamento das máquinas: isto é, mais um custo financeiro a ser suportado.

Na luta pela sobrevivência, mulheres e crianças trabalhavam indistintamente, para aumentar a renda familiar. Pouco importava as condições em que a atividade seria realizada. O ambiente laboral, o preparo prévio para a função, os riscos à saúde física e mental dos operários eram irrelevantes. Consolidou-se verdadeira desumanização das relações sociais, quadro que Ari Possidonio Beltran assim descreve:

> A Revolução Industrial do século XVIII veio, porém, demonstrar que, no campo das relações de trabalho, os princípios do liberal individualismo não poderiam ter aplicação, tal o desequilíbrio que provocaram nas relações jurídicas e econômicas entre o capital e o trabalho, gerando a questão social. De qualquer forma, embora presentes as condições que reclamavam as coalizões dos trabalhadores, "esse propósito encontrou uma grande barreira (ou seja), as mesmas ideias que levaram à extinção das corporações de ofício". Surge, então, o proletariado, grande massa que vivia em condições indignas, submetida a jornadas excessivamente prolongadas, com o agravante da exploração do trabalho de menores de tenra idade, além do emprego exagerado da mão de obra feminina, razão pela qual não tardaria por advir forte reação por melhores condições de trabalho e de vida.[142]

Com a ruína do sistema feudal, a classe burguesa ascendente ostentava riquezas — antes privilégios da monarquia. Formavam-se promissores empreendimentos econômicos. Desequilíbrio e antagonismo acentuavam-se na realidade vivida pelas classes trabalhadora e patronal. O Estado, nos dizeres de Sahid Maluf, limitando-se a policiar a ordem pública e "indiferente ao drama doloroso da imensa maioria espoliada, deixa que o forte esmague o fraco, enquanto a igualdade se torna uma ficção e a liberdade uma utopia"[143]. A respeito da conjuntura em que se encontrava a classe trabalhadora, refere Manoel Gonçalves Ferreira Filho:

> [...], a classe trabalhadora se viu numa situação de penúria. Ou mesmo de miséria. Não mais havia a proteção corporativa, o poder político se omitia — de acordo com a interpretação corrente de seu papel — o trabalho era uma mercadoria como outra qualquer, sujeita à lei de oferta e da procura. E a máquina reduzia a necessidade de mão de obra, gerando a massa dos desempregados. E, portanto, baixos salários. Ademais, as condições de trabalho nas fábricas, minas e outros empreendimentos eram extremamente ruins, tanto para o corpo como para o espírito. Nada impedia o trabalho de mulheres e crianças em condições insalubres. Tudo isso já foi narrado e descrito. Ora, a marginalização da classe operária, como que excluída dos benefícios da sociedade, vivendo em condições subumanas e sem dignidade,

---

(142) *Direito do Trabalho e Direitos Fundamentais*. São Paulo: LTr, 2002. p. 30.
(143) *Teoria geral do Estado*. 21. ed. São Paulo: Saraiva, 1991. p. 130.

provocou, em reação, o surgimento de uma hostilidade dessa classe contra os "ricos", contra os "poderosos", que favorece o recrutamento de ativistas revolucionários, inclusive terroristas. E na fórmula marxista a luta de classes. Tal situação era uma ameaça gravíssima à estabilidade das instituições liberais, portanto, à continuidade do processo de desenvolvimento econômico. Urgia superá-la e isto suscitou uma batalha intelectual e política.[144]

Alice Monteiro de Barros traça paralelo dos efeitos nocivos da industrialização com o próprio surgimento do Direito do Trabalho:

> Não há dúvida de que o Direito do Trabalho é um produto típico do século XIX; nasceu sob o império da máquina, como uma reação aos vícios e consequências da liberdade econômica, os quais podem sintetizar-se na exploração do trabalho das mulheres e menores, desgastando prematuramente o material humano, nos acidentes mecânicos do trabalho, nos baixos salários e nas excessivas jornadas.[145]

Os avanços tecnológicos inovaram o modo de produzir, provocando, aos quatro cantos do mundo, verdadeira revolução capitalista nos costumes. As transformações enfrentadas pela Europa do século XIX elucidaram, porém, a pauperização do trabalhador urbano e o abandono do camponês à própria sorte. A dignidade do ser humano foi esquecida, no âmbito das relações sociais e laborais, pela inobservância de condições mínimas de higiene, saúde e segurança do trabalho. A desvalorização e o empobrecimento da maioria da população assombravam a difusão do capital. Surgiu, assim, a denominada "questão social", a por em perigo a estrutura da sociedade burguesa na época. Guilherme Guimarães Feliciano e Marcos da Silva Pôrto pronunciam-se, de modo significativo e realista:

> No século XIX, cunhou-se a expressão "questão social" para denominar as condições abjetas de infra-estrutura social que, sob os auspícios da sociedade capitalista, foram impostas à massa de não-detentores dos meios de produção. Percebia-se, desde então, uma forte perturbação no corpo social, que gerava prejuízos sensíveis a grupos majoritários e não correspondia a um fenômeno localizado ou transitório, mas a um fenômeno coletivo e prolongado de irrealização do bem comum. O proletário era, com efeito, um ser humano menor: prestava serviços em jornadas de duração média de catorze a dezesseis horas, sem oportunidades de desenvolvimento intelectual, habitando em condições subumanas nos arredores do sítio fabril, com proles numerosas que tentava sustentar com salários medíocres. Caminhou-se paulatinamente, para a desumanização e a despersonalização do trabalhador, impondo-lhe a alienação dos fatores de produção e a integração instrumental no mecanismo de acumulação capitalista.[146]

---

(144) *Direitos humanos fundamentais*. 12. ed. São Paulo: Saraiva, 2010. p. 60-61.

(145) Flexibilização e Garantias Mínimas. *Revista Trabalho & Doutrina*, São Paulo, Saraiva, n. 20, p. 9, mar. 1999.

(146) Afirmação e resistência: o trabalho na perspectiva dos Direitos Humanos. *Revista da Anamatra*, Brasília, p. 26, out. 2003.

A concentração dos trabalhadores nas metrópoles facilitou a formação de uma "consciência de classe". Os operários, por não estarem em potencial posição de comando ou influência, necessitaram agir coletivamente. Iniciou-se a luta contra desigualdades e injustiças originárias de distorções da industrialização promovida pela expansão capitalista. Afinal, "os direitos não existem no abstrato, mas somente onde as pessoas os exigem, ou possa supor-se que estão conscientes de sua falta".[147]

Sobre quadro tão profíquo, são precisas as observações de Antonio E. Perez Luño, quando assevera que, durante o século XIX, o proletariado adquire protagonismo histórico, na medida em que avança o processo de industrialização e se desenvolve uma consciência de classe, que reivindica direitos econômicos e sociais frente aos clássicos direitos individuais. A partir desse momento, o direito ao trabalho e a seus frutos, além da seguridade social, passam a ser novas exigências, cuja proteção jurídica é reclamada. O Manifesto Comunista, redigido por Marx e Engels em 1848, pode ser considerado, segundo o autor espanhol, a carta dos novos direitos.[148]

A organização dos trabalhadores vem como resposta ao desequilíbrio e ao antagonismo das realidades das classes burguesa e proletária. Trouxe como consequência o surgimento das teorias socialistas e comunistas, no claro intuito de transformar o interesse burguês em aspiração comum da sociedade. "Mais do que qualquer outra força, o movimento operário ajudou a romper a camisa de força individualista de natureza político-jurídica, que confinava os direitos humanos do tipo da Declaração francesa e da Constituição norte-americana."[149] Essas mobilizações por cidadania, que denunciavam a espoliação do homem pelo próprio homem, deixaram legado na marcha evolutiva dos direitos humanos: a necessidade de garantir amplamente o direito social ao trabalho.[150]

A Encíclica *Rerum Novarum*, escrita pelo Papa Leão XIII em 1891, também levantou a discussão acerca dos problemas sociais surgidos com a revolução industrial, preconizando por justiça, melhor distribuição de riquezas e intervenção do Estado na economia em benefício dos mais pobres e desprotegidos.[151] Representando verdadeira

---

(147) HOBSBAWN, Eric J. *Mundos do Trabalho*. Tradução de Waldea Barcellos e Sandra Bedran. 5. ed. São Paulo: Paz e Terra, 2008. p. 418.

(148) "A lo largo del siglo XIX el proletariado va adquiriendo protagonismo histórico, a medida que avanza el proceso de industrialización, y cuando desarrola una consciência de clase reivindica unos derechos econômicos y sociales frente a los clásicos derechos individuales, fruto del triunfo de la revolución liberal burguesa. A partir de entonces el derecho al trabajo, a sus frutos y a la seguridad social pasan a ser las nuevas exigencias, cuya protección jurídica se reclama. Bajo este aspecto se puede considerar como la carta de estos nuevos derechos el Manifesto comunista, redactado por Marx y Engels en el año 1848". (LUÑO, Antonio E. Perez. *Los Derechos Fundamentales*. Temas Clave de La Constitucion Española. 9. ed. Madrid: Tecnos, 2007. p. 38)

(149) HOBSBAWN, Eric J. *Op. cit.*, p. 434.

(150) Eric J. Hobsbawn salienta: "Os movimentos operários se preocupam com pessoas que têm razões para exigir um grande número de direitos, e é por isso que eles desempenharam um papel bastante importante no desenvolvimento dos direitos humanos." (*Mundos do Trabalho*. Tradução de Waldea Barcellos e Sandra Bedran. 5. ed. São Paulo: Paz e Terra, 2008. p. 419.)

(151) "Introdução. 1. A sede de inovações, que há muito tempo se apoderou das sociedades e as tem numa agitação febril, devia, tarde ou cedo, passar das regiões da política para a esfera vizinha da economia social. Efectivamente, os progressos incessantes da indústria, os novos caminhos em que entraram as artes,

modernização do pensamento católico, apregoava a necessidade de o governo ser para todos os governados, já que "é um dever da autoridade pública subtrair o pobre operário à desumanidade de ávidos especuladores"[152]. Como "não é justo, nem humano, exigir do homem tanto trabalho a ponto de fazer pelo excesso da fadiga embrutecer o espírito e enfraquecer o corpo"[153], a Carta do Sumo Pontífice resgata, assim, ideais de justiça distributiva para superar a precariedade da condição dos operários:

> Como, pois, seria desrazoável prover a uma classe de cidadãos e negligenciar outra, torna-se evidente que a autoridade pública deve também tomar as medidas necessárias para salvaguardar a salvação e os interesses da classe operária. Se ela faltar a isto, viola a estrita justiça que quer que a cada um seja dado o que lhe é devido. A esse respeito S. Tomás diz muito sabiamente: «Assim como a parte e o todo são em certo modo uma mesma coisa, assim o que pertence ao todo pertence de alguma sorte a cada parte» (29). E por isso que, entre os graves e numerosos deveres dos governantes que querem prover, como convém, ao público, o principal dever, que domina todos os outros, consiste em cuidar igualmente de todas as classes de cidadãos, observando rigorosamente as leis da justiça, chamada *distributiva*.[154]

O cenário de exclusão deixa-se ainda entrever na atualidade, mas com outros contornos característicos do atual estágio de desenvolvimento humano. Como um de seus vieses, a marginalização do trabalho autônomo subsiste na economia globalizada. Reduzir custos de mão de obra continua obstaculizando qualquer tentativa "paternalista" de intervenção estatal na iniciativa privada. Não se pode olvidar, entretanto, que compete ao Estado proteger os indivíduos, sem discriminação, atendendo à reivindicação de promover vida condigna a todos. "Lutar pela cidadania democrática e enfrentar a questão social no Brasil praticamente se confunde com a luta pelos direitos humanos."[155]

Em pleno século XXI, permanece o desafio de regulamentar o labor autônomo. Viabilizar políticas de inclusão social é respeitar a dignidade de cada indivíduo. O direito à vida decente deve balizar programas estatais que operacionalizem mudanças institucionais permanentes, com vistas à implementação dos direitos humanos, em nível individual e de bem-estar coletivo.

---

a alteração das relações entre os operários e os patrões, a influência da riqueza nas mãos dum pequeno número ao lado da indigência da multidão, a opinião enfim mais avantajada que os operários formam de si mesmos e a sua união mais compacta, tudo isto, sem falar da corrupção dos costumes, deu em resultado final um temível conflito. [...]" Disponível em: <http://www.vatican.va/holy_father/leo_xiii/encyclicals/documents/hf_l-xiii_enc_15051891_rerum-novarum_po.html>. Acesso em: 01 set. 2014.

(152) Disponível em: <http://www.vatican.va/holy_father/leo_xiii/encyclicals/documents/hf_l-xiii_enc_15051891_rerum-novarum_po.html>. Acesso em: 01 set. 2014.

(153) Disponível em: <http://www.vatican.va/holy_father/leo_xiii/encyclicals/documents/hf_l-xiii_enc_15051891_rerum-novarum_po.html>. Acesso em: 01 set. 2014.

(154) Disponível em: <http://www.vatican.va/holy_father/leo_xiii/encyclicals/documents/hf_l-xiii_enc_15051891_rerum-novarum_po.html>. Acesso em: 01 set. 2014.

(155) BENEVIDES, Maria Victoria. *A Questão Social no Brasil* — os direitos econômicos e sociais como direitos fundamentais. Disponível em: <http://www.hottopos.com/vdletras3/vitoria.htm>. Acesso em: 07 fev. 2011.

2.2. A Intervenção Estatal na Economia: Equilíbrio entre Valor Social do Trabalho e Livre Iniciativa

O Estado, em face do colapso social iminente e do surgimento de outras teorias que justificavam a ingerência da economia, passa a adotar, como garantia do próprio sistema capitalista, postura de agente regulador das relações entre particulares. Com o objetivo de asseverar a paz e a prosperidade pública, o dirigismo contratual visa a execução de promessas já consagradas de isonomia material. Em consonância, Tarso Fernando Genro esclarece:

> O discurso da igualdade, ao contrário do que difunde um certo senso comum, não é um discurso socialista. Para compreendê-lo é preciso observá-lo também como 'mediação' de relações sociais e econômicas. É um discurso democrático não socialista, introduzido na modernidade pela Revolução Francesa.[156]

O Direito atuou como instrumento de interferência estatal, buscando preservar valores primordiais à construção de uma comunidade justa, além de atenuar distorções do sistema e profundas diferenças de classe. Para tanto, limitando a autonomia da vontade nas relações entre capital e trabalho, o Estado pregou justiça social como propósito da ordem econômica e social, a fim de harmonizar a vida comum.

É o fenômeno de humanização do capitalismo exacerbado. A procura por novos capitais e pelo lucro dependeria da confirmação do exercício de direitos essenciais por todos integrantes da comunidade. Em consequência, o desenvolvimento das relações internacionais, a efetividade de direitos supranacionais e a ideia de Estados Comunitários demonstraram esforço para reconhecer condições mínimas de existência humana em todos os países. Salienta Sahid Maluf, ao tratar da igualdade econômica e da finalidade do Estado propiciar o bem-estar comum:

> Tais providências, próprias do sistema de economia dirigida e características do intervencionismo estatal, visam à proteção das classes economicamente fracas, e ao mesmo tempo, à contenção dos abusos do poder econômico. E, para exercitá-las, o Estado leva em conta as desigualdades humanas e sociais e procura eliminá-las no plano jurídico, tanto o quanto for necessário para estabelecer e manter um padrão mínimo onde se concretiza o princípio da igualdade econômica. Até nesse ponto, o Estado trata desigualmente as pessoas desiguais, na proporção em que desigualam. É esse o sentido da doutrina social-democrática, mediadora entre os extremos individualista e socialista.[157]

Nesse encadeamento, vem à tona a discussão acerca da dicotomia conhecida desde os romanos entre direito público e privado. No primeiro, notabiliza-se o predomínio

---

(156) Uma Reflexão sobre a Igualdade Jurídica. *Revista Justiça do Trabalho*, Porto Alegre, HS, n. 200, p. 8, ago. 2000.
(157) *Teoria geral do Estado*. 21. ed. São Paulo: Saraiva, 1991. p. 286.

do interesse público e a presença necessária do Estado investido do *jus imperium*. No segundo, acentuam-se interesses particulares, nos quais o Estado até pode participar, mas em igualdade de condições com qualquer outro ente privado, isto é, sem as prerrogativas inerentes ao exercício das funções estatais. Atrelando o desenvolvimento de uma nação à prelazia de um desses paradigmas, pronuncia-se Paulo Dourado Gusmão:

> Parece-nos, finalmente, que nas épocas de estabilidade econômica e social a delimitação dos campos desses dois direitos é mais nítida, o que não ocorre em época de crise, em que o poder público interfere em áreas tradicionalmente da alçada do direito privado. Nesses períodos, há interpenetração do direito público e do direito privado. [158]

Maria Helena Diniz, por sua vez, critica a separação estabelecida para os dois ramos do direito, a partir do objetivo de determinada norma:

> Esse critério da utilidade ou interesse visado pela norma é falho, porque não se pode afirmar, com segurança, se o interesse protegido é do Estado ou dos indivíduos, porque nenhuma norma atinge apenas o interesse do Estado ou do particular. Tais interesses são correlatos, de modo que a norma jurídica que tiver por finalidade a utilidade do indivíduo visa também a do Estado e vice-versa. Deveras, casos há em que é nítida a interpenetração existente entre o interesse individual e o social, como, p.ex., o direito de família, pois não há tema de índole mais individual do que o casamento, entretanto, não há também, tema de maior relevância para a sociedade do que a estabilidade familiar. Nas hipóteses da proibição de construção em desacordo com posturas municipais, da interdição da queima de matas ou da obrigatoriedade de se utilizarem plantações atingidas por pragas, a interpenetração dos interesses públicos e particulares é tão grande que parece haver o sacrifício do individual ao social, porém, na prática, ocorre, de modo indireto, vantagem para o cidadão. Delineia-se uma zona de interferência recíproca, o que dificulta a exata caracterização da natureza pública ou privada das normas. [159]

Ainda que se relativize o critério tendo em vista o propósito hegemônico, permanece a complexidade de mensurar, em inúmeras situações, aquele de efetiva primazia. O direito privado possui normas de ordem pública. O direito público tem regras claras de caráter patrimonial. Alguns autores entendem que a distinção concentra-se na espécie de relação havida: subordinação (direito público) e coordenação (direito privado).

Em determinados momentos da história da humanidade, denota-se tendência à publicização do direito privado, em virtude do direito público intervir nas relações jurídicas privadas. A interação dos seus institutos dificulta uma separação absoluta dos sistemas, mas norteia visão contemporânea interativa do Direito para atender necessidades sociais.

---

(158) *Introdução ao estudo do direito*. 15. ed. Rio de Janeiro: Forense, Rio de Janeiro, 1992. p. 161.
(159) *Curso de direito civil brasileiro*. Teoria Geral do Direito Civil. 15. ed. São Paulo: Saraiva, 1999, 1º v., p. 14.

Exemplificando o modelo jurídico francês, Alain Supiot chama a atenção para os estágios alternantes de prevalência do público ou do privado, bem como acerca da inserção de um terceiro ramo denominado direito social. Contrariamente ao ocorrido na Alemanha, onde se concebeu o direito social como um terceiro gênero — intermediário entre o direito privado (que rege os indivíduos) e o direito público (que rege o Estado), salienta que o direito francês preserva essa dicotomia. Ressalta que, na história do direito positivo na França, alternam-se períodos em que o Direito do Trabalho foi dominado pelo intervencionismo do Estado, regulando as relações de trabalho nos mínimos detalhes, e outros nos quais prevaleceu a doutrina inversa, isto é, de liberdade contratual e de ausência de ingerência estatal.[160]

Como amostra dessa diretriz, a legislação social regula as relações de trabalho, de modo imperativo, na medida em que o Estado valorize a força de produção diante do capital. Por um lado, existem leis de ordem pública que tutelam o trabalhador hipossuficiente. Por outro, os sujeitos da relação são de direito privado. De qualquer forma, imbuído de máximas de solidariedade e de busca pela felicidade comum em sociedade, externa-se o dirigismo estatal sobre as relações privadas.

A intervenção do Estado evidencia-se no Direito do Trabalho, ao definir direitos dos trabalhadores que devem ser garantidos, tendo por fim implementar a igualdade material dos indivíduos e a dignidade do trabalho humano, sob fundamento de justiça social. Entretanto, isso não altera o caráter privado que sobressai em suas normas, face à liberdade intrínseca de cada indivíduo trabalhar ou não. A manifestação volitiva é imprescindível para fortalecer qualquer acordo, inclusive, o contrato de emprego.

A interdependência existente entre o direito público e o privado, no entanto, não é prerrogativa do Direito do Trabalho. Situação similar ocorre no direito de família e nas relações de consumo. Nem por isso, contudo, eles se tornam parte do direito público. Acontece que o estado interfere na pactuação dos homens somente para resguardar direitos mínimos que sustentam padrão de dignidade. No caso dos obreiros, cita-se art. 7º e seus incisos, da Constituição Federal. Por se tratar de norma de ordem pública, sua fiel observância é inafastável pelo desejo de particulares.

Para viabilizar a ingerência necessária, consolida-se o direito social como ramo autônomo, com a evidente intenção de assegurar o atendimento a necessidades básicas, promover o bem-estar de todos e regular as relações entre particulares.[161] José Eduardo Faria destaca a seguinte problemática:

---

(160) "Contrariamente a lo que ocurre en Alemania, donde se concebió el derecho social como un tercer orden jurídico — intermediario entre el derecho privado, que rige a los indivíduos, y el derecho público, que rige al Estado —, el derecho francés permanece dominado por la dicotomía privado/público. Estos debates no son solamente doctrinarios, y la historia del derecho positivo en Francia es aquella de una oscilación entre los períodos en los que el derecho Del trabajo fue dominado por el intervencionismo del Estado, que pretende regentear las relaciones de trabajo en sus más mínimos detalles, y los períodos de retiro del Estado, en los que prevalece la doctrina inversa, de libertad contractual y de no intervencionismo." (SUPIOT, Alain. *Derecho del trabajo*. Tradução de Patricia Rubini-Blanco. Buenos Aires: Heliasta, 2008. p. 31)

(161) Pedro Nunes conceitua direito social como "direito positivo autônomo, atribuído ao homem em sociedade e ao Estado, para prover às necessidades, ao bem-estar e às relações jurídicas do organismo social e regular a função das instituições coletivas. Denominação que também se dá ao direito do trabalho, quando encarado como aquele que procura resolver o problema social de assistência aos hipossuficientes". (*Dicionário de Tecnologia Jurídica*. 12. ed. 2 tir. Rio de Janeiro: Livraria Freitas Bastos, 1993. p. 348)

Com a expansão dos direitos humanos, que nas últimas décadas perderam o seu sentido "liberal" originário e ganharam uma dimensão "social", ficou evidente que pertencer a uma dada ordem político-jurídica é, também, desfrutar do reconhecimento da "condição humana". [...] Esse tem sido o grande paradoxo dos direitos humanos — e também dos direitos sociais — no Brasil: apesar de formalmente consagrados pela Constituição, em termos concretos eles quase nada valem quando homens historicamente localizados se vêem reduzidos à mera condição genérica de humanidade; portanto, sem a proteção efetiva de um Estado capaz de identificar as diferenças e singularidades dos cidadãos, de promover justiça social, de corrigir as disparidades econômicas e de neutralizar uma iníqua distribuição tanto de renda quanto de prestígio e de conhecimento.[162]

O Direito do Trabalho apareceu, por certo, como reflexo do liberalismo econômico, da não interferência do Estado e de suposta liberdade contratual, que unia indivíduos com poderes e capacidades econômicas distintas. Essa disparidade entre as partes determinou que surgisse legislação específica, com a razão precípua de compensar, por meio de proteção jurídica, o desequilíbrio econômico prejudicial aos trabalhadores.

Ao questionar o modo de concretizar-se a igualdade das partes preceituada no direito dos contratos dentro das relações de trabalho, Alain Supiot aponta como caminho a ascendência do Estado no âmbito das relações privadas, protegendo o polo mais fraco, sem que isso interfira na sua natureza jurídica. O restabelecimento de certa igualdade entre patrões e trabalhador é, em primeiro lugar, uma questão de Estado, o fiador dos princípios fundadores da República. Ao exemplificar o direito francês do trabalho, o autor destaca a intervenção do Estado, por meio de suas leis e regulamentos que impõem um equilíbrio de intercâmbio salarial. Este intervencionismo estatal, que se expressa no conceito de ordem pública e social, não leva à união do direito do trabalho com o direito público, visto que as relações de trabalho continuam a ser considerados como de direito privado, embora sujeitas a regras de ordem pública projetadas para proteger o "lado fraco" desse contrato.[163]

Atento às diferenças originárias das partes dentro do contrato de trabalho, colimou, inicialmente, defender os empregados, na aspiração por isonomia real entre os contratantes. Desta forma, rompeu com o paradigma clássico, por meio de inovações a seguir exemplificadas: utilização do princípio da tutela ou proteção ao contratualmente desfavorecido; revisão judicial do contrato (o juiz amputa o ilegal e enxerta um mínimo

---

(162) *Direitos humanos, direitos sociais e justiça*. São Paulo: Malheiros, 1998. p. 95.

(163) "Este restablecimiento de una cierta igualdad entre el patrón y el obrero es, en primer lugar, un asunto del Estado, garante de los princípios fundadores de la República. Y es la razón por la que el derecho francés del tabajo fue dominado y sigue siéndolo por la intervención del Estado, cuyas leyes y reglamentos apuntan a imponer un equilíbrio de intercambio salarial. Este intervencionismo, que se expresa particularmente en el concepto de orden público social, no conduce, sin embargo, a unir el derecho del trabajo con el derecho público: las relaciones de trabajo continúan siendo consideradas como relaciones contractuales de derecho privado, pero están sujetas a reglas de orden público destinadas a proteger la "parte débil" de este contrato." (SUPIOT, Alain. *Derecho del trabajo*. Tradução de Patricia Rubini-Blanco. Buenos Aires: Heliasta, 2008. p. 30).

legal); desconsideração da pessoa jurídica (solidariedade passiva por empresas de um mesmo grupo econômico); responsabilidade civil objetiva e solidária no polo subjetivo mais forte; responsabilização do devedor (ainda que na hipótese de força maior ou caso fortuito); responsabilidade de quem está mais apto ao pagamento dos créditos trabalhistas (independentemente de culpa ou avença civil ou comercial em sentido contrário, na hipótese de sucessão de empregadores); normas e ações coletivas; aplicação de deveres anexos em decorrência do princípio da boa-fé; redistribuição do ônus da prova em observância ao princípio da aptidão da prova.

Vislumbra-se, de modo inequívoco, o interesse público do Estado em estabelecer um disciplinamento das relações entre capital e trabalho, a fim de atingir o bem-estar e a justiça social, com a devida valoração da atividade subordinada, dentro dos parâmetros da dignidade do ser humano, com a redução das diferenças existentes. Sobre o tema, refere José Felipe Ledur:

> O princípio da dignidade da pessoa humana está intimamente associado a todos os direitos fundamentais, não se restringindo aos direitos fundamentais clássicos. O acesso a um trabalho adequadamente remunerado envolve questões que transcendem os limites puramente individuais que até o presente momento podem ter ensejado a concepção ou tratamento do assunto. A criação de postos de trabalho depende de fatores múltiplos, que envolvem o interesse de amplas coletividades. Por isso mesmo, a realização do direito ao trabalho fará com que a dignidade humana assuma nítido conteúdo social, na medida em que a criação de melhores condições de vida resultar benéfica não somente para o indivíduo em seu âmbito particular, mas para o conjunto da Sociedade. [164]

Devido à primazia do interesse público, as normas protetivas ao trabalho formam um estatuto legal em que repousa a relação resultante do contrato. A regulação constitui mínimo de garantias. Assim, a fonte de direito em posição hierárquica inferior não pode negá-las, mas, somente, ultrapassá-las. São direitos indisponíveis, irrenunciáveis, não sendo passíveis de transação. A relação de emprego é contratual na forma, embora institucional na substância, no que diz respeito ao elenco básico de direitos dos trabalhadores. Às partes, fica o espaço para acrescentarem cláusulas ou estenderem aquelas previamente definidas em lei. De certa forma, pode-se chegar à conclusão de que a ordem institucional prevalece sobre a concepção contratual.

Independente de eventual dicotomia, o Estado age na sociedade por intermédio do Direito, o que transparece com nitidez no Direito do Trabalho. Como sabemos, as relações de emprego são apenas espécie das relações de trabalho. Estas abarcam integralmente os indivíduos que despendem a força pessoal para garantir sua subsistência em sociedade, inclusive autônomos. O Direito do Trabalho preocupou-se, na origem, com os trabalhadores mais espoliados pelo poder econômico, mas não somente eles, como indicam os pleitos atuais de inclusão social. Ocorre que "as demandas sociais, a cada

---

(164) *A realização do direito do trabalho*. Porto Alegre: Sérgio Antônio Fabris Editor, 1998. p. 98.

momento, impõem atos normativos de impressionante fugacidade e variabilidade".[165]
Maria Victoria Benevides põe em evidência o aspecto em pauta:

> Percebe-se, assim, como a relação entre cidadania social e democracia explicita-se também no fato de que ambas são um processo. Os cidadãos numa democracia não são apenas titulares de direitos já estabelecidos — mas existe, em aberto, a possibilidade de expansão, de criação de novos direitos, de novos espaços, de novos mecanismos. [...] Nenhuma forma de democracia pode conviver com tal nível de exclusão social. No Brasil, esse verdadeiro "horror econômico" aparece no desmanche das mínimas garantias de seguridade social, como nas indecentes propostas de reforma da Previdência ou na defesa das vantagens do trabalho informal e "temporário".[166]

A partir da constatação de que promover o bem de todos é objetivo fundamental da República Federativa do Brasil (CF, art. 3º, IV), alicerçado no valor social do trabalho e na livre iniciativa (CF, art. 1º, IV), exige-se a intervenção do Estado na economia a regular as relações de trabalho em sua plenitude, observadas as particularidades de cada uma delas. A discussão assume maior relevo especialmente após a Emenda Constitucional n. 45/2004, que determinou a ampliação da competência material da Justiça do Trabalho brasileira. Além disso, alerta-se que, segundo o art. 170 da CF, "a ordem econômica, fundada na valorização do trabalho humano e na livre iniciativa, tem por fim assegurar a todos existência digna, conforme os ditames da justiça social". Para melhor compreensão e leitura da Constituição brasileira, reporta-se aos ensinamentos de Eros Roberto Grau:

> [...] o texto do art. 170 não afirma que a ordem econômica está fundada na valorização social do trabalho humano e na livre iniciativa e tem por fim assegurar a todos existência digna, conforme os ditames da justiça social, senão que ela deve estar — vale dizer, tem de necessariamente estar — fundada na valorização do trabalho humano e na livre iniciativa, e deve ter — vale dizer, tem de necessariamente ter — por fim assegurar a todos existência digna, conforme os ditames da justiça social. A perfeita compreensão dessa obviedade é essencial, na medida em que informará a plena compreensão de que qualquer prática econômica (mundo do ser) incompatível com a valorização do trabalho humano e com a livre iniciativa, ou que conflite com a existência digna de todos, conforme ditames da justiça social, será adversa à ordem constitucional.[167]

Partindo da leitura da obra de Rafael da Silva Marques[168], a valorização social do trabalho depende da criação de mecanismos que conduzam o exercício profissional

---

(165) TEPEDINO, Gustavo. *O Código Civil, os chamados microssistemas e Constituição*: premissas para uma reforma legislativa. (p. 5) Disponível em: <http://www.advbr.info/textos/direito_civil/biblioteca10.pdf>. Acesso em: 08 fev. 2011.

(166) *A Questão Social no Brasil* — os direitos econômicos e sociais como direitos fundamentais. (p. 5 e 7) Disponível em: <http://www.hottopos.com/vdletras3/vitoria.htm>. Acesso em: 07 fev. 2011.

(167) *A ordem econômica na Constituição de 1988*. 14. ed. São Paulo: Malheiros, 2010. p. 196-197.

(168) *Valor social do trabalho na ordem econômica, na Constituição Brasileira de 1988*. São Paulo: LTr, 2007. p. 111-119.

não só como meio de subsistência pessoal e familiar, mas também como modo de despertar a vocação de cada indivíduo. Para que isso se concretize, deve-se respeitar a dignidade existencial do homem e as suas singularidades dentro da dinâmica da vida em sociedade. Não importa apenas, nesse contexto, a tomada de medidas protetivas do hipossuficiente da relação laboral, mas vai além. Exige admitir o trabalho como forma de inclusão social e o trabalhador como agente econômico.

Ainda que se pretenda a conciliação entre ambos, a livre iniciativa, "conceituada como o direito que todas as pessoas têm de se lançar no mercado por sua conta e risco"[169], ou melhor, como "um modo de expressão do trabalho"[170], acaba submetendo-se ao valor social do trabalho, o qual prepondera por nele estarem insertas reais garantias de preservação da dignidade do trabalhador. A livre iniciativa aproximaria-se, nesse contexto, de um interesse social a ser resguardado, sob determinadas condições, o que afastaria sua inserção como um direito fundamental.

Na hipótese de entendermos pela coexistência de dois direitos fundamentais, é preciso enxergá-los como direitos relativos, sem prejuízo de um núcleo essencial absoluto. Em caso de conflito, na hipótese em questão, o fator essencialmente humano (valor social do trabalho) prevalece sobre aquele acentuadamente econômico (livre iniciativa), posto que não é qualquer atividade que pode ser admitida sob a égide da Constituição. A ordem econômica deve, por assim dizer, potencializar a plenitude do indivíduo, já que o homem é o verdadeiro responsável por transmudar a natureza, gerando capital para circulação de riquezas, o que se torna indispensável à própria *sobrevivência* do capitalismo.

2.3. A Discussão acerca das Dimensões dos Direitos Fundamentais

O modelo solidário, na evolução da humanidade, sustenta a busca por melhores condições de vida. A valorização ampla da personalidade, em meio que favoreça o desenvolvimento do homem, torna-se primordial nos ordenamentos jurídicos de cada nação. A positivação dos direitos humanos como postulados de convivência em coletividade indica a chegada dos aclamados direitos fundamentais e suas respectivas dimensões.

Antonio E. Perez Luño esclarece eventuais confusões terminológicas entre "direitos humanos" e "direitos fundamentais", que, muitas vezes, são utilizados como sinônimos. Para explicar o alcance de cada expressão, existe uma ênfase em reservar o termo "direitos fundamentais" para designar os direitos positivados no plano interno; enquanto que o termo "direitos humanos" é mais usual para denominar os direitos naturais positivados nas declarações e convenções internacionais, assim como exigências básicas relacionadas com a dignidade, a liberdade e a igualdade da pessoa, mas que ainda não atingiram um estatuto jurídico-positivo.[171]

---

(169) *Ibidem*, p. 117.
(170) GRAU, Eros Roberto. *Op. cit.*, p. 208.
(171) "Los términos <derechos humanos> y <derechos fundamentales> son utilizados, muchas veces, como sinónimos. Sin embargo, no han faltado tentativas doctrinales encaminadas a explicar el respectivo alcance

A ideologia jusnaturalista concebeu os direitos naturais do homem. A preocupação em positivar esses preceitos "surge a partir da constatação da falta de eficácia das declarações e da necessidade da sua incorporação no direito positivo como meio de garantir sua proteção"[172]. Independente da época histórica do seu nascimento formal, essas máximas solidificaram-se dentro de cada sistema. Sem possibilidade de substituição, integraram-se ao corpo jurídico de modo definitivo, ainda que gradativamente surgissem novas exigências de igual natureza. Interagindo entre si, impingem o progresso legislativo. Ana Maria D'Ávila Lopes sintetiza a controvérsia sobre o significado da ordenação em *dimensões* ou *gerações*:

> Tradicionalmente, os direitos fundamentais têm-se classificado em *gerações*, termo este considerado impróprio por alguns autores que entendem que a expressão *dimensão* seria a mais adequada, na medida em que substitui, com vantagem qualitativa, além da lógica, a palavra *geração*, na hipótese de significar esta mera sucessão cronológica, importando extinção dos direitos das anteriores gerações, o que não é correto.[173]

Os direitos fundamentais, da mesma forma que os direitos humanos, encontram--se, pois, em constante expansão. Eventuais lacunas deixadas por uns são supridas por novos preceitos que se somam àqueles, fortalecendo a evolução axiológica para vida pacífica em sociedade. Ingo Wolfgang Sarlet indica o caráter universalista que decorre dessa convicção:

> Assim sendo, a teoria dimensional dos direitos fundamentais não aponta, tão-somente, para o caráter cumulativo do processo evolutivo e para a natureza complementar de todos os direitos fundamentais, mas afirma, para além disso, sua unidade e indivisibilidade no contexto do direito constitucional interno e, de modo especial, na esfera do moderno "Direito Internacional dos Direitos Humanos".[174]

Embasada nos princípios iluministas, a *primeira dimensão* de direitos consolidou--se dentro da concepção liberal-burguesa de proteger os indivíduos contra os abusos do absolutismo monárquico. Relaciona-se com o respeito às *liberdades*, o poder de agir de cada ser humano e a participação política dos governados. Define quem são os nacionais e suas prerrogativas. Aponta os atributos naturais da pessoa humana, invariáveis no

---

de ambas expressiones. Así, se há hecho hincapié en la propensión doctrinal y normativa a reservar el término <derechos fundamentales> para designar los derechos positivados a nivel interno, en tanto que la fórmula <derechos humanos> sería la más usual para denominar los derechos naturales positivados en las declaraciones y convenciones internacionales, así como aquellas exigencias básicas relacionadas con la dignidad, libertad e igualdad de la persona que no han alcanzado um estatuto jurídico-positivo." (LUÑO, Antonio E. Perez. *Los derechos fundamentales*. Temas Clave de La Constitucion Española. 9. ed. Madrid: Tecnos, 2007. p. 44).

(172) LOPES, Ana Maria D'Ávila. *Os direitos fundamentais como limites ao poder de legislar*. Porto Alegre: Sergio Antonio Fabris Editor, 2001. p. 56.

(173) *Os direitos fundamentais como limites ao poder de legislar*. Porto Alegre: Sergio Antonio Fabris Editor, 2001. p. 62.

(174) *A eficácia dos direitos fundamentais*. 7. ed. Porto Alegre: Livraria do Advogado, 2007. p. 55.

tempo e no espaço, a serem respeitados por todas as nações, o que legitima a soberania dos poderes nelas estabelecidos. Rafael da Silva Marques disserta sobre esses direitos de defesa do cidadão:

> Num plano jurídico-objetivo, constituem normas de competência negativa para os poderes do Estado, proibindo que este adentre a esfera individual do cidadão; e, num plano jurídico-subjetivo, implicam o poder de exercer a chamada liberdade positiva e exigir omissões dos poderes públicos de forma que evite lesões por parte destes últimos.[175]

Os direitos civis e políticos possuem uma faceta negativa, já que dirigidos a uma abstenção do poder público (ao invés de uma conduta positiva), isto é, direitos de resistência ou de oposição perante o Estado. Esta teoria, em verdade, "reagiu contra o Estado absolutista que não conhece a separação entre as esferas pública e privada; combate a tendência de contínua expansão do poder, perceptível na atitude do soberano que cria as leis, mas não se sente obrigado a respeitá-las"[176]. José Felipe Ledur assinala:

> Os direitos fundamentais clássicos costumam ser identificados como sendo os "direitos de liberdade", por traduzirem a afirmação de um espaço privado vital não sujeito à violação pelo Estado. Esse espaço é expressão da ideia de autonomia do indivíduo diante do Estado. A autonomia, entretanto, tem uma contrapartida, ou seja, a pessoa passa a ter responsabilidade pela preservação e aprimoramento da sua esfera existencial. Assim, além de estar vedada a violação estatal do espaço vital da pessoa, a possibilidade da subsistência do paternalismo nas relações entre o indivíduo e o Estado é eliminada.[177]

Ocorre que "os direitos de liberdade só podem ser assegurados garantindo-se a cada um o mínimo de bem-estar econômico que permite uma vida digna"[178]. Assim, sob interferência de princípios indeclináveis de justiça e da ideia de Estado Social de Direito, revelam-se os direitos de *segunda dimensão*: os *direitos sociais*. Com o objetivo de proporcionar mínimo de isonomia material a indivíduos sem condições reais de exercício de suas liberdades básicas, fixam padrões morais, culturais e econômicos. Ensina Perez Luño: "direitos fundamentais dirigidos a tutelar a atividade prática do *homo faber*, ou seja, o ser humano e sua condição de trabalhador." (tradução nossa)[179] Alberto do Amaral Júnior retrata o surgimento desses direitos, sob o impacto das desigualdades de riqueza provocadas pela Revolução Industrial:

> Ao ecoarem o ideário socialista, que advoga a participação coletiva na riqueza acumulada, os direitos econômicos e sociais são direitos de crédito do indivíduo em relação à coletividade. Os indivíduos devem afirmar esses direitos perante o Estado, que dispõe dos meios necessários para atender

---

(175) *Valor social do trabalho na ordem econômica, na Constituição Brasileira de 1988*. São Paulo: LTr, 2007. p. 51.

(176) AMARAL JÚNIOR, Alberto do. *Comércio internacional e a proteção do meio ambiente*. São Paulo: Atlas, 2011. p. 81.

(177) *A realização do direito do trabalho*. Porto Alegre: Sérgio Antônio Fabris Editor, 1998. p. 30.

(178) BOBBIO, Norberto. *A era dos direitos*. Nova Edição. Rio de Janeiro: Elsevier, 2004. p. 206-207.

(179) *Los derechos fundamentales*. Temas Clave de La Constitucion Española. 9. ed. Madrid: Tecnos, 2007. p.193.

às reivindicações dos desprivilegiados e garantir a todos as condições de uma vida digna. O direito ao trabalho, à educação e à saúde são eficazes, nessa perspectiva, se contarem com o engajamento do Estado para executar políticas públicas que promovam a justa distribuição dos benefícios oriundos do crescimento econômico.[180][181]

A consagração formal do binômio liberdade e igualdade, por si só, não permitia o seu efetivo gozo. "Este reformismo, que acompanha o intervencionismo estatal típico do Estado-providência, veio suscitar a declaração, como fundamental, de novos direitos. Estes visam a assegurar a todos uma vida digna e a igualdade de oportunidades."[182] Afinal, os direitos fundamentais constituem pressupostos de consenso sobre os quais se edifica a sociedade democrática. O dever de obediência dos cidadãos ao Direito está condicionado à observância desse modelo.[183]

A exigência de prestações sociais dá vitalidade aos anseios de liberdade propostos no início. Constituem poderes de reivindicar do Estado (sujeito passivo) ações positivas — direitos subjetivos[184] públicos -, isto é, direitos de crédito das pessoas que estão sob sua guarda e proteção. Logo, "não se cuida mais, portanto, de liberdade do e perante o Estado, e sim de liberdade por intermédio do Estado."[185] José Eduardo Faria enfatiza a relevância de políticas públicas:

> Se os direitos humanos foram originariamente constituídos como forma de proteção contra o risco de abusos e arbítrios praticados pelo Estado, os direitos sociais surgiram juridicamente como prerrogativas dos segmentos mais desfavoráveis — sob a forma normativa de obrigações do Executivo, entre outros motivos porque, para que possam ser materialmente eficazes, tais

---

(180) *Comércio internacional e a proteção do meio ambiente*. São Paulo: Atlas, 2011. p. 82.

(181) "Cabe aqui uma breve distinção entre desenvolvimento econômico e crescimento econômico, o primeiro envolvendo a ascensão, quer do indivíduo, quer da coletividade, ao conhecimento, ao progresso, ao acesso aos bens de consumo e à plena observância de seus direitos individuais e sociais; o segundo abarcando o desenvolvimento da economia de um país, o que nem sempre implica na melhoria integral do padrão de vida e acesso a bens e direitos de seus cidadãos." (FURTADO, Emmanuel Teófilo. Os Direitos Humanos de 5ª Geração enquanto Direitos à Paz e seus Reflexos no Mundo do Trabalho — Inércias, Avanços e Retrocessos na Constituição Federal e na Legislação. In: FREITAS, Marco Antônio de; MONTESSO, Cláudio José; STERN, Maria de Fátima Coêlho Borges (Coords.). *Direitos sociais na Constituição de 1988. Uma análise crítica vinte anos depois*. São Paulo: LTr, 2008. p. 80)

(182) FERREIRA FILHO, Manoel Gonçalves. *Princípios fundamentais do direito constitucional*. 2. ed. São Paulo: Saraiva, 2010. p. 87.

(183) Sobre o assunto, ressalta Perez Luño: "[...] Por ello, corresponde a los derechos fundamentales un importante cometido legitimador de las formas constitucionales del Estado de Derecho, ya que constituyen los pressupostos del consenso sobre el que se debe edificar cualquier sociedad democrática; en otros términos, su función es la de sistematizar el contenido axiológico objetivo del ordenamiento al que la mayoría de los ciudadanos prestan su consentimiento y condicionan su deber de obediencia al Derecho." (*Los derechos fundamentales*. Temas Clave de La Constitucion Española. 9. ed. Madrid: Tecnos, 2007. p. 21)

(184) Hans Kelsen, afirma: "[...] a essência do direito subjetivo, que é mais do que o simples reflexo de um dever jurídico, reside em que uma norma confere a um indivíduo o poder jurídico de fazer valer, através de uma ação, o não-cumprimento de um dever jurídico." (*Teoria pura do direito*. 6. ed. 2. tir. São Paulo: Martins Fontes, 1999. p. 152)

(185) SARLET, Ingo Wolfgang. *A eficácia dos direitos fundamentais*. 7. ed. Porto Alegre: Livraria do Advogado, 2007. p. 57.

direitos implicam uma intervenção ativa e continuada por parte dos poderes públicos. [...] Ao contrário da maioria dos direitos individuais tradicionais, cuja proteção exige apenas que o Estado jamais permita sua violação, os direitos sociais não podem simplesmente ser 'atribuídos' aos cidadãos; cada vez mais elevados à condição de direitos constitucionais, os direitos sociais requerem do Estado um amplo rol de políticas públicas dirigidas a segmentos específicos da sociedade — políticas essas que têm por objetivo fundamentar esses direitos e atender às expectativas por eles geradas com sua positivação. [186]

A despeito de qualquer substrato ideológico socialista ou comunista, os direitos sociais "não se destinam a assegurar a liberdade da burguesia individualista frente ao Estado. Ao revés, requerem a sua atuação para que possam ser satisfeitas necessidades como o acesso à educação, à saúde e ao trabalho em condições humanas."[187] "A conexão entre mudança social e mudança na teoria e na prática dos direitos fundamentais sempre existiu; o nascimento dos direitos sociais apenas tornou essa conexão mais evidente, tão evidente que agora já não pode ser negligenciada."[188]

Os direitos de *terceira dimensão*, em sequência, "caracterizam-se por exigirem, para sua conceituação, um maior grau de *solidariedade* do que os outros pelo fato de serem, ao mesmo tempo, individuais e coletivos"[189]. Lastreados em premissas de *fraternidade*, a autodeterminação dos povos e a qualidade de vida passam a ser tutelados, "em face de sua implicação universal ou, no mínimo, transindividual, exigindo esforços e responsabilidades em escala universal para sua concretização"[190]. A nota distintiva em relação aos anteriores "reside basicamente na sua titularidade coletiva, muitas vezes indefinida e indeterminável"[191].

Ocorre que "novos carecimentos nascem em função da mudança das condições sociais e quando o desenvolvimento técnico permite satisfazê-los".[192] Ademais, os progressos tecnológicos criaram (e continuam tendo esse papel) novos perigos a demandar proteção jurídica, desafiando a atuação do Estado em novas direções. Afinal, as repercussões sociais e econômicas dos avanços nas mais diversas áreas do conhecimento provocaram a modernização da tutela que dele se espera ter. Em razão da irreversibilidade de muitos danos, o que aconselha a adoção de medidas preventivas, Alberto do Amaral Júnior expressa a necessidade de preservação ambiental, como exemplo dessa coexistência, interação e até sobreposição de direitos de diferentes dimensões:

---

(186) *Direitos humanos, direitos sociais e justiça*. São Paulo: Malheiros, 1998. p. 105.
(187) LEDUR, José Felipe. *A realização do direito do trabalho*. Porto Alegre: Sérgio Antônio Fabris Editor, 1998. p. 39.
(188) BOBBIO, Norberto. *A era dos direitos*. Nova Edição. Rio de Janeiro: Elsevier, 2004. p. 71.
(189) LOPES, Ana Maria D'Ávila. *Os direitos fundamentais como limites ao poder de legislar*. Porto Alegre: Sergio Antonio Fabris Editor, 2001. p. 64-65.
(190) MARQUES, Rafael Silva. *Valor social do trabalho na ordem econômica, na Constituição Brasileira de 1988*. São Paulo: LTr, 2007. p. 53.
(191) SARLET, Ingo Wolfgang. *A eficácia dos direitos fundamentais*. 7. ed. Porto Alegre: Livraria do Advogado, 2007. p. 58.
(192) BOBBIO, Norberto. *A era dos direitos*. Nova Edição. Rio de Janeiro: Elsevier, 2004. p. 6.

O direito ao meio ambiente sadio contribui para a realização dos demais direitos humanos e favorece a igualdade ou, ao menos, contribui para reduzir as desigualdades materiais entre os cidadãos, cria um meio ambiente equilibrado e acrescenta uma nova dimensão de direitos já reconhecidos.[193]

"A globalização política na esfera da normatividade jurídica introduz os direitos da *quarta geração*, que, aliás, correspondem à derradeira fase de institucionalização do Estado Social."[194] Embora ainda aguarde consagração no direito internacional e nas ordens constitucionais internas de cada país, como alerta Ingo Wolfgang Sarlet[195], percebe-se predisposição ao reconhecimento dos direitos fundamentais à *democracia*, à *informação* (de informar e ser informado) e ao *pluralismo* ("articulação de grupos de poder situados abaixo do Estado e acima dos indivíduos, com plena valorização dos corpos sociais intermediários enquanto garantidores do indivíduo contra o abuso de poder do Estado, bem como contra possíveis fragmentações individualistas"[196]). "Aceitar e garantir todas as formas de manifestação social e tolerar a diferença, garantindo que ela possa, plenamente, apresentar-se como tal é uma das funções dos direitos fundamentais de quarta geração".[197] Como assegura Paulo Bonavides, "compendiam o futuro da cidadania e o porvir da liberdade de todos os povos. Tão-somente com eles será legítima e possível a globalização política."[198]

A emergência da *paz* como norma jurídica determina a sua retirada da invisibilidade da terceira categoria[199], para discutir, então, a existência da *quinta dimensão* dos direitos fundamentais. Por se tratar de condição indispensável ao progresso das nações, coroa "aquele perímetro de humanismo que, no perímetro da juridicidade, habita as regiões sociais e perpassa o Direito em todas as suas dimensões"[200]. Segundo Emmanuel Teófilo Furtado, a paz, com seu caráter universal, agrega a sociedade e harmoniza etnias de todas as culturas e sistemas, crença e fé, cujo respeito e preservação se impõem por conta do primado maior da dignidade humana.[201] Posto de outra forma, para Paulo Bonavides:

---

(193) *Comércio internacional e a proteção do meio ambiente*. São Paulo: Atlas, 2011. p. 94.

(194) BONAVIDES, Paulo. *Curso de direito constitucional*. 25. ed. São Paulo: Malheiros, 2010. p. 571.

(195) Ibid., p. 60-61.

(196) FURTADO, Emmanuel Teófilo. Os diretos humanos de 5ª geração enquanto direitos à paz e seus reflexos no mundo do trabalho — inércias, avanços e retrocessos na Constituição Federal e na legislação. In: MONTESSO, Cláudio José; FREITAS, Marco Antônio de; STERN, Maria de Fátima Coêlho Borges Stern (Coords.). *Direitos sociais na Constituição de 1988. Uma análise crítica vinte anos depois*. São Paulo: LTr, 2008. p. 83.

(197) MARQUES, Rafael Silva. *Valor social do trabalho na ordem econômica, na Constituição Brasileira de 1988*. São Paulo: LTr, 2007. p. 53.

(198) *Curso de direito constitucional*. 25. ed. São Paulo: Malheiros, 2010. p. 572.

(199) BONAVIDES, Paulo. *Op. cit.*, p. 584.

(200) BONAVIDES, Paulo. *Op. cit.*, 583.

(201) FURTADO, Emmanuel Teófilo, Os diretos humanos de 5ª geração enquanto direitos à paz e seus reflexos no mundo do trabalho — inércias, avanços e retrocessos na Constituição Federal e na legislação. In: MONTESSO, Cláudio José; FREITAS, Marco Antônio de; STERN, Maria de Fátima Coêlho Borges Stern (Coords.). *Direitos sociais na Constituição de 1988. Uma análise crítica vinte anos depois*. São Paulo: LTr, 2008. p. 85.

A dignidade jurídica da paz deriva do reconhecimento universal que se lhe deve enquanto pressuposto qualitativo da convivência humana, elemento de conservação da espécie, reino da segurança dos direitos. Tal dignidade unicamente se logra, em termos constitucionais, mediante a elevação autônoma e paradigmática da paz a direito de quinta geração.[202]

Para José Afonso da Silva, os direitos fundamentais do homem designam, no nível do direito positivo, "aquelas prerrogativas e instituições que ele concretiza em garantias de uma convivência digna, livre e igual de todas as pessoas".[203] A interação evolutiva dos seus postulados direcionam o processo legislativo de cada Estado, com vistas ao bem-estar geral. Afinal, reportando-se a Perez Luño, os direitos fundamentais constituem a principal garantia dos cidadãos para que haja um Estado de Direito, no qual o sistema jurídico e político como um todo se orientará para o respeito e a promoção da pessoa humana.[204] Sobre a validade dessa avaliação, depreende Ronald Dworkin, quando focaliza a isonomia entre os governados:

> O governo deve não somente tratar as pessoas com consideração e respeito, mas com igual consideração e respeito. Não deve distribuir bens ou oportunidades de maneira desigual, com base no pressuposto de que alguns cidadãos têm direito a mais, por serem merecedores de maior consideração.[205]

Conjugando as dimensões dos direitos fundamentais, verifica-se que deixaram de ser garantias negativas para se tornarem metas da ação positiva estatal. O acesso ao trabalho demanda, pois, unir esforços coletivos. A solidariedade entre os indivíduos ultrapassa as barreiras de um simples sentimento intrínseco, para impor prestações positivas exteriorizadas com a interferência do Estado na economia. "Igualdade e liberdade como construções burguesas devem ser superadas, sob pena de a relação contratual servir apenas ao processo indesejável de reificação do trabalhador".[206] Viabilizar boas condições de vida é o propósito disseminado nas nações democráticas da atualidade, posto que indispensável à harmonia e à segurança dos indivíduos em sociedade. Salientando a conexão e coexistência desses direitos, comenta Emmanuel Teófilo Furtado:

> Todos os direitos aqui tratados, independente da geração sob a qual se configurem, ou que somente de forma oblíqua se enxergue a figura do indivíduo, da pessoa humana, são direitos que têm por destinatário o homem,

---

(202) *Curso de direito constitucional.* 25. ed. São Paulo: Malheiros, 2010. p. 583.

(203) *Curso de direito constitucional positivo.* 19. ed. São Paulo: Malheiros, 2001. p. 182.

(204) "Los derechos fundamentales constituyen la principal garantia con que cuentan los ciudadanos de um Estado de Derecho de que el sistema jurídico y politico en su conjunto se orientará hacia el respecto y la promocion de la persona humana." (*Los derechos fundamentales.* Temas Clave de La Constitucion Española. 9. ed. Madrid: Tecnos, 2007. p. 20)

(205) *Levando os direitos a sério.* Tradução de Nelson Boeira. 2. ed. São Paulo: Martins Fontes, 2007. p. 419.

(206) CORREIA, Marcus Orione Gonçalves. Interpretação dos Direitos Fundamentais Sociais, Solidariedade e Consciência de Classe. In: CANOTILHO, J. J. Gomes; CORREIA, Érica Paula Barcha; CORREIA, Marcus Orione Gonçalves (Coords.). *Direitos fundamentais sociais.* São Paulo: Saraiva, 2010. p. 153.

quer isoladamente considerado, quer socialmente inserido em um meio, quer analisado sob a ótica do meio ambiente que o cerca, quer envolvido na tecnologia que alcançou, quer no avanço genético do qual se apossou, quer, principalmente, pela paz social a que aspira.[207]

Regulamentar os direitos fundamentais dos autônomos, nesse encadeamento, vem ao encontro dessa perspectiva humanista peculiar à marcha ascendente do homem como ser social. A promoção da pessoa humana, nos mais variados aspectos da personalidade, inclusive no ambiente de labor, constitui o conteúdo axiológico dos ordenamentos democráticos, em que o dever de obediência ao Direito depende do consentimento dos cidadãos com as políticas adotadas.

2.4. A Constitucionalização dos Direitos Sociais nos Ordenamentos Jurídicos

A verticalização dos direitos sociais consiste no movimento ascendente de introduzir esses preceitos nos diplomas jurídicos de cada país. Consolida o Constitucionalismo Social, desde a previsão nas declarações modernas até chegarem ao *status* de norma fundamental, impondo "aos órgãos estatais uma conduta positiva, um dever de assegurar aos indivíduos prestações positivas, visando ao seu bem-estar e ao pleno desenvolvimento da personalidade humana"[208].

"Descobria-se assim um novo conteúdo dos direitos fundamentais: as garantias institucionais."[209] A defesa especial conferida pelo sistema jurídico serve, na eventualidade de tentativa de alteração legislativa ordinária, ao resguardo desses preceitos. O Estado é levado a criar mecanismos que concretizem as demandas por direitos sociais, sob pena de desrespeitar o diploma máximo da nação: a Constituição. Cuida-se, assim, do homem social ao lado do homem político. Paulo Bonavides evidencia o projeto de emancipação humana:

> A nova universalidade dos direitos fundamentais é inseparável da criação desses pressupostos fáticos. Sobre eles já não tem o indivíduo propriamente poder. Passaram a ser vistos numa perspectiva também de globalidade, enquanto chave de libertação material do homem.[210]

Quanto ao direito social ao trabalho, a doutrina diverge acerca do pioneirismo constitucional. Arnaldo Süssekind afirma que "a primeira Constituição a inserir no

---

(207) FURTADO, Emmanuel Teófilo. Os diretos humanos de 5ª geração enquanto direitos à paz e seus reflexos no mundo do trabalho — inércias, avanços e retrocessos na Constituição Federal e na legislação. In: MONTESSO, Cláudio José; FREITAS, Marco Antônio de; STERN, Maria de Fátima Coêlho Borges Stern (Coords.). *Direitos sociais na Constituição de 1988. Uma análise crítica vinte anos depois*. São Paulo: LTr, 2008. p. 77.

(208) LEITE, Carlos Henrique Bezerra. *Constituição e direitos sociais dos trabalhadores*. São Paulo: LTr, 1997. p. 14.

(209) BONAVIDES, Paulo. *Curso de direito constitucional*. 25. ed. São Paulo: Malheiros, 2010. p. 565.

(210) *Curso de direito constitucional*. 25. ed. São Paulo: Malheiros, 2010. p. 567.

seu texto importantes direitos para o trabalhador foi a da Suíça, aprovada em 1874 e emendada em 1896"[211]. Norberto Bobbio, embora aponte a Constituição de Weimar como marco histórico da entrada dos direitos sociais no constitucionalismo moderno, considera que "o direito ao trabalho se tornou um dos temas do debate acalorado, apesar de estéril, na Assembleia Constituinte francesa de 1848, deixando, todavia, um fraco vestígio no artigo VIII do Preâmbulo[212]".[213] Sustenta-se esse entendimento, na medida em que a introdução da Carta francesa exprime o dever da República prestar socorro àqueles que estão sem condições de trabalhar e proteger o trabalho dos seus cidadãos. "Não há dúvida, entretanto, que o principal documento da evolução dos direitos fundamentais, para a consagração dos direitos econômicos e sociais foi a Constituição francesa de 1848."[214] Renato Rua de Almeida remete a uma breve sequência histórica:

> De fato, a partir da Constituição francesa de 1848 surge o fenômeno do constitucionalismo social, seguida, por exemplo, pela Constituição mexicana de 1917, pela Constituição de Weimar de 1919, e, mais tarde, pela Constituição brasileira de 1934, consagrando os direitos trabalhistas como princípios programáticos, isto é, sem eficácia imediata e vinculante às entidades públicas e privadas.[215]

A Constituição Mexicana de 1917, para Carmen Camino, "deve ser lembrada como grande acontecimento do direito do trabalho no século XX, eis que, pela primeira vez na História, os direitos sociais assumiram seu lugar na Constituição"[216]. O art. 123 estabeleceu que toda a pessoa tinha direito a trabalho digno e socialmente útil. Dentre inúmeras garantias, dispunha sobre os seguintes temas: duração máxima da jornada de trabalho de oito horas; jornada reduzida noturna; proibição do trabalho de mulheres e menores em condições insalubres e perigosas; um dia de descanso a cada seis de trabalho; salário-mínimo; associação sindical; greve. Para Antonio E. Perez Luño, a Constituição do México de 1917 pode ser considerada como a primeira tentativa de conciliar os direitos de liberdade com os direitos sociais, superando, assim, os polos

---

(211) *Direito Constitucional do Trabalho*. 2. ed. Rio de Janeiro: Renovar, 2001. p. 13.

(212) "VIII — La République doit protéger le citoyen dans sa personne, sa famille, sa religion, sa propriété, **son travail**, et mettre à la portée de chacun l'instruction indispensable à tous les hommes ; **elle doit, par une assistance fraternelle, assurer l'existence des citoyens nécessiteux, soit en leur procurant du travail dans les limites de ses ressources, soit en donnant, à défaut de la famille, des secours à ceux qui sont hors d'état de travailler**. — En vue de l'accomplissement de tous ces devoirs, et pour la garantie de tous ces droits, l'Assemblée nationale, fidèle aux traditions des grandes Assemblées qui ont inauguré la Révolution française, décrète, ainsi qu'il suit, la Constitution de la République." (grifo nosso) Disponível em: <http://www.conseil-constitutionnel.fr/conseil-constitutionnel/francais/la-constitution/les-constitutions-de-la-france/constitution-de-1848-iie-republique.5106.html>. Acesso em: 16 fev. 2011.

(213) *A era dos direitos*. Nova Edição. Rio de Janeiro: Elsevier, 2004. p. 206.

(214) FERREIRA FILHO, Manoel Gonçalves. *Direitos humanos fundamentais*. 12. ed. São Paulo: Saraiva, 2010. p. 63.

(215) Eficácia dos Direitos Fundamentais nas Relações de Trabalho. In: ALMEIDA, Renato Rua (Coord.); CALVO, Adriana; ROCHA, Andrea Presas (Orgs.). *Direitos fundamentais aplicados ao direito do trabalho*. São Paulo: LTr, 2010. p. 144.

(216) *Direito Individual do trabalho*. 3. ed. Porto Alegre: Síntese, 2003. p. 36.

opostos do individualismo e do coletivismo.[217] Fábio Rodrigues Gomes compreende que, de igual forma, a Carta Política Mexicana foi a primeira a conferir o *status* de direitos fundamentais aos trabalhistas.[218] Fábio Konder Comparato expõe suas convicções e conclui:

> O que importa, na verdade, é o fato de que a Constituição mexicana, em reação ao sistema capitalista, foi a primeira a estabelecer a desmercantilização do trabalho, ou seja, a proibição de equipará-lo a uma mercadoria qualquer, sujeita à lei da oferta e da procura no mercado. Ela firmou o princípio da igualdade substancial da posição jurídica entre trabalhadores e empresários na relação contratual de trabalho, criou a responsabilidade dos empregadores por acidentes do trabalho e lançou, de modo geral, as bases para a construção do moderno Estado Social de Direito. Deslegitimou, com isso, as práticas de exploração mercantil do trabalho, e portanto da pessoa humana, cuja justificativa se procurava fazer, abusivamente, sob a invocação da liberdade de contratar.[219]

Para Manoel Gonçalves Ferreira Filho, a Constituição Mexicana, não obstante elencar direitos dos trabalhadores, "trata-se, pois, de um documento que inegavelmente antecipa alguns desdobramentos típicos do direito social. Nem de longe, todavia, espelha a nova versão dos direitos fundamentais"[220]. A divergência doutrinária apoia-se em diferentes critérios de interpretação do conteúdo das normas e da repercussão no mundo. É certo, de qualquer forma, que a transformação do Estado Liberal em Estado de Bem-Estar Social foi acompanhada da ascensão axiológica do trabalho humano e marcada por outros episódios importantes, dentre eles, a Constituição de Weimar de 1919.[221]

Com a derrota na Primeira Grande Guerra do século XX e sob influência socialista, os alemães inseriram um capítulo que disciplina a ordem econômica e social. Apresentaram, ainda, estrutura mais elaborada da pretendida democracia social. Fábio Konder Comparato alerta sobre o traço distintivo da Carta germânica:

> Aqui, são grupos sociais inteiros, e não apenas indivíduos, que passam a exigir dos Poderes Públicos uma orientação determinada na política de investimentos e de distribuição de bens; o que implica uma interferência estatal no livre jogo do mercado e uma redistribuição de renda pela via tributária.[222]

---

(217) "La Constitución de Méjico de 1917 puede considerarse como el primer intento de conciliar los derechos de libertad con los derechos sociales, superando así los pólos opuestos del individualismo y del colectivismo." (LUNÕ, Antonio E. Perez. *Los derechos fundamentales*. Temas Clave de La Constitucion Española. 9. ed. Madrid: Tecnos, 2007. p. 43)

(218) *Direito fundamental ao trabalho. Perspectivas histórica, filosófica e dogmático-analítica*. Rio de Janeiro: Lumen Juris, 2008. p. 329.

(219) *A afirmação histórica dos direitos humanos*. 7. ed. São Paulo: Saraiva, 2010. p. 193.

(220) *Direitos humanos fundamentais*. 12. ed. São Paulo: Saraiva, 2010. p. 64.

(221) Antonio E. Perez Luño, nesse sentido, afirma: "[...] El texto constitucional más importante , y el que mejor refleja el nuevo estatuto de los derechos fundamentales en el tránsito desde el Estado liberal al Estado social de Derecho, es la Constitución germana de Weimar de 1919." (*Los derechos fundamentales*. Temas Clave de La Constitucion Española. 9. ed. Madrid: Tecnos, 2007. p. 39)

(222) *A afirmação histórica dos direitos humanos*. 7. ed. São Paulo: Saraiva, 2010. p. 206.

Alguns preceitos da Constituição de Weimar, especialmente aqueles que consagram a liberdade de coalizão e a representação institucionalizada dos trabalhadores na empresa, ainda constituem inovação no panorama brasileiro atual, restritos basicamente a multinacionais do ABC Paulista. Conforme destacado por Candy Florêncio Thome, "antes da República de Weimar, o direito do trabalho era visto como uma parte do direito civil. Com a promulgação da Constituição de 11.08.1919, a democracia social inaugura uma nova relação com o direito constitucional"[223]. Sob certo aspecto, controlou ímpetos individualistas do capitalismo ao prever a colaboração entre trabalhadores e empresários, para regulamentar salários e condições de trabalho. O art. 165 reconhece as organizações das categorias e as convenções entre si celebradas. Carlos Henrique Bezerra Leite aponta reflexos da Carta de Weimar, que ultrapassaram barreiras de espaço e do próprio tempo:

> Esta Carta repercutiu sobremaneira na Europa, servindo de base para as democracias sociais. Nela foram fincados vários princípios com vistas à melhoria das condições de vida dos homens e a preservação da dignidade do trabalhador, dentro de uma concepção de intervencionismo e socialismo de Estado.[224]

"A Constitucionalização do direito do trabalho se generalizou, desencadeando intensa atividade legislativa de tutela ao trabalho."[225] O Estado alemão, por sinal, já havia tomado a iniciativa, no art. 162 da Constituição de Weimar de 1919, de propor regulação internacional das relações jurídicas de trabalho, tendente a criar um padrão mínimo geral de direitos sociais. Arnaldo Süssekind alerta:

> No entanto, a grande fonte das constituições aprovadas entre as duas grandes guerras foi o Tratado de Versailles, que enumerou os princípios fundamentais do Direito do Trabalho e instituiu a Organização Internacional do Trabalho (OIT) para realizar estudos e elaborar convenções (tratados multilaterais) e recomendações destinadas a universalizar a justiça social.[226]

Chega-se à Constituição Cidadã brasileira de 1988, que arrola, genericamente, direitos mínimos dos trabalhadores urbanos e rurais. Vivemos em um processo, sucessivo e contínuo, de proteção ao trabalho humano em todas as suas formas. Logo, os autônomos, como cidadãos brasileiros e como homens, também fazem jus ao reconhecimento do direito fundamental ao trabalho. A ampliação do raio de alcance da norma constitucional, afora do âmbito da relação de emprego, é o que se pretende discutir neste estudo, juntamente ao modo de operacionalizá-la por meio de fundo social específico dos trabalhadores por conta própria.

---

(223) A República de Weimar e os Movimentos Operários. *Caderno de Doutrina e Jurisprudência da Ematra XV*, Campinas, n. 5, p. 164, set./out. 2005.
(224) *Constituição e direitos sociais dos trabalhadores*. São Paulo: LTr, 1997. p. 14-15.
(225) CAMINO, Carmen. *Direito individual do trabalho*. 3. ed. Porto Alegre: Síntese, 2003. p. 37.
(226) *Direito constitucional do trabalho*. 2. ed. Rio de Janeiro: Renovar, 2001. p. 14.

2.5. As Inovações Tecnológicas e o Novo Mercado de Trabalho

Com o desenvolvimento da indústria, sobremodo a partir do século XIX, começou gradativa substituição do homem pelas máquinas. Eficientes e econômicas, não precisavam de descanso, não reclamavam, nem adoeciam, mantendo fluxo intenso de funcionamento. Revisões periódicas, ainda que indispensáveis, eram menos onerosas do que, por exemplo, curar um trabalhador doente.[227] "A tendência geral da industrialização foi substituir a capacidade humana pela capacidade das máquinas, o trabalho humano por forças mecânicas, jogando com isso pessoas para fora dos empregos."[228] Esse panorama é sintetizado por Ricardo Antunes:

> Estabelece-se, então, um complexo processo interativo entre trabalho e ciência produtiva, que não leva à extinção do trabalho, mas a um processo de retroalimentação que gera a necessidade de encontrar *uma força de trabalho ainda mais complexa, multifuncional, que deve ser explorada de maneira mais intensa e sofisticada*, ao menos nos ramos produtivos dotados de maior incremento tecnológico.[229]

A diminuição dos postos de trabalho, desde então, não mais seria passageira. O cenário do desemprego estrutural converteu-se em ameaçadora realidade a atormentar os trabalhadores, o que também deveria atingir o empresariado. Afinal, a redução do mercado de trabalho afeta diretamente o mercado de consumo, visto que abala negativamente o fluxo de circulação de riquezas, o qual é essencial à geração do lucro capitalista. Nessa mesma direção, Fábio Konder Comparato indica o movimento de uniformização universal dos costumes e a profunda alteração da vida ética dos povos promovidos pelo capitalismo:

> No capitalismo industrial, o aumento do consumo é a condição *sine qua non* do equilíbrio do sistema. O movimento de formação do mercado mundial conduziu, necessariamente, à homogeinização cosmopolita não só das técnicas de produção, mas também dos hábitos de consumo. [...] O sistema capitalista, com efeito, depende, visceralmente, de um aumento contínuo do consumo global de bens e serviços, sem o qual entra em colapso. [...] Daí os esforço contínuo na criação de necessidades artificiais de bens e serviços, pelo recurso intensivo à publicidade e à propaganda comercial.[230]

---

(227) Eric Hobsbawm indica: "[...] mesmo os países pré-industriais e os novos recém-industrializados eram governados pela lógica férrea da mecanização, que mais cedo ou mais tarde tornava até mesmo o mais barato ser humano mais caro que uma máquina capaz de fazer o seu trabalho, e pela lógica igualmente férrea da competição de livre comércio genuinamente mundial." (*Era dos extremos*. O Breve Século XX. 1914-1991. Tradução de Marcos Santarrita. 2. ed. 42. reimp. São Paulo: Companhia das Letras, 2010. p. 403)

(228) HOBSBAWM, Eric. *Op. cit.*, p. 402.

(229) *Adeus ao trabalho? Ensaio sobre as metamorfoses e a centralidade no mundo do trabalho*. 15. ed. São Paulo: Cortez, 2011. p. 176.

(230) *Ética. Direito moral e religião no mundo moderno*. São Paulo: Companhia das Letras, 2008. p. 416 e 424.

A par disso, a geração de novas atividades não chegava a compensar, em igual medida, o número empregos suprimidos pelos inventos tecnológicos. Isso passa pela compreensão de Amauri Mascaro Nascimento, que exemplifica:

> O trabalho cada vez mais está escasso, começa a faltar, é substituído pelas novas tecnologias, por um menor número de empregados. As compras feitas pela internet dispensam a intermediação dos vendedores, a pintura dos carros na indústria é automática, os caixas eletrônicos, dos bancos, substituem os bancários, o *teletrabalho* evita o transporte para o local de serviços, as dispensas de empregados pelos empregadores são em massa.[231]

As inovações da microeletrônica, da robótica e da microinformática, além disso, também revolucionaram a dinâmica das empresas. Ricardo Antunes sustenta que a revolução tecnológica possui evidente significado emancipador, "desde que não seja regida pela lógica destrutiva do sistema produtor de mercadorias, mas sim pela sociedade do tempo disponível e da produção de bens socialmente úteis e necessários"[232]. "Em nossa civilização atual, tudo concorre para estimular a imaginação e as necessidades econômicas"[233], o que influencia (e até deturpa) a escala de valores e a hierarquia de carências dos indivíduos, na medida em que "cada qual aprecia as vantagens e inconvenientes da situação pessoal de acordo com o trabalho e a sociedade"[234]. Ao lado disso, "as necessidades mudam em função dos valores que os diferentes grupos sociais compartilham"[235]. Ao tratar da luta pelo direito ao trabalho, Ricardo Antunes salienta a relevância de ir de encontro à conversão do tempo livre em tempo de consumo para o capital, "em que o indivíduo é impelido a 'capacitar-se' para melhor 'competir' no mercado de trabalho, ou ainda exaurir-se num consumo *coisificado* e *fetichizado*, inteiramente desprovido de sentido"[236].

A internet eliminou as distâncias geográficas, aguçando a concorrência entre os empreendimentos. A comunicação, hoje quase instantânea, imprime ritmo frenético às negociações comerciais, em que a perda de segundos implica prejuízo de milhões. A estabilidade financeira de uma empresa, e porque não dizer de um país, altera-se à simples batida de martelo na bolsa de valores. As ondas de insegurança por acontecimentos nas nações mais longínquas provocam a fortuna de uns e a ruína de outros. Dispensas em massa, cada vez mais frequentes, notabilizam a fragilidade do indivíduo diante do capital. Registros sensíveis de Mauricio Godinho Delgado ilustram certos desdobramentos:

---

(231) *Curso de direito do trabalho.* 25. ed. São Paulo: Saraiva, 2010. p. 77.
(232) *Adeus ao trabalho? Ensaio sobre as metamorfoses e a centralidade no mundo do trabalho.* 15. ed. São Paulo: Cortez, 2011. p. 87.
(233) FRISCH-GAUTHIER, Jacqueline. Moral e Satisfação no Trabalho. In: FRIEDMANN, Georges; NAVILLE, Pierre. *Tratado de sociologia do trabalho.* Tradução de Octávio Mendes Cajado. São Paulo: Cultrix, 1973, v. II, p. 180, 2 v.
(234) FRISCH-GAUTHIER, Jacqueline. *Op. cit.*, p. 180.
(235) AMARAL JÚNIOR, Alberto do. *Comércio internacional e a proteção do meio ambiente.* São Paulo: Atlas, 2011. p. 94.
(236) *Adeus ao trabalho? Ensaio sobre as metamorfoses e a centralidade no mundo do trabalho.* 15. ed. São Paulo: Cortez, 2011. p. 114.

[...] um processo de profunda renovação tecnológica, capitaneado pela microeletrônica, robotização e microinformática. Tais avanços da tecnologia agravavam a redução dos postos de trabalho em diversos segmentos econômicos, em especial na indústria, chegando causar a ilusão de uma próxima *sociedade sem trabalho*. [...] Em acréscimo, essa renovação tecnológica intensa eliminava as antes impermeáveis barreiras do espaço e do tempo, extremando a competição capitalista no plano das diversas regiões do globo.[237]

Esse novo panorama político-econômico-social, no Brasil e no resto do mundo, dificulta a intervenção tutelar do Estado nas relações de trabalho. A transnacionalização das empresas e o destacamento dos trabalhadores — que prestam serviços, de forma simultânea ou sucessiva, em diversos lugares de países distintos — obstaculizam medidas protetivas sobre seus direitos. As pessoas são, de certo modo, largadas à própria sorte. "Num mundo de fluxos econômicos livres que cruzam fronteiras de Estados — exceto, caracteristicamente, de migrantes em busca de trabalho — as indústrias de trabalho intensivo migraram de países de altos salários para os de baixos salários."[238] Nesse enredo, torna-se complicado apontar o local onde o trabalhador presta serviços, especialmente quando integrados a multinacionais. Todavia, as facilidades de comunicação permitem localizar o indivíduo onde quer que ele esteja, em fração de segundos, viabilizando controle permanente de tudo que é feito. A reorganização do modelo empresário frente à globalização já foi objeto de análise:

> Novas formas de gestão de empresas surgiram em decorrência do estado atual de progresso humano. O dinamismo e a diversidade das inovações tecnológicas culminaram no "fenômeno de concentração", ou seja, no desenvolvimento de grandes conglomerados e multinacionais. No cenário de interação mundial dos processos econômicos, os mercados nacionais transformam-se em peças integradas da economia global.[239]

A par disso, o padrão de contratação "universal", ao contrário de antes, exige, para novas funções, maior versatilidade do indivíduo. A fragmentação do trabalho faz emergir o fenômeno social do estranhamento, posto que o trabalhador acompanha apenas parte do processo produtivo, o que impede sua identificação com aquilo que realiza, obstaculiza o desenvolvimento da sua personalidade e, por via de consequência, possibilita maior exploração e controle da força de trabalho pelo tomador dos seus serviços.[240] A questão é, novamente, elucidada por Ricardo Antunes:

---

(237) *Curso de direito do trabalho*. 4. ed. São Paulo: LTr, 2005. p. 97.

(238) HOBSBAWN, Eric. *Era dos extremos*. O Breve Século XX. 1914-1991. Tradução de Marcos Santarrita. 2. ed. 42. reimp. São Paulo: Companhia das Letras, 2010. p. 403.

(239) GONÇALVES, Leandro Krebs. Grupo Econômico: Tendências Atuais do Sistema Brasileiro. *Revista do Tribunal Regional do Trabalho da 4ª Região*, Porto Alegre, HS, n. 38, p. 117-139 (117), anual, 2010.

(240) Sobre o assunto, Ricardo Antunes aprofunda a análise: "[...] Se o *estranhamento* é entendido como a existência de barreiras sociais que se opõem ao desenvolvimento da individualidade em direção à omnilateralidade humana, o capitalismo dos nossos dias, ao mesmo tempo em que, com o avanço tecnológico, potencializou as capacidades humanas, fez emergir crescentemente o fenômeno social do *estranhamento*, na medida em que esse desenvolvimento das capacidades humanas não produz necessariamente o desenvolvimento de uma individualidade cheia de sentido, mas, ao contrário, 'pode

A racionalização própria da indústria capitalista moderna tende, ao ser movida pela lógica do capital, a eliminar as propriedades qualitativas do trabalhador, pela decomposição cada vez maior do processo de trabalho em operações parciais, operando-se uma ruptura entre o elemento que produz e o produto desse trabalho. Este é reduzido a um nível de especialização, que acentua a atividade mecanicamente repetida.[241]

O trabalhador, nesse contexto de exigência de multifuncionalidade, ou acompanha as novas tecnologias que surgem a todo o momento, ou corre o risco de ser substituído por alguém melhor informado. Trabalhadores qualificados são bem remunerados. Valorizam-se treinamento e experiências prévias em cada área. Para viabilizar aperfeiçoamento continuado, todavia, faltam recursos privados ou públicos. Eric Hobsbawm destaca:

> [...] as classes operárias acabaram — e de maneira muito clara após a década de 1990 — tornando-se vítimas das novas tecnologias; sobretudo os homens e mulheres não qualificados das linhas de produção em massa, que podiam ser mais facilmente substituídos por maquinário automatizado.[242]

Os países unem-se em blocos econômicos nos seus continentes. Mediante a livre circulação de pessoas e de mercadorias, com a redução das barreiras alfandegárias, o crescimento recíproco é o intuito. O mundo globaliza-se em favor do capital, em prejuízo do humano. Para manter algum controle nesse processo, o Estado encontra inúmeras limitações, levando alguns incautos a afirmarem o fim do modelo Estado-Providência. Sobre o assunto, relata Michel Olivier Girandeau:

> O surgimento dos blocos econômicos supranacionais ultrapassou obstáculos entre países diferentes, com a livre circulação da economia, e passou a impor o afastamento do Estado das atividades do capital privado. A transnacionalização dos mercados trouxe o conceito de globalização, em meio a acontecimentos sociais, políticos e econômicos que já não permitiam a intervenção estatal, nos moldes do chamado Estado do Bem-Estar, até então vigente.[243]

A flexibilização do Direito do Trabalho assume relevo. A modernização da legislação trabalhista passa a ser debatida. Os ajustes legais às necessidades do mercado de trabalho atual são contrapostos, conforme a ideologia de quem os prega. A extremada desregulamentação desse ramo do Direito — enfatizando o aspecto contratual e o princípio da autonomia da vontade — parece, aos poucos, perder credibilidade, mas nunca é de todo esquecida. Poucos privilegiados com a expansão irrestrita do capital

---

desfigurar, aviltar etc., a personalidade humana'..." (*Adeus ao trabalho? Ensaio sobre as metamorfoses e a centralidade no mundo do trabalho*. 15. ed. São Paulo: Cortez, 2011. p. 93)

(241) *Ibidem*, p. 148.

(242) *Era dos extremos. O Breve Século XX. 1914-1991*. Tradução de Marcos Santarrita. 2. ed. 42. reimp. São Paulo: Companhia das Letras, 2010. p. 298.

(243) Flexibilização do Direito do Trabalho. In: ALVES, Marcos César Amador (Coord.). *Direito empresarial do trabalho*. Caxias do Sul: Plenum, 2010. p. 452.

relutam com esse discurso. Sofrem, porém, forte combate dos movimentos pelos direitos humanos, para coibir o avanço de ideologia neoliberal, pelo menos, até o próximo surto devastador. Sobre a ingerência do Estado e o caminho a ser percorrido pelo Direito do Trabalho, esclarece Amauri Mascaro Nascimento:

> Estamos diante de nova questão social, a resultante da extinção dos postos de trabalho sem perspectivas de reaproveitamento do trabalhador reciclado para novas atribuições, situação iniciada no período pós-1970 e que provoca discussões sobre os fins do direito do trabalho como direito exclusivamente garantístico do empregado ou, além disso, um direito sensível aos imperativos do desenvolvimento econômico e do avanço do processo produtivo.[244]

As reformulações na legislação trabalhista, visando reduzir a interferência estatal nas relações entre capital e trabalho, devem caracterizar-se por muita cautela. A tecnologia favoreceu a produção, mas prejudicou os indivíduos sob diversos aspectos. Muitas categorias de trabalhadores permanecem excluídas do acesso aos bens da vida, fazendo surgir uma nova questão social. Portanto, até mesmo diante da máxima de valorização social do trabalho humano, continua a busca por outros tipos de intervenção.

É frágil a conjuntura da classe trabalhadora. Não há organização coletiva eficaz e generalizada em todas as categorias profissionais, aptas a implementar negociações equânimes entre sindicatos patronais e obreiros. O movimento sindical enfrenta, ainda, a dificultar a reunião dos trabalhadores na luta por melhores condições de labor, a descentralização da produção e a pulverização das atividades em diversas unidades. Os sindicatos perdem força no poder de negociar. Pela falta de credibilidade, têm o número de filiados reduzidos. A pauta de reivindicações, por seu turno, muda de fisionomia, uma vez que não basta só elevar os salários, mas construir também meios de proteção do próprio emprego.

É evidente a influência do pensamento neoliberal, fortalecido pela crise mundial do socialismo. Trazendo nova concepção das relações jurídicas, objetiva a suprema prelazia do elemento econômico sobre o social, sem levar em conta princípios de dignidade humana e de justiça social, exaltados para efeito de oratória e escassos na realidade que nos cerca. A respeito desse modelo de Estado abstenceísta e dos efeitos nocivos na distribuição de riquezas, critica Maria Victoria Benevides:

> E, hoje, ainda sofremos um processo de negação dos direitos sociais arduamente conquistados, na medida em que prospera a defesa do "Estado mínimo", que abandona o povo à sua sorte e que reduz a cidadania às liberdades civis e políticas, mantendo, em contrapartida, os privilégios dos "de cima" e a brutal carência de direitos dos "de baixo".[245]

Uma nova ordem econômica internacional exige mudanças na regulação de fatos sociais e de relações de trabalho decorrentes desse mercado sem fronteiras. Torna-se

---

(244) *Curso de direito do trabalho*. 25. ed. São Paulo: Saraiva, 2010. p. 71.
(245) *A questão social no Brasil* — os direitos econômicos e sociais como direitos fundamentais. Disponível em: <http://www.hottopos.com/vdletras3/vitoria.htm>. Acesso em: 07 fev. 2011.

determinante a modernização do Direito do Trabalho à luz de critérios sociais, e não apenas vinculados a padrões de rentabilidade das empresas. Sobre esse panorama de constante remodelação, comenta Homero Batista Mateus da Silva:

> De geração em geração, os textos explicativos do direito do trabalho são reformulados, lançando-se novas luzes sobre velhos temas, ante o impacto das alterações sociais e, no caso da nossa geração, o vendaval que foi a revolução da microinformática, com a inserção de comandos eletrônicos em praticamente todos os espaços vitais do ser humano, da residência à escola, do lazer ao trabalho, da paróquia à biblioteca.[246]

Os países que mais enfrentam obstáculos para inclusão na concorrência mundial são os que apresentam graves problemas estruturais e dependem do capital estrangeiro. A meta é reduzir os custos e baratear os produtos destinados ao comércio internacional. Independente de qualquer ingerência estatal, sob a falácia de que essa postura viabiliza o crescimento de todos, prega-se a desregulamentação das relações de trabalho e a total liberdade de contratação entre os indivíduos, Carmen Camino afirma:

> Nesse contexto, emerge um Direito do Trabalho em crise, diante da feroz concorrência no mercado internacional sem atentar às profundas desigualdades históricas, filosóficas, culturais e econômicas entre os povos; da crescente automação das empresas, responsável pela dispensa massiva de milhões de trabalhadores, sem perspectivas de reaproveitamento; da complexidade dos processos de produção, a afastar, do mercado de trabalho, enorme contingente de trabalhadores sem qualificação profissional e sem meios de obtê-la; do capitalismo produtivo cativo do capital financeiro, especulativo; do desemprego estrutural, como uma resultante de todos esses processos, a espalhar o seu sinistro espectro, inclusive, sobre nações mais ricas.[247]

Considerando as dificuldades financeiras que atingem grande parte das empresas, a necessidade de qualificação da mão de obra operária e o desemprego, determina-se alterar aquela visão clássica das relações de trabalho. A problemática são os caminhos radicais apontados. Ao invés de emprego, fala-se, hoje, na empregabilidade do trabalhador. "Os empregos diminuíram, cresceram outras formas de trabalho sem vínculo de emprego, as empresas passaram a produzir mais com pouca mão de obra, a informática e a robótica trouxeram produtividade crescente e trabalho decrescente."[248]

Procuram-se novos meios de contratar e de reduzir os encargos sociais dos empregadores, muitas vezes, às custas das condições ambientais, com o incremento da informalidade. De aparência lícita, os ajustes mascaram, por vezes, contratos irregulares ou fraudulentos, alheios à finalidade protetiva para o trabalhador, peculiar a esse ramo

---

(246) *Curso de direito do trabalho aplicado*. Parte Geral. Rio de Janeiro: Elsevier, 2009, v. 1, p. 2, 10 v.

(247) *Direito individual do trabalho*. 3. ed. Porto Alegre: Síntese, 2003. p. 39.

(248) NASCIMENTO, Amauri Mascaro. *Curso de direito do trabalho*. 25. ed. São Paulo: Saraiva, 2010. p. 69.

do Direito. Existem valores sociais e constitucionais, assegurados genericamente a todos os trabalhadores, que permitem sua subsistência e respeitabilidade.

A defesa da ampla liberdade de negociação talvez seja viável em países que garantam padrão mínimo de dignidade à população. Trata-se, no entanto, de realidade diversa e distante da que vivenciamos, com grande parte marginalizada de indivíduos inserta em economia informal, a qual é assim conceituada por Ney Prado: "é o conjunto de atividades econômicas que o *estado de necessidade* ou *a busca de lucros ilícitos* leva a que sejam realizadas ilegalmente, de modo que não são detectadas, nem medidas, nem consideradas nas contas nacionais". [249] "É nesse contexto que se coloca a questão da exclusão social, tendo em vista o crescimento do número de pessoas sem-teto, sem-terra, sem-emprego, sem-saúde, sem-escola, enfim, sem acesso às mínimas condições de subsistência e à própria cidadania."[250]

Será possível falar em igualdade e liberdade, quando o salário mínimo de milhões de brasileiros é irrisório e insuficiente para as necessidades elencadas no art. 7º, IV, da Constituição Federal? Não se estará fechando os olhos aos que passam fome ou morrem nas portas dos hospitais, de epidemias há décadas inexistentes nos países mais desenvolvidos? Estará o crescimento dos índices de violência apenas relacionado às deficiências da segurança pública? Dentro desse quadro de pobreza e crise, um indivíduo, ao se defrontar com uma oportunidade de emprego, negociará condições de trabalho e de salário, em total isonomia com o dono do empreendimento econômico? Como destaca Jorge Pinheiro Castelo:

> O desmonte da estrutura e dos princípios fixados pelo Estado Social de Direito, particularmente num país com problemas em todos os indicadores sociais, pode significar o fim da liberdade num país que ainda não vivenciou o princípio da igualdade (e muito menos de fraternidade). Deve-se, portanto, estabelecer um balanço entre o ímpeto da necessidade de acumulação (produção) e a equidade (reprodução da riqueza e pacificação), privilegiando essa última, que tem conotação nitidamente "emancipatória" liberdade, igualdade, fraternidade), de forma que as premissas e os princípios do Estado Social de Direito coordenem e subordinem os escopos do Estado "Economês" (que atua para atender objetivos meramente econômicos, monetários e financeiros). [251]

As contendas e dúvidas em torno dos limites da flexibilização da legislação trabalhista e da própria negociação coletiva reacendem o questionamento acerca de direitos fundamentais trabalhistas. Muitos trabalhadores continuam a busca por tutela

---

(249) Os Princípios do Direito do Trabalho e a Economia Informal. In: NASCIMENTO, Amauri Mascaro; SILVESTRE, Rita Maria (Coords.). *Os novos paradigmas do direito do trabalho* (homenagem a Valentim Carrion). São Paulo: Saraiva, 2001. p. 158.

(250) SILVA, Otávio Pinto e. *Subordinação, autonomia e parassubordinação nas relações de trabalho*. São Paulo: LTr, 2004. p. 142.

(251) O Direito do Trabalho do Século Novo. *Revista LTr*, São Paulo, LTr, ano 65, n. 1, p. 13-23 (19), jan. 2001.

estatal em equiparação de condições àquela despendida aos empregados. As invenções tecnológicas fragmentaram o mercado de trabalho e trouxeram uma nova questão social, "resultante do crescimento do exército de excedentes atingidos pela redução da necessidade de trabalho humano, substituído pela maior e mais barata produtividade da tecnologia"[252]. O momento é de regulamentar garantias e não o de dissipá-las como letras mortas.

2.6. Os Efeitos da Globalização nas Relações de Trabalho e o *Dumping* Social

A revolução tecnológica possibilitou progressiva tendência à formação de blocos econômicos e à redução das barreiras alfandegárias em prol da liberalização das negociações internacionais. "O incremento da concorrência comercial decorrente dessa globalização vem exigindo maior produtividade empresarial, melhor qualidade dos produtos e serviços, além da redução dos custos".[253] É justamente esse último aspecto, muitas vezes tendo como arma o pagamento de baixos salários, que repercute diretamente nas relações de trabalho por meio do denominado *dumping* social. Guilherme Guimarães Feliciano aponta:

> Em outras palavras, a sociedade globalizada aprimorou, potencializou e consumou o elemento mais peculiar do sistema capitalista de produção: a *competição*. [...] Desse modo, fez eclodir, com intensidade sem precedentes, uma série de consectários sociológicos inerentes à reificação do ser humano no contexto das relações de mercado: a *exclusão social*, a *má distribuição de rendas*, os *exércitos de reserva* e, consequentemente, a *violência*.[254]

Os estudos de Ari Possidonio Beltran sinalizam que "não tem sentido falar em *dumping* social se o ordenamento jurídico do país estiver em consonância com os dois Pactos da ONU de 1966 e com as convenções e recomendações da OIT", sob pena de banalização do termo.[255] Pretende-se, assim, afastar desse cenário qualquer descumprimento de norma trabalhista. O ilustre autor enumera as seguintes formas de manifestação desse fenômeno:

> a) traslado de empresas de um Estado para outro, à procura de menores custos de mão de obra ou de vantagens tributárias; b) estratégia deliberada de um ou mais participantes de fixação de salários baixos, para atrair empresas de outros Estados; c) traslado de trabalhadores para o Estado que oferecer maior proteção e melhores salários, agravando a situação econômica e social em razão do desequilíbrio daí advindo.[256]

---

(252) NASCIMENTO, Amauri Mascaro. *Curso de direito do trabalho*. 25. ed. São Paulo: Saraiva, 2010. p. 73.

(253) SÜSSEKIND, Arnaldo. *Curso de direito do trabalho*. 3. ed. Rio de Janeiro: Renovar, 2010. p. 52.

(254) *Tópicos avançados de direito material do trabalho. Abordagens multidisciplinares*. São Paulo: Damásio de Jesus, 2006, v. 2, p. 93, 2 v.

(255) *Os impactos da integração econômica no direito do trabalho. Globalização e direitos sociais*. São Paulo: LTr, 1998. p. 90.

(256) BELTRAN, Ari Possidonio. Globalização, direito do trabalho e dumping social. In: ALVES, Marcos César Amador (Coord.). *Direito empresarial do trabalho*. Caxias do Sul: Plenum, 2010. p. 92.

O processo de integração da economia impulsionou a procura de países em que fossem a mão de obra mais barata, os direitos trabalhistas menos eficientes e os sindicatos pouco atuantes. Daí emana o capitalismo selvagem que "representa, talvez, a maneira 'animalesca' como o segmento empresarial [...] atua em relação à busca do aumento constante e cego do lucro, sem maiores preocupações com a qualidade de vida de seus trabalhadores".[257] O atrativo de investimento desloca-se para lugares, "onde não existem os benefícios sociais já consagrados em convênios internacionais, o que agrava a perda de empregos nos países onde existem direitos trabalhistas e estes são respeitados".[258]

Para proteger a economia, o Estado passa a atuar "meramente como adaptador das economias nacionais às exigências da economia mundial".[259] A fixação de grandes empreendimentos multinacionais, afinal, representa a possibilidade de arrecadar mais impostos e de ampliar oportunidades de trabalho para as comunidades locais, diminuindo, ao menos em um primeiro momento, a gama de desempregados sob sua custódia. Carlos Alberto Bosco sintetiza a problemática:

> [...] destaca-se que o efeito principal da globalização sobre as relações de trabalho manifesta-se na baixa taxa de emprego, no conteúdo dos contratos, nas condições salariais e na desregulamentação e flexibilização dos direitos trabalhistas.[260]

O Direito do Trabalho torna-se, mais uma vez, o centro das atenções na tentativa de resolver a dialética entre capital e trabalho. Reformulações jurídicas passam a ser debatidas diante dessa nova realidade, "determinada por uma economia inserida num contexto internacional voltado para a competitividade, a redução de custos em escala global e a introdução de novos sistemas operacionais com a alta evolução da tecnologia".[261] Flexibilizar, ao invés de ter como meta a adaptação da legislação às especificidades de dado setor produtivo, torna-se o remédio de mais fácil acesso para salvaguardar a saúde econômica da empresa e, por via de consequência, dos empregos gerados pelo negócio.[262] Os trâmites burocráticos e políticos acabam inviabilizando

---

(257) MARRAS, Jean Pierre. *Capital e trabalho. O desafio da gestão estratégica de pessoas no século XXI*. São Paulo: Futura, 2008. p. 81.

(258) BOSCO, Carlos Alberto. *Trabalho informal*: realidade ou relação de emprego fraudulenta. 2. ed. Curitiba: Juruá, 2010. p. 33.

(259) BOSCO, Carlos Alberto. *Trabalho informal*: realidade ou relação de emprego fraudulenta. 2. ed. Curitiba: Juruá, 2010. p. 23.

(260) *Ibidem*, p. 23.

(261) MARTINS, Nei Frederico Cano. Os princípios do Direito do Trabalho, o protecionismo, a flexibilização ou desregulamentação. In: NASCIMENTO, Amauri Mascaro; SILVESTRE, Rita Maria (Coords.). *Os novos paradigmas do direito do trabalho*. Homenagem a Valentim Carrion. São Paulo: Saraiva, 2001. p. 165.

(262) A respeito do processo de precarização estrutural do trabalho, Ricardo Antunes alerta: "[...] flexibilizar a legislação social do trabalho significa — não é possível ter nenhuma ilusão sobre isso — aumentar ainda mais os mecanismos de extração do sobretrabalho, ampliar as formas de precarização e destruição dos direitos sociais arduamente conquistados pela classe trabalhadora, desde o início da Revolução Industrial, na Inglaterra, e especialmente pós-1930, quando se toma o exemplo brasileiro." (*Adeus ao trabalho? Ensaio sobre as metamorfoses e a centralidade no mundo do trabalho*. 15. ed. São Paulo: Cortez, 2011. p. 109)

qualquer tentativa de reduzir impostos, visto que a diminuição das receitas não interessa ao funcionamento da máquina estatal. Sobre as repercussões jurídicas, elucida Amauri Mascaro Nascimento:

> A competitividade entre as empresas de diferentes países intensificou-se com as maiores facilidades proporcionadas pela velocidade e agilidade das comunicações e comércio, provocando uma concorrência maior, que levou a iniciativas com a finalidade de reduzir custos da produção, entre os quais o número de empregados, os salários, as formas de contratação e a jornada de trabalho, o que se refletiu sobre o direito do trabalho.[263]

Quanto aos efeitos nocivos sofridos pelos trabalhadores, a desregulamentação das relações produtivas entre capital e trabalho suprime parcela de cidadania pelo desrespeito a condições mínimas de desenvolvimento do seu labor de forma digna. Paralela a maior utilização de uma força de trabalho facilmente contratada e dispensada com custos mínimos, percebe-se tendência de reduzir o número de empregados. Nesse aspecto, ressaltam-se os dizeres de Paulo Nogueira Batista Júnior ao afirmar que a ideologia da globalização também funciona como uma conveniente cortina de fumaça:

> Governos medíocres, como o brasileiro, tem-se servido da "globalização" para isentar-se de responsabilidade por tudo de negativo que acontece na economia, transferindo-a para o âmbito de forças supranacionais fora do seu controle. Se aumenta o desemprego, por exemplo, logo aparece quem se disponha a atribuir o fenômeno à "globalização". Se as empresas nacionais são absorvidas por grupos estrangeiros, a explicação é imediata: são as exigências da competição em uma economia "globalizada". Se o país aparece como vulnerável a turbulências financeiras externas, a culpa é da instabilidade dos mercados financeiros "globais". A globalização virou pau pra toda obra. É desculpa para tudo e desfruta, além disso, da imortal popularidade de explicações que economizam esforço de reflexão.[264]

A globalização não deve ser utilizada como desculpa para omissões do Estado no desenvolvimento de suas funções primordiais. Pelo contrário, para neutralizar ou minimizar seus efeitos perversos, especialmente dentro do mundo do trabalho, faz-se indispensável a presença estatal efetiva na reformulação do Direito, sob a égide da democracia, em que se buscam *standards* internacionais de harmonização da legislação trabalhista. Para tanto, como destaca Arnaldo Süssekind, "ignorar as exigências sociais da humanidade é organizar um mundo para a atividade robótica ou para as relações virtuais propiciadas pela temática; não para o gênero humano".[265] Ricardo Antunes relata efeitos nocivos decorrentes desse processo:

> Paralelamente à globalização produtiva, a lógica do sistema produtor de mercadorias acentuou em tal intensidade a concorrência intercapitalista que converteu a busca da "produtividade", da "modernidade", em um processo

---

(263) *Curso de direito do trabalho.* 25. ed. São Paulo: Saraiva, 2010. p. 75.
(264) *A economia como ela é...* 3. ed. São Paulo: Boitempo, 2005. p. 71.
(265) *Direito constitucional do trabalho.* 2. ed. Rio de Janeiro: Renovar, 2001. p. 57.

autodestrutivo, que gerou, entre outras consequências nefastas, a criação sem precedentes de uma sociedade de *excluídos*, não só nos países de Terceiro Mundo, mas no coração dos países avançados.[266]

Praticada por grandes conglomerados econômicos, com vistas à redução de despesas e ao aumento de sua competitividade internacional, a violação dos direitos sociais vem sendo combatida por garantias adicionais de melhores condições de trabalho, a exemplo das cláusulas e dos selos sociais. As primeiras estão previstas em acordos comerciais e estabelecem a observância de normas mínimas equitativas de trabalho, sob pena de aplicação de sanções. Os segundos, como indica Ari Possidonio Beltran, estão estampados nas embalagens de produtos e indicam que "foram manufaturados com o necessário respeito às normas fundamentais das relações de trabalho".[267] O autor recém-mencionado esclarece:

> Abstraída a polêmica que pode ser gerada pela própria conceituação do que se entende por "direitos trabalhistas fundamentais", o certo é que, sob tal aspecto, têm sido costumeiramente relacionados a cinco princípios: a liberdade de organização sindical; a de negociação coletiva; a eliminação da exploração do trabalho infantil; a proibição do trabalho forçado e a não discriminação de trabalhadores, seja por raça, sexo ou qualquer outro fator.[268]

A globalização representa, em verdade, a exacerbação de um fenômeno que atingiu a sociedade internacional, nas últimas décadas. Vai muito além de um simples retrato de um projeto neoliberal, não estando, assim, diretamente ligada à flexibilização ou à precarização de direitos. Tanto é assim que o cenário mundial já mudou. A motivação pelo surgimento dos mercados regionais cedeu espaço a medidas nacionais de protecionismo econômico. Os Estados, agora, voltam-se mais para si, na tentativa de manter níveis de desenvolvimento antes atingidos, dentro de um mercado global. Esbarram, porém, com direitos consolidados internacionalmente e que devem ser respeitados, sob pena de retrocesso social.

Sem querer adentrar na polêmica existente, impõe-se respeitar direitos humanos dos trabalhadores e certo grau de responsabilidade social das empresas, o que se relaciona com a forma de produção e a mão de obra utilizadas. Para tanto, devem ser coibidas práticas desleais de comércio que visam conquistar mercados às custas da degradação das condições laborais e do descumprimento da legislação trabalhista.

2.7. A Redefinição do Papel do Estado Brasileiro: o Princípio Protetor como Garantia da Dignidade da Pessoa Humana

Os avanços da tecnologia, ao reduzir ou dispensar o trabalho humano, mostraram um lado cruel. Os mecanismos da ciência exigem mão de obra qualificada. Caso não

---

(266) *Adeus ao trabalho? Ensaio sobre as metamorfoses e a centralidade no mundo do trabalho*. 15. ed. São Paulo: Cortez, 2011. p. 163.

(267) *Direito do trabalho e direitos fundamentais*. São Paulo: LTr, 2002. p. 94.

(268) BELTRAN, Ari Possidonio. *Op. cit.*, p. 91.

haja, instaura-se, de um lado, o desemprego de indivíduos sem capacidade de novo aproveitamento. De outro, para competir no mercado global, a geração de empregos públicos enfraquece, devido à premência de reduzir despesas. Por fim, a sobrecarga dos sistemas de seguridade social completa o quadro de debilidades do Estado de Bem-Estar Social.

"O combate à economia informal se apresenta, então, como uma função do Estado, que deve ser exercida para atacar esse injusto processo de marginalização dos trabalhadores".[269] Como constata Irany Ferrari, "o desemprego constitui uma ameaça aos que trabalham e um mal social enorme quando ocorre, involuntariamente"[270], influenciando diretamente na elevação de índices de pobreza e criminalidade. Sobre a fragilidade do modelo do contrato de emprego, Ney Prado enfatiza a insuficiência legislativa:

> Para o *trabalhador*, o custo da informalidade está na falta de qualquer proteção trabalhista ou previdenciária. O sistema oficial privilegiou os trabalhadores formais, outorgando-lhes todas as vantagens da lei, mas se esquece dos *legítimos*. Para estes não há meio-termo. Não há solução de compromisso. Não há escapatória. O legislador fechou os olhos à realidade social. Satisfazendo-se em meramente aplacar suas preocupações morais com fórmulas utópicas.[271]

O subemprego, nesse cenário, emerge no trabalho "prestado por pessoas sem qualquer qualificação, que se propõem a fazer qualquer coisa em troca de um pouco de dinheiro."[272] Ao dissertar sobre os direitos sociais no capitalismo atual, Fernando Atria questiona a real capacidade de escolha dos trabalhadores:

> A discussão de fundo é: o trabalhador que se vê ante a alternativa de trabalhar (recebendo o salário de mercado) ou viver na miséria, e que por isso escolhe trabalhar, é *forçado* a trabalhar? Segundo, pareceria razoável que é, porque a opção entre trabalhar e padecer na miséria não é razoável. Mas certamente se se admitisse que o trabalhador é *forçado* a trabalhar não se poderia dizer que sob o capitalismo os trabalhadores são livres, e não se poderia dizer que a sociedade capitalista é uma sociedade livre.[273]

"Embora a 'Constituição Cidadã' tenha se esmerado em esquadrinhar e tipificar direitos trabalhistas, não consagrou expressamente qualquer um dos princípios juslaborais

---

(269) SILVA, Otávio Pinto e. *Subordinação, autonomia e parassubordinação nas relações de trabalho*. São Paulo: LTr, 2004. p. 144.

(270) FERRARI, Irany; MARTINS FILHO, Ives Gandra; NASCIMENTO, Amauri Mascaro. *História do trabalho, do direito do trabalho e da justiça do trabalho*. Homenagem a Armando Casemiro Costa. São Paulo: LTr, 1998. p. 67.

(271) Os princípios do Direito do Trabalho e a economia informal. In: NASCIMENTO, Amauri Mascaro; SILVESTRE, Rita Maria (Coord.). *Os novos paradigmas do direito do trabalho* (homenagem a Valentim Carrion). São Paulo: Saraiva, 2001. p. 160.

(272) MARQUES, Rafael da Silva. *Valor social do trabalho na ordem econômica, na Constituição Brasileira de 1988*. São Paulo: LTr, 2007. p. 113.

(273) Existem direitos sociais? Revista do Ministério Público do Rio Grande do Sul. Os Desafios dos Direitos Sociais. MELLO, Cláudio Ari (Coord.), Porto Alegre, Livraria do Advogado, n. 56, p. 09-46 (21), set./dez. 2005.

universalmente reconhecidos."[274] Impinge, pois, melhor adequar o Direito aos novos perfis de trabalhadores, insertos em mercado de crescentes competitividade e produtividade. Na tentativa de resolver essas questões atinentes ao mundo contemporâneo do trabalho, como bem salienta Guilherme Guimarães Feliciano, "é à luz dos princípios que devemos interpretar e aplicar modelos jurídicos"[275], pois conferem espírito à legislação trabalhista, dimensionando o seu sentido e alcance. Renovam-se, assim, contornos da interferência do Estado em favor da dignidade da pessoa humana.

Nesse alinhamento, a República Federativa do Brasil, por meio da Constituição Federal de 1988, organizada em Estado Democrático de Direito, tem como fundamentos (art. 1º da CF) a dignidade da pessoa humana, além dos valores sociais do trabalho e da livre iniciativa. Constituem seus objetivos essenciais (art. 3º da CF) a construção de uma sociedade livre, justa e solidária, a erradicação da pobreza e a redução das desigualdades sociais. Seguindo reflexão de José Felipe Ledur:

> De seu característico valor moral, alheio à regulação pelo Direito, na ordem política, a dignidade da pessoa humana passou, pois, a norma jurídico-positiva, obrigando o Estado a preservá-la e a protegê-la. Além de tratar-se de um direito inviolável e inalienável, o respeito à dignidade humana converteu-se em princípio supremo a presidir a ação estatal. E não se trata tão-só da proteção contra a ação do Estado, como se poderia supor partindo-se da concepção liberal. Ao Estado passaram a incumbir, igualmente, deveres positivos voltados para a proteção da dignidade. O respeito e a proteção constituem uma diretriz que vincula toda a atividade do Estado, seja no sentido de lhe estar vedada a invasão da pessoa, seja no de promoção de medidas que assegurem a esta a possibilidade de viver com dignidade.[276]

A Carta brasileira concebe a valorização do trabalho humano como essência principiológica da atividade econômica, com a fim de assegurar a todos uma existência digna, conforme os ditames da justiça social (art. 170, *caput* da CF). Da mesma forma, a ordem social tem sua base no primado do trabalho e como objetivo o bem-estar e a justiça social (art. 193 da CF).[277] José Afonso da Silva, ao apreciar o significado do texto constitucional, comenta:

---

(274) FELICIANO, Guilherme Guimarães. Dos Princípios do Direito do Trabalho no Mundo Contemporâneo. *Revista LTr*, São Paulo, LTr, ano 70, n. 4, p. 417-430 (417), abr. 2006.

(275) *Ibidem*, p. 420.

(276) *A realização do direito do trabalho*. Porto Alegre: Sérgio Antônio Fabris Editor, 1998. p. 81-82.

(277) José Eduardo Faria alerta sobre a existência de dois eixos básicos que orientam a ordem jurídica brasileira, no que se refere à conformação do modelo de proteção social pretendido pela Constituição: "a justiça social, pensada pelos constituintes de 1988 em termos de redução das desigualdades sócio-econômicas e de ampliação da cidadania política; e a desburocratização e a descentralização administrativas, pensadas em termos de aperfeiçoamento do processo democrático, mediante a ênfase à municipalização e à participação popular na execução de alguns serviços essenciais. Examinando-se esses dois eixos, a perversão da liberdade jurídica pode ser vista a partir das declarações de direitos em favor de uma existência 'digna', do valor 'social' do trabalho, de uma sociedade 'justa e solidária', de políticas públicas voltadas à 'erradicação da pobreza', da 'marginalização e das disparidades sociais e regionais', etc. Em termos formais, tais direitos consistem numa proteção institucional contra todas as formas de desigualdade e de injustiça." (*Direitos humanos, direitos sociais e justiça*. São Paulo: Malheiros, 1998. p. 97)

Em primeiro lugar quer dizer precisamente que a Constituição consagra uma economia de mercado, de natureza capitalista, pois a iniciativa privada é um princípio básico da ordem capitalista. Em segundo lugar significa que, embora capitalista, a ordem econômica dá prioridade aos valores do trabalho humano sobre todos os demais valores da economia de mercado. Conquanto se trate de declaração de princípio, essa prioridade tem o sentido de orientar a intervenção do Estado na economia, a fim de fazer valer os valores sociais do trabalho que, ao lado da iniciativa privada, não é apenas fundamento da ordem econômica, mas o é da República Federativa do Brasil (art. 1º, IV). [278]

Transparece, desta forma, a preocupação do constituinte em coibir aqueles abusos do capitalismo originário, prescrevendo que o Estado intervenha na economia, como meio de corrigir contradições de interesses privados. A busca pela justiça relativiza o ânimo individualista próprio desse sistema, que legitima a concentração de rendas e a propriedade dos meios de produção em posse de minoria. Como ditame a obrigar a operação das demais regras da constituição econômica, "algumas providências constitucionais formam agora um conjunto de direitos sociais com mecanismos de concreção que devidamente utilizados podem tornar menos abstrata a promessa de justiça social".[279]

Os direitos sociais estão inclusos no Título II da Constituição brasileira, que regula os direitos e garantias fundamentais a serem efetivados. Permitem reduzir disparidades. São prestações positivas que visam outorgar melhores condições de vida aos menos favorecidos, para que possam exercer a liberdade. Sua eficácia, face ao caráter de genérico e público, depende da atuação do Executivo e do Legislativo.

O princípio da isonomia, inscrito no art. 5º, *caput*, da Constituição brasileira, determina idêntico tratamento de todos perante a lei, sem discriminação de qualquer natureza. Esse direito geral de igualdade não quer dizer que o legislador tenha colocado todos os indivíduos no mesmo patamar jurídico, de modo a presumir a equivalência de situações de fato. A partir da constatação da singularidade de cada pessoa, ínsita ao contexto de sociedade capitalista dividida em classes, denotam-se razões suficientes à justificativa de um tratamento desigual. A respeito do assunto, leciona Robert Alexy:

> Esse dever não pode significar nem que o legislador tenha que inserir todos nas mesmas posições jurídicas, nem que ele tenha a responsabilidade de que todos tenham as mesmas características naturais e se encontrem nas mesmas condições fáticas. [...] Diferenças em relação à saúde, à inteligência e à beleza podem ser talvez um pouco relativizadas, mas sua eliminação se depara com limites naturais. [...] Portanto, o enunciado geral de igualdade, dirigido ao legislador, não pode exigir que todos sejam tratados exatamente da mesma forma ou que todos devam ser iguais em todos os aspectos. Por outro lado, para ter algum conteúdo, ele não pode permitir toda e qualquer diferenciação e toda e qualquer distinção.[280]

---

(278) *Curso de direito constitucional positivo*. 19. ed. São Paulo: Malheiros, 2001. p. 766.
(279) SILVA, José Afonso da. *Curso de direito constitucional positivo*. 19. ed. São Paulo: Malheiros, 2001. p. 767.
(280) *Teoria dos direitos fundamentais*. São Paulo: Malheiros, 2008. p. 396-397.

Não basta, portanto, essa igualdade formal estabelecida pelo Direito. Tornam-se necessários instrumentos permissivos de igualdade substancial de acesso aos bens da vida.[281] A igualização das desigualdades dá-se pela outorga dos direitos sociais, ou seja, prestações estatais mínimas proporcionadoras de vida digna ao ser humano em sociedade. A igualdade não garante situação específica alguma; entretanto, protege o indivíduo contra a má utilização da ordem jurídica. José Afonso da Silva constata sobre os direitos sociais:

> [...] como dimensão dos direitos fundamentais do homem, são prestações positivas proporcionadas pelo Estado direta ou indiretamente, enunciadas em normas constitucionais, que possibilitam melhores condições de vida aos mais fracos, direitos que tendem a realizar a igualização de situações sociais desiguais. São, portanto, direitos que se ligam ao direito de igualdade. Valem como pressupostos do gozo dos direitos individuais na medida em que criam condições materiais mais propícias ao auferimento da igualdade real, o que, por sua vez, proporciona condição mais compatível com o exercício efetivo da liberdade.[282]

Adiante, José Eduardo Faria[283] destaca tendência das declarações tornarem-se apenas proposições legais, sem qualquer eficácia perante os indivíduos, e transformadas, com frequência, em instrumento ideológico de controle das expectativas sociais. Isso decorre do fato de sua concreção, muitas vezes, ser negada pelo próprio poder público. De outra sorte, o excessivo formalismo do sistema jurídico, aliado ao fato do Judiciário revelar-se hesitante em questões não rotineiras, culmina em uma Justiça incapaz de sustentar a efetividade dos direitos humanos e sociais, conivente com sua sistemática violação. Evidencia-se enorme fosso entre os problemas sócio-econômicos e as leis vigentes.

Américo Plá Rodriguez distingue o Direito do Trabalho do Direito Comum por meio do princípio da tutela, o qual se refere ao critério fundamental orientador do Direito do Trabalho. Ao invés de ter um propósito de igualdade, responde ao objetivo de estabelecer um amparo preferencial a uma das partes: o trabalhador. De um lado, o Direito Comum preocupa-se em assegurar a igualdade jurídica entre as partes contratantes. De outro, no Direito do Trabalho, protege-se uma das partes para alcançar, dessa maneira, uma igualdade substantiva e real entre as partes.[284]

---

(281) Celso Ribeiro Bastos e Ives Gandra Martins comentam que a igualdade substancial "postula o tratamento uniforme de todos os homens. Não se trata, como se vê, de um tratamento igual perante o direito, mas de uma igualdade real e efetiva perante os bens da vida". (*Comentários à Constituição Federal do Brasil*. São Paulo: Saraiva, 1989, v. 2, p. 5, 2 v) Definem, ainda, que a igualdade formal "consiste no direito de todo o cidadão não ser desigualado pela lei senão em consonância com os critérios albergados ou ao menos não vedados pelo ordenamento constitucional". (*Ibidem*, p. 7).
(282) *Curso de direito constitucional positivo*. 19. ed. São Paulo: Malheiros, 2001. p. 289-290.
(283) *Direitos humanos, direitos sociais e justiça*. São Paulo: Malheiros, 1998. p. 98.
(284) "El principio protector se refiere al criterio fundamental que orienta el derecho del trabajo ya que éste, en lugar de inspirarse en un proposito de igualdad responde al objetivo de establecer un amparo preferente a una de las partes: el trabajador. Mientras que en el derecho común, una preocupación constante parece ser la de asegurar la paridad juridica entre los contratantes, en el derecho laboral la preocupación central parece ser la de proteger a una de las partes para lograr, a través de esa protección, que se alcance una igualdad sustantiva y real entre las partes." (RODRIGUEZ, Américo Plá. *Curso de derecho laboral*.

Sob o ponto de vista constitucional brasileiro, identifica-se o princípio protetor como exteriorização do princípio da isonomia. Consubstancia-se na promoção da igualdade material dos indivíduos. A indisponibilidade dos direitos trabalhistas, que hoje se pretende estender a todas as espécies de trabalhadores, nada mais é do que consolidar a salvaguarda jurídica. A vontade legal sobrepõe-se, de certa forma, aos anseios individuais do trabalhador e do empresário. O trabalho é instrumento de cidadania, contribui para o bem-estar da comunidade e proporciona vida com certo grau de independência financeira. Fernando Atria acentua o compromisso do Direito do Trabalho:

> Não é um compromisso com um direito subjetivo de cada pessoa demandar coativamente um posto de trabalho, senão uma manifestação do compromisso comunitário de considerar o emprego não como um dado macroeconômico mais na formulação política monetária (ou, ainda que hoje seja anátema, a fiscal), mas como um aspecto central da forma em que a comunidade entende sua responsabilidade de assegurar a igual cidadania de cada um.[285]

A intervenção do Estado no âmbito das relações laborais serve, atualmente, para ampliar o raio de atuação social, diante da realidade econômica do desemprego estrutural. O Direito do Trabalho não deve, pois, ser considerado privilégio de uma elite de afortunados, mas instrumento de garantia de justiça e dignidade. O princípio protetor, inspirado em propósito de igualdade, orienta esse ramo específico do Direito e reequilibra o conflito capital e trabalho ao amparar preferencialmente a parte mais frágil: os trabalhadores em sentido amplo. Sobre o assunto, Guilherme Guimarães Feliciano propõe uma nova leitura principiológica:

> Numa leitura atualizada, o princípio da proteção deixa de ser um borralho paternalista, afirmando-se como *ratio* axiológica que deita raízes na primazia da dignidade humana e se rivaliza com o princípio da salvaguarda dos interesses de gestão (conquanto esse se subordine àquele nos quadros mais agudos de colisão).[286]

Com os avanços tecnológicos e a expansão do capital no mundo globalizado, o Direito do Trabalho não está em crise, como pretendem alguns estudiosos. Na verdade, persegue a adequação à realidade. O labor humano não deixou de existir. Por isso, revitaliza-se o Estado para tutelar, agora, gama mais ampla de trabalhadores. Os gastos com mão de obra podem até ser reduzidos, mas nunca suprimidos integralmente, enquanto houver força humana envolvida. A necessidade de tutela de vida decente à pessoa prestadora de serviços permanecerá a demandar despesas intrínsecas a qualquer negócio. Eric Hobsbawn, em oportuna análise, afirma:

> De qualquer modo, o custo do trabalho humano não pode, por nenhum

---

Montevideo: Idea, 1990, t. I, v. I, p. 38)

(285) Existem direitos sociais? Revista do Ministério Público do Rio Grande do Sul. Os Desafios dos Direitos Sociais. MELLO, Cláudio Ari (Coord.), Porto Alegre, Livraria do Advogado, n. 56, p. 09-46 (39), set./dez. 2005.

(286) Dos Princípios do Direito do Trabalho no Mundo Contemporâneo. *Revista LTr*, São Paulo, LTr, ano 70, n. 4, p. 417-430 (429), abr. 2006.

período de tempo, ser reduzido abaixo do custo necessário para manter seres humanos vivos num nível mínimo aceitável como tal em sua sociedade, ou na verdade em qualquer nível. Os seres humanos não foram eficientemente projetados para um sistema capitalista de produção. Quanto mais alta a tecnologia, mais caro o componente humano de produção comparado com o mecânico.[287]

Como destacado por Otávio Pinto e Silva[288], a redefinição do papel do Estado pode efetivar-se segundo duas concepções diversas: Estado Mínimo ("cujas funções seriam progressivamente esvaziadas, por meio da transferência de muitas delas para o mercado e para o setor privado") ou Estado Regulador ("em que não se cogita do esvaziamento das funções estatais, mas sim a sua reestruturação, para fazer frente às exigências das transformações econômicas"). A segunda opção, por certo, é a que melhor condiz com a evolução ética da humanidade. Não se pode, na ferocidade do mercado capitalista, jogar trabalhadores à própria sorte, sob pena de se tornarem letras mortas todos os postulados de defesa do primado do homem sobre o capital. O Estado tem por instrumento o Direito do Trabalho em constante remodelação para melhor sintonia das relações laborais.

Uma nova visão tutelar pode, a partir da valorização do trabalho autônomo, ser implantada. Tendente à informalidade, não deixa de envolver indivíduos merecedores do gozo do máximo de sua cidadania. "O trabalho muda de sentido quando gera a liberdade para o trabalhador-consumidor sem a preocupação apenas com a subsistência ou com a segurança."[289] "O Direito pode dar sua colaboração ao oferecer novos instrumentos que tenham a finalidade de tentar garantir a todos os cidadãos o acesso a um 'trabalho decente', inserido em uma política de promoção dos direitos humanos fundamentais."[290] A ação do Estado redefine-se, portanto, como protetora da dignidade e da própria personalidade dos trabalhadores. "Ademais, até mesmo diante dos avanços da consciência mundial de civilidade, não se admitira sustentar que os subordinados gozariam de dignidade distinta dos autônomos, a justificar uma tutela diferente".[291]

---

(287) *Era dos extremos*. O Breve Século XX. 1914-1991. Tradução de Marcos Santarrita. 2. ed. 42. reimp. São Paulo: Companhia das Letras, 2010. p. 404.

(288) *Subordinação, autonomia e parassubordinação nas relações de trabalho*. São Paulo: LTr, 2004. p. 145.

(289) FERRARI, Irany. História do Trabalho. In: FERRARI, Irany; MARTINS FILHO, Ives Gandra; NASCIMENTO, Amauri Mascaro. *História do trabalho, do direito do trabalho e da justiça do trabalho. Homenagem a Armando Casemiro Costa*. São Paulo: LTr, 1998. p. 71.

(290) SILVA, Otávio Pinto e. *Subordinação, autonomia e parassubordinação nas relações de trabalho*. São Paulo: LTr, 2004. p. 147.

(291) GONÇALVES, Leandro Krebs. Os Direitos Constitucionais do Trabalhador Autônomo. *Cadernos da Amatra IV*. Caderno de Estudos sobre Processo e Direito do Trabalho, Porto Alegre, HS, ano V, n. 14º, p. 41-54 (42), nov. 2010.

3. AS RELAÇÕES DE TRABALHO E AS NOVAS DIRETRIZES DE PROTEÇÃO AO TRABALHO HUMANO

No terceiro capítulo, caberá análise das relações de trabalho, suas características e sua conceituação, identificadas pela pessoalidade na prestação de serviços. A polêmica do assunto voltou com vigoroso impulso, depois de alterada a redação do art. 114 da Constituição Federal de 1988 pela Emenda Constitucional n. 45/2004, que demarca as relações de trabalho como gênero aberto à inserção de novas espécies. Além da ampliação de competência da Justiça do Trabalho no Brasil, dita mudança reuniu, em um mesmo segmento do Poder Judiciário, a solução de demandas envolvendo trabalhadores em geral, subordinados e autônomos, além de outros que venham a surgir.

A doutrina tem dedicado, paralelamente, atenção especial ao trabalho parassubordinado. Inserido em denominada zona *gris* e visualizado no prestador de serviços que desenvolve seu ofício, de modo regular e contínuo, preferencialmente em favor de uma empresa, acaba por se aproximar da figura do trabalhador subordinado. Possui, entretanto, organização produtiva própria que o distingue dos demais empregados do seu tomador. Segundo o recente Estatuto do Trabalho Autônomo espanhol, o enquadramento como autônomo dependente decorre do fato de que 75% de seus rendimentos se originam de um só cliente.

O estudo da parassubordinação pela doutrina estrangeira, em um primeiro momento, provocou a expansão de parte dos direitos dos empregados a um número pouco maior de trabalhadores, ou seja, os dependentes econômicos, mas continuou mantendo, à margem da tutela legal, gama significativa de pessoas que lutam diariamente pela subsistência própria e familiar por meio do labor que exercem. De qualquer forma, dentro da Comunidade Europeia, percebem-se tendências diferenciadas. Na França, os profissionais dependentes economicamente de seus tomadores estão sendo equiparados àqueles regidos pelo contrato de emprego. Na Alemanha e em Portugal, por sua vez, direitos sociais mínimos têm sido estipulados a essa categoria intermediária.

Determinado o alcance das relações de trabalho, faz-se necessário, a seguir, assinalar as peculiaridades dos trabalhos subordinado, autônomo e até parassubordinado, valendo-se da experiência estrangeira, por exemplo, ao disciplinar os direitos alcançados a profissionais dependentes econômicos. As disposições atualmente aplicadas ao trabalho em países da Comunidade Europeia, nesse aspecto, sustentam essa abordagem: a) a figura dos "quase-assalariados" na Alemanha; b) o Estatuto do Trabalhador Autônomo da Espanha (Lei n. 20/2007 c/c Projeto de Lei que estabelece sistema específico de proteção pela cessação das atividades dos trabalhadores autônomos aprovado em 27.05.2010); c) as discussões sobre *le Portage*, a qualificação contratual e suas repercussões na França; d) o regramento do trabalho dos *workers* na Inglaterra; e) o trabalho a projeto e os contratos de colaboração continuada na Itália; f) as inovações trazidas pelo Novo Código do Trabalho português (2009).

3.1. As Relações de Trabalho e a Pessoalidade na Prestação de Serviços

Deparamo-nos, a todo o momento, com interpretações divergentes sobre o alcance das mudanças trazidas pela Emenda Constitucional n. 45/2004 ao art. 114 da Constituição Federal brasileira de 1988. Evidenciou-se, no decorrer desse tempo, que a CLT não exaure a regulação de todas as relações de trabalho, deixando à sua margem outras formas de labor. A despeito disso, após retomada de conceitos acadêmicos, demarcaram-se, novamente e com maior nitidez, as relações de trabalho como *gênero* dos contratos de atividade, na qual as de emprego constituem apenas uma de suas possíveis *espécies*. No ciclo de discussões, restabeleceu-se o debate sobre o rumo do Direito do Trabalho na atualidade: extinção ou modernização?

Optamos pela segunda alternativa para responder a questão, já que o trabalho humano persistiu. Na mesma linha de Ricardo Antunes, ao contrário daqueles que advogam o fim do trabalho, o desafio atual é compreender a nova polissemia do trabalho, sua nova morfologia e forma de ser, "cujo elemento mais visível é seu desenho multifacetado, resultado das fortes mutações que abalaram o mundo produtivo do capital nas últimas décadas"[292].

Por acreditar na sua remodelagem diante dos avanços tecnológicos, no nosso sentir, a aludida reforma constitucional deu maior importância a esse segmento específico do Poder Judiciário nacional, ampliando a competência da Justiça do Trabalho, no Brasil, no julgamento dos conflitos oriundos do mundo do trabalho. Reuniu, assim, a solução das demandas que envolvam trabalhadores em geral, sejam eles subordinados ou autônomos, com seus respectivos empregadores, clientes e tomadores de serviços.

Intrínsecos ao processo de mudança, encontram-se fundamentos de valorização do trabalho humano dentro do sistema capitalista globalizado. Percebe-se que "sempre que o legislador constituinte se valeu do termo trabalho teve por objetivo a regulamentação de situações existenciais da pessoa humana."[293] O propósito, por assim dizer, não foi somente contemplar aqueles trabalhadores que mais se assemelhavam com a figura do empregado, mas ir além disso. A Justiça do Trabalho passava a ser a regra nos litígios laborais, ainda que se admitam exceções (de questionáveis embasamentos jurídicos), como aquela ditada pelo Supremo Tribunal Federal aos servidores públicos. Manoel Antônio Teixeira Filho comenta:

> Embora se possa afirmar que o deslocamento da competência para a Justiça do Trabalho, quanto aos conflitos de interesses decorrentes das relações de trabalho *lato sensu*, tivesse como pressuposto o fato de essas causas estarem, sob o aspecto econômico, muito próximas das que envolvem empregados e empregadores; serem, enfim, hipossuficientes os prestadores de serviços, segundo a acepção desse vocábulo na terminologia do direito

---

(292) *Adeus ao trabalho? Ensaio sobre as metamorfoses e a centralidade no mundo do trabalho.* 15. ed. São Paulo: Cortez, 2011. p. 104.
(293) GOMES, Fábio Rodrigues. *Direito fundamental ao trabalho.* Perspectivas histórica, filosófica e dogmático-analítica. Rio de Janeiro: Lumen Juris, 2008. p. 144.

material do trabalho, essa firmação não tem caráter absoluto. [...] Parece-nos razoável, pois, concluir que as razões políticas que levaram o Constituinte a ampliar a competência da Justiça do Trabalho decorrem, fundamentalmente, do fato de tanto os empregados quanto os prestadores de serviços serem trabalhadores, em sentido *lato*, equivale a afirmar, pessoas naturais que colocam à disposição de outrem os seus conhecimentos (técnicos, científicos, etc.) ou habilidades profissionais, a sua energia física ou intelectual.[294]

As turbulências jurídicas trouxeram à tona a premência de identificar o trabalho humano nas suas mais diversas formas de manifestação. Relações de emprego, de consumo e autônomas são modalidades das relações de trabalho propriamente ditas. Para garantir a todos os indivíduos o direito ao trabalho, resgata-se a semântica dos vocábulos utilizados, no intuito de dilatar o raio de tutela estatal sobre a pessoa que labora — titular de direitos e de deveres na vida em sociedade. José Martins Catharino já antevia esse cenário no início da década de 1980:

> A expansão protecionista do Direito do Trabalho sofreu rápida e sensível evolução. Começada com os empregados industriais, estendeu-se aos demais, até aos rurais. E não parou ainda. Muito ao contrário: expande-se a trabalhadores economicamente fracos, mas juridicamente independentes (eventuais, avulsos, autônomos, "pequenos empreiteiros" etc.); a empregados economicamente médios (gerentes, superintendentes, diretores, subdiretores etc., altamente remunerados); a trabalhadores capitalistas (diretores de sociedades anônimas, sócios-gerentes de outras sociedades comerciais, p.ex.); e mesmo a capitalistas não-trabalhadores, com dinheiro investido em sociedades comerciais, como sócios solidários e meros cotistas, o que não deixa de ser paradoxal [...].[295]

"Pode-se dizer, então, que os trabalhadores compõem um conjunto maior dentro do centro do qual se insere o conjunto menor formado pelos empregados, como trabalhadores subordinados e contemplados com maior grau de proteção."[296] Mauricio Godinho Delgado salienta que os trabalhadores *lato sensu* tangenciam a figura jurídica do empregado, pela similitude de alguns elementos fático-jurídicos, mas que formam figuras sociojurídicas distintas da relação de emprego. Como amostra, enfoca autônomos, eventuais e avulsos, que possuem regras, institutos e princípios diferenciados a reger cada situação concreta. O ilustre autor reconhece elementos de aproximação de figuras comparadas dentro de um mesmo gênero conceitual: trabalho humano prestado a outrem, onerosamente.[297] Quanto a este último aspecto, consentimos com o paradigma proposto, ao entender por oneroso tudo aquilo que "produz reciprocidade de vantagens

---

(294) *Curso de direito processual do trabalho.* Processo de Conhecimento — 1. São Paulo: LTr, 2009. v. I, p. 387.
(295) *Compêndio de direito do trabalho.* 2. ed. São Paulo: Saraiva, 1981. v. 1, p. 153.
(296) SILVA, Homero Batista Mateus da. *Curso de direito do trabalho aplicado.* Parte Geral. Rio de Janeiro: Elsevier, 2009, v. 1, p. 11, 10 v.
(297) *Curso de direito do trabalho.* 4. ed. São Paulo: LTr, 2005. p. 322.

e obrigações, para as partes envolvidas"[298], podendo o benefício vir em pecúnia ou na satisfação pessoal oriunda da atividade (como no caso do trabalho voluntário[299]).

Como ponto de partida, valemo-nos do pensamento de Arnaldo Sussekind, quando conceitua o objeto de nosso estudo:

> Relação de trabalho corresponde ao vínculo jurídico estipulado, expressa ou tacitamente, entre um trabalhador e uma pessoa física ou jurídica, que o remunera pelos serviços prestados. Ela vincula duas pessoas, sendo que o sujeito da obrigação há de ser uma pessoa física, em relação à qual o contratante tem o direito subjetivo de exigir o trabalho ajustado.[300]

"É um vínculo ideal entre duas pessoas, em que há, de um lado o poder jurídico, isto é, o direito subjetivo, de outro lado o dever jurídico, isto é, a obrigação correspondente a este dever."[301] Em outras palavras, "parece-nos que relação de trabalho consiste no vínculo resultante da prestação pessoal de serviços em proveito de outrem, pessoa física ou jurídica, que os remunera".[302] Cláudio Mascarenhas Brandão indica o real significado da expressão em análise:

> Representa o vínculo que se estabelece entre a pessoa que executa o labor — o trabalhador propriamente dito, o ser humano que empresta a sua energia para o desenvolvimento de uma atividade — e a pessoa jurídica ou física que é beneficiária desse trabalho, ou seja, aufere o resultado proveniente da utilização da energia humana por parte daquele.[303]

Extrai-se da sua substância a pessoalidade, traço peculiar às relações de trabalho em geral. Embora possa aparecer mitigada nas hipóteses permissivas de substituição de prestador, leva em conta na sua formulação, sem dúvida alguma, os serviços executados por pessoa natural. "Os bens jurídicos (e mesmo éticos) tutelados pelo Direito do Trabalho (vida, saúde, integridade moral, bem-estar, lazer etc.) importam à pessoa física, não podendo ser usufruídos por pessoas jurídicas."[304] "O trabalho é inseparável do homem, da pessoa humana, confunde-se com a própria personalidade, em qualquer de suas manifestações."[305] "E tanto é assim que o direito ao trabalho é considerado um *direito humano* pela Declaração Universal dos Direitos do Homem de 1948".[306]

---

(298) *Dicionário Houaiss da Língua Portuguesa*. Rio de Janeiro: Objetiva, 2009. p. 1387.

(299) Lei n. 9.608/98, art. 1º "Considera-se serviço voluntário, para fins desta Lei, a atividade não remunerada, prestada por pessoa física a entidade pública de qualquer natureza, ou a instituição privada de fins não lucrativos, que tenha objetivos cívicos, culturais, educacionais, científicos, recreativos ou de assistência social, inclusive mutualidade."

(300) *Curso de direito do trabalho*. 3. ed. Rio de Janeiro: Renovar, 2010. p. 150.

(301) SILVA, Carlos Alberto Barata. *Compêndio de direito do trabalho*. Parte Geral e Contrato Individual do Trabalho. 2. ed. São Paulo: LTr, 1977. p. 154.

(302) CORRÊA, Cláudia Giglio Veltri; GIGLIO, Wagner D. *Direito processual do trabalho*. 15. ed. São Paulo: Saraiva, 2005. p. 37.

(303) Relação de Trabalho: Enfim, o Paradoxo Superado. COUTINHO, Grijalbo Fernandes; FAVA, Marcos Neves (Coords.). In: *Nova competência da justiça do trabalho*. São Paulo: LTr, 2005. p. 59.

(304) DELGADO, Maurício Godinho. *Curso de direito do trabalho*. 4. ed. São Paulo: LTr, 2005. p. 291.

(305) MORAES, Antônio Carlos Flores de; MORAES FILHO, Evaristo de. *Introdução ao direito do trabalho*. 9. ed. São Paulo: LTr, 2003, p. 24.

(306) GOMES, Fábio Rodrigues. *Direito fundamental ao trabalho. Perspectivas histórica, filosófica e dogmático-analítica*. Rio de Janeiro: Lumen Juris, 2008, p. 145.

O liame laboral desenvolve-se *intuito personae*, na medida em que, como regra, a atividade não pode ser executada por outrem, mas somente por aquele indivíduo que foi contratado, em razão de seus atributos pessoais, especialidades e, porque não dizer, de suas imperfeições. As energias físicas e mentais dispensadas no trabalho constituem o objeto de execução do contrato, pouco importando a natureza do trabalho (manual ou intelectual).[307] A intransferibilidade ou a infungibilidade integram-se a essa dinâmica, visto que o trabalho é indissociável da figura do seu prestador — expressão indelével da singularidade e da personalidade da pessoa humana que o realiza.[308] Excepciona-se a regra em algumas circunstâncias, além da já mencionada, como também nos contratos de equipe.[309] Pontuando a prestação pessoal de serviços a outrem como traço distintivo, leciona Paulo Emílio Ribeiro de Vilhena:

> Desde que se não admita o trabalho humano como simples desenvolvimento irracional de forças musculares ou de energia física, mas compreendido dentro de um suposto de racionalidade, portanto, de emprego de energia psicofísica, está-se no campo geral do serviço prestado em caráter de pessoalidade.[310]

"Toda energia humana, física ou intelectual, empregada com um fim produtivo, constitui trabalho."[311] Quanto à finalidade lucrativa, deve-se ter em mente noção dilatada a alcançar qualquer vantagem material, intelectual ou moral[312]. Não está restrita, pois, à ideia de remuneração como contraprestação de atividade profissional e geradora de lucro ao empresário. A relação de trabalho como gênero não exige profissionalidade, isto é, não pressupõe sempre a troca entre labor e pagamento, uma vez em que também abrange os serviços gratuitos.[313] Configura-se trabalho humano nas hipóteses de labor gracioso. Ainda que a retribuição financeira como meio de sobrevivência não seja o intuito, os motivos religiosos, cívicos, culturais, assistenciais, educativos, recreativos ou científicos não o desnaturam como tal. O tratamento jurídico que lhe é outorgado será, porém, diferente dos demais, em função das razões que

---

(307) Sobre o assunto, converge Alain Supiot: "Le statut juridique du corps dans la relation de travail ne dépend pás em effet de la nature <manuelle> ou <intelectuelle> de ce dernier. Il y a dans tous les cas, et d'une manière indissolubre, <aliénation de l'énergie musculaire> et de l'énergie mentale." (*Critique du Droit Du Travail*. 2. ed. Paris: Quadrige-Puf, 2007, p. 54)

(308) Segundo Eugenio Pérez Botija: "El trabajo, como deber derivado del contrato laboral, entraña uma obligación personalísima. Sociológicamente, es la concreción e individualización de un quehacer. Jurídicamente, es obligación indelegable." (*Curso de derecho laboral*. 3. ed. Madrid: Dossat, 1952, p. 154)

(309) Jean Brochard disserta sobre compromisso pessoal ínsito ao contrato de trabalho: "Il doit son activité personnelle. Le travailleur est engagé pour son travail, la spécialité de son travail ou sa qualité ou son intensité." (*Manuel du contrat de travail*. Paris: Librarie Dalloz, 1960, p. 24)

(310) *Relação de emprego. Estrutura legal e supostos*. 2. ed. São Paulo: LTr, 1999, p. 350.

(311) SUSSEKIND, Arnaldo. *Curso de direito do trabalho*. 3. ed. Rio de Janeiro: Renovar, 2010, p. 3.

(312) Como a primeira definição do vocábulo "lucro", encontrada no Dicionário Houaiss da Língua Portuguesa, temos: "qualquer vantagem, benefício (material, intelectual ou moral) que se pode tirar proveito de alguma coisa". (*Dicionário Houaiss da Língua Portuguesa*. Rio de Janeiro: Objetiva, 2009, p. 1200).

(313) Em sentido contrário, Amauri Mascaro Nascimento sustenta que a profissionalidade consiste uma das características de todo contrato de trabalho da pessoa física, "que afasta os serviços gratuitos ou prestados com finalidades não profissionais, como o trabalho benemerente e assistencial, por espírito de colaboração ou de vizinhança, ou com propósitos exclusivamente religiosos. A profissionalidade pressupõe uma troca entre trabalho e retribuição". (*Curso de direito do trabalho*. 25. ed. São Paulo: Saraiva, 2010. p. 539-540)

levam o indivíduo a realizá-lo.[314] Em linha ampliativa do conceito de trabalho, em que pouco importa se é exercido a título gratuito ou se envolve pagamento em moeda, defende Régis Franco e Silva de Carvalho:

> [...] deve ser sustentado que o trabalho, inclusive, não necessita ser prestado a outrem ou por conta de terceiros, sendo que o próprio labor prestado em benefício do próprio trabalhador, para sua subsistência, deleite ou qualquer outro motivo, não deixa de ser trabalho, apenas não possui, em regra, pertinência jurídica, em virtude da nítida confusão entre o prestador do trabalho e o seu tomador, que serão, obviamente, a mesma pessoa. Desta feita, teríamos, neste caso, uma "relação de trabalho", contudo não uma "relação jurídica de trabalho".[315]

Para José Martins Catharino, o Direito do Trabalho não protege o trabalhador desinteressado, isto é, "aquele que trabalha integrado ou não em organização sem visar vantagens materiais, e sim, apenas íntima satisfação, graciosa ou gratuita"[316]. Ousa-se, todavia, divergir desse entendimento, pelo menos, quando se fala em condições ambientais de segurança, higiene e saúde. Considerando que se deve garantir o acesso a meio ambiente (inclusive do trabalho) equilibrado a todos (Constituição Federal, art. 225), o Direito do Trabalho remodela-se e volta-se também para tutelar os trabalhadores voluntários, posto que se está diante de fator essencial à qualidade de vida humana em coletividade. Manuel Alonso Olea aponta semelhanças e diferenças entre trabalho produtivo, de autoformação e lúdico:

> O homem, com efeito, pode ter como finalidade de seu esforço, a procura de bens materiais para sua subsistência, mas, obtidos estes, por seu próprio esforço produtivo ou pelo de terceiros — porque aqueles bens já lhe sejam suficientes, sem que nem seu tempo, nem sua energia tenham-se esgotado em sua produção —, pode dirigir sua atividade à diversão e a uma ocupação dos momentos de lazer, ou sua formação ou aperfeiçoamento pessoal. E, qualquer destas acepções o homem trabalha no sentido de que realiza um esforço e, levando o tema às últimas consequências, a própria condição humana é inconcebível fora da realização, em algum momento, de algum trabalho, porque é a forma pela qual o homem se auto-realiza e se auto-define.[317]

---

(314) Sobre o tema, no contexto da ampliação da competência da Justiça do Trabalho brasileira pela EC n 45/2004, comenta Estevão Mallet: "[...] Tampouco o caráter oneroso do trabalho prestado é pressuposto para a competência da Justiça do Trabalho. Por isso, se antes os litígios decorrentes do trabalho gratuito, na forma da Lei n. 9.608, ficavam sujeitos à Justiça Comum, agora se inserem no âmbito da competência da Justiça do Trabalho". (Apontamentos sobre a Competência da Justiça do Trabalho após a Emenda Constitucional n. 45. In: COUTINHO, Grijalbo Fernandes; FAVA, Marcos Neves (Coords.). *Nova competência da justiça do trabalho*. São Paulo: LTr, 2005. p. 74)

(315) *Relação de trabalho à luz do novo art. 114 da Constituição Federal*. São Paulo: LTr, 2008. p. 47.

(316) *Compêndio de direito do trabalho*. 2. ed. São Paulo: Saraiva, 1981. v. 1, p. 152.

(317) *Introdução ao direito do trabalho*. Tradução de Carlos Alberto Barata Silva, em colaboração com Darci Rodrigues de Oliveira Santana. 4. ed. São Paulo: LTr, 1984. p. 17.

Ressalta-se, ademais, que o enquadramento da prestação de serviços como relação de consumo, da mesma forma anteriormente exposta, não descaracteriza uma relação de trabalho, "desde que a relação jurídica básica seja de trabalho e que o prestador dos serviços seja pessoa física"[318]. De acordo com o entendimento esposado por Manoel Antônio Teixeira Filho, "na relação de consumo, regulada pelo Código de Defesa do Consumidor (CDC), pode estar subjacente uma relação de trabalho, por parte do fornecedor, sob a modalidade de prestação de serviços"[319]. Enfim, "a relação de trabalho (relação de fato) pode derivar em relações jurídicas diversas e concomitantes, reguladas por diversos diplomas legais, tais como a Consolidação das Leis do Trabalho, o Código Civil e o CDC"[320]. Guilherme Guimarães Feliciano converge nessa mesma posição:

> A relação de consumo de serviço é uma relação de trabalho, abrangendo as pretensões do trabalhador e do consumidor decorrentes da mesma relação. O critério para definição da relação de trabalho é que o trabalho seja personalíssimo, no desempenho de profissão ou ofício e mediante retribuição.[321]

Compartilhando desse raciocínio, Régis Franco e Silva de Carvalho desmistifica alguns argumentos utilizados na tentativa (para nós infrutífera) de separar as relações de consumo do gênero das relações de trabalho:

> É irrelevante, a nosso ver, a existência de dependência econômica ou qualquer outra forma de submissão do trabalhador ao beneficiário do seu labor. Igualmente, pouco importa se o foco está no próprio trabalho desenvolvido ou no resultado auferido, até mesmo porque dificilmente se poderá conjeturar alguma modalidade de labor em que não se busque um resultado, mas se foque primordialmente o trabalho pelo trabalho. Com efeito, até mesmo nas atividades que não são de resultado, mas sim de meio, como, por exemplo, no caso do patrocínio de um processo judicial por um Advogado, existe uma expectativa pelo resultado que busca-se alcançar.[322]

Partimos da visão de pessoalidade proposta dentro da relação de emprego. No aspecto geral das relações de trabalho servem suas nuances[323], já que o labor demonstra

---

(318) RIBEIRO JÚNIOR, José Hortêncio. Competência Laboral — Aspectos Processuais. In: COUTINHO, Grijalbo Fernandes; FAVA, Marcos Neves (Coord.). *Nova competência da justiça do trabalho*. São Paulo: LTr, 2005. p. 242.

(319) Breves *comentários à reforma do poder judiciário*. Com ênfase à Justiça do Trabalho — Emenda Constitucional n. 45/2004. São Paulo: LTr, 2005. p. 146.

(320) NONOHAY, Daniel Souza de. Relação de Consumo como Discriminante da Competência da Justiça do Trabalho. *Cadernos da Amatra IV*, Porto Alegre, HS, ano IV, n. 11, p. 09-13 (12), abr./jun. 2009.

(321) Justiça do Trabalho — Nada Mais, Nada Menos. In: COUTINHO, Grijalbo Fernandes; FAVA, Marcos Neves (Coords.). *Nova competência da justiça do trabalho*, p. 134.

(322) *Relação de trabalho à luz do novo art. 114 da Constituição Federal*. São Paulo: LTr, 2008. p. 75.

(323) A respeito do tema, novamente, reportamo-nos ao francês Jean Brochard, que contextualiza a pessoalidade da seguinte forma: "Le contrat du travail avec un salarié quelconque, ouvrier ou employé est donc toujour un contrat *intuitu personae*. Malgré l'assouplissement mécanique demande à l'ouvrier dans beaucoup d'industries, et notamment dans le travail à la chaine, il reste vrai que c'est telle personne dénommée, et non telle autre, que a été embauchée pour sés capacites, sa conscience ou sa moralité. Ceci entraine une obligation pour le travailleur, celle de remplir personnellement as tâche et de ne pouvoir se

as capacidades e as potencialidades da pessoa para desenvolver determinadas tarefas. O talento pessoal revela-se em tudo que o indivíduo faz, razão porque esse elemento pontualiza requisito essencial e presente em qualquer relação de trabalho. Valemo-nos dos ensinamentos de Carlos Alberto Barata Silva, quando explica:

> Relativamente ao sujeito do empregado, deve-se salientar que na relação de trabalho a característica da pessoalidade. Alguns dizem que o traço característico é unicamente a subordinação, relegando a pessoalidade a plano secundário. Entretanto, a pessoalidade é marcante, quando mais não seja, **porque toda legislação do trabalho, expressamente no Brasil, é feita em atenção à pessoa do prestador do trabalho**. Quando o empregador contrata o empregado, tem em vista suas qualidades pessoais, e também seus defeitos. Está sempre ao presente o aspecto pessoal, tão relevante que impede o prestador de trabalho de ser substituído por terceira pessoa na prestação. (grifo nosso)[324]

Exemplificam-se algumas situações encontradas dentro do mercado de trabalho, em que são as qualidades intrínsecas da pessoa física que motivam a contratação[325]: ao escolher um cirurgião-plástico, não basta que seja qualquer especialista, mas o detentor de técnica que difere da utilizada por outros e que proporciona os resultados esperados pelo paciente; ao promover um empregado a cargo de gerência, o empresário observa, por exemplo, a capacidade de liderar e tomar decisões; ao contratar um jardineiro, chama-se aquele profissional com habilidades no trato das plantas, tais como técnica correta e sensibilidade ao podá-las ou colocá-las no melhor lugar no jardim, em função das condições de estética, luminosidade e ventilação; para laborar em creche de um bairro carente, o fato de uma voluntária ser boa mãe com seus filhos leva-se em conta, como indicativo de que venha a ter paciência e cautela no processo de educação continuada de outras crianças. Carmen Camino sintetiza com clareza o significado desse traço marcante do trabalho humano:

> [...] independentemente da personalidade atribuída ao prestador do trabalho, prevalecerá a vinculação do homem que trabalha pela elementar razão de constituir, o objeto do contrato de trabalho, a energia humana; o ato de trabalhar, expressão indelével da pessoa física do prestador. [...] Escolhe-se um determinado trabalhador, porque esse determinado trabalhador é quem

---

substituer un autre, sauf consentement de son cocontractant, ou encore dans le cas où l'usage permet ce remplacement comme pour le concierge (1), ou bien encore, si l'embauchage a été le fait du chef d'équipe. Le caractère personel de cette prestation ne permet pas à l'employeur d'en exiger la continuation des héritiers du salarié (2). Le salarié a l'obligation d'executer son travail et de répondre par as fidélité à la confiance de son patron." (*Manuel du contrat de travail*. Paris: Librarie Dalloz, 1960. p. 24)

(324) *Compêndio de direito do trabalho*. Parte Geral e Contrato Individual do Trabalho. 2. ed. São Paulo: LTr, 1977. p.166-167.

(325) Délio Maranhão e Luiz Inácio B. Carvalho sustentam sobre o contrato individual de trabalho (emprego): "[...] tal contrato é celebrado *intuitu personae* em relação a um dos seus sujeitos. Pessoa jurídica não pode ser *empregado*. E a pessoa física é aquela com a qual foi o contrato concluído, tendo em vista suas *qualidades essenciais*. Inadmissível, portanto, que o empregado se faça substituir por outra pessoa na prestação de serviços". (*Direito do trabalho*. 17. ed., 3ª reimp. Rio de Janeiro: Getúlio Vargas, 1997. p. 62.)

terá condições de entregar a força de trabalho com a qualidade e a eficiência desejadas, e não qualquer trabalhador. Aqui já se entrelaçam a pessoalidade com a primeira manifestação de poder do empregador, diretamente direcionada à pessoa do trabalhador. [326]

Esse poder de escolha sobre a pessoa do prestador, como se pretende demonstrar, não pertence somente ao empregador dentro das relações de emprego. Qualquer indivíduo, ao buscar os serviços de outro, levará em consideração os atributos pessoais que ele apresenta para a atividade a ser realizada. Seja do ponto de vista do paciente, empresário, dono-de-casa ou diretor de escola, são os predicados que conferem aptidão e credenciais para determinado labor.

Sobre a acepção do trabalho e sua configuração jurídica, ensina Manuel Alonso Garcia que o trabalho é, em sentido mais amplo, uma manifestação da capacidade criadora do Homem, que com suas capacidades transforma as coisas e confere um valor à matéria na qual aplica sua atividade. Segundo o autor, com o trabalho, o Homem busca um fim e trata de satisfazer suas necessidades. Desse modo, sustenta ser o trabalho uma exigência natural, ou melhor, uma condição inexcusável da existência humana. Refere que a civilização atual se assenta no trabalho como valor essencial.[327]

Preservar e até impor garantias ao exercício do labor humano consiste dever do Estado, a justificar sua interferência reguladora do mercado. Na busca pela implementação de condições dignas genéricas, reputam-se diretrizes que sobressaem das diferentes formas com que o trabalho humano se apresenta em sociedade. Amauri Mascaro Nascimento enfatiza a importância dada ao tema:

> Tipificar os contratos de trabalho, ou seja, enquadrá-los no padrão jurídico a que pertencem, não é uma ação meramente gramatical de redigir num documento o que as partes supõem que esteja sendo contratado, mas, principalmente, um levantamento descritivo da realidade da prestação de serviços que se pretende constituir.[328]

A esse novo Direito que desponta e reformula o papel do Estado para outras relações antes esquecidas é primordial o mapeamento das espécies de trabalho, tomando por ponto de partida os liames de emprego. Jorge Luiz Souto Maior destaca:

> [...] A compreensão da natureza do vínculo fornece elementos essenciais, do ponto de vista da dogmática jurídica, para visualização da estrutura das normas que incidem sobre o aludido vínculo. Permite saber não só quais os tipos de normas a aplicar, mas como encontrar o seu sentido (interpretar) e

---

(326) *Direito individual do trabalho*. 3. ed. Porto Alegre: Síntese, 2003. p. 217-218.

(327) "El trabajo es, en su sentido más amplio, una manifestación de la capacidad creadora del hombre, en cuya virtud este transforma las cosas y confiere un valor, del que antes carecía, a la materia a que aplica su actividad. Con el trabajo, el hombre busca un fin y trata, generalmente, de satisfacer sus necesidades. Se ha dicho — y con razón — que el trabajo es una exigencia natural, condición inexcusable de la misma existencia humana. Nuestra civilizatión actual es una civilización asentada sobre el trabajo como valor esencial." (GARCIA, Manuel Alonso. *Curso de derecho del trabajo*. 3. ed. Barcelona: Ariel, 1971. p. 45)

(328) *Curso de direito do trabalho*. 25. ed. São Paulo: Saraiva, 2010. p. 548.

fazê-las atuar (aplicar). Em outras palavras, fornece o arcabouço de ordem dogmática que vai, enfim, delimitar a eficácia das normas que se destinam a regular o vínculo. Ou seja, determina o alcance da função do direito que se constrói, de modo específico, para regular a relação de emprego. [...] [329]

A pessoalidade, nesse sentido, emana como requisito essencial das relações de trabalho em sua plenitude, ainda que, em determinadas circunstâncias, possa parecer mitigada, diante dos termos da contratação. Essa é, inclusive, a diretriz da Recomendação n. 198 da OIT (2006), que compreende três partes: 1ª) política nacional de proteção aos trabalhadores em uma relação de trabalho; 2ª) determinação da existência de uma relação de trabalho; 3ª) monitoramento e implementação. Ao tratar dos indicadores específicos de uma relação de trabalho, inclui o fato de que o trabalho seja realizado pessoalmente pelo trabalhador.[330] Dentro do sistema capitalista produtivo e de consumo, a valorização social do trabalho demanda ordenação estatal como garantia da dignidade da pessoa, mas atenta às peculiaridades de cada espécie de labor humano (subordinado, autônomo ou, quiçá, parassubordinado).[331] Sobre a extensão e os novos rumos da proteção jurídica, Ricardo Antunes constata:

> Essa heterogeinização, complexificação e fragmentação da *classe-que-vive-do-trabalho* não caminha no sentido da sua extinção; ao contrário de um *adeus ao trabalho ou à classe trabalhadora*, a discussão que nos parece pertinente é aquela que reconhece, de um lado, a *possibilidade* da emancipação *do e pelo* trabalho, como um *ponto de partida* decisivo para a busca da omnilateralidade humana. De outro lado, coloca-se um desafio enorme, dado pela existência de um ser social complexificado, que abarca desde os setores dotados de maior qualificação, representados por aqueles que se beneficiaram com o avanço tecnológico e que vivenciaram uma maior intelectualização do seu trabalho, até aquele que fazem parte do trabalho precário, parcial, "terceirizado", participantes da "economia informal", da *subclasse* dos trabalhadores.[332]

---

(329) *Curso de direito do trabalho* — a relação de emprego. São Paulo: LTr, 2008, v. II, p. 27-28.

(330) Recomendação n. 198 da OIT (2006): "II. DETERMINAÇÃO DA EXISTÊNCIA DE UMA RELAÇÃO DE TRABALHO. [...] 13. Os Membros devem considerar a possibilidade de definirem em suas leis e regulamentos, ou por outros meios, **indicadores específicos da existência de uma relação de trabalho**. Estes indicadores podem incluir: (a) **deve ser realizado pessoalmente pelo trabalhador**; [...]." (grifo nosso — Disponível em: <http://www.oit.org.br/content/relativa-%C3%A0-rela%C3%A7%C3%A3o-de-trabalho>. Acesso em: 10 jan. 2012)

(331) Manuel Alonso Garcia aborda o trabalho como objeto de regulação pelo Direito: "Ahora bien, los diversos aspectos que se dan en el trabajo como actividad, reclaman una atención distinta por parte del ordenamiento jurídico. No es lo mismo el trabajo que se realiza por cuenta propia que el prestado por cuenta de outra persona, es decir, para otro. Desde el punto de vista de sua naturaleza intrínseca, ciertamiente, no existe diferencia entre ambos. Pero la hay, y considerable, en cambio, en lo que toca al régimen jurídico aplicable, y en los efectos atribuidos a cada modalidad. En un caso — trabajo por cuenta propia —, la especialidad radica en la inexistência de relación social propiamente dicha; en outro — trabajo por cuenta ajena —, la relación con otra persona — aquélla por cuya cuenta el trabajo se presta — crea la necesidad de una ordenación. (*Curso de derecho del trabajo*. 3. ed. Barcelona: Ariel, 1971. p. 47)

(332) *Adeus ao trabalho? Ensaio sobre as metamorfoses e a centralidade no mundo do trabalho*. 15. ed. São Paulo: Cortez, 2011. p. 91.

Diante da evolução histórica das relações humanas e dos avanços da tecnologia no mercado de trabalho, produziram-se novos tipos de relação jurídico-laborais, "fato que redundou na inadequação do conjunto normativo à realidade que lhe serve como campo de incidência, trazendo problemas para a funcionalidade do sistema jurídico"[333]. Elucidar os caminhos para a modernização do Direito do Trabalho é o objetivo. Como membro da OIT, tem o Brasil o compromisso de rever, clarificar e adotar leis que garantam tutela efetiva a todos os trabalhadores que executam seus ofícios no contexto de uma relação de trabalho.[334] Viabilizar o aumento do raio de proteção do Estado depende de medidas de inclusão social e de políticas nacionais para diminuir a gama de prestadores de serviços que permanecem à margem do sistema jurídico.

3.2. A Relação de Emprego Típica e suas Características

A convergência da pessoalidade nas relações de trabalho em sentido lato, já que a onerosidade nem sempre estará presente[335], conduz ao estudo da relação de emprego típica. Com características distintas do labor prestado por conta própria, foram seus contornos que impulsionaram o surgimento da legislação social, em especial, a partir do século XIX. Ratificando postulados tutelares, a Constituição Federal brasileira (1988), a partir do art. 7º, apresenta rol de garantias a trabalhadores urbanos e rurais que complementam os dispositivos contidos na Consolidação das Leis do Trabalho (1943).

O exame da indisponibilidade dos direitos sociais conferidos pela Carta Magna, por certo, deve levar em conta o desenvolvimento da relação de emprego em dois âmbitos distintos, mas interligados entre si: o individual e o coletivo. Como destacado por Alain Supiot, no Direito do Trabalho, existe uma tensão entre a autonomia contratual das partes e subordinação, que leva a construir a ideia de autonomia coletiva. Fora do âmbito individual, edifica-se de modo a compatibilizar supostos de subordinação e liberdade. Como elucida o ilustre autor francês, a subordinação individual e a liberdade coletiva constituem duas faces de uma mesma moeda.[336]

---

(333) BATALHA, Elton Duarte. Trabalho autônomo no direito italiano. In: MANNRICH, Nelson (Coord.). *Reforma do mercado de trabalho. A experiência italiana*. São Paulo: LTr, 2010. p. 102.

(334) Recomendação n. 198 da OIT (2006): "I. POLÍTICA NACIONAL DE PROTEÇÃO AOS TRABALHADORES EM UMA RELAÇÃO DE TRABALHO. 1. Os Membros devem formular e aplicar uma política nacional para rever em intervalos apropriados e, caso necessário, clarificando e adotando o alcance de regulamentos e leis relevantes, no sentido de garantir proteção efetiva aos trabalhadores que executam seus trabalhos no contexto de uma relação de trabalho." (Disponível em: <http://www.oit.org.br/content/relativa-%C3%A0-rela%C3%A7%C3%A3o-de-trabalho>. Acesso em: 10 jan. 2012)

(335) Sobre a onerosidade, Jorge Luiz Souto Maior apresenta o seguinte esclarecimento, que, no nosso sentir, afasta a configuração da relação de emprego, mas não do gênero da relação de trabalho: "[...] o fato de o trabalho ser prestado a título de benevolência, com intuito altruístico, ou caráter religioso, ou mesmo em decorrência de vínculo familiar pode, em princípio, negar a existência da onerosidade, impedindo, por isso, a configuração da relação de emprego, ainda que presentes a não-eventualidade e a subordinação". (*Curso de direito do trabalho* — a relação de emprego. São Paulo: LTr, 2008. v. II, p. 56)

(336) "Le droit du travail s'est nourri de cette tension entre l'idée de contrat, qui postule l'autonomie des parties, et l'idée de subordination, que exclut cette autonomie. C'est cette tension que a amené à construire sur le terrain collectif l'autonomie que ne pouvait être édifiée sur le terrain individuel, et à rendre

Diante de um empregado-indivíduo, a tutela estatal, impondo condições mínimas para o estabelecimento da prestação pessoal de serviços, funciona como garantidora da igualdade dos sujeitos contratantes. Nada mais é do que modo de operacionalizar o princípio da isonomia insculpido em nosso Texto Constitucional. As categorias profissionais e econômicas representam, a seu turno, interesses abstratos da coletividade, o que não justifica, ao menos em tese, proteção jurídica a favor de qualquer delas, pois a situação está equilibrada. Carmen Camino salienta a confluência do coletivo com o individual:

> No Direito do Trabalho externa-se com concreta nitidez o fenômeno da submissão do indivíduo ao interesse grupal, coletivo. Certamente, não se tem notícia, em outro ramo da ciência jurídica, dessa espécie de submissão em forma tão concreta e evidente. Isso porque o Direito do Trabalho é a única das disciplinas jurídicas em que as relações jurídicas se estabelecem, sistemicamente, em dois planos distintos, porém vinculados: no plano coletivo, onde o objetivo é a obtenção de normas disciplinadoras de trabalho; no plano individual, onde se desenvolvem, concretamente, as relações de trabalho. [337]

Em nosso ordenamento jurídico, a CLT não conceitua expressamente a relação de emprego; no entanto, mediante o disposto nos arts. 2º e 3º[338], fornece elementos à sua caracterização, designando uma das espécies de relações de trabalho de natureza contratual predominante.[339] Arnaldo Süssekind elucida o sentido dos artigos legais recém invocados:

> Esses dois dispositivos, ao contrário do que alguns entenderam, ou ainda entendem, procuram despir o contrato de trabalho das formalidades exigidas para outros negócios jurídicos, ao mesmo tempo que afirmam sua existência sempre que a relação fática de trabalho revele os elementos caracterizadores da condição de empregador e da de empregado. Adotou, assim, a teoria do *contrato realidade*, hoje amplamente consagrada pela doutrina e pela jurisprudência.[340]

---

ainsi juridiquement compatibles la subordination et la liberte. La subordination individuelle et la liberte collective constituent donc les deux faces d'une même médaille." (SUPIOT, Alain. *Critique du droit du travail*. 2. ed. Paris: Quadrige-Puf, 2007. p.110)

(337) *Direito individual do trabalho*. 3. ed. Porto Alegre: Síntese, 2003. p. 121.

(338) "Art. 2º Considera-se empregador a empresa, individual ou coletiva, que, assumindo os riscos da atividade econômica, admite, assalaria e dirige a prestação pessoal de serviços. Art. 3º Considera-se empregado toda pessoa física que prestar serviços de natureza não eventual a empregador, sob dependência deste e mediante salário."

(339) José Martins Catharino comenta, ao tratar do institucionalismo impuro ou moderado: "Embora sem negarem a contratualidade do ingresso do empregado na empresa, afirmam os adeptos dessa corrente que sua situação é cada vez mais 'estatutária'. O direito institucional prevalece sobre o contratual, e a este antecede. O contrato seria apenas a via de acesso à empresa, concebida como instituição. A relação de emprego, contratual na forma, já seria institucional, na sua substância íntima e fundamental." (*Compêndio de direito do trabalho*. 2. ed. São Paulo: Saraiva, 1981. v. 1, p. 190)

(340) *Curso de direito do trabalho*. 3. ed. Rio de Janeiro: Renovar, 2010. p. 236.

A relação de emprego ocorre quando, de um lado, um sujeito (empregado) obriga-se a prestar a outro (empregador) serviços pessoais e subordinados (obrigação de fazer), essenciais à consecução dos fins normais do empreendimento econômico ao qual se vincula (não-eventualidade[341]). O empregador, de outro, assume os riscos da atividade empresarial por ele desenvolvida; dirige, orienta e fiscaliza o trabalho realizado, dentro de limites éticos, morais e contratuais, para os fins por ele pretendidos; contraprestando o trabalhador mediante o pagamento do salário (obrigação de dar). Sendo assim, é o "acordo pelo qual uma pessoa natural se compromete a prestar serviços não eventuais a outra pessoa natural ou jurídica, em seu proveito e sob suas ordens, mediante salário"[342]. Délio Maranhão e Luiz Inácio B. Carvalho apresentam o seguinte conceito:

> Contrato individual de trabalho, em sentido estrito, é o negócio jurídico de direito privado pelo qual uma pessoa física (empregado) se obriga à prestação pessoal, subordinada e não eventual de serviço, colocando sua força de trabalho à disposição de outra pessoa, física ou jurídica, que assume os riscos de um empreendimento econômico (empregador) ou de quem é a este, legalmente, equiparado, e que se obriga a uma contraprestação (salário).[343]

"A perspectiva de uma contraprestação econômica é, sem dúvida, a motivação mais generalizada do trabalho prestado para outros"[344]. Observa-se que "a grande maioria dos indivíduos individualmente considerados tem necessidade de trabalhar para atender adequadamente a suas necessidades vitais, ou seja, para manter sua própria subsistência"[345]. Ocorre que, quando as pessoas possuem mais de um emprego, não há falar em dependência exclusiva ou predominante da remuneração paga por um empregador específico. Percebe-se idêntica compreensão na Recomendação n. 198 da OIT, artigo 13, alínea "a", segundo a qual, um dos indicadores da relação *de trabalho* é que a remuneração "constitui a única ou principal fonte de renda do trabalhador"[346]. Essa mesma norma estabelece que cada Membro da OIT pode definir parâmetros próprios de configuração da relação de trabalho, baseados, por exemplo, na subordinação ou na dependência.[347] A dependência econômica, todavia, não integra o conceito de relação

---

(341) Carmen Camino ensina: "Serviços não-eventuais são os serviços rotineiros da empresa, por isso, necessários e permanentes, vinculados ao objeto da atividade econômica, independentemente do lapso de tempo em que prestados, antítese dos serviços eventuais, circunstancialmente necessários, destinados ao atendimento de emergência, quando interessa a obtenção do resultado ou a realização de determinado serviço e não o ato de trabalhar". (*Direito individual do trabalho*. 3. ed. Porto Alegre: Síntese, 2003. p. 211)

(342) MORAES, Antônio Carlos Flores de; MORAES FILHO, Evaristo de Moraes. *Introdução ao direito do trabalho*. 9. ed. São Paulo: LTr, 2003. p. 242.

(343) *Direito do trabalho*. 17. ed. 3. reimp. Rio de Janeiro: Getúlio Vargas, 1997. p. 46.

(344) BOSCO, Carlos Alberto. *Trabalho informal*: realidade ou relação de emprego fraudulenta. 2. ed. Curitiba: Juruá, 2010. p. 142.

(345) BOSCO, Carlos Alberto. *Op. cit.*, p. 141.

(346) Recomendação n. 198 da OIT: "II. DETERMINAÇÃO DA EXISTÊNCIA DE UMA RELAÇÃO DE TRABALHO. [...] 13. Os Membros devem considerar a possibilidade de definirem em suas leis e regulamentos, ou por outros meios, indicadores específicos da existência de uma relação de trabalho. Estes indicadores podem incluir: [...] (b) o fato de que tal remuneração constitui a única ou principal fonte de renda do trabalhador; [...]." (Disponível em: <http://www.oit.org.br/content/relativa-%C3%A0-rela%C3%A7%C3%A3o-de-trabalho>. Acesso em: 10 jan. 2012)

(347) Recomendação n. 198 da OIT: "II. DETERMINAÇÃO DA EXISTÊNCIA DE UMA RELAÇÃO DE TRABALHO. [...] 12. Com a finalidade de políticas nacionais consideradas nesta Recomendação, os Membros podem

de emprego, embora esteja presente na maior parte das situações, já que o trabalho nem sempre constitui o principal meio de sobrevivência.

A subordinação jurídica, nessa esteira, torna-se o traço distintivo da relação de emprego sobre as demais relações de trabalho.[348] Implica poderes de mando ao beneficiário econômico direto dos serviços executados, submetendo o trabalhador a ordens patronais atinentes ao modo de desenvolver a prestação, sob pena de sofrer sanções disciplinares, caso as desrespeite. "É essa a acepção clássica ou tradicional do conceito, que podemos sintetizar como a sua plena identificação com a ideia de uma forte heterodireção patronal dos diversos aspectos da prestação laborativa obreira."[349] Para conceituá-la, reporta-se aos ensinamentos de José Martins Catharino:

> *Subordinação jurídica,* porque não se trata apenas de obrigação de trabalhar, mas de fazê-lo *sob as ordens de outrem*, o empregador. Assim, o empregado obriga-se a prestar *serviços dirigidos*, segundo o contrato e as normas trabalhistas. E o direito do empregador dirigir, correlato da obrigação do empregado obedecer, tem como seu corolário o de *fiscalizar*, um e outro exercitáveis diretamente ou não.[350]

Para Amauri Mascaro Nascimento, configura-se esse elemento singular da relação de emprego, quando "o trabalhador volitivamente transfere a terceiro definir o modo como o trabalho lhe será prestado, competindo ao favorecido a direção, o poder de organização, o poder de controle e o poder disciplinar na relação jurídica"[351]. Segundo Eugenio Perez Botija, subordinação (ou dependência) significa: uma pessoa está submetida à vontade de outra, não por meio de uma submissão psicológica, de uma relação social, de uma obediência pessoal cega, mas por uma contingência funcional que unifica ou coordena atividades diversas.[352] Reflete, independente da terminologia utilizada, a prestação de trabalho por conta alheia, visto que os resultados produtivos passam pelo empregado, para ingressar diretamente no patrimônio do empregador. Paulo Emílio Ribeiro de Vilhena assinala a inserção do empregado no contexto da atividade produtiva como um todo:

> A *subordinação*, elementarmente, parte da atividade, e se concentra na atividade. Seu exercício, porém, implica intercâmbio de condutas, porque

---

claramente considerar a definição de condições aplicadas para determinar a existência de uma relação de trabalho, por exemplo, **subordinação ou dependência**. (grifo nosso — Disponível em: <http://www.oit. org.br/content/relativa-%C3%A0-rela%C3%A7%C3%A3o-de-trabalho>. Acesso em: 10 jan. 2012)

(348) Reporta-se aos ensinamentos de Alain Supiot: "La soumission de travailleur à l'autorité de l'employeur constitue ainsi la caractéristique <essentielle> du contrat de travail. La caractérisation du contrat du travail n'est pas à rechercher alors dans le couple <profit/dependence économique>, mais dans le couple <autorité/subordination>." (*Critique du droit du travail*. 2. ed. Paris: Quadrige-Puf, 2007. p. 113)

(349) PORTO, Lorena Vasconcelos. *A subordinação no contrato de trabalho*. Uma releitura Necessária. São Paulo: LTr, 2009. p. 43.

(350) *Compêndio de direito do trabalho*. 2. ed. São Paulo: Saraiva, 1981. v. 1, p. 205-206.

(351) *Curso de direito do trabalho*. 25. ed. São Paulo: Saraiva, 2010. p. 559.

(352) "Una persona está sometida a la voluntad de otra, pero no a través de una sumissión psicológica, de una vinculación social, de una obediencia personal ciega, sino que es una supeditación funcional que unifica o coordina actividades diversas." (BOTIJA, Eugenio Perez. *Curso de derecho laboral*. 3. ed. Madrid: Dossat, 1952. p. 30)

essa atividade consuma-se por pessoas que se congregam, que se organizam e que compõem um quadro geral de ordem e de segurança no processo da produção de bens e/ou serviços.[353]

Constata-se, porém, que o tomador de serviços costuma estabelecer parâmetros para execução dos serviços contratados até mesmo para autônomos, que trabalham à sua própria conta e, em tese, não sofreriam esse tipo de ingerência. Por isso, o grau de subordinação assume relevância para definir qual a tipologia do trabalho. Sobre o assunto, comentam Evaristo de Moraes Filho e Antônio Carlos Flores de Moraes:

> A fiscalização e o controle do empregador não precisam ser constantes e permanentes, nem se torna necessária a vigilância técnica contínua dos trabalhos efetuados. É neste direito, que lhe assiste, de fiscalizar a atividade do seu empregado, de interrompê-la ou suscitá-la à vontade, de que bem reside o verdadeiro conteúdo da subordinação jurídica, hierárquica ou administrativa.[354]

Dispensando ajuste expresso de vontade entre os sujeitos para a verificação do pactuado, basta a realização de atos materiais, para que emane o contrato de emprego. "O acordo tácito é dedutível do comportamento das partes, sem esquecer que o silêncio também pode encerrar manifestação volitiva de vontade."[355] Essa equivalência não ocorreu por acaso ou descuido do legislador, mas foi seu verdadeiro objeto, como se depreende da Exposição de Motivos da CLT (itens 44 a 46):

> 44. O que os objetantes não alcançaram foi o deliberado propósito de se reconhecer a correspondência e equivalência entre a 'relação de emprego' e o 'contrato de trabalho', para os efeitos da legislação social, correspondência essa que a escola contratualista italiana nega, exigindo a expressa pactuação. 45. Na concepção do projeto, admitindo, como fundamento de contrato, o acordo tácito, é lógico que a 'relação de emprego' constitui o ato jurídico suficiente para provocar a objetivação das medidas tutelares que se contém no direito do trabalho em vigor. 46. O conceito firmado na Consolidação é tanto mais justo e relevante quanto é o que se evidencia em face dos contratos formalmente nulos ou substancialmente contrários à ordem pública dos preceitos da legislação de proteção ao trabalho.

Daí se depreende que a relação de emprego é indisponível pelo empregado, por força de lei. Para efeitos da norma consolidada, contrato individual de trabalho corresponde à relação de emprego.[356] Não há necessidade de que os sujeitos manifestem vontade expressa de formalizar contrato de emprego, haja vista a sobreposição automática da

---

(353) *Relação de emprego. Estrutura legal e supostos.* 2. ed. São Paulo: LTr, 1999. p. 472-473.
(354) *Introdução ao direito do trabalho.* 9. ed. São Paulo: LTr, 2003. p. 248.
(355) CATHARINO, José Martins. *Compêndio de direito do trabalho.* 2. ed. São Paulo: Saraiva, 1981. v. 1, p. 194.
(356) CLT, art. 442: "Contrato individual de trabalho é o acordo tácito ou expresso, correspondente à relação de emprego."

norma tutelar, uma vez preenchido o suporte fático.[357] A forma, em regra, assume papel secundário, porque a relação é basicamente de conteúdo.

A renúncia da relação de emprego pelo trabalhador não deve ser aceita. Presume-se que a manifestação de sua vontade foi viciada, isto é, de querer coagido. Os efeitos da dependência jurídica ou hierárquica não ficam adstritos ao ambiente de trabalho, passando a interferir no convívio social dos indivíduos. Isso ocorre, pois o trabalho não está dissociado de seu prestador; ao contrário, é expressão indelével da pessoa física do empregado, veículo da energia que se expressa no ato de trabalhar.

As relações de trabalho subordinado são reguladas, em síntese, por um conteúdo contratual, objeto de livre disposição das partes interessadas, e por um conteúdo institucional de regras imperativas, que aderem com supremacia aos contratos individuais de trabalho, sobrepondo-se ao desejo dos sujeitos contratantes.[358] Conforme Umberto Grillo, "equivale a dizer: a autonomia da vontade é limitada ao patamar mínimo, obrigatório e protecionista do empregado, mas prevalece a partir daí." [359] Wagner Giglio chama a atenção para fator importante:

> Concentra-se na autenticidade da manifestação de vontade os maiores problemas, vez que no campo das relações trabalhistas é este o setor mais sujeito a vícios, em decorrência do estado de subordinação e de inferioridade econômica em que o empregado se encontra, diante do empregador. Toda a preocupação do legislador, então, se endereçou a assegurar a liberdade do empregado, para que pudesse ele manifestar sua vontade sem se sujeitar a essa forma sutil, difusa mais eficiente de coação conhecida como 'pressão econômica'. [360]

Face à amplitude do tema, José Martins Catharino condensa esses elementos, ao apresentar a seguinte definição:

> Em conclusão: a relação de emprego é um complexo voluntário-normativo, fruta produzida pelo "dirigismo contratual" e amadurecida na estação da "liberdade protegida", a atual. Sua origem, o contrato. Sua função, apressar a revolução da igualdade jurídica, sendo como é visceralmente contratual. Seu sujeito principal, o empregado, daí ser preponderantemente pessoal, além de patrimonial e obrigacional. [361]

---

(357) Carmen Camino sustenta: "Um princípio muito próprio do Direito do Trabalho, derivação do princípio protetivo, é o da sobreposição automática da norma tutelar. Tal princípio leva a 'substituir' a cláusula contratual dissonante com a vontade da lei pela cláusula do contrato mínimo legal sempre que preenchido seu suporte fático [...]." (*Direito individual do trabalho*. 3. ed. Porto Alegre: Síntese, 2003. p. 128)

(358) Com esse intento, preceitua o art. 444 da CLT: "As relações de trabalho podem ser objeto de livre estipulação das partes interessadas em tudo quando não contravenha às disposições de proteção ao trabalho, aos contratos coletivos que lhes sejam aplicáveis e às decisões das autoridades competentes."

(359) GRILLO, Umberto. Eficácia no tempo das condições estipuladas nos acordos ou convenções coletivas e sentenças normativas. In: TEIXEIRA FILHO, João de Lima (Coord.). *Relações coletivas de trabalho — estudo em homenagem ao ministro Arnaldo Süssekind*. São Paulo: LTr, 1989. p. 399.

(360) GIGLIO, Wagner. *A conciliação nos dissídios individuais do trabalho*. 2. ed. Porto Alegre: Síntese, 1997. p. 62.

(361) CATHARINO, José Martins. *Compêndio de direito do trabalho*. 2. ed. São Paulo: Saraiva, 1981. v. 1, p. 197.

Em síntese: 1) A partir dos arts. 2º e 3º, da CLT, percebe-se que a relação de emprego é a relação de trabalho, de natureza contratual, em que o empregado realiza trabalho subordinado, pessoal, não-eventual, essencial à consecução dos fins da empresa; 2) Cabe ao empregador suportar os riscos do empreendimento econômico, dirigir, orientar e fiscalizar o trabalho, contraprestando-o através de salário; 3) A subordinação jurídica ou hierárquica revela-se no fato do empregado, por ato de livre vontade, obrigar-se a executar serviços sob a direção do empregador, dentro de limites éticos e morais; 4) A pessoalidade decorre da infungibilidade. O trabalho é expressão indelével da pessoa. É o próprio trabalhador o veículo da energia que se exprime no ato de trabalhar. Ninguém pode entregar força de trabalho pela qual outro se obrigou. O empregador admite um trabalhador específico, porque ele terá, numa visão dinâmica, condições de dar a força de trabalho com a qualidade e a eficiência desejadas; 5) Serviços de natureza não-eventual são aqueles vinculados ao objeto da atividade econômica e imprescindíveis à consecução dos fins da empresa, de onde decorre a necessidade contínua e habitual.

Sobre a determinação da existência de uma relação de trabalho, o art. 13 da Recomendação n. 198 da OIT já previu quais são seus possíveis indicadores, hoje coincidentes com os requisitos da relação de emprego previstos na legislação pátria. O trabalho, segundo seus preceitos, possui as seguintes características: instruído e controlado por outrem; integra o trabalhador na organização da empresa; executado unicamente ou principalmente para o benefício de outrem; realizado pessoalmente pelo trabalhador, com horário determinado ou em local indicado pelo tomador do trabalho; com certa duração e continuidade ou que requeira a disponibilidade do trabalhador; provisão de ferramentas, materiais e maquinário pelo tomador do trabalho. No que tange à remuneração, estabelece a norma em voga: pagamento periódico ao trabalhador; única ou principal fonte de renda do trabalhador; inclusão de pagamentos em espécie, como alimentação, aluguel ou transporte; reconhecimento de descanso semanal e férias anuais; pagamento pelo tomador do trabalho das viagens a serviço; ausência do risco financeiro para o trabalhador.[362] Consistem, em verdade, uma releitura dos requisitos constantes nos arts. 2º e 3º, da CLT.

---

(362) Recomendación n. 198 da OIT: "II. DETERMINACIÓN DE LA EXISTENCIA DE UNA RELACIÓN DE TRABAJO. [...] Los Miembros deberían considerar la posibilidad de definir en su legislación, o por otros medios, indicios específicos que permitan determinar la existencia de una relación de trabajo. Entre esos indicios podrían figurar los siguientes: a) el hecho de que el trabajo: se realiza según las instrucciones y bajo el control de otra persona; que el mismo implica la integración del trabajador en la organización de la empresa; que es efectuado única o principalmente en beneficio de otra persona; que debe ser ejecutado personalmente por el trabajador, dentro de un horario determinado, o en el lugar indicado o aceptado por quien solicita el trabajo; que el trabajo es de cierta duración y tiene cierta continuidad, o requiere la disponibilidad del trabajador, que implica el suministro de herramientas, materiales y maquinarias por parte de la persona que requiere el trabajo, y b) el hecho de que se paga una remuneración periódica al trabajador; de que dicha remuneración constituye la única o la principal fuente de ingresos del trabajador; de que incluye pagos en especie tales como alimentación, vivienda, transporte, u otros; de que se reconocen derechos como el descanso semanal y las vacaciones anuales; de que la parte que solicita el trabajo paga los viajes que ha de emprender el trabajador para ejecutar su trabajo; el hecho de que no existen riesgos financieros para el trabajador. (Disponível em: <http://www.ilo.org/ilolex/spanish/recdisp1.htm>. Acesso em: 10 jan. 2012)

Ressalta-se que "uma das consequências que se extrai do princípio da continuidade é que a prestação de serviços gera a presunção da existência de relação de emprego".[363] Ademais, no Direito do Trabalho, vigora o princípio da realidade, pelo qual a verdade dos fatos se sobrepõe àquela que emana dos documentos. Sendo assim, em atenção aos princípios da tutela, da irrenunciabilidade e da continuidade, uma vez provada a existência de trabalho, presume-se existente a relação de emprego, *ex vi legis*, nos termos dos arts. 2º e 3º, da CLT.

Devido à primazia do interesse público, as normas protetivas ao trabalho formam, de acordo com a lei, estatuto onde repousa a relação individual resultante do contrato. A regulação constitui um mínimo de garantias. Assim, não pode a fonte de direito em posição hierárquica inferior negá-lo, mas somente ultrapassá-lo. São direitos indisponíveis, irrenunciáveis, não passíveis de transação.

A relação de emprego é contratual na forma, embora institucional na substância, no que diz respeito ao elenco básico de direitos dos trabalhadores. Às partes, fica o espaço para acrescentarem cláusulas ou ampliarem aquelas previamente definidas em lei. De certa forma, pode-se chegar à conclusão de que a ordem institucional prevalece sobre a concepção contratual. Propõe-se, assim, a modernização dos preceitos laborais originais à atual configuração dos ajustes do mundo do trabalho, a fim de que o elenco de direitos básicos se estenda a todos os trabalhadores, e não apenas ao círculo restrito dos empregados.

3.3. O Trabalho Autônomo e seus Elementos

Na contraface da subordinação, a definição de autônomo é fartamente encontrada na doutrina. Ainda carece, todavia, de maior proteção legal. Em verdade, "o trabalhador autônomo não é subordinado como o empregado, não estando sujeito ao poder de direção do empregador, podendo exercer livremente sua atividade, no momento que o desejar, de acordo com sua conveniência"[364]. Em outra ocasião, apresentamos o seguinte conceito de trabalhador autônomo:

> [...] é a pessoa física que dirige o seu próprio trabalho, com liberdade de iniciativa, autodeterminação técnica e poder de organização, em favor de uma pluralidade de credores, assumindo os riscos inerentes ao negócio. Sem ingerência alheia, possui ampla discricionariedade na produção, detendo as ferramentas de labor, maquinário e local de funcionamento. Negocia preços diretamente com clientes e escolhe a maneira de realizar os serviços como melhor lhe aprouver. Atua, pois, como patrão de si mesmo, sem submissão ao comando do tomador dos serviços, não estando inserido no círculo diretivo e disciplinar da empresa tomadora.[365]

---

(363) PAULA, Carlos Alberto Reis de. *A especificidade do ônus da prova no processo do trabalho*. São Paulo: LTr, 2001. p. 157.

(364) MARTINS, Sérgio Pinto. *Direito do trabalho*. 11. ed. São Paulo: Atlas, 2000. p. 145.

(365) GONÇALVES. Leandro Krebs. Autônomo. In: SCHWARZ, Rodrigo Garcia. (Org.). *Dicionário de direito do trabalho, de direito processual do trabalho e de direito previdenciário aplicado ao direito do trabalho*. São Paulo: LTr, 2012. p. 186-187.

Para dificultar essa situação, não raras vezes, entretanto, o tomador dos serviços estabelece um mínimo de diretrizes e avaliações básicas ao labor realizado. Conforme abordagem de Maurício Godinho Delgado:

> A intensidade de ordens no tocante à prestação de serviços é que tenderá a determinar, no caso concreto, qual sujeito da relação jurídica detém a direção da prestação de serviços: sendo o próprio profissional, desponta como autônomo o vínculo concretizado; sendo o tomador de serviços, surge como subordinado o referido vínculo.[366]

Na Justiça do Trabalho, muitas vezes, ficamos diante de duas situações opostas, de tudo ou nada, colocando em risco a própria dignidade do trabalhador envolvido. Diante desse cenário cruel, o trabalho autônomo é praticado com frequência em condições piores que o subordinado.[367] Além disso, sem querer sobrecarregar o enquadramento desses trabalhadores na relação de emprego, opta-se pela alternativa de, a partir da definição de institutos que lhe são peculiares, encontrar-lhes um meio próprio de tutelar. Manuel Alonso Garcia não questiona a inserção da relação de trabalho autônomo no Direito do Trabalho, ainda que, em razão de circunstâncias que concorrem nesse tipo de trabalho, deva incidir um regime jurídico de trabalho especial, distinto daquele que rege as relações cujo objeto é a prestação de trabalho dependente.[368]

Não constitui novidade dizer que a autonomia difere da subordinação e, justamente por isso, fica à margem dos dispositivos contidos na CLT. Diante de preceitos fundamentais contidos em nosso ordenamento jurídico, busca-se, porém, a garantia ampla de um direito social ao trabalho, que viabilize a ascendência do indivíduo sobre o capital. Para isso, o resgate dos institutos pertinentes ao trabalho autônomo permitirá trilhar a efetivação de seus direitos constitucionais e humanos. Como elementos característicos, destacamos:

> 1) o vínculo jurídico recai de forma preponderante sobre o resultado do trabalho (e não tanto pela atividade em si); 2) o resultado do trabalho pertence, de início, ao trabalhador, que, a seguir, disponibiliza em favor de um terceiro; 3) a atividade profissional é habitualmente exercida pelo trabalhador e por conta própria; 4) o trabalhador assume os riscos do trabalho e da atividade

---

(366) *Curso de direito do trabalho*. 4. ed. São Paulo: LTr, 2005. p. 334.

(367) Sobre as transformações contemporâneas, Amauri Mascaro Nascimento indica: "A partir de 1990 o fenômeno do trabalho autônomo despertou maior interesse nos juristas do direito do trabalho europeu. A razão de ser da atenção para ele voltada situa-se na precarização desse trabalho, que passou a ser, em diversos casos, praticado em piores condições que as dos empregos por meio de contratos. Constitui-se ainda numa forma de 'escapar' das exigências legais e do custo do trabalho subordinado." (*Curso de direito do trabalho*. 25. ed. São Paulo: Saraiva, 2010. p. 1013)

(368) "La pertenencia de la relación de trabajo autónomo — en cuanto en el se den la *ajenidad* y la *unidad de relación* — al Derecho del Trabajo nos parece incuestionable. Ótra cosa distinta es que, por razón de las circunstancias que en este tipo de trabajo concurren, deba arbitrarse un régimen jurídico-laboral especial, distinto del que rige las relaciones cuyo objeto es la prestación de un trabajo en situación de dependencia." (*Curso de derecho del trabajo*. 3. ed. Barcelona: Ariel, 1971. p. 101)

econômica que desenvolve; 5) o trabalhador é proprietário dos instrumentos de trabalho; 6) o trabalhador define o modo de execução do trabalho.[369]

Ressalta-se que autonomia não é sinônimo de informalidade, a qual se caracteriza por um aspecto positivo — celeridade e baixo custo — e outro negativo — insegurança[370]. Nos dizeres de Ney Prado, trabalho informal coincide com o "desempenho de uma atividade econômica em que concorre pouco capital e intensa mão de obra, geralmente para a prestação de serviços ou para a produção artesanal, à margem da proteção legal trabalhista, previdenciária ou empresarial"[371]. Na maioria das vezes, indevidamente, tem abarcado trabalhadores subordinados, mas que não possuem registro desse contrato na carteira profissional, o que os exclui do gozo de direitos elementares de sobrevivência digna. Como expressão da economia invisível, "assumem o maior ônus e pagam maior preço pela ineficiência dos Estados providenciais e dos governos populistas dos países em desenvolvimento"[372]. Em outras palavras, indica Carlos Alberto Bosco:

> Aqueles que não logram obter uma colocação no mercado formal de trabalho, no qual os direitos trabalhistas e previdenciários são outorgados, recorrem ao trabalho informal onde, mesmo a duras penas, encontram labor que possam manter sua subsistência, muito embora sem qualquer garantia [...][373]

Trata-se de tentativa de o empregador reduzir custos por meio de descumprimento da lei, inclusive mediante a sonegação e a evasão fiscais, com efeitos sócio-econômicos nocivos[374]. Ao regulamentar o trabalho autônomo e criar um fundo social específico, para gozo de direitos trabalhistas, não se pretende encobrir uma verdadeira relação de emprego com roupagem que reduza rol de garantias sociais básicas de subsistência humana. Pelo contrário, objetiva-se outorgar maior segurança jurídica e social a esses trabalhadores que, por não se confundirem com a figura dos empregados, não encontram qualquer tipo de tutela efetiva em nosso sistema. Amplia-se, pois, o raio de ação do Direito do Trabalho, para além do segmento dos empregados. Afinal, proteger trabalhadores especialmente afetados pela incerteza da existência de uma relação de trabalho (dentre os quais se inserem os autônomos), conjugando fatores atinentes à realidade social do país com padrões internacionais basilares, deve ser tema de política nacional de combate à economia informal, segundo as disposições contidas na Recomendação n. 198 da OIT.[375]

---

(369) GONÇALVES. Leandro Krebs. Autônomo. In: SCHWARZ, Rodrigo Garcia. (Org.). *Dicionário de direito do trabalho, de direito processual do trabalho e de direito previdenciário aplicado ao direito do trabalho*. São Paulo: LTr, 2012. p. 187.

(370) PRADO, Ney. *Economia informal e o direito do Brasil*. São Paulo: LTr, 1991. p. 23.

(371) *Ibidem*, p. 46.

(372) *Ibidem*, p. 50.

(373) *Trabalho informal*: realidade ou relação de emprego fraudulenta. 2. ed. Curitiba: Juruá, 2010. p. 126.

(374) A respeito do assunto, Elton Duarte Batalha afirma: "A inovação tecnológica, fruto da Terceira Revolução Industrial, que colocou a humanidade na Era da Informação, acentuou o desacoplamento dos tipos normativos em relação aos casos concretos, produzindo informalidade no mercado de trabalho, acompanhada por suas nocivas consequências econômicas e tributárias." (Trabalho Autônomo no Direito Italiano. In: MANNRICH, Nelson. (Coord.) *Reforma do mercado de trabalho*. A experiência italiana. São Paulo: LTr, 2010. p. 101.)

(375) Recomendação n. 198 da OIT: "I. POLÍTICA NACIONAL DE PROTEÇÃO AOS TRABALHADORES EM UMA RELAÇÃO DE TRABALHO. [...] 1. Os Membros devem formular e aplicar uma política nacional para

Nossa meta não é, portanto, fraudar a aplicação da CLT, flexibilizá-la, tampouco precarizar os contratos de emprego. Isso retiraria toda a legitimidade da pesquisa, além de ser nulo de pleno direito, conforme dispõe o art. 9º do diploma consolidado[376]. Como salienta Otávio Pinto e Silva, "qualquer política de valorização do trabalho autônomo não pode prescindir de mecanismos legais que visem impedir as tentativas de fraudes em prejuízo dos trabalhadores"[377]. Abordaremos, assim, os elementos conceituais desse modo específico de prestar serviços por conta própria, para direcionar o objeto que adiante se pretende regular.

Partindo dos ensinamentos de Paulo Emílio Ribeiro de Vilhena[378], o trabalho autônomo caracteriza-se pela maior flexibilidade. Diante da liberdade de iniciativa, autodeterminação técnica e poder de organização, esse trabalhador pode dispor de sua atividade para pluralidade de credores. Sem ingerência alheia, possui ampla discricionariedade na produção, uma vez que detém suas próprias ferramentas de labor, maquinário e local de funcionamento. Negocia preços com clientes e escolhe o modo de execução dos serviços, da maneira que melhor lhe aprouver, já que suporta os riscos inerentes ao seu empreendimento econômico. Faculta-se a participação de terceiros, pois, em regra, o vínculo recai sobre o resultado do trabalho (e não sobre a atividade em si). Enfim, "é aquele que dirige o seu próprio trabalho, e, se o executa utilizando trabalho alheio por si remunerado e dirigido, é também empregador".[379] Arnaldo Süssekind sustenta:

> O trabalhador autônomo é um das modalidades da relação cogitada pelo art. 114, I, da Constituição. Ele corresponde tanto ao trabalhador que habitualmente e por conta própria exerce uma atividade profissional remunerada em favor de terceiros, como ao que eventualmente executa o serviço contratado. E pouco importa que essa relação se estabeleça por um ajuste verbal ou em razão de um contrato escrito de locação de serviços. O relevante é que o trabalho seja realizado por pessoa física e sem a s características da relação de emprego, cujos elementos estão enunciados nos arts. 2º e 3º da CLT. A relação de trabalho, no concernente ao trabalhador, é sempre *intuitu personae*.[380]

---

rever em intervalos apropriados e, caso necessário, clarificando e adotando o alcance de regulamentos e leis relevantes, no sentido de garantir proteção efetiva aos trabalhadores que executam seus trabalhos no contexto de uma relação de trabalho. 2. A natureza e a extensão da proteção dada aos trabalhadores em uma relação de trabalho deve ser definida por práticas ou leis nacionais, ou ambas, tendo em conta padrões de trabalho internacional relevantes. Tais leis ou práticas, incluindo àqueles elementos pertencentes ao alcance, cobertura e responsabilidade à implementação, devem estar claros e adequados para assegurar proteção efetiva aos trabalhadores em uma relação de trabalho. [...] 5. Os Membros devem ter um relatório particular em políticas nacionais para garantir proteção efetiva aos trabalhadores especialmente afetados pela incerteza da existência de uma relação de trabalho, incluindo trabalhadoras, como também os trabalhadores mais vulneráveis, trabalhadores jovens, trabalhadores mais antigos, trabalhadores da economia informal, trabalhadores migrantes e trabalhadores com deficiências. (Disponível em: <http://www.oit.org.br/content/relativa-%C3%A0-rela%C3%A7%C3%A3o-de-trabalho>. Acesso em 11 jan. 2012)

(376) CLT, art. 9º: "Serão nulos de pleno direito os atos praticados com o objetivo de desvirtuar, impedir ou fraudar a aplicação dos preceitos contidos na presente Consolidação."

(377) *Subordinação, autonomia e parassubordinação nas relações de trabalho*. São Paulo: LTr, 2004. p. 101.

(378) *Relação de emprego. Estrutura legal e supostos*. 2. ed. São Paulo: LTr, 1999. p. 482-485.

(379) CATHARINO, José Martins. *Compêndio de direito do trabalho*. 2. ed. São Paulo: Saraiva, 1981. v. 1, p. 155.

(380) *Curso de direito do trabalho*. 3. ed. Rio de Janeiro: Renovar, 2010. p. 157-158.

"No trabalho autônomo, o prestador de serviços atua como patrão de si mesmo, sem submissão aos poderes de comando do empregador, e, portanto, não está inserido no círculo diretivo e disciplinar de uma organização empresarial."[381] Para Maurício Godinho Delgado, pode faltar o elemento da pessoalidade, admitindo a possibilidade de ser pactuada cláusula rígida nesse sentido, em especial, na contratação de profissionais de nível mais sofisticado de conhecimento ou habilidade.[382] Ainda que não concordemos com o ilustre autor, na medida em que entendemos que a pessoalidade integra as relações de trabalho como gênero, convergimos, porém, quando afirma que "a autonomia traduz a noção de que o próprio prestador é que estabelece e concretiza, cotidianamente, a forma de realização dos serviços que pactuou prestar"[383].

Para Manuel Alonso Garcia, o trabalho autônomo concretiza-se pela concorrência de dois requisitos, quais sejam: a) organização do trabalho pelo próprio trabalhador e sua não inserção na organização laboral do credor (tomador), que lhe é estranha; b) assunção dos riscos pelo próprio trabalhador, ao qual se transferem as consequências favoráveis ou adversas de sua atividade.[384]

A Constituição Federal, no seu art. 7º, estabeleceu direitos sociais mínimos aos trabalhadores em geral, e não apenas para empregados. Ao enfatizar esse preceito, não se está olvidando notórias dificuldades de implementar tais garantias, para que os autônomos também usufruam desses benefícios. É preocupação do Estado criar meios que permitam ao indivíduo constituir patrimônio que lhes proporcione uma vida mais segura. Afinal, todos os trabalhadores estão sujeitos a se deparar com infortúnios e incapacidades (ainda que decorrentes da idade), que lhes impeçam prover seu sustento. Jorge Alberto Araújo reflete sobre o tema, apontando questionamentos que nos impulsionarão ao avanço desse estudo:

> Compete ao Estado, como cumprimento de sua constituição, fomentar formas através das quais se estendam aos trabalhadores autônomos tantos direitos sociais quanto possíveis. Esta atividade estatal não necessita ser direta, mas pode se dar, por exemplo, através da fomentação de associações de trabalhador autônomos, que podem ou não ser reunidas por categorias, em que se estabeleçam contribuições percentuais de suas remunerações como forma de lhes possibilitar, ao final de um ano fruir de uma remuneração equivalente a um mês de seus ganhos, ou mesmo que lhes faculte afastar-se por um determinado período de suas atividades, sem prejuízo de seu sustento.[385]

---

(381) BARROS, Alice Monteiro de. *Curso de direito do trabalho*. 6. ed. São Paulo: LTr, 2010. p. 221.

(382) *Curso de direito do trabalho*. 4. ed. São Paulo: LTr, 2005, p. 334 -335.

(383) DELGADO, Maurício Godinho. *Op. cit.*, p. 334.

(384) "a) *organización del trabajo por el próprio trabajador*, lo cual supone titularidad por este de aquélla, o, en otras palabras, no inserción del deudor de trabajo en la organización laboral del acreedor, que le es extraña; b) consecuencia de la anterior, *inherencia del riesgo al trabajador mismo*, al cual quedan transferidas las consecuencias favorables o adversas de su actividad." (GARCIA, Manuel Alonso. *Curso de derecho del trabajo*. 3. ed. Barcelona: Ariel, 1971. p. 100)

(385) O Estatuto do Trabalhador Autônomo. *Cadernos da Amatra IV*, Porto Alegre, HS, ano II, n. 4, p. 26-35 (34), jul./set. 2007. 4º Caderno de Estudos sobre Processo e Direito do Trabalho.

Antes de sustentar a inviabilidade de estender essa proteção jurídica a todos os trabalhadores, compete conciliar os institutos jurídicos para que se permita a aplicabilidade mais elastecida. Ademais, esse processo de harmonização não significa algo novo no Direito do Trabalho. Vale lembrar que a CLT prevê exceções, em determinadas circunstâncias, a exemplo da ausência de controle de horário para exercentes de cargo de gestão ou trabalhadores externos[386]. Implementar essas garantias, entretanto, antes de considerar um empecilho, tomemos por desafio, lastreado pelos mais supremos ditames de valorização social do trabalho humano.

3.4. A Parassubordinação – O Debate da Zona Gris: uma Releitura da Dependência Econômica e da Subordinação Jurídica

O conceito de dependência econômica tem sido resgatado na tentativa de regulamentar outras formas de expressão do trabalho humano. "Frente às modificações ocorridas na organização produtiva e nos modos de trabalhar, há cada vez mais situações em que o obreiro detém um maior grau de autonomia na prestação."[387] Procura-se, assim, restringir o conceito de subordinação, mas com a garantia de parte dos direitos trabalhistas concedidos aos empregados àqueles trabalhadores hipossuficientes que, embora não sejam subordinados, dependem economicamente do tomador dos seus serviços.

A reorganização do modelo empresarial levou à transformação das relações de trabalho e à emergência de formas ambíguas de prestação de serviços. Em decorrência de mudança nas estruturas e métodos de produção das empresas, tornou-se bastante vaga a distinção entre subordinados e autônomos. De um lado, reacendem-se as divergências do regime jurídico aplicável a cada um desses trabalhadores. De outro, o mercado globalizado passa a exigir, em movimento ascendente, maior qualificação dos profissionais e dos produtos com o menor investimento financeiro possível.

O desenvolvimento desses outros modelos de organização do trabalho trouxe, por consequência, novos conceitos de poder para as empresas, influenciados por uma tríplice vertente, como bem elucida Alain Supiot: 1) elevação do nível de competência, qualificação e autonomia profissional dos trabalhadores (independente da subordinação contratual); 2) pressão crescente da concorrência sobre os mercados mais abertos; 3) aceleração do progresso da técnica (particularmente nas ciências da informação e da comunicação).[388] Segundo o ilustre autor francês, o poder patronal *divino* e centralizado

---

(386) CLT, art. 62: "Não são abrangidos pelo regime previsto neste capítulo: I — os empregados que exercem atividade externa incompatível com a fixação de horário de trabalho, devendo tal condição ser anotada na Carteira de Trabalho e Previdência Social e no registro de empregados; II — os gerentes, assim considerados os exercentes de cargos de gestão, aos quais se equiparam, para efeito do disposto neste artigo, os diretores e chefes de departamento ou filial."

(387) PORTO, Lorena Vasconcelos. *A subordinação no contrato de trabalho*. Uma releitura Necessária. São Paulo: LTr, 2009. p. 103.

(388) "Sous la triple influence de l'élévation du niveau de compétence et de qualification (et l'élévation des niveaux d'autonomie professionnelle des travailleurs qui en découle, indépendamment de la subordination

cede lugar a um poder funcional e descentralizado. A redistribuição de poderes, por sua vez, repercute no Direito do Trabalho, na medida em que maior grau de autonomia transforma, em alguns aspectos, o vínculo de subordinação existente entre prestador e tomador de serviços. Ainda assim, todavia, permanece um poder patronal de fato sobre a gestão do labor, a fim de que se alcance o produto almejado e que sustenta o contrato firmado entre as partes.[389] Jacques Barthélémy destaca que, em razão do acesso direto e total ao conhecimento que o progresso (tecnológico) permite, cada vez mais os trabalhadores terão maior autonomia, o que demandará a evolução dos critérios de subordinação jurídica utilizados pela jurisprudência.[390]

Essa modificação impinge a reforma do modelo legislativo hoje existente. Como constata Amauri Mascaro Nascimento, "ficou claro que dependência econômica não é o mesmo que subordinação e, por outro lado, que *habitualidade do serviço para a mesma fonte*, por si, também é insuficiente para configurar subordinação"[391]. Mesmo diante de tantas controvérsias sob o caminho a ser seguido, a multiplicidade das situações fáticas leva à criação de novas tipologias jurídicas, construídas fora do binômio subordinação-autonomia. O assunto já foi por nós tratado anteriormente:

> Passando a dispor de certo grau de discricionariedade na hierarquia das corporações, diante dos conhecimentos técnicos que possui e até mesmo da prestação de trabalho longe do controle imediato do empregador, o subordinado deixou de agir como mera engrenagem do sistema de produção. O autônomo, por sua vez, perdeu sua ampla liberdade na tomada de decisões e na direção do seu negócio, face à interferência direta do contratante na organização dos serviços por ele oferecidos e na observância criteriosa de padrões de qualidade dos produtos, a exigir fiscalização contínua do tomador.[392]

Debate-se, nesse contexto, a crise da dicotomia tradicional entre trabalho subordinado e autônomo.[393] "Renasce, por exemplo, a ideia da dependência econômica

---

contrctuelle), de la pression croissante de la concurrence sur des marches plus ouverts, et de l'accélération du progrès technique (em particulier dans le domaine de l'information et de la communication), d'autres modeles d'organisation du travail se sont développés, et avec eux d'autres conceptions du puvoir dans l'entreprise." (SUPIOT, Alain. Les nouveaux visages de la subordination. *Droit social*, Paris, n. 2, p. 131-145(134), févr. 2000)

(389) SUPIOT, Alain. Les nouveaux visages de la subordination. *Droit Social*, Paris, n. 2, p. 131-145(135-136), févr. 2000.

(390) *Évolution du droit social*. Une tendance à la contractualisation mais um rôle accru dês deroits fondamentaux du travailleur. Paris: Lamy, 2009. p. 123-125.

(391) *Curso de direito do trabalho*. 25. ed. São Paulo: Saraiva, 2010. p. 214.

(392) GONÇALVES, Leandro Krebs. Parassubordinação: um novo debate sobre os limites da subordinação jurídica e da dependência econômica. In: Congresso Brasileiro de Direito do Trabalho da LTr, n. 51, 2011, São Paulo. *Jornal do Congresso*. São Paulo: LTr, 2011, p. 156-158 (156). Disponível em: <http://www.ltr.com.br/web/jornal/direitodotrabalho.pdf>. Acesso em: 12 jan. 2012.

(393) "[...] Les mutations recentes du marche du travail et lês effects dês évolutions industrielles ont alimenté un debat relative à la crise qui touche la dichotomie traditionnelle entre travail salarié et indépendant, provoquant une remise en question du cadre réglementaire existant et mettant en lumière de possible lacunes du système actuel de protection des travailleurs. [...]" (PEDERSINI, Roberto. Travailleurs

como o critério a ser levado em consideração para estender a aplicação dos direitos sociais a todos os que forem os mais fracos na relação de trabalho."[394] "No entanto, o efeito concreto é o de se criar mais uma linha de fronteira, também cinzenta, entre o empregado e o parassubordinado, além daquela que separa este do autônomo (verdadeiramente autônomo)"[395], já que estará em debate a forma de integração do labor realizado pela pessoa dentro de um serviço organizado de uma empresa.

Duas tendências opostas emergem dessa discussão acerca da condição atual do empregado, na maioria dos países europeus, segundo Alain Supiot.[396] A primeira é reduzir o raio da legislação trabalhista e retornar à interpretação restritiva da noção de subordinação. A diminuição do seu campo de aplicação é defendida pelos partidários da desregulamentação, ou seja, por aqueles que enxergam o Direito do Trabalho como obstáculo à iniciativa econômica de criação de empregos. Esse questionável fundamento pretende aproximar o Direito do Trabalho ao Direito Civil e ao Direito Comercial, fomentando o empreendedorismo e o desenvolvimento do trabalho autônomo.[397] Desse modo, a precariedade das políticas de emprego deve ser compensada com o favorecimento de criação de pequenas empresas (simplificação das formalidades de constituição e administração dessas estruturas menores) e/ou com a redução dos encargos sociais incidentes sobre o trabalho autônomo. A segunda tendência, ao contrário, alarga o alcance do Direito Laboral, adicionando o critério da dependência econômica à subordinação. Assimilam-se determinadas categorias de trabalhadores, até mesmo por força de lei, dentro do conceito de empregado. Dentro dessa segunda corrente, salienta que a jurisprudência continua considerando, basicamente, dois critérios para caracterizar a dependência do trabalhador: 1º) direção das condições de execução do trabalho pelo beneficiário ou tomador da prestação (positivo); 2º) participação em empresa de outrem, partindo da premissa de que o trabalhador não possui empregados ou clientela própria, nem condições de assumir os riscos decorrentes do exercício de uma atividade empresarial (negativo).[398]

économiquement dépendants, droit du travail et relations industrielles. Disponível em: <http://www.eurofound.europa.eu/eiro/2002/05/study/tn0205102s.htm>. Acesso em: 25 mar. 2011)

(394) SILVA, Otávio Pinto e. *Subordinação, autonomia e parassubordinação nas relações de trabalho*. São Paulo: LTr, 2004. p. 102.

(395) SOUTO MAIOR, Jorge Luiz. A Supersubordinação — Invertendo a lógica do jogo. *Cadernos da Amatra IV*, ano III, n. 9º, Porto Alegre, HS, p. 64-102 (75), out.-dez. 2008.

(396) *Beyond employment*. Changes in Work and the Future of Labour Law in Europe. Reimp. New York: Oxford, 2005, p. 13-17.

(397) Alain Supiot esclarece: "La these de la reduction du champ d'application du droit du travail est déffendue par les partisans de la déréglementacion, qui considèrent que ce droit fait obstacle à l'innitiative économique et à la creation d'emplois. Dans cette perspective, il conviendrait de restreindre l'emprisa du droit du travail au profit du droit civil et du droit commercial, et de favorises ainsi le développement du travail indépendant. Ce déplacement des frontiers peut ici encore être opéré soit par le juge soit par la loi". (Les nouveaux visages de la subordination. *Droit social*, Paris, n. 2, p. 131-145(141), févr. 2000)

(398) "L'idée directrice de cet élargissement consiste à se demander si le travailleur exerce sa liberte d'entreprendre ou bien seulement as liberte du travail. Cette idée générale est mise en oeuvre par deux notions aujourd'hui bien conues que la jurisprudence utilize pour caractérises la dépendance du travailleur. La premir est celle d'intégration à un service organisé, qui implique la direction, non de l'execution du travail, mais des conditions de cette exécution, par le bénéficiaire de la prestation. La seconde est celle

Ao discorrer acerca das relações entre trabalhadores *assalariados* e *independentes* (para nós, subordinados e autônomos), Alain Supiot afirma que a diluição do critério da subordinação e a aproximação da situação jurídica desses trabalhadores demandam a reconsideração do Direito do Trabalho, do Direito Civil e do Direito Comercial, em matéria de atividade profissional. Repensar as fronteiras de cada área não resolve, porém, o lugar de eventuais situações fronteiriças. Nesse aspecto, o autor francês sugere a existência de uma zona híbrida que separa essas duas espécies de trabalhadores. Alerta, ainda, que a criação dessa categoria intermediária cataliza as reflexões sobre a possibilidade de nascer um direito comum do trabalho, que universalize preceitos de tutela a qualquer tipo de labor, independente da diversidade das formas contratuais assumidas pelos envolvidos.[399]

Para aqueles que advogam a tese da parassubordinação, importa saber se, na execução do serviço, o prestador é colocado sob as ordens de quem lhe paga. Como a subordinação jurídica continua sendo o inquestionável traço definidor da relação de emprego, nos mais diversos ordenamentos, em caso afirmativo, imporiam-se as regras atuais do Direito do Trabalho. Caso contrário, permitiria-se a formação dessa nova classe beneficiária em parte dos direitos hoje conferidos aos empregados. Retorna-se à ideia clássica de identificar a existência de autoridade do empregador em dirigir e controlar a prestação pessoal de serviços, passando pela abordagem das liberdades de empreender e de trabalhar, visto que o empreendedorismo se vê mitigado na relação de emprego (labor subordinado) por sua própria natureza. Na maior parte das vezes, porém, o controle do trabalhador (parassubordinado) não desaparece, apenas se transmuda. Pode até não incidir ostensivamente na fiscalização da maneira de realizar determinada tarefa, mas ocorrerá certamente no resultado final da atividade, já que o produto do trabalho deverá seguir fielmente o padrão previamente contratado e exigido pelo beneficiário do labor.

Pode-se afirmar que a subordinação jurídica implica certo grau de dependência econômica; entretanto, o contrário nem sempre é verdadeiro. A dependência econômica não trata de critério concorrente, nem de evolução do conceito de subordinação jurídica, para efeito de caracterizar-se relação de emprego. É certo, porém, que a dependência econômica cria um desequilíbrio contratual que justifica uma proteção jurídica particular a esses trabalhadores.[400] À margem da regulamentação legal,

---

de participation à l'entreprise d'autrui. Il s'agit d'un test negatif, qui consiste à verifier d'une part que le travailleur n'a ni salariés, ni clientèle propre, et d'autre part qu'il ne court pas les risques de l'entreprise. Il importe toutefois de noter que ces índices, positifs ou négatifs, ne se sont pás substitués au critère de la subordination, mais servent seulement à le mettre en ouevre." (Les nouveaux visages de la subordination. *Droit social*, Paris, n. 2, p. 131-145(140), févr. 2000)

(399) *Ibidem*, p. 139.

(400) "[...] Inutile donc de rechercher de <faux indépendants> qui, par une requalification judiciaire, intégreraient facilement le camp des salariés: l'absance de subordination juridique n'est pás contesté. Partant, la dépendance économique ne menace pas la subordination juridique. Elle ne presente pás comme um critère concurrant et n'impose ni une évolution du concept de subordination juridique ni une extension du domaine du salariat. Il ne serait pas inutile d'affirmer expressément cette incompatibilité. [...]" (ANTONMATTEI, Paul-Henri; SCIBERRAS, Jean-Christophe. **Le travailleur économiquement dépendant: quelle protection?** — Rapport à M. le Ministre du Travail, des Relations socials, de la Famille et de la

ditos profissionais não se beneficiam da proteção jurídica dos subordinados, nem da liberdade econômica dos autônomos.[401]

Os trabalhadores economicamente dependentes, ainda que não estejam enquadrados na definição tradicional de empregado, precisam de sua força de trabalho como garantia de sua subsistência pessoal e familiar. Caracterizam-se pelo exercício de atividade independente, mas em geral destinada, em sua maior parte, a um único tomador de serviços. Mesmo que possuam número variado de clientes, necessitam substancialmente da atividade profissional que exercem para sua subsistência, o que justifica a proteção social posta em debate. Possuem, por certo, traços comuns que os identificam com os empregados da empresa, diante da ausência de demarcação organizacional clara da sua atividade na sede do tomador de serviços ou da utilização dos equipamentos fornecidos pelo proprietário do empreendimento econômico principal.[402] Como bem salienta Lorena Vasconcelos Porto, restringe-se o conceito de subordinação, já que, "embora não sejam subordinados, são hipossuficientes, pois que dependem economicamente do tomador dos seus serviços"[403].

Ao tratarem da definição da dependência econômica, Paul-Henri Antonmattei e Jean-Christophe Sciberras entendem que, ainda que não seja um critério científico, a fixação de percentual de rendimentos originados de um mesmo cliente reduz as discussões daí provenientes. Defendem, todavia, como parâmetro, o percentual de 50% dos rendimentos oriundos de um só tomador. Alerta-se, desde logo, que já existem grandes empresas que estão diminuindo o volume de funções confiadas aos prestadores de serviços, a fim de limitar eventuais riscos inerentes à configuração legal da dependência econômica. Apontam que a duração da atividade profissional consiste em critério essencial para essa qualificação, indicando duração mínima de dois meses.[404] Identificam o trabalhador economicamente dependente como sendo aquele

---

Solidarité. p. 9. Disponível em: <http://www.travail-emploi-sante.gouv.fr/IMG/pdf/Rapport-Antonmattei-Sciberras-07NOV08.pdf>. Acesso em: 25 mar. 2011)

(401) "[...] Autant de travailleurs prives deux fois protection: n'étant pás salariés, ils ne peuvent prétendre à la protection juridique qu'offre le code du travail; n'étant pás réellement indépendants, ils ne bénéficient pás de la protection économique que donne la multiplicité dês donneurs d'ordre, la rupture de commande d'um seul étant d'effet limite. [...]" (ANTONMATTEI, Paul-Henri e SCIBERRAS, Jean-Christophe. *Op. cit.*, p. 3)

(402) "Les 'travailleurs économiquement dépendants' présentent en effet certaines caractéristiques communes à ces deux activités: (1) ils exercent officiellment une activité indépendante (en règle génerale, ils ont conclu un 'contrat de services' avec l'employeur) et (2) leurs revenus (ou la majeure partie en tout cas) dependant d'un employeur unique. Dans certains cas, les travailleurs économiquement dependant ont en commun avec les salariés bien d'autres aspects: 1. une absence totale de démarcacion organisationnelle claire [...]; 2. une absence totale de distinction nette entre les tâches [...]; 3. le 'service' qu'ils present en faveur des employeurs ne correspond à aucune des categories traditionnelles de 'services professionnels' [...]" (PEDERSINI, Roberto. **Travailleurs économiquement dépendants, droit du travail et relations industrielles.** Disponível em: <http://www.eurofound.europa.eu/eiro/2002/05/study/tn0205102s.htm>. Acesso em: 25 mar. 2011)

(403) *A Subordinação no Contrato de Trabalho*. Uma releitura Necessária. São Paulo: LTr, 2009. p. 102.

(404) ANTONMATTEI, Paul-Henri; SCIBERRAS, Jean-Christophe. *Le travailleur économiquement dépendant*: quelle protection? — Rapport à M. le Ministre du Travail, des Relations socials, de la Famille et de la Solidarité. p. 11-14. Disponível em: <http://www.travail-emploi-sante.gouv.fr/IMG/pdf/Rapport-Antonmattei-Sciberras-07NOV08.pdf>. Acesso em: 25 mar. 2011.

que exerce sua atividade só, utilizando-se de uma organização produtiva dependente da atividade do tomador.

Por certo, foi a Itália que instituiu um terceiro tipo de trabalho, nem subordinado, nem autônomo, o que também pode ser visualizado na maior parte dos direitos nacionais, ainda que com outras denominações, a saber: *portage salarial* (França), *arbeitnehmerähnliche Person* (Alemanha), *workers* (Inglaterra), *collaboratore* (Itália). Trata-se de categoria de trabalhadores juridicamente independentes, mas economicamente dependentes, a quem se destina uma aplicação parcial do Direito do Trabalho. A criação dessa categoria reflete a dificuldade de fixar fronteiras, bem como a incapacidade dessa composição binária (subordinado ou autônomo) responder satisfatoriamente às diversas atividades profissionais. Valem, no aspecto, as considerações de Jorge Luiz Souto Maior acerca da evolução nominativa e o movimento de redução progressiva dos direitos trabalhistas:

> [...] o que impressiona mesmo é a utilização de neologismos para explicar situações muito antigas. Percebe-se existir uma **evolução nominativa**, que nada mais é que a criação de nomes, digamos assim, mais chiques, para explicar o mesmo fenômeno, mas, ou com a intencionalidade de conferir um tom mais ameno à exploração do trabalho alheio para satisfação de necessidades pessoais, ou, simplesmente, para conferir a fantasia de um maior *status* para o profissional respectivo.[405]

O trabalho parassubordinado, nessa perspectiva, vem sendo identificado no prestador de serviços que desenvolve seu ofício, de modo regular e continuado, preferencialmente em favor de determinadas empresas, o que acaba por aproximá-lo do empregado. Entretanto, possui (ou deve possuir) organização produtiva própria, que o distingue dos demais empregados de seus tomadores de serviços. Sobre o assunto, leciona Otávio Pinto e Silva:

> A noção de parassubordinação foi desenvolvida pela doutrina italiana, tendo em vista uma série de relações jurídicas heterogêneas que têm por objeto a prestação de trabalho. São relações de trabalho de natureza contínua, nas quais os trabalhadores desenvolvem atividades que se enquadram nas necessidades organizacionais dos tomadores de seus serviços, tudo conforme estipulado no contrato, visando colaborar para os fins do empreendimento.[406]

Dentro de denominada zona gris, a parassubordinação surge a partir da noção da dependência econômica, mesclando características do trabalho subordinado com outras atinentes ao labor autônomo. Parte-se do pressuposto de que a dependência econômica não é suficiente à qualificação de um trabalhador como empregado, pois, nesse caso, vem acompanhada da subordinação jurídica.[407] Por isso, não obstante

---

(405) A Supersubordinação — Invertendo a lógica do jogo. *Cadernos da Amatra IV*, ano III, n. 9º, Porto Alegre, HS, p. 64-102 (68), out./dez. 2008.
(406) *Subordinação, autonomia e parassubordinação nas relações de trabalho*. São Paulo: LTr, 2004. p. 102.
(407) Nesse sentido, assevera Jacques Barthélémy: "La dépendance économique d'un travaileur n'est pas, en soi, déterminant de la qualification de salarié. Ella accompagne certes la subordination juridique, mais elle peut prospérer en l'absence de celle. Or elle est de nature à vicier aussi l'equilibre contractuel et par

a qualificação como autônomo, a dependência econômica determina que o vínculo relacional seja equiparado, no todo ou em parte, com os contratos de emprego. Dennis Veloso Amanthéa define da seguinte forma:

> A parassubordinação pode ser conceituada como um contrato de colaboração coordenada e continuada, em que o prestador de serviços colabora à consecução de uma atividade de interesse da empresa, tendo seu trabalho coordenado conjuntamente com o tomador dos serviços, numa relação continuada ou não-eventual.[408]

Dessa figura jurídica, obtêm-se alguns elementos essenciais: 1) continuidade da relação, visto que os contratantes pretendem atingir determinados resultados em conjunto, o que justifica o prolongamento no tempo da relação e a presença da coordenação do tomador; 2) prestação de serviços preponderantemente pessoal, pois admite o auxílio de colaboradores contratados pelo trabalhador parassubordinado; 3) colaboração funcional entre prestador de serviços e seu tomador, com a inserção das atividades do trabalhador parassubordinado no âmbito da organização empresarial do tomador, em que o tempo, modo e o lugar do adimplemento da obrigação são definidos entre ambos.

Na visão sintética de Márcio Túlio Viana, justifica-se a principal razão da doutrina italiana chamar "autônomos de segunda geração", pois, "agora, já não é mais o trabalhador livre que se faz empregado e, portanto, dependente; é o próprio autônomo que trabalha sem autonomia — não só técnica como econômica"[409]. Como dois grandes objetivos do instituto, Renata Orsi Bulgueroni indica:

> De um lado, visa-se a atender às demandas das empresas pela flexibilização das formas de trabalho, mediante a instituição de relações contratuais laborais que lhes permitam adequarem-se às modificações ocorridas no mercado. De outra parte, busca-se conferir a adequada tutela jurídica a essa classe de trabalhadores formada por pessoas que, conquanto autônomas, apresentam típicas características do trabalho subordinado.[410]

Diante da outorga (parcial) de garantias compensatórias, a legitimidade dessa terceira via tem sido questionada pelos operadores do Direito, já que a dependência do parassubordinado em muito se assemelha àquela que une empregado e empregador. Como alerta Jorge Luiz Souto Maior, a ideia de parassubordinação apresenta dois problemas insuperáveis: 1º) tendência de confundir autonomia com mero aumento

---

là même à rendre difficile que le contrat puisse faire seul la loi des parties." (*Évolution du droit social*. Une tendance à la contractualisation mais um rôle accru dês deroits fondamentaux du travailleur. Paris: Lamy, 2009. p. 144)

(408) *A evolução da teoria da parassubordinação. O trabalho a projeto*. São Paulo: LTr, 2008. p. 43.

(409) As Relações de Trabalho sem Vínculo de Emprego e as Novas Regras de Competência. In: COUTINHO, Grijalbo Fernandes; FAVA, Marcos Neves (Coords.). *Nova competência da justiça do trabalho*. São Paulo: LTr, 2005. p. 262.

(410) Parassubordinação: Origens, Elementos, Espécies e Tutela. In: MANNRICH, Nelson. (Coord.) *Reforma do mercado de trabalho. A experiência italiana*. São Paulo: LTr, 2010. p. 123.

da liberdade na execução dos serviços; 2º) fomento à desconsideração da relação de emprego.[411] Daí a razão de alguns críticos afirmarem que o instituto em foco mascara verdadeira relação de emprego. Além disso, reduz os custos do empresário, impulsionando sua competitividade no mercado global, com a precarização dos direitos conferidos aos trabalhadores parassubordinados (se comparados àqueles outorgados aos empregados formais). O fenômeno é assim descrito por Lorena Vasconcelos Porto:

> A criação da parassubordinação propiciou a redução do conceito de subordi- nação — em sede doutrinária e jurisprudencial —, por meio da sua regressão à noção tradicional, que o identifica à forte heterodireção patronal da pres- tação laborativa, em seus diversos aspectos. Trabalhadores tradicionalmente — e pacificamente — enquadrados como empregados passaram a ser conside- rados parassubordinados, sendo, assim, privados de direitos e garantias.[412]

Antes ligada à ideia de privação de liberdade econômica pelo simples fato de que o indivíduo cairia na miséria sem o salário, ou ainda, de ser a remuneração a única ou principal fonte de subsistência das necessidades vitais do trabalhador e da sua família, a dependência econômica assume novos contornos. Passa hoje a ser vislumbrada em pessoas que exercem seus ofícios com certa autonomia, ainda que para uma pluralidade de tomadores de serviços, mas que precisam do que ganham para manter o seu padrão de vida, seja ele qual for, no limiar da pobreza ou até mesmo da riqueza.[413]

Ao lado disso, ao definir relação de emprego, José Martins Catharino apontava a subordinação jurídica, "porque não se trata apenas de obrigação de trabalhar, mas de fazê-lo *sob as ordens de outrem*, o empregador"[414]. Esse elemento, todavia, ampliou sua abrangência, com o aumento das ingerências diretas (e indiretas) dos tomadores nos contratos de prestação de serviços, ainda que firmados formalmente com autônomos ou pequenas empresas, inclusive pela da universalização de determinados padrões de qualidade.

O intenso debate acerca da dependência econômica demonstra, sem dúvida, a insuficiência da dicotomia e dos próprios limites entre subordinados e autônomos, revelando as dificuldades enfrentadas para utilização do modelo tradicional da relação de emprego. O crescente número de trabalhadores ditos independentes justifica a premência em regulamentar e proteger, em atenção à garantia da dignidade a todos, essas novas formas de trabalho que surgem a cada momento no mercado. O tema foi abordado em outro momento por nós:

> As controvérsias em torno da parassubordinação evidenciam as limitações do Direito do Trabalho tradicional, mas também refletem tentativa de burlar as leis trabalhistas em vigor, quando admite uma exígua proteção. Talvez, para

---

(411) A Supersubordinação — Invertendo a lógica do jogo. *Cadernos da Amatra IV*, ano III, n. 9º, Porto Alegre, HS, p. 64-102 (83), out./dez. 2008.
(412) *A subordinação no contrato de trabalho*. Uma releitura Necessária. São Paulo: LTr, 2009, p. 103.
(413) Sobre assunto, recomenda-se a leitura da obra de José Martins Catharino (*Compêndio de Direito do Trabalho*. 2. ed. São Paulo: Saraiva, 1981, v. 1, p. 201-204, passim).
(414) *Compêndio de direito do trabalho*. 2. ed. São Paulo: Saraiva, 1981, v. 1, p. 205.

irmos ao encontro das máximas constitucionais de tratamento isonômico e de valorização social, tenhamos que nos preocupar em ampliar, de forma plena, a tutela à pessoa do trabalhador, estabelecendo direitos mínimos a todos, pouco importando a forma de prestação dos seus serviços.[415]

O funcionamento do "mundo do trabalho" na atualidade exige nova leitura acerca da dependência econômica e da subordinação jurídica. É necessário ultrapassar os contornos limitados da relação de emprego, pois deixaram de ser os principais traços distintivos da relação de emprego, passando a alcançar as demais espécies de labor. Jorge Luiz Souto Maior aponta a inquietante figura do trabalhador *supersubordinado*, isto é, aquele ser humano reduzido à condição de força de trabalho e que tem sua cidadania negada pelo desrespeito deliberado e inescusável aos seus direitos constitucionalmente consagrados.[416]

Na busca pelo aperfeiçoamento do Direito do Trabalho frente a relações de trabalho multiformes, analisaremos, a seguir, os caminhos que estão sendo construídos em países europeus. Na concretização de uma política pública de pleno emprego, fundamenta-se nosso projeto de criação do fundo social do trabalhador autônomo. Afinal, "na ilusão da generalização de relações de trabalho semi-autônomo, com semi-direitos, toda a lógica do Estado Social se perde e nada se põe no lugar".[417] Por isso, sustentamos, desde agora, ao invés da subdivisão do trabalho em categorias ou tipologias jurídicas, a defesa de direitos mínimos e fundamentais a todos os trabalhadores, independente do grau de dependência econômica ou de subordinação jurídica.

3.4.1. Alemanha – Os "Quase-Assalariados" (arbeitnehmerähnliche Person)

O Direito do Trabalho alemão, a exemplo de outros ordenamentos, é marcado pela divisão entre autônomo de um lado e empregado do outro. Sofreu, porém, influências da teoria da parassubordinação, que determinou a origem da figura jurídica denominada "pessoa semelhante ao trabalhador subordinado", "quase-assalariados" ou "semi-autônomos". A principal definição dessa espécie está na Lei sobre Contratação Coletiva de 1974[418] e também presente em legislações que regularam os conflitos

---

(415) GONÇALVES, Leandro Krebs. Parassubordinação: um novo debate sobre os limites da subordinação jurídica e da dependência econômica. In: Congresso Brasileiro de Direito do Trabalho da LTr, n. 51, 2011, São Paulo. *Jornal do Congresso.* São Paulo: LTr, 2011, p. 156-158 (158). Disponível em: <http://www.ltr.com.br/web/jornal/direitodotrabalho.pdf>. Acesso em: 12 jan. 2012.

(416) A Supersubordinação — Invertendo a lógica do jogo. *Cadernos da Amatra IV*, ano III, n. 9º, Porto Alegre, HS, p. 64-102 (91), out./dez. 2008.

(417) MAIOR, Jorge Luiz Souto. *Op. cit.*, p. 80.

(418) "Pessoas que são economicamente dependentes e comparáveis a um trabalhador subordinado necessitado de tutela (pessoas semelhantes aos trabalhadores subordinados), quando, com base em contratos de obra ou de serviço, trabalham para outras pessoas, fornecem as prestações devidas pessoalmente e essencialmente sem a colaboração de outros trabalhadores dependentes e a) são ocupadas prevalentemente junto a uma pessoa; ou b) lhes seja pago por uma pessoa, em média, mais da metade da remuneração que, no conjunto, lhes cabe pela sua atividade remunerada [...]" (KEMPEN, Otto Ernst; KRETZSCHMAR, Robert. Os problemas e as Dificuldades de Organizar Sindicalmente os Trabalhadores

advindos do trabalho, as férias, as normas técnicas de saúde e segurança, a tutela ao trabalho infantil e o assédio sexual no ambiente de labor.

Constatou-se, naquele país, o surgimento de outras formas de trabalho semelhantes à relação de emprego, inclusive detentoras de regulamentação específica, mas que constituem, na sua estrutura essencial, autênticas relações de trabalho subordinado (por exemplo: cessão de mão de obra, trabalho a tempo determinado, etc.).[419] A necessidade de criação de mecanismos de tutela na "zona de passagem" da dependência para autonomia impulsionou, nesse encadeamento, a estipulação de direitos sociais mínimos a uma classe peculiar de trabalhadores, que gozam de um grau limitado de liberdade na prestação de serviços.

Esses trabalhadores juridicamente autônomos, mas economicamente dependentes, fato que os aproxima dos empregados, demandam uma proteção estatal semelhante àquela outorgada aos subordinados. Destaca-se, como elemento identificador dessa categoria intermediária, a destinação dos serviços contratados a um tomador preponderante, que concentra mais da metade da retribuição total do trabalho paga ao indivíduo no desenvolvimento de sua atividade remunerada.

Pelo critério da dependência econômica do prestador de serviços, passou-se a discutir, portanto, o campo de aplicação do Direito do Trabalho alemão. Rolf Wank, aliado a outros doutrinadores tedescos, sustenta que a escolha da parassubordinação facilita excluir determinados trabalhadores da esfera de atuação do Direito do Trabalho. Além disso, aponta que a subordinação às ordens patronais, ou melhor, a dependência pessoal, não pode mais ser considerada característica precípua do empregado, visto que a apresentação da relação de emprego se diversificou na atualidade. A proteção trabalhista, desse modo, não estaria mais conectada à subordinação jurídica, mas à dependência econômica do trabalhador em relação a um único empregador. O problema é identificado por Otto Ernst Kempen e Robert Kretzschmar que observam em seus estudos:

> Na Alemanha, o fenômeno socieconômico que está no centro da presente reflexão é que pretendemos definir por meio do conceito de semiautônomo que corresponde às relações de caráter continuado entre um tomador de serviços (*Auftraggeber*) e um 'empreendedor' formalmente autônomo, cuja empresa é baseada principalmente na utilização da própria força de trabalho. Elemento distintivo essencial dessa relação de ocupação situada além do Direito do Trabalho clássico é a dependência econômica em relação ao tomador de serviços, que toma lugar do poder diretivo.[420]

Semiautônomos na Alemanha. Tradução de Lorena Vasconcelos Porto. In: RENAULT, Luiz Otávio Linhares; CANTELLI, Paula Oliveira; PORTO, Lorena Vasconcelos; NIGRI, Fernanda (Coords.). *Parassubordinação*. São Paulo: LTr, 2011. p. 268)

(419) KEMPEN, Otto Ernst; KRETZSCHMAR, Robert. Os problemas e as Dificuldades de Organizar Sindicalmente os Trabalhadores Semiautônomos na Alemanha. Tradução de Lorena Vasconcelos Porto. In: RENAULT, Luiz Otávio Linhares; CANTELLI, Paula Oliveira; PORTO, Lorena Vasconcelos; NIGRI, Fernanda (Coords.). *Parassubordinação*. São Paulo: LTr, 2011. p. 261.

(420) KEMPEN, Otto Ernst; KRETZSCHMAR, Robert. Os problemas e as Dificuldades de Organizar Sindicalmente os Trabalhadores Semiautônomos na Alemanha. Tradução de Lorena Vasconcelos Porto.

Fortemente atrelada à submissão do obreiro às ordens do empregador e à sua integração na organização produtiva alheia, a identificação do empregado partia, ao menos até então, de verificar a dependência pessoal deste ao tomador do trabalho. Segundo o Tribunal Federal do Trabalho (*Bundesarbeitsgericht* = BAG), três são os elementos essenciais do trabalho subordinado: 1) obrigação de exercer uma prestação de trabalho; 2) contrato como base jurídica; 3) dependência pessoal (poço de maior tensão).[421] Todavia, "segundo o conceito de trabalhador subordinado considerado por Rolf Wank como 'mais adequado à realidade atual', deveria ter uma importância decisiva o compartilhamento dos riscos e das oportunidades empresariais."[422] Sendo assim, seria autônomo aquele trabalhador que voluntariamente assume os riscos da empresa e tem a oportunidade de operar no mercado de modo livre, o que se constata em um segmento limitado dos trabalhadores independentes. Otto Ernst Kempen e Robert Kretzschmar, dessa maneira, apontam os caminhos da parassubordinação alemã:

> Com efeito, os trabalhadores semiautônomos contam com uma organização própria incipiente e, em regra, reduzida apenas à sua força de trabalho, e se vinculam contratualmente de maneira contínua a um único tomador de serviços, de modo que é possível se falar de dependência econômica.[423]

Alain Supiot destaca que, em determinadas jurisdições alemãs, notadamente em Colônia, como se infere em lei de 19.12.1998, que entrou em vigor em 1º.01.1999, foram consagradas as proposições de Rolf Wank. O fato recebeu fortes críticas dos organismos patronais, sob o argumento de que veio dificultar a criação de atividades independentes. De qualquer sorte, conduziu as fronteiras do Direito do Trabalho para outra direção. Enumera quatro critérios de definição da dependência econômica do trabalhador, presumindo-se empregado aquele que preencher, pelo menos, dois desses requisitos: 1) trabalho pessoal, sem ajuda de colaboradores (exceto membros da família); 2) trabalho por conta de um único empregador; 3) trabalho correspondente àquele prestado por empregado; 4) trabalho realizado sem aparecer como empreendedor (empresário) dentro do mercado.[424] Como sustentação à abordagem, ressaltam-se, novamente, os comentários de Otto Ernst Kempen e Robert Kretzschmar:

> É possível verificar a existência dessas margens de poder de decisão típicas do empresário quando se demonstra que o interessado opera no mercado com diversas contrapartes contratuais e, logo, com uma organização empresarial própria, colaboradores próprios e capital próprio, e que não é vinculado de maneira contínua a um único tomador de serviços. E é aqui que reside o objetivo dessa nova definição: esses critérios cobrem uma larga faixa do setor dos trabalhadores semiautônomos, no sentido de que, com base na tese

---

In: RENAULT, Luiz Otávio Linhares; CANTELLI, Paula Oliveira; PORTO, Lorena Vasconcelos; NIGRI, Fernanda (Coords.). *Parassubordinação*. São Paulo: LTr, 2011. p. 261.

(421) KEMPEN, Otto Ernst; KRETZSCHMAR, Robert. *Op. cit.*, p. 263-264.

(422) *Ibidem*, p. 264.

(423) *Ibidem*, p. 264.

(424) SUPIOT. Alain. Les nouveaux visages de la subordination. *Droit Social*, Paris, n. 2, p. 131-145(140), févr. 2000.

proposta por Rolf Wank, esses últimos são naturalmente qualificados como subordinados.[425]

Existe a previsão normativa dos "quase-assalariados" em leis especiais, que disciplinam o trabalho em domicílio e a representação comercial. De qualquer forma, a única definição dessas "pessoas semelhantes ao trabalhador subordinado" está na seção 12 da TVG (*Tarifvertragsgesetz*), de 1974, criada a partir da consideração da dependência econômica. Neste sentido, seguindo os ensinamentos de Rolf Wank, existiriam três alternativas de trabalhadores: 1ª) empregado (pessoal e economicamente dependente); 2ª) "quase-assalariado" (economicamente dependente); 3ª) autônomo (pessoal e economicamente independente).[426] Sobre o assunto, concordamos com a crítica apresentada por Lorena Vasconcelos Porto:

> Dessa forma, o que distinguiria o trabalhador subordinado do parassubordinado é apenas a dependência pessoal, pois ambos se encontram na mesma situação de hipossuficiência. Por isso, discordamos dessa distinção. O que justifica a aplicação das tutelas trabalhistas, como já notado, não é a sujeição às ordens patronais, mas, sobretudo, a hipossuficiência do trabalhador. Se ambos — subordinados e parassubordinados — encontram-se nessa situação, o fato de se excluir esses últimos do campo de aplicação das normas trabalhistas é discriminatório. Trata-se de uma distinção sem um motivo razoável, pois a ausência de dependência pessoal não é uma razão válida para excluir a aplicação das tutelas trabalhistas.[427]

O grande perigo da parassubordinação está justamente na qualificação das relações jurídicas de trabalho, isto é, no apontamento de quais subordinadas ou autônomas, para que delimite o rol de direitos a que o trabalhador faz jus. A utilização da dependência pessoal do empregado, por certo, restringe a aplicação do Direito do Trabalho, embora, há mais das vezes, sob uma autonomia aparente ou fictícia, mascaram-se verdadeiras e substanciais relações de emprego. Além das notórias dificuldades de se chegar a um conceito específico de labor parassubordinado e de identificar seus elementos típicos, incentiva-se a precarização das condições de trabalho. Afinal, caso não se configurem os elementos clássicos da relação de emprego, o trabalhador fica praticamente abandonado à própria sorte.

---

(425) KEMPEN, Otto Ernst; KRETZCHMAR, Robert. Os problemas e as Dificuldades de Organizar Sindicalmente os Trabalhadores Semiautônomos na Alemanha. Tradução de Lorena Vasconcelos Porto. In: RENAULT, Luiz Otávio Linhares; CANTELLI, Paula Oliveira; PORTO, Lorena Vasconcelos; NIGRI, Fernanda (Coords.). *Parassubordinação*. São Paulo: LTr, 2011. p. 264.

(426) WANK, Rolf. Germany. In: BLANPAIN, Roger (Ed.). *Labour Law in Motion*. Diversification of the Labour Force & Terms na Conditions of Employment. Alphen aan den Rijn: Kluwer Law International, 2005. p. 25. O autor alemão sintetiza a questão, nos seguintes termos: "To summarize: 'employee-likes' are like employees, becausa they have a special criterium that employees themselves do not have and because they lack a criterium that employees have. To make a systematic scheme the alternative is: 'Employee': personally and economically dependent. 'Employee-like': personally independent, but ecnomically dependent. 'Other self-employed': personally and economically independent." (p. 25)

(427) *A subordinação no contrato de trabalho*. *Uma releitura necessária*. São Paulo: LTr, 2009. p. 106.

No caso alemão, existe um fator agravante. Ao contrário da legislação pátria, os autônomos (propriamente ditos) não estão sujeitos à inscrição obrigatória na Previdência Social. "Até agora tinha-se como consenso que os trabalhadores autônomos são suficientemente fortes economicamente para se precaverem contra os riscos da velhice, invalidez e doença."[428] "Assim, a expansão da parassubordinação, com a consequente redução da subordinação, tem como efeito reduzir o número de trabalhadores inscritos, ocasionando perda de arrecadação e piorando ainda mais a situação financeira dos entes previdenciários."[429]

Os sindicatos de trabalhadores não têm demonstrado grande interesse no crescimento dessa categoria intermediária, na medida em que, por não contar com as tutelas asseguradas aos empregados, ainda que delas necessitem, tais trabalhadores submetem-se a condições deficientes de labor. Como efeito, aumenta o risco de conflitos sociais oriundos da implementação da teoria da parassubordinação, pois gera uma subclasse de trabalhadores discriminados quanto a direitos fundamentais. A amplitude do raio de salvaguarda legal e a valorização do labor humano em sociedade decorrem, sob certa medida, da expansão do conceito de trabalho subordinado, pelo menos, no que compete aos dependentes econômicos. Observa-se, desse modo, que "as tendências atuais da doutrina trabalhista alemã são no sentido de interpretar extensivamente o conceito de trabalho subordinado para reduzir o potencial empírico das ocupações semiautônomas".[430]

Aos parassubordinados já foram estendidos alguns direitos (férias, segurança no trabalho, como já citado). No restante, porém, são regidos pelo Código Civil alemão, a exemplo dos demais contratos de prestação de serviços.[431] São excluídos, em razão desse fato, do auxílio-doença, da disciplina do horário de trabalho, da proteção contra a dispensa imotivada e da tutela da maternidade, o que torna insensata a regulamentação conferida a esses trabalhadores. "São igualmente fracos, mas desprotegidos, o que revela o absurdo da previsão jurídica da figura da parassubordinação."[432] Dentro da lógica do "ou tudo, ou nada", e diante do risco de perda de importante fonte de receita, na Alemanha, "prevalece uma postura crítica em relação a essas novas formas de trabalho, a qual é fortalecida pela difícil situação do sistema de Seguridade Social naquele país."[433]

---

(428) KEMPEN, Otto Ernst; KRETZCHMAR, Robert. Os problemas e as Dificuldades de Organizar Sindicalmente os Trabalhadores Semiautônomos na Alemanha. Tradução de Lorena Vasconcelos Porto. In: RENAULT, Luiz Otávio Linhares; CANTELLI, Paula Oliveira; PORTO, Lorena Vasconcelos; NIGRI, Fernanda (Coords.). *Parassubordinação*. São Paulo: LTr, 2011. p. 263.
(429) PORTO, Lorena Vasconcelos. *A subordinação no contrato de trabalho. Uma releitura necessária*. São Paulo: LTr, 2009. p. 110.
(430) KEMPEN, Otto Ernst; KRETZCHMAR, Robert. *Op. cit.*, p. 263.
(431) PORTO, Lorena Vasconcelos. *Op. cit.*, p. 109.
(432) PORTO, Lorena Vasconcelos. *Op. cit.*, p. 108.
(433) KEMPEN, Otto Ernst; KRETZSCHMAR, Robert. Os problemas e as Dificuldades de Organizar Sindicalmente os Trabalhadores Semiautônomos na Alemanha. Tradução de Lorena Vasconcelos Porto. In: RENAULT, Luiz Otávio Linhares; CANTELLI, Paula Oliveira; PORTO, Lorena Vasconcelos; NIGRI, Fernanda (Coords.). *Parassubordinação*. São Paulo: LTr, 2011. p. 279.

A disciplina alemã sobre o trabalho parassubordinado traz consigo um verdadeiro dilema: até que ponto a proteção conferida aos "semi-autônomos" não piora as condições dos trabalhadores em geral? Não restam dúvidas de que a dependência econômica muito mais aproxima os parassubordinados dos empregados do que a subordinação jurídica distancia o *status* jurídico de cada um. A hipossuficiência de ambos decorre do fato de precisarem dos rendimentos advindos do trabalho para sobrevivência pessoal e familiar, o que, aliás, também se manifesta no labor autônomo. Considerando os pontos de vista e os imperativos expostos, defende-se, nesse estudo, a identidade de direitos fundamentais de todos os trabalhadores, o que demanda tutela estatal uníssona e igualitária.

3.4.2. Espanha – O Estatuto do Trabalhador Autônomo

O Estatuto do Trabalhador Autônomo, Lei n. 20/2007, de 11 de julho de 2007[434], é considerado a primeira lei europeia a estender parte dos direitos dos subordinados aos indivíduos que sua por conta própria laboram. Teve como principais premissas garantir o exercício dos direitos fundamentais e das liberdades públicas reconhecidas na Constituição espanhola, nos tratados e acordos internacionais sobre a matéria ratificados pela Espanha. Dentre os direitos individuais nucleares assegurados pelo regulamento, aparecem os direitos ao trabalho em si, a livre escolha da profissão ou ofício, a liberdade de iniciativa econômica, a livre concorrência e a propriedade intelectual.

Para Fréderic López I Mora, a Lei n. 20/2007 corresponde a dois estatutos. O primeiro reconstroi regulamento para os autônomos em sentido lato, reconhecendo sua funcionalidade, da maneira mais razoável, dentro do sistema das relações profissionais. Inserido em panorama de fomento ao autoemprego e ao espírito empresarial, de forma peculiar, agrega a possibilidade de coletivização dos interesses dos autônomos, permitindo sua participação institucional e sua inclusão no diálogo social. Além de estabelecer patamar mínimo de direitos, prevê, ainda, regime específico de proteção aos trabalhadores autônomos dependentes. Nesse aspecto, disciplina os principais traços característicos e aposta no debate da flexissegurança, por meio de modalidade externa e periférica da prestação de serviços, sem que isso implique legalizar uma fraude.[435] No confronto entre garantismo e flexibilidade, apresenta novos critérios de regulação do trabalho humano ao criar alternativa de aumento de vagas no mercado, com a diminuição do trabalho precário, para combater o agravamento de uma perigosa fratura social entre indivíduos abrigados pelo sistema jurídico e aqueles "jogados a sua própria sorte" sem qualquer amparo legal.

Consolida, para tanto, a ideia de direitos fundamentais de todos os trabalhadores, sem qualquer distinção pela natureza do contrato em que estão inseridos. Ao lado do

---

(434) Disponível em: <http://www.sepe.es/LegislativaWeb/verFichero.do?fichero=09017edb80041164>. Acesso em: 5 jun. 2012.
(435) Trabajo autónomo, Estado Social y la expansión de su Estatuto. In: PANADERO, Purificación Morgado (Coord.). *Trabajo autónomo e igualdad*: reflexiones desde el derecho del trabajo. Aranzadi: Cizur Menor, 2010. p. 54-55.

princípio da autonomia das vontades, intervém o Estado para assegurar remuneração suficiente à satisfação de suas necessidades pessoais e familiares, agregando a salvaguarda da vida privada na seara profissional do indivíduo. Prevê os seguintes direitos individuais, dentre outros que derivem dos contratos celebrados pelos próprios autônomos (artigo 4.3): igualdade de tratamento legal, inclusive de não ser discriminado; respeito à intimidade e à dignidade; formação e readaptação profissionais; integridade física e proteção adequada da segurança e saúde no trabalho; percepção pontual da contraprestação econômica ajustada; conciliação do labor com a vida pessoal e familiar (a exemplo da limitação da jornada para descansos necessários, que também se trata de tutela à higidez física e mental do trabalhador); assistência e prestação social suficiente em situações de carência (manutenção de regime público de seguridade social, além da cobertura por acidentes de trabalho e por doenças profissionais, dentre outros benefícios, já garantidos por normas anteriores); exercício individual das ações derivadas da atividade profissional; tutela judicial efetiva dos direitos profissionais.

Como se lê no Preâmbulo da referida lei, sob o ponto de vista econômico e social, o trabalho dependente e assalariado cedeu espaço ao autônomo, como clara consequência dos novos modelos organizativos, da difusão da informática e das telecomunicações, bem como da livre escolha de muitas pessoas, que valorizam sua autodeterminação e sua capacidade para não depender de outrem. Observa-se, com predomínio, estratégia das empresas externar suas atividades, como se assim conseguissem afastar sua responsabilidade pelo "custo" do labor humano dentro dos empreendimentos construídos. Aliado a isso, o envelhecimento da população, a sobrecarga dos fundos de pensão, o aumento do nível de formação, além do próprio ingresso das mulheres no mercado de trabalho, modificaram o cenário social e demandaram alternativas ao desemprego estrutural, no que se destaca a importância do trabalho autônomo.

Após consulta a organizações sindicais patronais e obreiras, o presente Estatuto objetivou, de um lado, fomentar o empreendedorismo (art. 27), removendo obstáculos que dificultam o desenvolvimento do trabalho por conta própria, inclusive mediante política fiscal adequada a esse fim. De outro, preocupou-se em tutelar a dignidade dos trabalhadores envolvidos nesse processo de reformulação, na luta contra a exclusão social. Ao menos em tese, buscou prevenir a possibilidade de utilização indevida da nova lei, reconhecendo uma fronteira imprecisa entre as figuras do autônomo clássico e do trabalhador por contra alheia. Em razão disso, utiliza definição restritiva do segundo conceito (autônomo economicamente dependente), fixando critérios objetivos, tal como o fato da atividade ser executada fora do âmbito de organização e direção do cliente que contrata o autônomo.

Como ressaltam Juan Antonio Sagardoy Bengoechea e José Luis Gil y Gil, tradicionalmente, o ordenamento jurídico estabeleceu uma oposição entre trabalhadores dependentes e autônomos. A heterogeneidade dos tipos de trabalho, tanto ponto de vista econômico como jurídico, dificultou instituir regras homogêneas e particulares a todas as formas de labor humano, levando a que o Direito do Trabalho tratasse de forma diferenciada um ou outro tipo de trabalho. A lógica do "tudo ou nada", que presidiu as normas trabalhistas até então, expulsou do campo tutelar de muitos prestadores de serviços profissionais, dentre os quais os autônomos, já que supostamente estavam em posição de igualdade com os clientes (no caso, empresas) para as quais trabalhavam. Esse paradigma, como apontam os ilustres professores, entrou em crise, devido à descentralização produtiva, os avanços tecnológicos e as novas formas de organização empresarial referidas. Essas circunstâncias determinaram a aparição de um novo tipo de trabalhador, o autônomo dependente, que não é um assalariado, nem um empresário capitalista.[436]

O âmbito de aplicação subjetiva da lei supracitada, consoante disposto o art. 1º, atinge as pessoas físicas, que realizam atividade econômica ou profissional, a título lucrativo, de forma habitual, pessoal e direta, por conta própria e fora do âmbito de direção e organização de outra pessoa, empregando, ou não, outros trabalhadores. Sendo assim, o autônomo também pode ser empregador, mas isso não é requisito para configurar sua condição de autonomia. Ao lado dos elementos conceituais comuns a todo tipo de trabalhador autônomo, aponta elementos específicos, ou melhor, exclusivos, de uma subespécie desses profissionais: o autônomo dependente.

Destacando tendência de afastar o trabalho da proteção jurídica conferida pelos ordenamentos jurídicos, Virgínia Leite Henrique critica a própria nomenclatura utilizada pelo Estatuto. Segundo ela, "trata-se de uma contradição em seus próprios termos, pois qualifica os autônomos como dependentes, sendo que as principais características que distinguem os autônomos dos trabalhadores por conta alheia são a autonomia e a independência".[437] Aliás, segundo a autora, essa tipologia jurídica já é por nós conhecida e representa verdadeira perda de direitos trabalhistas a que fariam jus:

> Os ditos "autônomos dependentes" não representam figura nova nos or- denamentos jurídicos mundiais. Na Itália, por exemplo, ganharam epíteto de "parassubordinados". São chamados de "quase-empregados" ou "quase- -assalaariados" na Alemanha. São, na realidade, trabalhadores que laboram com dedicação praticamente exclusiva a um empregador, a ele vinculado e dependente, inclusive quanto à fixação de condições de trabalho e retribui- ção. Não são nada mais nem nada menos do que aqueles trabalhadores que migraram do trabalho por conta alheia para essa nova categoria de "autôno- mos", porém "dependentes", [...][438]

O autônomo *dependente econômico* (art. 11) tem como peculiaridade a destinação de seu trabalho predominantemente para um só cliente, responsável por, ao menos, 75% dos seus rendimentos[439]. Deve preencher, de forma simultânea, as seguintes condições:

---

(436) Supuestos Incluidos. In: BAUDOR, Guillermo L. Barrios (Coord.). *Comentarios al Estatuto del Trabajo Autónomo*. Aranzadi: Cizur Menor, 2010. p. 18 e 23-24.
(437) O Novo Estatuto do Trabalhador Autônomo Espanhol: Nova Roupagem para a Velha Exploração. In: RENAULT, Luiz Otávio Linhares; CANTELLI, Paula Oliveira; PORTO, Lorena Vasconcelos; NIGRI, Fernanda (Coords.). *Parassubordinação*. São Paulo: LTr, 2011. p. 206.
(438) In: RENAULT, Luiz Otávio Linhares; CANTELLI, Paula Oliveira; PORTO, Lorena Vasconcelos; NIGRI, Fernanda (Coords.). *Parassubordinação*. São Paulo: LTr, 2011. p. 206.
(439) Segundo o art. 2º do Decreto Real n. 197/2009, de 23 de fevereiro de 2009, consideram incluídos nos rendimentos totais do trabalhador os valores oriundos de contrato de trabalho — por conta alheia

1) não ter empregados, nem contratar (ou subcontratar) os serviços com terceiros; 2) não executar as funções tal qual os empregados do cliente; 3) dispor de infraestrutura produtiva e materiais próprios, necessários ao exercício da atividade e independente do cliente; 5) desenvolver seu ofício com critérios organizativos próprios, sem prejuízo das indicações técnicas recebidas do cliente; 6) perceber contraprestação econômica pelo resultado de sua atividade, conforme pactuado com o cliente e assumindo os riscos e o sucesso do negócio. Não estabelece, porém, quantidade mínima dessa provisão econômica, a saber, o alcance do patamar do salário-mínimo, nem define o momento temporal do cômputo dos rendimentos (diário, semanal, mensal ou anual). Por isso, como alertam Guilhermo L. Barrios Baudor e Antonio V. Sempere Navarro, torna-se muito difícil sua concretização, pelas diversas variantes, sucessivas ou concorrentes no tempo, que qualificam um ou outro cliente como "predominante", a exemplo da aparição de novos ou desaparecimento de antigos, a finalização de trabalhos em curso ou a assunção de novos serviços de quantidades muito diversas.[440]

O contrato de atividade profissional do autônomo dependente deve ser por escrito e registrado no órgão respectivo (artigo 12), qual seja, o Serviço Público de Emprego Estatal (Decreto Real n. 197/2009, de 23 de fevereiro de 2009, art. 6.1). Discute-se, todavia, sobre o caráter constitutivo ou apenas declaratório do instrumento, sobremodo quando não for atendido pelos contratantes, na medida em que não existe presunção legal de dependência econômica. Ainda que o fundamento da lei seja proteger a parte mais frágil, caberá à doutrina e à jurisprudência esclarecer os efeitos decorrentes do cumprimento ou não das formalidades previstas em lei, diante do princípio da primazia da realidade.

Muito embora o Estatuto não fale em exclusividade como requisito, só é possível ostentar a condição de dependência econômica em relação a um único cliente ("o predominante"). A autonomia de vontade das partes contratantes, como se extrai da leitura do referido diploma, sofre restrições em decorrência de normas mínimas estabelecidas no ordenamento jurídico estatal e nos acordos de interesse profissional. Como amostragem, ressalto a previsão de interrupção anual do labor por, pelo menos, 18 dias úteis (férias?) e de regime de descanso semanal e nos feriados, observando-se

---

— e recebidos de outros clientes. Excluem-se, todavia, os ingressos procedentes dos rendimentos de capital ou o lucro percebido pelo autônomo derivado da gestão do seu próprio patrimônio pessoal. Assim estabelece o referido dispositivo legal: "Artículo 2. [...] Para el cálculo del porcentaje del 75 por ciento, los ingresos mencionados en el párrafo anterior se pondrán en relación exclusivamente con los ingresos totales percibidos por el trabajador autónomo por rendimientos de actividades económicas o profesionales como consecuencia del trabajo por cuenta propia realizado para todos los clientes, incluido el que se toma como referencia para determinar la condición de trabajador autónomo económicamente dependiente, así como los rendimientos que pudiera tener como trabajador por cuenta ajena en virtud de contrato de trabajo, bien sea con otros clientes o empresarios o con el propio cliente. En este cálculo se excluyen los ingresos procedentes de los rendimientos de capital o plusvalías que perciba el trabajador autónomo derivados de la gestión de su propio patrimonio personal, así como los ingresos procedentes de la transmisión de elementos afectos a actividades económicas." Disponível em: <http://www.boe.es/aeboe/consultas/bases_datos/doc.php?id=BOE-A-2009-3673>. Acesso em: 5 jun. 2012.

(440) Concepto y ámbito subjetivo. In: BAUDOR, Guillermo L. Barrios (Coord.). *Comentarios al estatuto del trabajo autónomo*. Aranzadi: Cizur Menor, 2010. p. 218.

o limite máximo da jornada fixado na regra coletiva. Os direitos, seguindo a lógica da prevalência das normas mais benéficas ao trabalhador, podem ser melhorados pelo acordo de vontades ou pelos regramentos coletivos.

Na sequência desse marco regulatório, trouxe o Projeto-de-Lei n. 121/000055, aprovado definitivamente pelo Congresso espanhol em 28 de julho de 2010[441], sistema específico de proteção pelo término da atividade dos trabalhadores autônomos, com vistas a propiciar tutela social equitativa em relação aos trabalhadores por conta alheia. Trata-se de espécie de seguro-desemprego para os autônomos, que sejam compelidos a cessar o exercício de suas atividades, por motivos estranhos a própria vontade. De acordo com o período de cotização ao Regime Especial (de Seguridade Social) dos Trabalhadores por Conta Própria ou Autônomos, nos 48 meses que antecederem a situação fática ensejadora, receberão benefício calculado pela média de contribuição, na base reguladora de 70% e observado o teto legal (175% do Indicador Público de Rendas de Efeitos Múltiplos, salvo exceções), pelo período de 2 a 12 meses subsequentes.

Como destaca Purificación Morgado Panadero[442], congratulemo-nos pela aparição de normas que potencializam outros tipos de atividade. Não é menos certo, todavia, que existe um longo caminho pela equiparação completa do trabalho autônomo com o assalariado. A partir desse processo de "laborização" do trabalho autônomo, estendemos certos direitos tradicionalmente reconhecidos aos trabalhadores subordinados. Se o Estatuto representa marco referencial nesse tipo de tutela, cabe a nós avançarmos na ampliação de seus preceitos com vistas à igualdade de tratamento dos trabalhadores em sua totalidade. Como afirma José Antonio Baz Tejedor, o reconhecimento expresso e separado do direito a não discriminação enfatiza o intento de promover cultura antidiscriminatória de caráter transversal, que abarque o trabalhador autônomo no exercício de sua atividade profissional.[443]

Sem desmerecer a legislação espanhola, cremos que ela trouxe poucos avanços na luta contra o trabalho precário. É bastante difícil estabelecer os limites do trabalho autônomo, autônomo dependente e dependente (subordinado). Além disso, dentro dessa visão restritiva e arcaica do conceito de subordinação, em que a relação de emprego emerge apenas quando houver a dação de ordens diretas de um (empregador) para o outro sujeito (empregado), as formalidades exigidas para dito enquadramento dos trabalhadores acabam por favorecer, indevidamente, o surgimento do empregado travestido de autônomo[444], o que, por certo, não é objetivo da norma tutelar.

---

(441) Disponível em: < http://www.congreso.es/public_oficiales/L9/CONG/BOCG/A/A_055-12.PDF>. Acesso em: 5 jun. 2010.

(442) Prólogo. In: PANADERO, Purificación Morgado (Coord.). *Trabajo autónomo e igualdad*: reflexiones desde el derecho del trabajo. Aranzadi: Cizur Menor, 2010. p. 13-14.

(443) Tutela antidiscriminatoria del trabajo autônomo. In: PANADERO, Purificación Morgado (Coord.). *Trabajo autónomo e igualdad*: reflexiones desde el derecho del trabajo. Aranzadi: Cizur Menor, 2010. p. 178.

(444) Virgínia Leite Henrique afirma: "Em realidade, não se trata de criar uma nova figura. Trata-se, sim, ao fim e ao cabo, de uma deturpação da figura tradicional do empregado. Se o trabalhador supostamente 'autônomo' trabalha de forma pessoal e contínua para um tomador específico, não se trata, verdadeiramente, de trabalhador autônomo ou 'autônomo por conta alheia', mas, nada mais, nada menos, que um empregador travestido de autônomo. Em verdade, um empregado." (In: RENAULT,

Para afastar a possibilidade de evidente retrocesso social, devemos partir do modelo espanhol na construção de um regramento mais amplo. Como sugere Virgínia Leite Henrique, "o que há de se defender é uma inserção dos trabalhadores ditos 'autônomos dependentes' no coletivo de trabalhadores subordinados, fazendo uma leitura objetiva, jurídica e integrativa do conceito de subordinação".[445] Sem querer adentrar no debate da inclusão da atividade do trabalhador na organização produtiva da empresa como fator determinante da relação de emprego, talvez o caminho também possa ser vislumbrado na salvaguarda de direitos fundamentais de todos os trabalhadores, sem qualquer discriminação no tratamento legal, ainda que adequado às peculiaridades de cada espécie de trabalho humano. Ultrapassada a etapa do "ou tudo, ou nada", com maior garantia de direitos nucleares à generalidade dos trabalhadores, a discussão do tipo de contrato passa a ser secundária, valendo apenas no momento de operacionalizar aquilo que a lei determina.

3.4.3. França – Le Portage Salarial, a Qualificação Contratual e suas Repercussões

A história do direito positivo na França oscila, como destaca Alain Supiot, entre períodos em que o Direito do Trabalho é dominado pelo intervencionismo do Estado, quando pretende reger as relações de trabalho em seus mínimos detalhes, e períodos nos quais prevalece a doutrina inversa da liberdade contratual.[446] Além de também podermos perceber essas variações, no ordenamento pátrio, de interferência estatal, que seguem ventos neoliberais determinantes no teor de algumas reformas legislativas, muito de nossos institutos encontram paradigmas no Direito francês, o que torna relevante traçar esse paralelo jurídico.

Dentre as zonas de convergência, podemos citar a ascendência da economia, o que ressalta ainda mais o caráter ambivalente do Direito do Trabalho, na salvaguarda do trabalhador e na distribuição de riquezas. Especialmente em momentos de crise ou de recessão, aumenta a expectativa pela tomada de medidas que preservem a competitividade e, ainda mais, a empresa em funcionamento. Ao lado disso, existe notória dificuldade de conciliar os propósitos sociais e os impactos econômicos do Direito do Trabalho. Guy Canivet salienta que a Corte de Cassação francesa tem exercido uma magistratura econômica, levando em conta fatores econômicos nas suas decisões, seja enquanto elementos de qualificação de um conceito jurídico, seja no que respeita à

Luiz Otávio Linhares; CANTELLI, Paula Oliveira; PORTO, Lorena Vasconcelos; NIGRI, Fernanda (Coords.). *Parassubordinação*. São Paulo: LTr, 2011. p. 207)

(445) *Ibidem*, p. 209.

(446) Ao abordar a dicotomia entre Direito Público e Privado, Alain Supiot cita o exemplo francês, nos seguintes termos: "Estos debates no son solament doctrinarios, y la historia del derecho positivo em Francia es aquella de una oscilación entre períodos en los que el derecho del trabajo fue dominado por el intervencionismo del Estado, que pretende regentear las relaciones de trabajo en sus más mínimos detalles, y los períodos de retiro del Estado, en los que prevalece la doctrina inversa, de libertad contractual y de no intervencionismo". (*Derecho del Trabajo*. Tradução de Patricia Rubini-Blanco. Buenos Aires: Heliasta, 2008. p. 31)

finalidade ou à consequência de uma regra jurídica.[447] Afinal, fazendo incidir a análise econômica e o argumento jurídico sobre a mesma realidade, a noção de unidade econômica e social enriquece o debate sobre a dimensão social da empresa.[448]

A ideia de subordinação jurídica continua servindo de base para identificar o contrato de trabalho (para nós, de emprego) no Direito francês. Importa saber se, na execução do serviço, o trabalhador é colocado sob às ordens de quem lhe paga, o que retoma a noção de autoridade do empregador controlar a prestação pessoal de serviços. Além disso, considerando, como sustentam Dany Cohen e Laurent Gamet, as particularidades de certos profissionais, em que a subordinação existe, mas não é ostensiva, a lei presume, em qualquer hipótese, o vínculo de subordinação e a existência do contrato.[449] Ao comentar traços gerais do Direito do Trabalho francês, Xerxes Gusmão afirma:

> É, sobretudo, a subordinação jurídica a marca distintiva do empregado, compensada pela assunção dos riscos do negócio exclusivamente pelo empregador. Ela é detectada no caso de trabalho em benefício de outrem no bojo de uma estrutura organizada pelo empregador.[450]

A existência de um contrato de emprego, segundo a Corte de Cassação[451], independe da vontade das partes ou da denominação por elas utilizada, prevalecendo, em quaisquer das hipóteses, as condições de fato em que é exercida a atividade laboral.[452] Predominam, nessa linha de raciocínio, os princípios da primazia da realidade e da indisponibilidade da qualificação contratual.

---

(447) "C'est donc seulement par l'entremise du controle de la légalité que la Cour de cassation peut exercer une <magistrature économique>; elle fait en prenant en compte les facteurs et données économiques dans ses décisions, soit en tant qu'éléments de qualification d'un concept juridique, soit en tant que finalité ou conséquence de la règle de droit." (CANIVET, Guy. L'approche économique du droit par la chambre sociale de la Cour de cassation. *Droit Social*, Paris, n. 11, p. 951-956 (952), nov. 2005.

(448) "En faisant converger l'analyse économique et le raisonnement juridique vers la même réalité sociale, la notion d'unité économique et sociale enrichit le débat sur la dimension socialde de l'entreprise." (CANIVET, Guy. *Op. cit.*, p. 952)

(449) "Pour tenir compte de la particularité de certaines professions, dans lesquelles la subordination, bien qu'existante, n'est pás ostensible, la loi presume, en quelques hypothèses, ce lien de subordination et donc l'existance d'un contrat de travail (Code du travail, livre VII)." (COHEN, Dany; GAMET, Laurent. Loft story: le jeu-travail. *Droit Social*, Paris, n. 9/10, p. 791-797 (793), sept./oct. 2001)

(450) Direito do Trabalho. In: COSTA, Thales Morais da (Coord.). *Introdução ao direito francês*. Curitiba: Juruá, 2009. v. 2, p. 423, 2 v.

(451) FRANÇA. Cour de cassation. Chambre Sociale. Arrêt Labanne. Audience publique du mardi 19 décembre 2000. N. de pourvoi: 98-40572. Publié au bulletin. Président: M. Gélineau-Larrivet. Président Rapporteur: M. Brissier. Conseiller Rapporteur Avocat Général: M. Lyon-Caen. Avocat Général Avocat: M. Roger. Disponível em: <http://www.legifrance.gouv.fr/affichJuriJudi.do?idTexte=JURITEXT0000070 43285>. Acesso em: 25 ago. 2014.

(452) Sobre o assunto, comenta Marc Vericel: "C'est la raison pour laquelle la Cour de cassation a affirmé que < l'existence d'une relation de travail ne depend ni de la volonté exprimée par lês parties, ni de la dénomination qu'elles ont donées à leur convention mais des conditions de fait dans lesquelles est exercée l'activité des travailleurs>. Dans une matière d'ordre public comme le droit social, il revient au juge d'interpreter les contrats unissant les parties afim de restituer leur véritable nature juridique." (Le rétablissement de la presómption de non-salariat. *Droit Social*, Paris, n. 3, p. 297-300 (298), mars. 2004)

A lei francesa até procurou incentivar a iniciativa econômica e as empresas individuais, como se observa na presunção legal de *não assalariado* para aqueles indivíduos matriculados em determinados órgãos como trabalhador independente (*Code du Travail, Article L120-3*[453]) . Todavia, percebeu-se a ineficácia dessa tentativa de reduzir o campo do trabalho subordinado, já que o dispositivo legal acaba sendo utilizado como meio de fraudar verdadeiras relações de emprego. Como alerta Marc Vericel, trata-se de uma presunção situada principalmente no terreno ideológico, pois encoraja a simulação de relações *independentes* sob uma falsa qualificação contratual.[454] Sobre a caracterização da dependência econômica, Rodrigo Fortunato Goulart acrescenta:

> A jurisprudência francesa tem pugnado pela equiparação do profissional trabalhador regido pelo contrato de emprego, quando configurada situação de clara dependência econômica. Naquele país, são numerosos os comerciantes, trabalhadores de firma individual, microempresas ou de pequenos empreendimentos e franqueados que se encontram nesse caso. Não raras vezes, tem-se o caráter exclusivo da atividade prestada em favor da empresa dominante, em condições contratuais e preços impostos pela beneficiária dos serviços do trabalhador. [...][455]

A incerteza da qualificação jurídica pelo Judiciário e de um consequente alargamento do campo de aplicação do Direito do Trabalho, como exprime Alain Supiot, em muitos

---

(453) "Article L120-3 [Modifié par Loi n. 2005-157 du 23 février 2005 — art. 63 (V) JORF 24 février 2005 en igueur le 1er janvier 2005. Abrogé par Ordonnance n. 2007-329 du 12 mars 2007 — art. 12 (VD) JORF 13 mars 2007 en vigueur au plus tard le 1er mars 2008]. Les personnes physiques immatriculées au registre du commerce et des sociétés, au répertoire des métiers, au registre des agents commerciaux ou auprès des unions de recouvrement des cotisations de sécurité sociale et d'allocations familiales pour le recouvrement des cotisations d'allocations familiales ou inscrites au registre des entreprises de transport routier de personnes, qui effectuent du transport scolaire prévu par l'article L. 213-11 du code de l'éducation, ou du transport à la demande conformément à l'article 29 de la loi n. 82-1153 du 30 décembre 1982 d'orientation des transports intérieurs, ainsi que les dirigeants des personnes morales immatriculées au registre du commerce et des sociétés et leurs salariés sont présumés ne pas être liés avec le donneur d'ouvrage par un contrat de travail dans l'exécution de l'activité donnant lieu à cette immatriculation. Toutefois, l'existence d'un contrat de travail peut être établie lorsque les personnes citées au premier alinéa fournissent directement ou par une personne interposée des prestations à un donneur d'ouvrage dans des conditions qui les placent dans un lien de subordination juridique permanente à l'égard de celui-ci. Dans un tel cas, il n'y a dissimulation d'emploi salarié que s'il est établi que le donneur d'ouvrage s'est soustrait intentionnellement à l'accomplissement de l'une des formalités prévues aux articles L. 143-3 et L. 320." Disponível em: <http://www.legifrance.gouv.fr/affichCodeArticle.do;jsessionid=BF8FA9A2723975385052 84FD99270115.tpdjo07v_1?idArticle=LEGIARTI000006645878&cidTexte=LEGITEXT000006072050&dateT exte=20080430>. Acesso em: 16 jul. 2012.

(454) "Ainsi, em fin de compte, même si l'intérêt du rétablissement de la presomption de non-salariat se situe principalement sur le terrain idéologique, l'impact concret de l'ensemble des dispositions de l'article 23 de la loi du 1º août n'est pás négligeable pour autant. En effect ces dispositions sont néamoins de nature à encourager les fraudes consistant à dissimuler une relation salariale de fait sous une fausse qualification contractuelle. Aussi peut-on tout de même se demander s'il n'y avait pás de meilleur procede à trouver pour favoriser le dévelopment de l'initiative économique." (VERICEL, Marc. *Op. cit.*, p. 300)

(455) O Critério da Dependência Econômica no Direito Estrangeiro — Um Impedimento ao Desenvolvimento Econômico. In: Congresso Brasileiro de Direito do Trabalho da LTr, n. 49, 2009, São Paulo. *Jornal do Congresso*. São Paulo: LTr, 2009. p. 23.

países, determinaram que categorias profissionais — situadas na fronteira da autonomia e da subordinação — fossem assimiladas legalmente entre os *assalariados*, no que tange à extensão de determinadas garantias.[456] Exemplifica, na devida forma, a situação dos representantes comerciais, artistas e jornalistas, conforme previsto no Livro VII do Código do Trabalho[457]. Jacques Barthélémy ressalta uma cultura de favorecer essa tendência expansionista da noção de empregado, especialmente na esfera dos trabalhadores parassubordinados, o que se explica nesta época em que os trabalhadores autônomos não se beneficiam de nível suficiente de proteção social.[458] A dependência econômica, assim, torna-se a principal justificativa para incidência das leis sociais.

Antoine Jeammaud distingue a qualificação genérica da qualificação legal do contrato de trabalho (ou melhor, de emprego). A primeira hipótese é feita pela jurisprudência, a partir da coexistência de três elementos: 1º) prestação pessoal do trabalho; 2º) remuneração; e 3º) vínculo de subordinação. A segunda, por sua vez, é visualizada justamente no Livro VII do Código do Trabalho francês, quando cria os *"assalariados por determinação da lei"*, que força a extensão do contrato de trabalho e, por via de consequência, a ampliação das hipóteses de *assalariados*.[459] Nas duas situações, a dificuldade a ser superada é conciliar o respeito a liberdade contratual dos envolvidos exercida nas fronteiras de uma legislação de ordem pública.[460]

Preocupada com a reformação do mercado de trabalho, a França optou por recodificar o seu Código do Trabalho, em várias etapas sucessivas, inclusive com a previsão

---

(456) Les nouveaux visages de la subordination. *Droit Social*, Paris, n. 2, p. 131-145(140), févr. 2000.

(457) Code du Travail. SEPTIÈME PARTIE: DISPOSITIONS PARTICULIÈRES À CERTAINES PROFESSIONS ET ACTIVITÉS. Disponível em: <http://www.legifrance.gouv.fr/affichCode. do?idArticle=LEGIARTI000006904 508&idSectionTA=LEGISCTA000006189946&cidTexte=LEGITEXT000006072050&dateTexte=20120101>. Acesso em: 23 jan. 2012)

(458) "Identifier le professionel parasubordonné par une catégorie intermédiaire entre salariés et indépendants est certes séduisant, ne cerait-ce qu'eu égard à la possibilite de loger dans cette catégorie les travailleurs entrant dans le champ de la partie VII du Code du travail. Cela est d'autant plus séduisant que si ceux-ci ont été integres dans le Code du travail, c'est em considération d'une culture visant à favoriser une tendance expansive du salariat, elle-même se justifiant à une époque ou les travailleurs indépendants ne bénéficiaient pas d'un niveau sufissant de protection sociale." (BARTHÉLÉMY, Jacques. *Évolution du Droit Social*. Une tendance à la contractualisation mais um rôle accru dês deroits fondamentaux du travailleur. Paris: Lamy, 2009. p. 422)

(459) "Encore faut-il tenir compte de la présence, à cote de la *qualification génerique* de contrat du travail, modelée par la jurisprudence et reposant sur la réunion nécessaire de trois éléments (prestation personalle de travail, rémunération, lien de subordination), de *qualification légales*. Celles-ci résultent de disposition du livre VII du code visant certaines catégories de profissionels et qui, solt imposent cette qualification à leur contrat (art. L. 751-1 pour les VRP), soit présument qu'il s'agit d'um contrat de travail dans des circonstances qui rendent cette présomption particulièrment résistante (art. L. 761-2 pour les journalistes professionnels, art. L. 762-1 pour les artistes du spectacle, art. L. 763-1 pour les mannequins). En créant des <salariés par détermination de la loi> ces textes forcent l'extension de la catégorie de contrat du travail et ont ouvertement contribué à <l'extension du salariat> [...]." (JEAMMAUD, Antoine. L'assimilation de franchisés aux salariés. *Droit Social*, Paris, n. 2, p. 158, févr. 2002)

(460) Sobre o assunto, destaca Antoine Jeammaud: "À la dificulte intrinsèque de l'operation de qualification s'ajoute alors le problème du respect du à une liberte contractuelle s'exerçant aux frontières d'une législation d'ordre public." (JEAMMAUD, Antoine. L'avenir sauvegardé de la qualification de contrat de travail. À propôs de l'arrêt *Labbane*. *Droit Social*, Paris, n. 3, p. 227-236 (228), mars. 2001)

de novas versões futuras, a serem implementadas até 01.07.2021.[461] A construção desse modelo passa, por certo, pela abordagem da proteção dos trabalhadores (mais fracos ou hipossuficentes na relação contratual), bem como do Direito como instrumento de regulação econômica e da concorrência. Destaca-se, ainda, nesse processo, a formulação do Acordo Nacional Interprofissional sobre a Modernização do Mercado de Trabalho, assinado em 11.01.2008, que representou passo histórico importante na evolução das regras desse Direito do Trabalho "do futuro". O aumento dos autônomos e dos *semi-independentes* impulsiona a transição de um tipo de trabalho preponderante para outro, com repercussões sócio-econômicas inquestionáveis.

Nessa tentativa de gerar mecanismos que impulsionem outras formas de trabalho é justamente que se desenvolvem institutos jurídicos diversos daqueles até então vigentes. A figura do *portage salarial* nada mais é do que amostra dessa busca do Direito francês em se adaptar a novos modelos, agregando três tipos de atores: empresa de *portage*, trabalhador *portée* e uma empresa-cliente. A partir da Lei n. 2.008-596, de 25.06.2008, foi inserido o art. Lei n. 1.251-64 no Código do Trabalho.[462] Consiste em técnica de organização do trabalho, que possibilita um profissional autônomo (trabalhador *portée*), por meio de uma estrutura intermediária fornecida por uma empresa de *portage* (por exemplo, lugar de trabalho, ferramentas de informática, telefone e secretária), efetuar a prestação do trabalho para empresas-clientes que ele próprio contrata, mas sob o amparo do *estatuto dos assalariados*.[463] Como vantagens, segundo Lise Casaux-Labrunée, destacam-se: 1) para o trabalhador, o exercício de sua atividade de feição autônoma, livre das imposições da subordinação, mas se beneficiando das proteções e garantias em princípio reservadas aos *assalariados*; 2) para as empresas, o benefício das competências de uma mão de obra qualificada, sem os encargos de uma contratação direta.[464] Sem dúvida alguma, a estrutura tem de ser analisada fora dos critérios tradicionais.

---

(461) Disponível em: <http://www.legifrance.gouv.fr/affichCode.do?cidTexte=LEGITEXT000006072050&dateTexte=20120101>. Acesso em: 23 jan. 2012.

(462) "Article Lei n. 1.251-64. Le portage salarial est un ensemble de relations contractuelles organisées entre une entreprise de portage, une personne portée et des entreprises clientes comportant pour la personne portée le régime du salariat et la rémunération de sa prestation chez le client par l'entreprise de portage. Il garantit les droits de la personne portée sur son apport de clientèle." Disponível em: <http://www.legifrance.gouv.fr/affichCodeArticle.do?idArticle=LEGIARTI000019071217&cidTexte=LEGITEXT000006072050>. Acesso em: 16 jul. 2012.

(463) Conforme leciona Lise Casaux-Labrunée: "Pour une première définition fonctionnelle, on présentera le portage salarial comme étant <une technique d'organisation de l'emploi permettant à un professionnel autonome, par le biais d'une structure intermédiaire, d'effectuer des prestations de travail auprès de clients qu'il a lui-même démarches, sous statut salarié plutôt que sous de travailleur indépendant>." (Le portage salarial: travail salarié ou travail indépendant? *Droit Social*, Paris, n. 1, p. 58-71 (58), janv. 2007)

(464) "Cette technique tout à fait originale, presente la particularité d'offrir un point de rencontre opportun à des exigences, parfois contradictoires, qu'aucune autre formule n'avait jusqu'alors permis de concilier aussi bien: — pour le travailleurs portes, le fait de pouvoir exercer leur activité de façon autonome, libere des contraintes de la subordination, tout en bénéficiant des protections e garanties en prínciple réservées aux salariés (droit du travail, regime general de Sécurité sociale, assurance chômage); — pour les entreprises clientes/utilisatrices, le fait de pouvoir bénéficier des compétences d'une main-d'oeuvre qualifiée en évitant les contraintes du droit du travail et les chenges du recrutament direct (ce que permettait déjà le travail temporaire)." (CASAUX-LABRUNÉE, Lise, op. cit., p. 59)

Paul-Henri Antonmattei e Jean-Christophe Sciberras, por sua vez, apontam as seguintes opções a serem seguidas pelo Direito do Trabalho Francês: 1) extensão do *domínio* dos *assalariados* (a exemplo da integração de categorias particulares de trabalhadores já existente na sétima parte do Código do Trabalho); 2) construção de um direito à atividade profissional (direitos fundamentais aplicáveis a todos os trabalhadores); 3) formação de uma categoria intermediária entre *assalariados* e *independentes* (que não impede a emergência de um direito da atividade profissional).[465]

A insuficiência da legislação trabalhista é sentida em meio às discussões acerca do fomento ao empreendedorismo e da precarização das condições de trabalho, que envolvem a possibilidade (ou não) de reduzir os encargos sociais e de simplificar as formalidades de constituição e gestão de pequenas estruturas empresariais. Os questionamentos presentes na reforma trabalhista francesa assemelham-se, por certo, àqueles que sustentam a definição de direitos fundamentais do trabalhador autônomo e a criação de um fundo social próprio, dentro do ordenamento jurídico brasileiro.

3.4.4. Inglaterra – Uma Classe Intermediária de Trabalhadores (Workers)

O surgimento de novos modelos jurídicos para regulação das relações de trabalho também se deu no Direito inglês, impulsionado pela permanente preocupação do empresariado em reduzir despesas de pessoal. Nesse panorama, o trabalho denominado *típico*, utilizando a terminologia local, cedeu espaço para o trabalho *atípico*, repercutindo na diminuição de direitos trabalhistas e no aumento da insegurança dos profissionais. O caminho percorrido pelos ingleses, como veremos a seguir, não destoa muito daquele trilhado por outros países da Europa e contribui para a evolução de um Direito do Trabalho remodelado frente as demandas sociais e econômicas da atualidade.

Como aponta Gwyneth Pitt, o liame entre empregador e trabalhador é governado principalmente pelo contrato. Este, para muitos trabalhadores, especialmente aqueles classificados como empregados, é formulado sob acentuada regulação legal. Contudo, muito dessa legislação é predicado, em sua raiz, de princípios, a exigir a compreensão da exata posição de cada partícipe da relação antes de ser aplicada.[466] Anne Davis afirma que os contratos de emprego são normalmente projetados pelos empregadores ou seus consultores legais, para posterior oferta aos empregados na base do "pegar ou largar". Não bastasse essa restrição à liberdade de transacionar as regras, os empregadores

---

(465) ANTONMATTEI, Paul-Henri e SCIBERRAS, Jean-Christophe. *Le travailleur économique dépendant*: quelle protection? — Rapport à M. le Ministre du Travail, des Relations socials, de la Famille et de la Solidarité. p. 22. Disponível em: <http://www.travail-emploi-sante.gouv.fr/IMG/pdf/Rapport-Antonmattei-Sciberras-07NOV08.pdf>. Acesso em: 25 mar. 2011.

(466) "The relationship between an employer and a worker is governed principally by contract. It is true that for many workers — especially those classified as employees — the contract is overlaid by a mass of statutory regulation of great importance. However, much of the legislation (for example the law of unfair dismissal and redundancy) is predicated on the background of contractual principles and thus requires an understanding of the contractual position before it can be applied." (PITT, Gwyneth. *Employment Law*. 8. ed. London: Sweet & Maxwell, 2011. p. 85)

podem tentar inserir termos que não condizem com um contrato de emprego, no inequívoco intuito de que tais indivíduos não adquiram o *status* de empregado e todos os direitos daí decorrentes.[467] O poder econômico do empregador contrapõe-se à notória hipossuficiência dos trabalhadores. Significa dizer, na prática, que os trabalhadores, sem poder de negociar as cláusulas contratuais, são obrigados a aceitar o trabalho nas condições como é oferecido.

A lógica econômica, mais uma vez, foi decisiva no despontar da reforma do Direito inglês. Supervalorizando a autonomia da vontade das partes, com o esquecimento do hipossuficiente na relação de trabalho, seus simpatizantes apregoam a utilização da mão de obra apenas quando necessária, visto que não se justificaria um gasto permanente com trabalhadores ociosos à disposição do empregador. Assume relevo, nesse sentido, a cultura instaurada da conversão de antigos empregados em trabalhadores *atípicos*, o que, por si só, já torna no mínimo questionável a legitimidade da divisão dos trabalhadores em grupos. Na sua defesa, sustenta-se que o trabalho *atípico* acaba por beneficiar os trabalhadores. Além de multiplicar os postos de trabalho, essas formas não usuais permitem maior flexibilidade de horários para pessoas que, em função de seus compromissos pessoais ou familiares, encontram dificuldades em se submeter à rigidez do contrato de emprego. Essas supostas vantangens, porém, no nosso sentimento, não passam de falácias, visto que não compensam a precariedade nas condições de exercício do labor que se instaura com o falso véu do aumento da autonomia.

A respeito do movimento de retração do Direito do Trabalho, Alain Supiot assevera que a jurisprudência britânica introduziu novo elemento de identificação do contrato de trabalho — a mutualidade das obrigações — que exclui dos *assalariados* certo número de trabalhadores *atípicos*. O autor francês destaca que, normalmente situada no paralelo da prestação pessoal de serviços com o pagamento do trabalho, a ideia de mutualidade das obrigações está hoje ligada à continuidade e à estabilidade da autoridade exercida sobre o trabalhador, ou melhor, a um tipo de subordinação que corresponde ao trabalho *típico*.[468] A questão principal que emana desse entendimento é justamente definir qual nível de mutualidade é necessário de fato para existência do contrato de emprego.[469] Retoma-se o pensamento de Gwyneth Pitt ao salientar que muitos direitos tutelares dependem do acúmulo de certo período de emprego contínuo, deixando assim de assistir os trabalhadores eventuais, como ocorre na exigência de, no mínimo, um ano de labor, para reivindicar benefícios compensatórios por uma despedida injusta.[470]

---

(467) "Contracts of employment are usualy drafted by employers or their legal advisers and offered to employees on a 'take it or leave it' basis. Employers may be tempted to insert terms that are inconsistent with a contract of employment in order to ensure that individuals do not acquire employee status and all the employment rights this would bring." (DAVIES, A. C. L. *Perspectives on Labour Law*. 2. ed. Cambridge: Cambridge, 2009. p. 71)

(468) Ao tratar das técnicas de diminuição do campo de aplicação do Direito do Trabalho, comenta Alain Supiot: "[...] C'est en recourant à celle technique que la jurisprudence britannique a introduit un novel élément d'identification du contrat du travail — la mutualité des obligations — qui exclut du salariat un certain nombre de travailleurs atypiques. L'idée de mutualité des obligations conduit en effet à mettre l'accent sur la continuité et la stabilité de l'autorité exercée sur le travailleur, c'est-à-dire sur un type de subordination qui correspond à l'emploi <typique>." (Les nouveaux visages de la subordination. **Droit Social**, Paris, n. 2, p. 131-145(141), févr. 2000)

(469) PITT, Gwyneth. *Employment law*. 8. ed. London: Sweet & Maxwell, 2011. p. 93.

(470) *Ibidem*, p. 94.

A lei inglesa optou por dividir os trabalhadores em grupos, conferindo diferentes níveis de proteção. Os *employees* são aqueles que trabalham regularmente para um empregador, dentro do estabelecimento deste, por meio de contrato a prazo indeterminado. Trata-se do sujeito típico do contrato de emprego, beneficiando-se de todos os direitos disponíveis.[471] O *self-employed*, em contraposição, tem plenas condições de "cuidar de si próprio", conforme demonstrado por Anne Davies, motivo pelo qual não lhe é estendido qualquer direito legal, exceto proteção contra discriminação, para saúde e segurança no trabalho.[472] Neste último caso, esses indivíduos desenvolvem seus negócios com uma variedade de clientes; assumem os riscos de lucros ou de perdas; decidem o preço do produto ou serviço que comercializam, além dos termos, condições e horas de trabalho dedicadas ao ofício. Sendo assim, o *self-employed* genuíno não depende economicamente do tomador de serviços (ao menos em tese), mas apenas dele próprio (ou do seu trabalho).[473]

Nos últimos anos, percebeu-se, todavia, o crescimento do contingente de trabalhadores *atípicos* — a exemplo de representantes comerciais, trabalhadores a domicílio, trabalhadores eventuais e a prazo determinado — demarcando o surgimento de uma terceira categoria intermediária entre as anteriores (*employee* e *self-employed*), detentora de parte dos direitos conferidos aos empregados: os *workers*. Como aponta Anne Davies, muitos doutrinadores explicam que a semelhança fundamental entre *typical* e *atypical workers* está na dependência econômica dos seus *empregadores*. Como relata a autora, ambos contam com seu trabalho como fonte de rendimento e é difícil ser bem sucedido (ou "arranjarem-se") em caso de dispensa.[474] Dessa forma, não estão em condições de igualdade para negociar com seus empregadores.

A partir de 1997, o art. 230 do *Emplyment Rights Act* trouxe a definição de *worker*, ou seja, sujeito que, por força de um contrato, compromete-se a realizar pessoalmente trabalho ou serviço para outrem, que não é usuário, nem cliente da sua atividade profissional ou comercial.[475] Como os parassubordinados, encontram-se em situação intermediária entre os empregados (*employees*) e os autônomos (*self-employed*), inclusive no que tange ao rol de garantias que lhe são asseguradas pelo Direito. A diferença essencial, como explica Gwyneth Pitt, é distinguir aquele que comercializa seu serviço de forma independente no mercado e aquele que, como parte integrante da negócio, é recrutado para trabalhar a outrem. Neste segundo quadro, inserem-se os

---

(471) DAVIES, A. C. L. *Perspectives on labour law*. 2. ed. Cambridge: Cambridge, 2009. p. 78.
(472) *Ibidem*, p. 77 e 92.
(473) *Ibidem*, p. 84.
(474) *Perspectives on labour law*. 2. ed. Cambridge: Cambridge, 2009. p. 84.
(475) ERA, art. 230. "Employees, workers etc. (3) In this Act '**worker**' [...] **means an individual who has entered into or works under** (or, where the employment has ceased, worked under)— [...] (a)a contract of employment, or (b) **any other contract, whether express or implied and (if it is express) whether oral or in writing, whereby the individual undertakes to do or perform personally any work or services for another party to the contract whose status is not by virtue of the contract that of a client or customer of any profession or business undertaking carried on by the individual**; [...]" (grifo nosso — Disponível em: <http://www.legislation.gov.uk/ukpga/1996/18/section/230>. Acesso em: 24 jan. 2012)

workers.[476] Tal qual os *employees*, a mutualidade e a pessoalidade (impossibilidade de substituição por outrem ou de subcontratação) estão presentes na relação mantida com os *workers*. Além disso, não podem administrar um empreendimento próprio, o que é peculiar aos autônomos.

O governo inglês possui um *site*[477] de divulgação de notícias e informações de interesse da classe trabalhadora, no qual diferencia, especificamente, os direitos e as responsabilidades de cada *status* de trabalhador no seu labor. Verifica-se que são garantidos aos *workers*: salário-mínimo nacional; proteção contra deduções ilegais no salário; período mínimo de férias anuais; extensão mínima das pausas para descanso; limite máximo de 48 horas trabalhadas por semana; proteção contra discriminação ilegal; proteção do direito à informação de infrações ocorridas no local de trabalho. Podem, ainda, ter direito aos benefícios decorrentes de maternidade, paternidade, adoção e doença. Enfatiza, no entanto, que o montante pago pelo serviço, dentre outros fatores, pode inteferir na estensão da tutela legal. Aos *employees*, além dos direitos acima mencionados, e também variando de acordo com o prolongamento temporal do trabalho, asseguram-se: aviso-prévio; proteção contra a despedida injusta; pedido de trabalho flexível; folgas para emergências; indenização (por despedimento). Por fim, quanto aos *self-employeds*, refere expressamente: *"you are, in effect, your own boss"* (você é, de fato, seu próprio chefe). Logo, para os últimos, valem os termos do contrato firmado com os clientes. Alerta que os autônomos são mais independentes do que os *workers*, na medida em que controlam as datas de entrega dos serviços, estão aptos para proteger seus interesses comerciais e suportam os riscos financeiros do negócio que operam. Exige-se, apenas, que os autônomos possuam registro com *HM Revenue Customs* (HMRC), apresentem declaração anual de rendimentos e tenham conta para seus impostos e pagamentos ao seguro nacional.[478]

O objetivo do governo foi, sem dúvida alguma, estender parcialmente direitos dos empregados a todos esses trabalhadores *atípicos*. Segundo Anne Davies, os direitos mais fundamentais são concedidos a todos os *workers*, enquanto os direitos menos fundamentais são garantidos apenas a pequena classe dos *employees*.[479] Por fim, o *self-employed* negocia sua própria proteção. Surge, daí, a dificuldade de definir o que é ou não é fundamental para cada trabalhador, ou ainda, o que é mais significativo e deve ser tutelado pelo Direito para as diferentes classes de trabalhadores.

Pela própria fragilidade conceitual dessa terceira categoria (*workers*), que muito se assemelha aos empregados propriamente ditos, não se observa evolução tutelar no Direito inglês, mas verdadeiro retrocesso legislativo. Abre-se uma porta para fraudar direitos trabalhistas, pois o *worker*, na verdade, não passa de um *employee* que está saindo da informalidade. Como aponta Anne Davies, é o empregador que decide se o novo contratado será um *employee* ou um *worker*. Emana, desse contexto, o papel

---

(476) PITT, Gwyneth. *Employment law*. 8. ed. London: Sweet & Maxwell, 2011. p. 102.
(477) Disponível em: <http://www.direct.gov.uk/en/index.htm>. Acesso em: 24 jan. 2012.
(478) Disponível em: <http://www.direct.gov.uk/en/Employment/Understandingyourworkstatus/Workersemployeesandselfemployment/DG_183998>. Acesso em: 24 jan. 2012.
(479) DAVIES, A. C. L. *Perspectives on labour law*. 2. ed. Cambridge: Cambridge, 2009. p. 85.

do Estado encorajar as firmas a criarem trabalhos *típicos*, regulando o trabalho *atípico*, para que não se torne uma alternativa economicamente barata e atrativa.

Ao introduzir as perspectivas do direto laboral, Anne Davies indica duas possibilidades, quais sejam, apoiar a outorga de direitos a todos os membros da força de trabalho ou conceber um sistema no qual apenas os direitos mais fundamentais são garantidos indistintamente.[480] Talvez essas alternativas andem em uma só direção, traduzida no foco desse estudo: fixar direitos fundamentais aos trabalhadores em geral, elevando a condição social do autônomo em bases mínimas de civilidade. O custo econômico desse tipo de regulação deve ser levado em conta, o que determina a fixação de fontes claras de custeio, mas não pode prevalecer sobre o elemento social de tutela à dignidade de todos os homens que trabalham.

3.4.5. Itália – O Trabalho a Projeto e os Contratos de Colaboração Continuada

A Itália foi precursora dos debates acerca da reforma da legislação trabalhista e sua adequação às contingências do mercado, trazendo à tona a parassubordinação como terceiro gênero de contrato de trabalho, ao lado dos modelos clássicos da subordinação e da autonomia. Os maiores indicativos do novo conceito são percebidos a partir da Lei n. 533, de 11 de agosto de 1973, que tinha por intento a disciplina das controvérsias individuais de trabalho. Em seu art. 409, § 3º, fez referência expressa às *relações de colaboração, que se concretizam na prestação de trabalho (obra) continuada e coordenada, prevalentemente pessoal, de caráter não subordinado.*[481]

Afirma-se que o objetivo da lei foi conferir maior celeridade e eficácia na tutela processual de todos os trabalhadores vinculados a uma relação profissional "estável", ou seja, que se postergava no tempo, e não como um incidente ocasional. Admitindo o desequilíbrio contratual gerado por certo grau de dependência econômica do trabalhador para com seu cliente, mesmo nessas hipóteses de labor por conta própria, sustentou-se a adoção desse critério para além do processo do trabalho, ocasionando consequências diretas no campo do direito material. Surgiam, assim, as denominadas relações de *colaboração continuada e coordenada (co.co.co).*

A colaboração ligava-se à participação do trabalhador parassubordinado na atividade econômica do tomador de serviços. A continuidade dizia respeito à disponibilidade no tempo do trabalho do indivíduo em benefício de um cliente específico. Com relação à coordenação, Marina Garattoni defende ser, a partir do estudo da jurisprudência da Corte de Cassação italiana, o nexo funcional do labor do sujeito com a estrutura

---

(480) DAVIES, A. C. L. *Perspectives on labour law.* 2. ed. Cambridge: Cambridge, 2009. p. 83.

(481) "Art. 409. (Controversie individuali di lavoro). — Si osservano le disposizioni del presente capo nelle controversie relative a: [...] 3) rapporti di agenzia, di rappresentanza commerciale ed altri rapporti di collaborazione che si concretino in una prestazione di opera continuativa e coordinata, prevalentemente personale, anche se non a carattere subordinato; [...]". Disponível em: <http://normativo.inail.it/bdninternet/docs/l53373.htm>. Acesso em: 17 jun. 2012.

e a principal atividade desenvolvida pelo cliente, de modo que o trabalho se insira no programa negocial do tomador.[482] Priscila Soeiro Moreira define:

> A coordenação existente entre o comitente e o colaborador pode ser conceituada como o elo existente entre eles que se concretiza pela inclusão dos serviços deste no âmbito da organização empresarial daquele, que possui o direito de dar os vetores gerais para a consecução da atividade, salvaguardando, porém, a autonomia do colaborador no desenvolvimento da atividade.[483]

Anos mais tarde, a Lei n. 30, de 14 de fevereiro de 2003, delegou ao governo a revisão da disciplina dos serviços públicos e privados para utilização, intermediação e interposição privadas na administração do trabalho. Diante do uso fraudulento do dispositivo legal anterior, ao mascarar verdadeiras relações de subordinação, a preocupação agora era garantir transparência e eficiência ao mercado de trabalho, melhorando a capacidade de inserção profissional dos desempregados e daqueles que buscam o primeiro trabalho, além de modernizar os serviços públicos, proporcionando-lhes maior competitividade.[484] Como princípios, destaca a simplificação dos procedimentos, para o encontro entre a oferta e a procura de trabalho, e, dentre outros, a atualização e a racionalização do sistema de emprego público.[485] Com relação à colaboração coordenada e continuada, estabeleceu o *contrato de trabalho a projeto (co.co.pro)*. Ao contrário do anterior *co.co.co*, inovava pela exigência de que o tomador de serviços especificasse a obra ou projeto em que atuaria o *colaborador*, impondo os seguintes requisitos:

---

(482) "Secondo la giurisprudenza della Corte di Cassazione, per coordinazione della prestazione d'opera del lavatore parasubordinato si intendi il collegamento funzionale della prestazione lavorativa con la struttura del committente e con l'attività principale svolta da questi in modo che la prestazione d'opera possa inserirsi all'interno del programma negoziale del commitente come mezzo per la realizzazione del programma medesimo." (GARATTONI, Marina. Subordinazione, parasubordinazione e collaborazione coordinata e continuativa. In: ALLEVA, Piergiovanni; GHEZZI, Giorgio. (Org.) *Il diritto del lavoro*. Roma: Ediesse, 2002, v. 2, p. 31, 16 v.)

(483) O Contrato a Projeto na Reforma Italiana de 2003. In: MANNRICH, Nélson (Coord.). *Reforma do mercado de trabalho. A experiência italiana*. São Paulo: LTr, 2010. p. 113.

(484) "Art. 1º, § 1º. Allo scopo di realizzare un sistema efficace e coerente di strumenti intesi a garantire trasparenza ed efficienza al mercato del lavoro e a migliorare le capacità di inserimento professionale dei disoccupati e di quanti sono in cerca di una prima occupazione, con particolare riguardo alle donne e ai giovani, il Governo è delegato ad adottare, su proposta del Ministro del lavoro e delle politiche sociali, sentito il Ministro per le pari opportunità ed entro il termine di un anno dalla data di entrata in vigore della presente legge, uno o più decreti legislativi diretti a stabilire, nel rispetto delle competenze affidate alle regioni in materia di tutela e sicurezza del lavoro dalla legge costituzionale 18 ottobre 2001, n. 3, e degli obiettivi indicati dagli orientamenti annuali dell'Unione europea in materia di occupabilità, i princìpi fondamentali in materia di disciplina dei servizi per l'impiego, con particolare riferimento al sistema del collocamento, pubblico e privato, e di somministrazione di manodopera." Disponível em: <http://www.camera.it/parlam/leggi/03030l.htm>. Acesso em: 17 jun. 2012.

(485) "Art. 1º, § 2º. La delega è esercitata nel rispetto dei seguenti princìpi e criteri direttivi: a) snellimento e semplificazione delle procedure di incontro tra domanda e offerta di lavoro; b) modernizzazione e razionalizzazione del sistema del collocamento pubblico, al fine di renderlo maggiormente efficiente e competitivo, secondo una disciplina incentrata su: [...]." Disponível em: <http://www.camera.it/parlam/leggi/03030l.htm>. Acesso em: 17 jun. 2012.

1) contrato escrito, com duração determinada ou determinável, vinculada a um ou mais projetos, em que prestado trabalho predominantemente pessoal e sem vínculo de subordinação, recebendo o colaborador o equivalente proporcional à qualidade e à quantidade de trabalho;

2) diferenciação da relação de trabalho meramente ocasional (duração de até 30 dias por ano, salvo se a remuneração for superior a 5.000 Euros);

3) indicação do projeto ou programa de trabalho (ou parte desses);

4) tutela fundamental à dignidade e à segurança do colaborador, em particular, quanto à maternidade, doença e acidente.[486]

Na sequência da *Reforma Biagi*, o Decreto Legislativo n. 276, de 10 de setembro de 2003[487], regulamentou a lei de fevereiro do mesmo ano, enquadrando diversas tipologias contratuais. Quanto ao trabalho a projeto, preceituava a gestão autônoma da atividade pelo colaborador, mas em respeito à coordenação do cliente, pouco importando o tempo de execução. Não exigiu exclusividade do colaborador; no entanto, proibia-o de exercer atividade concorrente. Estabeleceu o direito do colaborador ao reconhecimento da autoria das invenções que porventura ocorressem no desenvolvimento da relação. Estipulou que, em caso de gravidez, doença ou acidente, o contrato ficava suspenso, sem direito a qualquer remuneração. Além disso, nas duas primeiras hipóteses recém mencionadas, não haveria prorrogação da duração do contrato, podendo o cliente (coordenador) rescindir o contrato, caso o período de suspensão ultrapassasse um sexto da duração previamente ajustada. Caso não fossem observados os requisitos legais, determinou que o contrato a projeto seria convertido em contrato de trabalho subordinado por tempo indeterminado.

Por fim, para ter eficácia perante terceiros, previa-se a possibilidade de certificação voluntária do instrumento no Ministério do Trabalho e das Políticas Sociais, "tendo sua desconstituição dificultada, com sua obtenção somente por meio de sentença, com restrição das matérias que podem ser discutidas no Judiciário"[488]. O juiz, nesses

---

(486) "Art. 4º, § 1º, c) con riferimento alle collaborazioni coordinate e continuative: 1) previsione della stipulazione dei relativi contratti mediante un atto scritto da cui risultino la durata, determinata o determinabile, della collaborazione, la riconducibilità di questa a uno o più progetti o programmi di lavoro o fasi di esso, resi con lavoro prevalentemente proprio e senza vincolo di subordinazione, nonché l'indicazione di un corrispettivo, che deve essere proporzionato alla qualità e quantità del lavoro; 2) differenziazione rispetto ai rapporti di lavoro meramente occasionali, intendendosi per tali i rapporti di durata complessiva non superiore a trenta giorni nel corso dell'anno solare con lo stesso committente, salvo che il compenso complessivo per lo svolgimento della prestazione sia superiore a 5.000 euro; 3) riconduzione della fattispecie a uno o più progetti o programmi di lavoro o fasi di esso; 4) previsione di tutele fondamentali a presidio della dignità e della sicurezza dei collaboratori, con particolare riferimento a maternità, malattia e infortunio, nonché alla sicurezza nei luoghi di lavoro, anche nel quadro di intese collettive; 5) previsione di un adeguato sistema sanzionatorio nei casi di inosservanza delle disposizioni di legge; 6) ricorso, ai sensi dell'articolo 5, ad adeguati meccanismi di certificazione della volontà delle parti contraenti; [...]". Disponível em: <http://www.camera.it/parlam/leggi/03030l.htm>. Acesso em: 17 jun. 2012.
(487) Disponível em: <http://www.parlamento.it/parlam/leggi/deleghe/03276dl.htm>. Acesso em: 17 jun. 2012.
(488) AMANTHÉA, Dennis Veloso, p. 87.

casos, não poderia averiguar o mérito das escolhas técnicas, de organização e de produção utilizadas pelo comitente para estipular o contrato a projeto (art. 69 do DL n. 276/2003[489]). Ao lado disso, por meio da certificação, as partes poderão renunciar ou transigir, validamente, os direitos contratuais no órgão competente, por ocasião da recondução do contrato (art. 68 do DL n. 276/2003[490]).

Segundo Dennis Veloso Amanthéa, "o intuito é de se atribuir dignidade a certas classes de trabalhadores que cada vez mais margeiam os direitos e garantias que também devem ser assegurados a estas novas formas de trabalho que se vêem na modernidade".[491] Em virtude do uso desenfreado dos *co.co.co*, com o fim de mascarar verdadeiras relações de subordinação, Priscila Soeiro Moreira sustenta o objetivo precípuo dessa nova forma de contratação:

> O contrato a projeto nasce, assim, com o dúplice objetivo de contrastar a fraude (com a introdução de novos requisitos à tipologia dos contratos coordenados e continuativos) e prestar uma tutela mínima em favor desses trabalhadores autônomos (como nos casos de doenças, acidentes e maternidade).[492]

Por meio da Circular n. 1, de 8 de janeiro de 2004, do Ministério do Trabalho e das Políticas Sociais[493], que foi questionada por extrapolar os limites fixados na lei originária, seguiram-se algumas diretrizes, dentre as quais destacamos: permissão de executar projeto vinculado à atividade principal ou acessória do tomador, inclusive nas dependências do cliente; impedimento de equiparar a retribuição do "colaborador" com aquela percebida pelo trabalhador subordinado, por força de contratação coletiva[494]; admissibilidade de prova em sentido contrário, na ausência de observância da forma estabelecida em lei, o que faculta a demonstração pelo tomador de que a relação correspondia a um contrato de trabalho a projeto por outros meios.

Ressalta-se, ainda, a existência do Projeto de Lei n. 5.651, de 4 de fevereiro de 1999 (*Lei Smuraglia*), aprovado pelo Senado italiano e que aguarda o exame da Assembleia

---

(489) "Art. 69. 3. Ai fini del giudizio di cui al comma 2, il controllo giudiziale è limitato esclusivamente, in conformità ai principi generali dell'ordinamento, all'accertamento della esistenza del progetto, programma di lavoro o fase di esso e non può essere esteso fino al punto di sindacare nel merito valutazioni e scelte tecniche, organizzative o produttive che spettano al committente." Disponível em: <http://www.lavoro.gov.it/NR/rdonlyres/ADF61963-C03C-4FDE-B8DD-1F5906942112/0/20030910_DLGS_276.pdf>. Acesso em: 18 jun. 2012.

(490) "Art. 68.1. Nella riconduzione a un progetto, programma di lavoro o fase di esso dei contratti di cui all'articolo 1, comma 1, i diritti derivanti da un rapporto di lavoro già in essere possono essere oggetto di rinunzie o transazioni tra le parti in sede di certificazione del rapporto di lavoro di cui al Titolo VIII secondo lo schema dell'articolo 2113 del codice civile." Disponível em: <http://www.lavoro.gov.it/NR/rdonlyres/ADF61963-C03C-4FDE-B8DD-1F5906942112/0/20030910_DLGS_276.pdf>. Acesso em: 18 jun. 2012.

(491) *A evolução da teoria da parassubordinação. O trabalho a projeto*. São Paulo: LTr, 2008. p. 89.

(492) O Contrato a Projeto na Reforma Italiana de 2003. In: MANNRICH, Nelson (Coord.). *Reforma do mercado de trabalho. A experiência italiana*. São Paulo: LTr, 2010. p. 109.

(493) Disponível em: <http://89.97.190.195/portalelavoro/lavorofile/Normativa%20-%20nazionale/Colla-borazioni%20Coordinate%20e%20Continuative/circolare%20minlavoro%2001-2004.pdf>. Acesso em: 17 jun. 2012.

(494) Segundo Priscila Soeiro Moreira, "a Lei Orçamentária de 2007, contudo, contrariando a determinação anterior, dispôs, de forma inovadora, sobre a equiparação da remuneração devida aos colaboradores com a contraprestação paga pelas prestações de trabalho subordinadas análogas". (*Ibidem*, p. 116)

desde 11 de dezembro de 2000.[495] Como aponta Otávio Pinto e Silva, buscava "aprimorar" o conceito de parassubordinação previsto no art. 409, § 3º, do Código de Processo Civil, obedecendo às seguintes características: a) colaboração de caráter não ocasional; b) coordenada com a atividade do tomador de serviços; c) desenvolvida sem vínculo de subordinação; d) de modo pessoal; e) sem o uso de meios organizados; e f) em troca de remuneração.[496] Contemplou outros direitos, a exemplo da proibição de fixação de horário de trabalho rígido, duração mínima do contrato, tempo e forma de pagamento, normas de higiene e segurança no trabalho, além de tutela previdenciária. Ocorre que, durante sua tramitação, implementou-se a Reforma Biagi, "a qual pretendia tornar mais flexíveis as relações laborais, por meio da inserção de novas tipologias contratuais, e, dessa maneira, diminuir as elevadas taxas de desemprego verificadas na Itália então"[497]. Sobre o panorama italiano da parassubordinação, esclarece Renata Orsi Bulgueroni:

> [...] atualmente, é pacífico na Itália o entendimento de que coexistem no ordenamento as figuras do trabalho a projeto e da colaboração coordenada continuativa, sendo esta última aplicável às hipóteses expressamente mencionadas em lei de exclusão da primeira. Dessa forma, pode-se afirmar, de maneira geral, que o gênero "parassubordinação" é hoje representado por duas espécies distintas de relações de colaboração: de um lado, as tradicionais co.co.co., disciplinadas pelo art. 409, n. 3 do Codice di Procedura Civile, e, de outro, os novos contratos de trabalho a projeto previstos pelos dls. n. 276/2003.[498]

"A noção de projeto é extremamente ampla, vaga e imprecisa, permitindo o enquadramento das mais diversas atividades e modalidades de execução"[499]. Além disso, sobre a heterodireção da prestação laborativa, "a coordenação pode se exteriorizar das formas mais variadas, inclusive em relação ao tempo e ao lugar da atividade, para o fim de melhorar a sua inserção na organização do tomador"[500]. Configura-se uma tênue linha divisória entre o trabalhador parassubordinado e o subordinado propriamente dito, favorecendo a multiplicação dos "falsos autônomos" (dependentes econômicos), as chances de fraude à legislação trabalhista e o desrespeito a direitos fundamentais ínsitos a qualquer tipo de labor.

Agrava-se essa situação, inclusive em prejuízo do aventado caráter tutelar da nova tipologia contratual, quando se relativiza a presunção de que, caso não sejam observadas as formalidades legais do contrato a projeto, teremos um contrato de

---

(495) Disponível em: <http://www.senato.it/leg/13/BGT/Schede/Ddliter/8904.htm>. Acesso em: 17 jun. 2012.
(496) Subordinação, autonomia e parassubordinação nas relações de trabalho. São Paulo: LTr, 2004. p. 131-132.
(497) BULGUERONI, Renata Orsi. Parassubordinação: Origens, Elementos, Espécies e Tutela. In: MANNRICH, Nelson (Coord.). Reforma do mercado de trabalho. A experiência italiana. São Paulo: LTr, 2010. p. 132-133.
(498) Ibidem, p. 135.
(499) PORTO, Lorena Vasconcelos. A subordinação no contrato de trabalho. Uma releitura necessária. São Paulo: LTr, 2009. p. 136.
(500) PORTO, Lorena Vasconcelos. Op. cit., p. 121.

trabalho subordinado a prazo indeterminado, o que, por certo, traz maior proteção aos trabalhadores envolvidos. Aliás, como sustentar que essa legislação representa benefícios "àqueles que vivem do trabalho", quando se permite a sucessão de contratos com o mesmo colaborador, a possibilidade de a remuneração ser definida pelo próprio tomador (sem imposição de piso normativo da categoria) e, em caso de acidente ou doença, a suspensão do contrato, sem remuneração ou prorrogação? Esse tipo de tratamento não pode ser considerado como tutela fundamental à dignidade e à segurança do "colaborador".

O exercício do trabalho dentro da organização produtiva do tomador dos serviços equipara-se à integração do subordinado na atividade empresarial, além de muito se diferenciar de um dos requisitos típicos da autonomia, que consiste na disposição dos próprios meios de execução do labor. Aliado a isso, a coordenação da atividade empresarial pelo cliente retrata o poder de comando de um típico empregador, que adapta a prestação de serviços dos seus trabalhadores aos fins colimados pelo empreendimento econômico. Segundo Maurizio Del Conte e Michele Tiraboschi, a escolha feita pelo legislador italiano não era estender a proteção dos trabalhadores subordinados aos parassubordinados, mas, por um lado, inserir os contratos de colaboração contínua e coordenada em esfera de autonomia do prestador frente ao cliente (empregador), e, por outro, entregar uma normatização específica que leva em conta o desequilíbrio (social e econômico) de poder contratual entre os contratantes.[501]

A redução dos ônus patronais na parassubordinação distorce a própria finalidade do Direito do Trabalho, a partir do momento em que a defesa da economia das empresas se sobrepõe à preservação dos direitos fundamentais dos trabalhadores. A coordenação e a continuidade aproximam o parassubordinado e o empregado. Como afirmam Maurizio Del Conte e Michele Tiraboschi, acima de tudo, nos últimos anos, os contratos de parassubordinados tiveram grande expansão, em muitos casos, para evitar responsabilidades do empregador em relação aos que deveriam ser trabalhadores assalariados. Uma vez classificados como autônomos, trabalhadores parasubordinados não estão sujeitos às principais disposições do Direito do Trabalho.[502] Alertando sobre a variação de grau de subordinação dentro do contrato de trabalho, reportamo-nos às importantes considerações de Homero Batista Mateus da Silva:

> Se fôssemos representar a subordinação geometricamente, teríamos círculos concêntricos: o núcleo duro desses círculos seria a subordinação mais

---

(501) "The choice made by the legislator was not to extend the protection afforded to subordinate workers also to quasi-subordinate workers, but on the one hand to bring continuous and coordinated contracts back into a sphere of autonomy from the employer/client, and on the other hand to make specific provision for taking into account the imbalance of contractual power between the employer and the employee." (Italy. In: BLANPAIN, Roger (Ed.). *Labour law in motion*. Diversification of the Labour Force & Terms na Conditions of Employment. Alphen aan den Rijn: Kluwer Law International, 2005. p. 32)

(502) "Above all in recent years quasi-subordinate contracts have undergone a huge expansion, in many cases for the purposes of avoiding the employer's responsabilities in relation to what should be salaried workers. Since these positions are classified as self-employment, quasi-subordinate workers are not subjetc to the main provisions of labour law." (Italy. In: BLANPAIN, Roger (Ed.). *Labour law in motion*. Diversification of the Labour Force & Terms na Conditions of Employment. Alphen aan den Rijn: Kluwer Law International, 2005. p. 31)

intensa, própria do contrato de trabalho, a partir do qual surgiriam outros círculos com maior quantidade de pessoas incluídas mas menos intensidade de subordinação, até o desaparecimento completo da subordinação de acordo com a natureza jurídica do contrato em questão. A propósito, é comum se ver o uso do neologismo **parassubordinação** para se identificar esse grupo de trabalhadores no segundo ou no máximo no terceiro círculo, assim entendidos aqueles que, conquanto não tenham sido considerados empregados pelos ditames da legislação social, guardam com eles os mesmos aspectos de vulnerabilidade, de necessidade do trabalho como fonte de subsistência e características como a habitualidade na prestação dos serviços e a pessoalidade em sua apresentação.[503]

A restrição do conceito de subordinação, como se percebe no sistema italiano, ao invés de avançar na proteção daqueles que laboram, serviu, mais uma vez, para excluir os indivíduos que não se enquadram perfeitamente no modelo clássico de contrato de emprego. Os subordinados, em última análise, continuam sendo os únicos e verdadeiros privilegiados da tutela legal. A autonomia dos parassubordinados, dentro de ideologia liberal, serve apenas para mascarar verdadeiras relações de trabalho subordinadas, consolidando mais uma subclasse de trabalhadores. Da mesma forma que os avanços da técnica impingem modificações legislativas, o que muitas vezes se dá pela via negocial das categorias, o conceito da subordinação deve também ser adaptado aos novos tempos.

3.4.6. Portugal – O Novo Código do Trabalho e suas Inovações

A revisão e a unificação da legislação laboral portuguesa, até então dispersa em inúmeros diplomas, deu-se, inicialmente, pela Lei n. 99, de 27 de agosto de 2003. Após a avaliação dos impactos sócio-econômicos e o diagnóstico das reais necessidades de intervenção legal, ocorreu nova reformulação dos seus preceitos, dentro do prazo previamente estabelecido de quatro anos, que culminou com o novo Código do Trabalho, aprovado pela Lei n. 7, de 12 de fevereiro de 2009.

A exemplo do que tem ocorrido em outros países, debateu-se a possibilidade de ampliar a tutela estatal para situações de trabalho formalmente autônomo, mas materialmente muito próximo do subordinado, seguindo tendência natural do Direito do Trabalho em abarcar as relações de trabalho como um todo. O resultado desse processo foi a outorga de direitos reduzidos aos denominados dependentes econômicos. Ao invés da plena equiparação aos contratos de emprego, prevaleceu o argumento de limitação recíproca dos direitos e deveres patronais e obreiros, na medida em que "não só o princípio da protecção do trabalhador como também a salvaguarda dos interesses de gestão do empregador devem ser considerados como valorações fundamentais específicas do sistema jurídico laboral".[504]

---

(503) *Curso de direito do trabalho aplicado*. Parte Geral. Rio de Janeiro: Elsevier, 2009. v. 1, p. 31, 10 v.
(504) RAMALHO, Maria do Rosário Palma. *Direito do trabalho*. Parte I — Dogmática Geral. 2. ed. Coimbra: Almedina, 2009. p. 519.

Além de sistematizar o acervo legislativo, a nova proposta de codificação trouxe à tona a discussão sobre a flexibilidade interna das empresas, a adaptação do exercício profissional com a vida familiar e social, a promoção da igualdade em contraposição às práticas discriminatórias, a articulação das fontes de Direito do Trabalho (lei, normas coletivas e contrato individual) de acordo com a natureza da matéria abordada[505], as medidas preventivas (e não meramente reparadoras) de acidentes de trabalho e doenças profissionais, bem como a simplificação das relações entre empresas, trabalhadores e Administração Pública. Na essência das alterações pretendidas, percebeu-se o anseio de dar maior maleabilidade aos atores sociais na fixação de suas próprias regras. Supervalorizou-se a autonomia da vontade das partes em detrimento da intervenção estatal, sob o fundamento de que o incentivo ao empreendedorismo repercutiria em melhores condições de trabalho, com a diminuição da fratura social crescente entre trabalhadores tutelados pelo sistema laboral e aqueles que escapam dessa proteção.[506] A respeito do assunto, acrescenta Diogo Vaz Marecos:

> Neste sentido, a revisão da legislação laboral enquadra-se numa estratégia de reforma mais ampla, que prevê a criação de outros instrumentos indispensáveis ao efectivo econômico, à melhoria da competitividade empresarial, ao aumento o da produtividade, à melhoria da empregabilidade dos cidadãos e da qualidade do emprego, uma estratégia norteada, também no sentido do combate às desigualdades e da promoção da partilha mais equitativa dos resultados do progresso econômico.[507]

Observa-se o recuo do Estado em prol da autonomia negocial coletiva, isto é, menos garantismo e mais transação.[508] Independente de qualquer viés desregulamentador que se possa extrair dos seus preceitos, o novo Código do Trabalho português

---

(505) CTP, art. 3º: "Relações entre fontes de regulação. 1 — As normas legais reguladoras de contrato de trabalho podem ser afastadas por instrumento de regulamentação colectiva de trabalho, salvo quando delas resultar o contrário. 2 — As normas legais reguladoras de contrato de trabalho não podem ser afastadas por portaria de condições de trabalho. 3 — As normas legais reguladoras de contrato de trabalho só podem ser afastadas por instrumento de regulamentação colectiva de trabalho que, sem oposição daquelas normas, disponha em sentido mais favorável aos trabalhadores quando respeitem às seguintes matérias: a) Direitos de personalidade, igualdade e não discriminação; b) Protecção na parentalidade; c) Trabalho de menores; d) Trabalhador com capacidade de trabalho reduzida, com deficiência ou doença crónica; e) Trabalhador-estudante; f) Dever de informação do empregador; g) Limites à duração dos períodos normais de trabalho diário e semanal; h) Duração mínima dos períodos de repouso, incluindo a duração mínima do período anual de férias; i) Duração máxima do trabalho dos trabalhadores nocturnos; j) Forma de cumprimento e garantias da retribuição; l) Capítulo sobre prevenção e reparação de acidentes de trabalho e doenças profissionais e legislação que o regulamenta; m) Transmissão de empresa ou estabelecimento; n) Direitos dos representantes eleitos dos trabalhadores. 4 — As normas legais reguladoras de contrato de trabalho só podem ser afastadas por contrato individual que estabeleça condições mais favoráveis para o trabalhador, se delas não resultar o contrário. 5 — Sempre que uma norma legal reguladora de contrato de trabalho determine que a mesma pode ser afastada por instrumento de regulamentação colectiva de trabalho entende-se que o não pode ser por contrato de trabalho." (Disponível em: <http://www.legix.pt/docs/CodTrabalho2009.pdf>. Acesso em: 7 mar. 2012)

(506) RAMALHO, Maria do Rosário Palma. *Direito do trabalho*. Parte I — Dogmática Geral. 2. ed. Coimbra: Almedina, 2009. p. 97.

(507) *Código do trabalho anotado*. Coimbra: Coimbra, 2010, p. 15.

(508) PORTO, Lorena Vasconcelos. *A subordinação no contrato de trabalho. Uma releitura necessária*. São Paulo: LTr, 2009. p. 113-115.

constituiu marco regulatório de direitos sociais mínimos aos trabalhadores em geral, inclusive daqueles que estão fora de um vínculo de subordinação, o que, por si só, já representa uma importante evolução normativa. Nesse aspecto, a adoção da teoria da parassubordinação, propulsora de notórios efeitos expansionistas do Direito do Trabalho para outras searas das relações laborais, é facilmente depreendida da leitura do seu art. 10, que dispõe acerca das *situações equiparandas*:

> As normas legais respeitantes a direitos de personalidade, igualdade e não discriminação e segurança e saúde no trabalho são aplicáveis a situações em que ocorra a prestação de trabalho por uma pessoa a outra, sem subordinação jurídica, sempre que o prestador deva considerar-se na dependência econômica do beneficiário da actividade.

Na tentativa de elucidar essa questão, foi editada a Lei n. 101, de 8 de setembro de 2009[509], que estabeleceu o regime jurídico do trabalho realizado no domicílio ou em outra instalação do próprio trabalhador, quando a prestação do serviço ocorrer sem subordinação jurídica, mas com dependência econômica ao beneficiário do labor. Abrangeu, ainda, as hipóteses em que, após comprar a matéria-prima, o trabalhador fornecer o produto acabado, por certo preço, ao vendedor dela. Regrou, no caso específico, os direitos relacionados às seguintes matérias: adaptação dos direitos e deveres ao tipo de serviço, trabalho do menor, segurança e saúde no trabalho, formação profissional, remuneração, subsídio anual, compensação pecuniária durante suspensão ou redução da atividade, cessação do contrato, registro do trabalhador, fiscalização do trabalho e segurança social. Com gama reduzida de direitos, se comparados com aqueles outorgados aos empregados, assegurou-se tutela especial a esses trabalhadores, mesmo que não fossem fornecidos critérios específicos para caracterizar a dependência econômica. Sobre o assunto, esclarece Maria do Rosário Palma Ramalho:

> Os trabalhadores equiparados correspondem a uma categoria híbrida, cujos contornos foram objeto de apuramento doutrinal. Em termos sintéticos, trata-se de trabalhadores formal e juridicamente independentes do credor da respectiva prestação laborativa, mas economicamente dependentes desse credor, porque para ele trabalham em exclusividade ou dele recebem matéria-prima com que realizam a prestação, voltando a remeter-lhe o produto final.[510]

Segundo o art. 11º do diploma em estudo, "contrato de trabalho é aquele pelo qual uma pessoa singular se obriga, mediante retribuição, a prestar a sua actividade a outra ou outras pessoas, no âmbito de organização e sob a autoridade destas". Dentro dessa lógica, o art. 12º do Código inclui rol de indícios que geram presunção relativa e, portanto, ilidível por prova em contrário sobre a existência do contrato de trabalho, dentre os quais se destacam os seguintes: trabalho realizado no local pertencente ou indicado pelo beneficiário da atividade, equipamentos e instrumentos de trabalho de propriedade do tomador de serviços.

---

(509) Disponível em: <http://www.unl.pt/pessoal-nao-docente/legislacao_trabalho_domicilio>. Acesso em: 7. mar. 2012.
(510) *Direito do trabalho*. Parte I — Dogmática Geral. 2. ed. Coimbra: Almedina, 2009. p. 319.

Extrai-se do conceito legal a ideia de que o beneficiário do trabalho não é o trabalhador, mas sim o credor desse serviço realizado por conta alheia. Identifica-se a subordinação na atividade humana desenvolvida para a satisfação de necessidades de outrem.[511] Nesse diapasão, a figura do empregador pode evidenciar-se, quando emana ordens diretas direcionadas ao prestador de trabalho (o que difere de meras instruções genéricas), na inserção do trabalhador na organização predisposta pelo empregador e até na sujeição disciplinar do obreiro às regras estabelecidas dentro empresa.[512]

A subordinação jurídica, para Diogo Vaz Marecos, está na prestação de atividade (intelectual ou manual) sob a autoridade e direção do empregador. O autor ressalta que "a dependência económica ou subordinação económica traduz-se no facto de o prestador de trabalho receber certa retribuição do dador de trabalho, da qual depende económicamente, para fazer face ao seu sustento e ao de sua família".[513] Cria-se, nesse sentido, indicativo complementar da relação de emprego, mas não substitutivo da subordinação jurídica. Segundo Maria do Rosário Palma Ramalho, "o facto de o trabalhador depender dos rendimentos do seu trabalho para subsistir ou o facto de desenvolver a sua actividade em exclusivo para um credor pode denunciar a sujeição aos poderes laborais e, nessa medida, a subordinação jurídica".[514]

O enquadramento do trabalho parassubordinado, na forma traçada pelo Código do Trabalho português, reitera elementos típicos da relação de emprego, o que, sem dúvida alguma, coloca em xeque a legitimidade dos seus dispositivos. Já é sabido que o local de labor serve apenas como indicativo, mas nunca determinante da relação de emprego, visto que o controle e a autoridade patronal ultrapassam esse tipo de delimitação espacial. Ademais, a entrega do produto final exclusivamente a quem aliena a matéria-prima caracteriza muito mais uma etapa produtiva do negócio principal do que a autonomia de um possível negócio particular do trabalhador. Não se justifica, portanto, o tratamento distinto a trabalhadores que exerçam suas atividades por conta alheia. Pouco importa se são eles subordinados ou parassubordinados. Os indicativos da lei portuguesa não se prestam a equiparar esses indivíduos aos autônomos, nem à independência de exercer seu ofício que lhes é pertinente. Desta forma, essa proteção social inferior, conferida às *situações equiparandas* aos contratos de emprego, acaba impondo tratamento jurídico desigual entre indivíduos, na prática, iguais em obrigações.

Talvez a assimilação das novas formas de apresentação do trabalho humano em sociedade, até mesmo dentro da conhecida dicotomia autônomo-subordinado, seja menos perversa aos trabalhadores, pois não discrimina o valor do trabalho de cada um. Os casos híbridos (ou intermediários) nada mais são do que, na atualidade, uma reaparição de algo antigo: o labor subordinado. Ademais, sob o ponto de vista sociológico, todo o trabalhador necessita dos frutos do seu ofício como garantia de subsistência pessoal e familiar. "Em suma, porque a subordinação do trabalhador no

---

(511) RAMALHO, Maria do Rosário Palma. *Op. cit.*, p. 17.
(512) RAMALHO, Maria do Rosário Palma. *Direito do trabalho*. Parte II — Situações Laborais Individuais. 3. ed. Coimbra: Almedina, 2010. p. 43-44.
(513) MARECOS, Digo Vaz. *Código do trabalho anotado*. Coimbra: Coimbra, 2010. p. 99.
(514) *Direito do trabalho*. Parte II — Situações Laborais Individuais. 3. ed. Coimbra: Almedina, 2010. p. 43.

contrato de trabalho tem hoje novas manifestações mas é igualmente intensa, os indícios tradicionais de subordinação devem ser apreciados e valorizados em consonância com esta evolução."[515]

Embora as críticas apresentadas, o Código do Trabalho português de 2009 inovou ao elencar, expressamente, os direitos de personalidade dos trabalhadores, a saber: liberdade de expressão e opinião, integridade física e moral, reserva à intimidade da vida privada, proteção de dados pessoais, dados biométricos, testes e exames médicos, meios de vigilância à distância e confidencialidade de mensagens e de acesso à informação.[516] Ao lado disso, no seu preâmbulo, determinou que o regime legal relativo aos acidentes de trabalho e às doenças profissionais (Código do Trabalho, arts. 283-284) fosse aplicado, ainda que com indispensáveis adaptações, aos trabalhadores dependentes econômicos, mas sem subordinação jurídica. Esse posicionamento reforça, hoje, o progresso de novas formas de amparo estatal tendentes à definição dos direitos fundamentais dos trabalhadores em geral, dentre os quais o direito de prestar trabalho em condições de segurança e saúde.

Quando se defende a equiparação dos direitos dos autônomos àqueles já concedidos aos subordinados, superam-se notórias dificuldades em apontar as bases de apuração do trabalho parassubordinado. Não se discutem os direitos em tese de cada um, já que, como trabalhadores, devem ser idênticos. Todavia, diante dos caracteres peculiares a cada forma de labor, o que dificulta a mera transposição de institutos de uma para outra de suas espécies, impõe-se a adaptação de cada direito à realidade que o circunda. Emerge, daí, a importância de criar o Fundo Social do Trabalhador Autônomo objeto de elaboração.

3.5. Uma Discriminação Jurídica Compensatória: a Efetividade do Princípio da Igualdade frente à Hipossuficiência dos Trabalhadores em Geral

A proteção ao empregado foi motivo de origem do Direito do Trabalho. Impulsionado pela industrialização, desenvolveu-se como ramo autônomo do Direito, partindo do pressuposto de que a relação de emprego não era paritária. Se assim fosse, não se justificaria uma discriminação jurídica compensatória, pois estaríamos diante de um contrato comum, de que se ocupa o Direito Civil, com base na plena autonomia da vontade.

O favorecimento do empregado pretende o reequilíbrio contratual, uma vez que o empregador detém o poder de mando dessa relação. A necessidade de amparo afirma-se em dupla justificativa: a dependência econômica do empregado e a (quase consequente) subordinação às ordens do empregador. Exige-se, assim, a criação de mecanismos legislativos que resguardem a atuação do Estado, de modo a impedir a

---

(515) RAMALHO, Maria do Rosário Palma. *Op. cit.*, p. 47.
(516) Livro I, título II, capítulo I, seção II, subseção II, arts. 14º-22º.

absoluta situação de inferioridade do prestador de serviços diante de empreendimentos que absorvem essa mão de obra ao processo de multiplicação do capital. A respeito do tema, Fábio Goulart Villela argumenta:

> A partir deste complexo de normas jurídicas trabalhistas de ordem pública, constituindo o chamado *contrato mínimo legal*, enquanto patamar mínimo civilizatório a ser obrigatoriamente observado pelos sujeitos contratantes quando da constituição do pacto laboral, é que se pode extrair o princípio *mater* do Direito do Trabalho, aquele que atribui uma natureza tuitiva ou tutelar com relação à figura do prestador do trabalho: o *Princípio da Proteção ao Empregado*.[517]

A globalização reformulou esse panorama ao agregar desafios até então inusitados. Representou o aumento da concorrência entre empresas de qualquer lugar do mundo; permitiu a descentralização dos processos produtivos, compartimentados em etapas e em nações distintas; e provocou o desemprego estrutural, com a extinção permanente de postos de trabalho pela amplitude da técnica. A diminuição das barreiras alfandegárias, inclusive a partir da formação de blocos econômicos, facilitou investimentos pelo empresariado, enquanto permanecessem condições ditas favoráveis, em países considerados mais promissores. Dentro de perspectiva internacional, atrelando-se a maior fragilidade das garantias trabalhistas, incrementou a competitividade entre trabalhadores.

A guerra tributária interna entre os Estados-membros de um mesmo país, por sua vez, assume aspecto decisivo na definição de um novo polo industrial. Para obter a instalação de uma fábrica em determinado território, viabilizando a geração de novos postos de trabalho e a maior circulação de riquezas local, busca-se atrair o investidor com a redução da carga de impostos, aliada à concessão de outros incentivos fiscais. Todavia, independente das vantagens oferecidas, nada impede que esse mesmo investidor, na primeira oportunidade e sem qualquer responsabilidade social, decida aí encerrar suas atividades, deixando um legado de desemprego e abandono para as comunidades abrangidas. "Uma empresa globalizada hoje é a mesma transnacional de ontem, com capital sem pátria e sem interesses nacionais, seja em qualquer País no qual se encontre sua sede ou que venha a instalar-se."[518] Sobre política econômica e responsabilidade social, alerta Arnaldo Sussekind:

> O pretendido desmonte dos sistemas legais de proteção ao trabalho é um subproduto da face desumana da globalização da economia, fundada na prevalência das leis de mercado, que incrementou a concorrência comercial entre países e entre empresas. Mas é inadmissível que a política econômica substitua o direito constitucional como centro das relações humanas e da vida pública.[519]

---

(517) O Princípio Constitucional da Dignidade da Pessoa Humana no Direito do Trabalho. *Revista LTr*, São Paulo, LTr, ano 74, n. 1, p. 82, jan. 2010.
(518) BOSCO, Carlos Alberto. *Trabalho informal*: realidade ou relação de emprego fraudulenta. 2. ed. Curitiba: Juruá, 2010. p. 20.
(519) *Curso de direito do trabalho*. 3. ed. Rio de Janeiro: Renovar, 2010. p. 121.

Dentro dessa dinâmica, a mecanização da produção e ascendência da robótica dispensam maior qualidade e perfeição técnica da mão de obra, especialmente no tocante aos trabalhos manuais. A relevância do elemento humano para o sucesso do negócio minimiza-se, com ressalvas para o labor intelectual, por exemplo, levando à precarização das condições oferecidas para exercer qualquer labor. A respeito das características do atual panorama brasileiro e dos intensos debates sobre as causas da flexibilização, Amauri Mascaro Nascimento aponta a seguinte coincidência:

> Assim, três marcos imprimem um novo quadro em nosso país: as crises econômicas, a redução de custos como meio de enfrentamento da competição empresarial e o avanço tecnológico, que permite maior produção com menor número de empregados.[520]

A instabilidade das relações laborais tornou-se uma constante, atingindo não apenas os trabalhadores subordinados, mas também os próprios autônomos. Ainda que inquestionáveis as diferenças salariais entre um operário e um alto executivo, sob o prisma das economias individuais de cada um deles, ambos dependem do seu trabalho para preservar seu padrão de vida. Sobre a lógica da produção, valem os ensinamentos de Jorge Luiz Souto Maior:

> Um primeiro e importante passo a ser dado na direção da humanização das relações de trabalho de altos empregados é reconhecer que, mesmo tendo um alto padrão de conhecimento técnico e sendo portadores de uma cultura mais elevada que o padrão médio dos demais empregados, não deixam de depender economicamente do emprego (aliás, há uma dependência até moral ao emprego, dada a necessidade natural de manutenção do seu status social) e que, por conta disso, submetem-se às regras do jogo capitalista para não perderem sua inserção no mercado. Sua sujeição às condições de trabalho que lhe são impostas, pela lógica da produção, é inevitável e muitas vezes mais perversa do que aquela que impera sobre os trabalhadores braçais.[521]

Dentro do seu círculo social, sobrevivem de acordo com o que ganham, proporcionando às suas famílias o compatível com a realidade orçamentária. Logo, o desemprego involuntário, tanto em um como em outro caso, pode provocar efeitos nefastos em suas vidas pessoais, especialmente se não houver a garantia de acesso a direitos mínimos que permita acúmulo patrimonial para enfrentar incertezas ao logo de suas existências. Dissertando sobre a contraprestação do trabalho como fator de consumo, comenta Pierre Naville:

> Os rendimentos são o conjunto dos meios, monetários ou não, que permitem a uma população abastecer-se no mercado, de acordo com as suas necessidades solváveis. Provêm, na maioria dos casos, da compensação de um trabalho ou de atividades consideradas equivalentes.[522]

---

(520) *Direito contemporâneo do trabalho*. São Paulo: Saraiva, 2011. p. 26 e 58.
(521) *Curso de direito do trabalho* — a relação de emprego. São Paulo: LTr, 2008, v. II, p. 201.
(522) O Trabalho Salariado e o Seu Valor. In: FRIEDMANN, Georges; NAVILLE, Pierre. *Tratado de sociologia do trabalho*. Tradução de Octávio Mendes Cajado. São Paulo: Cultrix, 1973. v. II, p. 133, 2 v.

Questiona-se, pois, até que ponto os autônomos agem com absoluta liberdade dentro do mercado de trabalho. Em determinadas situações, sujeitando-se às mesmas contingências, nivelam-se aos empregados, em especial, ao enfrentarem adversidades que os afastam do trabalho. Ademais, assegurando direitos básicos somente aos empregados, como de descanso e de um meio ambiente de trabalho apropriado, retira-se uma parcela de cidadania de outros trabalhadores que também precisam ter sua dignidade respeitada quando exercem seus ofícios. Na tentativa de resolver essa problemática, valemo-nos dos apontamentos de Cinthia Maria da Fonseca Espada, a serem interpretados de forma mais elastecida, substituindo o termo empregado por trabalhador:

> O reconhecimento da importância do trabalho na sociedade contemporânea, a partir da constatação fática de que a maior parte das pessoas necessita dele para adquirir bens essenciais à própria vida, são alguns fatores que se vinculam ao reconhecimento dos princípios de valorização do trabalho e da justiça social. Esses princípios, se realizados, conferem efetividade ao princípio da proteção ao empregado, que traduz ideia de igualdade real, a ser atingida por meio do tratamento desigual a essas que se encontram em relação de desigualdade. Quanto maior for o grau de igualdade real atingida, maior também será o grau de promoção da justiça social e da dignidade do trabalhador.[523]

Sustenta-se, assim, a conveniência de um tratamento jurídico compensatório a todos os trabalhadores, que efetive o princípio da igualdade no cenário brasileiro. "Essa igualdade vislumbrada é uma opção escolhida pela humanidade como elemento necessário para uma convivência pacífica e para que tenhamos um sistema político equilibrado e estável, com características democráticas."[524] Caso contrário, veremos triunfar um capitalismo atroz e neoliberal, com prelazia do capital submetendo o homem à posição secundária.

"Como o trabalho é um denominador comum e uma condição de toda a vida humana em sociedade"[525], o Direito (do Trabalho) objetiva o controle social, combinando a finalidade protetora do trabalhador com a coordenação de interesses historicamente antagônicos: capital e trabalho. Afinal, "os fenômenos de trabalho nas sociedades contemporâneas não se equiparam todos aos comportamentos do *homo faber*"[526]. "Como é cediço, a história do Direito do Trabalho se encontra intimamente ligada à própria evolução das formas de exploração do trabalho humano."[527] Essa perda de

---

(523) *O princípio protetor do empregado e a efetividade da dignidade da pessoa humana*. São Paulo: LTr, 2008. p. 58.
(524) LIMA. Firmino Alves. *Teoria da discriminação nas relações de trabalho*. Rio de Janeiro: Elsevier, 2011. p. 28-29.
(525) FRIEDMANN, Georges. Introdução e Metodologia. In: FRIEDMANN, Georges; NAVILLE, Pierre. *Tratado de sociologia do trabalho*. Tradução de Octávio Mendes Cajado. São Paulo: Cultrix, 1973. v. I, p. 19, 2 v.
(526) FRIEDMANN, Georges. *Op. cit.*, p. 21.
(527) VILLELA, Fábio Goulart. O Princípio Constitucional da Dignidade da Pessoa Humana no Direito do Trabalho. *Revista LTr*, São Paulo, LTr, ano 74, n. 1, p. 81, jan. 2010.

identificação do trabalho com a indústria e a agricultura, agregou novos parâmetros às relações laborais, o que é destacado por Firmino Alves Lima:

> A desigualdade entre os atores das relações de trabalho clama maior atenção, principalmente em face dos traços subordinativos que até pouco regeram as relações laborais típicas e que começam a sofrer profundas alterações diante da mudança dos paradigmas do trabalho humano com as novas formas introduzidas pelas transformações econômicas, tecnológicas e sociais vividas nos últimos anos.[528]

Para regular a vida em coletividade, em que propósitos antagônicos circulam paralelamente, exige-se a combinação de elementos garantistas com outros que possam ser flexibilizados pela vontade autônoma das partes. Dentre os primeiros, ressalta-se a necessidade do Estado intervir para preservar direitos mínimos a todos os trabalhadores, o que está intimamente ligado à tutela de bens jurídicos fundamentais: preservar a higidez física e mental, a privacidade e a intimidade, bem como os direitos ao descanso e à defesa contra as dispensas imotivadas — Constituição Federal, arts. 7º, I, II, XXIII, como amostra. Com relação aos segundos, novamente ensina Amauri Mascaro Nascimento, quando indica condições não substanciais do contrato individual do trabalho, que seriam passíveis de estipular entre os interessados diretos, sobremodo pela negociação coletiva. É coerente a síntese exposta pelo ilustre autor:

> Em conclusão, é viável combinar garantismo com flexibilização. O modo de fazê-lo é diferenciar duas áreas do direito do trabalho, o direito-primário e o direito-secundário, denominação da União Europeia para designar, a primeira, o direito constitucional e os seus atos constitutivos, nos quais estão as ideias-força que não podem ser derrogadas pela autonomia das partes, e a segunda, o direito que pode ser modificado pelas partes porque não representam as ideias-duras e que não devem ser flexibilizadas.[529]

Sob o enfoque constitucional, identifica-se a máxima da tutela ao trabalhador, o que extrapola o conceito restritivo de empregado, como uma forma de exteriorização do princípio da isonomia, previsto no art. 5º, *caput*, da Constituição Federal, que se consubstancia em promover a igualdade material dos indivíduos. "O homem é um ser integrante do social. A sociedade é devedora de obrigações para com o homem."[530] Logo, organizar a vida em comunidade depende da construção de ordenamento jurídico direcionado a esse fim de salvaguarda.

A indisponibilidade de direitos trabalhistas elementares, que se pretende implementar para autônomos e subordinados, nada mais é do que reflexo desse favor *juris*. A vontade legal sobrepõe-se às vontades individuais do trabalhador e do empregador, para sustentar esse sistema protetivo, visto que a dependência econômica está sempre

---

(528) *Teoria da discriminação nas relações de trabalho*. Rio de Janeiro: Elsevier, 2011. p. 5.
(529) NASCIMENTO, Amauri Mascaro. *Direito contemporâneo do trabalho*. São Paulo: Saraiva, 2011. p. 80.
(530) NASCIMENTO, Amauri Mascaro. *Op. cit.*, p. 88.

presente nos mais variados contextos que envolvem as relações laborais. Georges Friedmann sobrepõe fator que propulsiona a busca pelo trabalho:

> Quanto à necessidade econômica, é a forma mais frequente de compulsão que encerram os fenômenos de trabalho. Essa necessidade se exprime subjetivamente, para o indivíduo, pelas "necessidades", que vimos distribuídas por uma gama extensíssima, desde as fundamentais (de alimentação, vestuário e abrigo em sua forma elementar) até exigências sempre novas e cada vez mais requintadas.[531]

Eventuais abusos na utilização desses princípios devem ser sopesados com razoabilidade. O protecionismo exacerbado e arbitrário do pólo trabalhador origina, da mesma forma, uma desigualdade lesiva ao desenvolvimento da sociedade. Todavia, o amparo do elemento humano diante do capital deve prevalecer em eventual confronto de regras constitucionais, conforme bem ressalta Cinthia Maria da Fonseca Espada:

> Nesse contexto, o trabalhador, como pessoa humana, deve também ser visto como valor central da sociedade, superior a qualquer valor econômico do capitalismo, o que implica a necessidade de protegê-lo contra todos os atos atentatórios à sua própria dignidade, de lhe garantir condições de labor saudáveis e dignas, e também de propiciar e promover a sua inclusão social, considerando-se a dupla dimensão do princípio da dignidade da pessoa — defensiva e assistencial.[532]

Afinal, se o valor social do trabalho e da livre iniciativa estão lado a lado no inciso IV do art. 1º da Constituição Federal, não podemos esquecer que antecede, no inciso III do mesmo dispositivo, a previsão da dignidade da pessoa humana. Isso não acontece por acaso, mas reforça a premência da proteção do homem em todas as circunstâncias, inclusive no âmbito multifacetado das relações de trabalho. A Constituição Federal enunciou pelo menos quatro princípios gerais da atividade econômica que agora nos importam dentro dessa concepção humanista: 1) valorização do trabalho humano (art. 170, *caput*); 2) justiça social (art. 170, *caput*); 3) função social da propriedade (art. 170, III); 4) e busca do pleno emprego (art. 170, VIII).[533] Sob o prisma da limitação das liberdades em geral, sustenta Fábio Rodrigues Gomes:

> Num mundo onde as necessidades são crescentes e os recursos cada vez mais escassos, onde as prioridades (públicas e privadas) se multiplicam ao infinito, em que a pluralidade de opções individuais deve ser coordenada com o bem-estar de toda a população, a ideia de liberdade jurídica não pode ser dissociada das constrições fáticas a que está submetida a vontade do indivíduo. Não sendo assim, continuaríamos incentivando a malfadada "insinceridade constitucional".[534]

---

(531) FRIEDMANN, Georges. Introdução e Metodologia. In: FRIEDMANN, Georges; NAVILLE, Pierre. *Tratado de sociologia do trabalho*. Tradução de Octávio Mendes Cajado. São Paulo: Cultrix, 1973. v. I, p. 34, 2 v.

(532) *O princípio protetor do empregado e a efetividade da dignidade da pessoa humana*. São Paulo: LTr, 2008. p. 103.

(533) Nesse sentido, leciona Arnaldo Süssekind. *Curso de direito do trabalho*. 3. ed. Rio de Janeiro: Renovar, 2010. p. 114.

(534) *Direito fundamental ao trabalho*. Perspectivas histórica, filosófica e dogmático-analítica. Rio de Janeiro: Lumen Juris, 2008. p. 188.

Quanto ao último aspecto, o sucesso do novo modelo proposto por esse estudo depende também da percepção das diferenças existentes entre os trabalhadores, sob pena de não ter qualquer efetividade. Ao inverso, bastaria transplantar a CLT para todas as espécies de trabalhadores e o problema da regulação já estaria em tese resolvido. A variedade das relações de trabalho, todavia, não impede visualizar um gênero unitário, ainda que sujeito a disciplinas pontuais de acordo com cada realidade. Por isso, como afirma Paulo Luiz Schmidt, "aplicar os direitos sociais previstos no art. 7º da Constituição Federal a todos os trabalhadores brasileiros, e não apenas aos empregados, renovará a voz cidadã da Constituição da República e suprirá, de algum modo, o imenso vácuo legislativo vigente"[535]. Sobre a emergência de um direito comum do trabalho, apresentam-se plenamente atuais os apontamentos de Manuel Alonso Olea:

> Disso resultaria, em consequência, a existência de um Direito comum de trabalho, que revele sua unidade intrínseca como disciplina jurídica, que decante os princípios capazes de preencher as lacunas de regulamentação específicas para sua integração, e no qual estejam contidas as regras gerais para a interpretação destas, que defina e regule, em suma, o contrato e a relação de trabalho como gêneros. A existência deste Direito comum, além de ser exigida pela realidade básica e diferenciada a que se refere, é índice de amadurecimento de todo o complexo jurídico — ou do próprio setor do ordenamento a que se referisse — o complexo jurídico — ou do próprio setor do ordenamento a que se referisse — e, uma vez admitida sua existência, a perfeição relativa de que se reveste será índice da arte e da técnica de seus elaboradores e de todos quantos o analisem cientificamente.[536]

A valorização das diferenças e das opções de cada indivíduo ao exercer o seu ofício, como expressão da sua personalidade, abandonando-se a ideia de igualdade centrada nos modelos difundidos pelas categorias dominantes ou majoritárias, passa a integrar máxima constitucional de proteção do trabalho humano. Como a dependência econômica é intrínseca a qualquer atividade laboral, a análise cuidadosa das variadas formas de prestar trabalho é imprescindível, no intuito de delimitar o conteúdo desse rol de garantias básicas como medida de inteira justiça. A abstenção do poder público na esfera privada dos indivíduos, tão defendida pelos liberais, não encontra mais guarida no Estado Democrático de Direito contemporâneo. Firmino Alves Lima contrapõe igualdade e diferença do seguinte modo:

> Uma norma de igualdade mais efetiva deve, antes de tudo, reconhecer as diferenças entre os seres humanos, valorizando-as a ponto de receber um tratamento jurídico de reconhecimento, proteção e manutenção mediante garantias não somente voltadas à manutenção da igualdade, mas também à manutenção das diferenças. Elas compõem a natureza humana, que é o

---

(535) Os direitos sociais do art. 7º da CF — Uma nova interpretação no judiciário trabalhista. In: COUTINHO, Girjalbo Fernandes; FAVA, Marcos Neves (Coord.). *Nova competência da justiça do trabalho*. São Paulo: LTr, 2005. p. 308.
(536) *Introdução ao direito do trabalho*. Tradução de Carlos Alberto Barata Silva, em colaboração com Darci Rodrigues de Oliveira Santana. 4. ed. São Paulo: LTr, 1984. p. 210.

objeto da proteção dos direitos humanos, para preservar a integridade física e moral do ser humano, procurando proporcionar-lhe todas as possibilidade de desenvolvimento pessoal na busca pela felicidade. Ignorar as diferenças entre as pessoas é violar a essência do ser humano, a sua identidade pessoal e a sua potencialidade de desenvolvimento, e traduz-se em uma negativa da condição de pessoa humana.[537]

O direito a condições básicas de existência deve ser materializado tanto pelo Estado quanto pela ordem econômica, pois, como salienta Nei Frederico Cano Martins, "em todos os sistemas jurídicos existem direitos mínimos impostos coativamente e que se constituem em vantagens fundamentais impostergáveis"[538]. "E no mundo do trabalho, o Direito a ter uma vida digna depende do fato de possuir um trabalho decente ou digno."[539] Para que se alcance essa meta, "o tratamento igual deve ser realizado pela sociedade como uma forma de torná-la, com maiores chances e oportunidades para todos, indistintamente."[540]

O direito social ao trabalho emerge da Constituição para direcionar a ação do Estado a oportunizar melhores condições reais de vida para todos. "A informalidade da economia deve ser analisada sob o ponto de vista social, porquanto estes trabalhadores, sem carteira assinada, são verdadeiramente excluídos do contexto daqueles que possuem os elementares e básicos direitos assegurados."[541] A promoção social dos trabalhadores funda-se em preceitos isonômicos que facultem patamares mínimos civilizatórios. Para equalizar a sociedade, as normas trabalhistas revelam sua natureza de ordem púbica, para conferir maior igualdade de chances, ampliar o acesso aos bens da vida e dar ensejo a felicidade das pessoas. Como sintetiza Carlos Alberto Bosco, "a questão é criar condições para que todos tenham proteção social"[542]. A justificar nosso anseio de aumentar o raio de sua ação tutelar, Rodrigo Garcia Schwarz relembra o núcleo axiológico do Direito do Trabalho centrado na defesa do trabalhador. O ilustre autor destaca a posição desfavorável do trabalhador no mercado pelos seguintes fatores:

> (1) Apesar de ser normalmente tratado como mercadoria, a força de trabalho possui determinadas especificidades que não permitem sua integração ao mercado como verdadeira mercadoria, como a possibilidade de limitar-se sua oferta; (2) a força de trabalho tornou-se completamente dependente de meios de subsistência oferecidos pelo mercado, que só podem ser adquiridos se a força de trabalho for vendida, de forma que o trabalhador não pode aguardar uma oportunidade mais favorável de oferecer seu produto ao mercado,

---

(537) *Teoria da discriminação nas relações de trabalho*. Rio de Janeiro: Elsevier, 2011. p. 33.

(538) Os Princípios do Direito do Trabalho, o protecionismo, a flexibilização ou desregulamentação. In: NASCIMENTO, Amauri Mascaro; SILVESTRE, Rita Maria (Coords.). *Os novos paradigmas do direito do trabalho* (homenagem a Valentim Carrion). São Paulo: Saraiva, 2001. p. 170.

(539) Prefácio de Oscar Ermida Uriarte. In: LIMA, Firmino Alves. *Teoria da discriminação nas relações de trabalho*, p. XIV.

(540) LIMA, Firmino Alves. *Op. cit.*, p. 34.

(541) BOSCO, Carlos Alberto. *Trabalho informal*: realidade ou relação de emprego fraudulenta. 2. ed. Curitiba: Juruá, 2010. p. 88.

(542) *Op. cit.*, p. 152.

razão pela qual a força de trabalho é estruturalmente compelida a abdicar de quaisquer opções estratégicas ou às lógicas do mercado para submeter-se às condições impostas pela demanda no momento e aceitar o salário corrente oferecido; (3) as necessidades da oferta são muito mais rígidas do que as de demanda, pois enquanto os trabalhadores dependem, para manutenção de uma qualidade mínima de vida, determinada material e culturalmente, da constante venda de sua força de trabalho, os empresários podem manter a produção em níveis regulares mesmo com a queda da utilização da mão de obra, através do incremento da tecnologia; e (4) o capital possui uma maior liquidez do que a força de trabalho, pois o empresário pode, ao final de um ciclo, renovar sua unidade produtiva, adequando-se às novas tecnologias, ou mesmo alterar ou expandir sua área de atuação, ao passo que o trabalhador, ao contrário, somente pode variar a qualidade de sua oferta em grau bastante reduzido e de forma condicionada a alguma espécie de apoio externo, como educação e treinamento.[543]

Efetivar ditames de igualdade material dos indivíduos, por mais das vezes, traz consigo uma carga de utopia. Ainda assim, nos limites do possível, cabe ao Estado conter os excessos de opressão do capital sobre o trabalho, distribuindo riquezas com maior eficiência e justiça. Para tanto, o feixe de suporte estatal deve-se espraiar em prol da generalidade dos prestadores de serviços e orientar os rumos do Direito do Trabalho no mundo contemporâneo. Como princípio, sua missão é orientar o legislador na criação de novos postulados e o intérprete na aplicação da lei aos casos concretos.

---

(543) A política europeia de emprego e a ideia de "flexisegurança" — um caminho para a "modernização" do direito do trabalho? *Revista LTr*, São Paulo, LTr, ano 74, n. 1, p. 73, jan. 2010.

4. A REGULAMENTAÇÃO DO TRABALHO AUTÔNOMO

Para embasar um novo modelo legislativo, parte-se para a regulamentação do trabalho autônomo, objeto de estudo do quarto capítulo. Analisando os elementos demarcadores, compõe-se a sua conceituação, que difere de mera válvula de escape da incidência das leis e do custo do contrato de emprego. Fundamenta-se na liberdade de execução, organização e disposição do resultado do próprio trabalho, com a assunção dos riscos da atividade pelo prestador.

Os princípios gerais de Direito do Trabalho contidos nas normas da Organização Internacional do Trabalho, atualmente centrada na Agenda do Trabalho Decente, e nas normas de direito comunitário de proteção aos trabalhadores, auxiliarão no rumo a ser seguido por este projeto. Aliado a isso, verificará a visão do trabalho humano contida nas constituições brasileiras e na legislação nacional vigente.

A compatibilização dos arts. 6º (direito social ao trabalho) e 7º (direito dos trabalhores) da Constituição Federal a outras formas de prestação de trabalho, por fim, permitirá a fixação dos direitos mínimos aos autônomos. Quando se fala na proteção constitucional, tem-se em vista o maior alcance da norma dentro da sociedade, objetivando a redução do labor informal.

A definição de direitos fundamentais de todos os trabalhadores, e não apenas dos empregados, e a necessária adequação à dinâmica específica de cada espécie de relação de labor permitirão fixar as diretrizes de funcionamento e a operacionalização do Fundo Social do Trabalhador Autônomo.

4.1. A Organização Internacional do Trabalho e a Agenda do Trabalho Decente

Há medidas que concorrem para a estabilidade econômica e social das nações. "A OIT foi criada em 1919, como parte do Tratado de Versalhes, que pôs fim à Primeira Guerra Mundial. Fundou-se sobre a convicção primordial de que a paz universal e permanente somente pode estar baseada na justiça social."[544] Constituiu-se "para promover a elaboração e harmonização de uma legislação de caráter social em todos os Estados-membros."[545]

Na Conferência Geral realizada em 1944, que resultou na Declaração da Filadélfia, reafirmou-se, como princípio fundamental, que o trabalho não é uma mercadoria e

---

(544) Disponível em: <http://www.oit.org.br/content/hist%C3%B3ria>. Acesso em: 6 mar. 2013.
(545) SOARES FILHO, José. *A proteção da relação de emprego. Análise crítica em face das normas da OIT e da legislação nacional*. São Paulo: LTr, 2002. p. 116.

que a penúria representa um perigo à prosperidade geral.[546] O desafio era conciliar os imperativos econômicos com o direito do homem à vida digna, e não difere em nada da problemática de hoje. Consta, nesse documento, que todos os seres humanos têm direito às mesmas possibilidades de bem-estar material — mais importante objetivo de qualquer política nacional ou internacional — em acepção da dignidade e da tranquilidade econômica. Proclama, ainda, a obrigação da OIT de auxiliar as nações do Mundo a executar programas direcionados a: proporcionar emprego e ascendência para todos; adotar normas referentes aos salários e às remunerações, ao horário e às outras condições de trabalho, a fim de tornar possível a cada um usufruir do progresso e perceber um salário vital; assegurar defesa da vida e da saúde dos trabalhadores nas mais variadas ocupações; obter um nível adequado de alimentação, de alojamento, de recreação e de cultura.

Centro das atenções na OIT, a normatização internacional do trabalho tornou-se ferramenta prevalente na tentativa de padronizar o tratamento dado ao trabalho humano no mercado global. A respeito das razões de existir uma regulamentação internacional do trabalho, Nicolas Valticos[547] aponta a necessidade de fixar parâmetros de lealdade, e porque não dizer de legalidade, para que a concorrência mundial não prejudique os trabalhadores.

Especialmente em razão do crescimento da miséria e das privações vividas por trabalhadores, define-se a preocupação da OIT. A ação pela justiça social inspira, assim, os diferentes países ao movimento de proteção do trabalho no plano nacional, sob a égide de mecanismos de solidariedade, já que os sentimentos naturais de equidade e de humanidade, além do próprio instinto de conservação, direcionam-se à auto-ajuda coletiva. A respeito da expansão de atribuições da OIT, comenta o brasileiro Arnaldo Süssekind:

> Com a incorporação da *Carta de Filadélfia* à Constituição resultante da revisão de 1946, a competência da OIT foi incontroversamente ampliada, pois tornou explícito que as questões sociais-trabalhistas e as econômico-financeiras são interdependentes, razão por que, para adotar soluções referentes às primeiras, é imprescindível, muitas vezes, estudar as segundas.[548]

O autor egípcio supracitado, e ex-Diretor Geral Adjunto da OIT, entendia prioritária uma política conjunta, comprometida com a organização racional do trabalho dentro dos domínios da técnica, para o equilíbrio entre desenvolvimentos social e econômico. A aparição de novos Estados na ordem mundial e a rapidez das mudanças internas sofridas pelos Estados antigos também contribuíram para fortalecer o papel da OIT na centralização e na inspiração das normas jurídicas dentro da ordem internacional. A formação dos blocos econômicos e a crescente interdependência dos países

---

(546) Disponível em: <http://www.oitbrasil.org.br/sites/default/files/topic/decent_work/doc/constituicao_oit_538.pdf>. Acesso em: 6 mar. 2013.
(547) Droit Internacional du Travail. In: CAMERLYNCK, G. H. *Traité de droit du travail*. Tome VIII, Paris: Dalloz, 1970. p. 113-140.
(548) *Instituições de direito do trabalho*. 14. ed. São Paulo: LTr, 1993. v. 2, p. 1256, 2 v.

demandaram ação transnacional sistemática, visando a melhoria da condição humana. Sobre a atividade normativa da OIT, leciona José Soares Filho:

> Deve, ao mesmo tempo, significar um esforço para elevação dos níveis de vida tendo como parâmetro sua média na situação vigente, bem como expressar a síntese de tendências no campo das relações de trabalho, no plano internacional, apurada por seus protagonistas, o que lhe permite influenciar a dinâmica social dos diversos países, servindo de indutor do progresso social. Ademais, tal norma deve ser concebida em termos flexíveis, para atender ao amplo espectro das condições nacionais e atingir um razoável grau de receptividade e aplicabilidade no âmbito interno dos Estados. No caso de ser obstaculado esse desiderato, pelo insuficiente desenvolvimento econômico ou administrativo de certos países, ela vale como guia para uma futura adequação, ficando latente sua influência.[549]

A Convenção n. 111 da OIT, ao tratar da discriminação em matéria de emprego e ocupação, que entrou em vigor em 15 de junho de 1960 e foi ratificada pelo Brasil em 26 de novembro de 1965, incluiu, entre tais hipóteses, "qualquer outra distinção, exclusão ou preferência que tenha por efeito anular ou impedir a igualdade de oportunidades ou tratamento no emprego ou na ocupação, [...]".[550] Prevê, assim, no art. 3º, o comprometimento dos membros em modificar quaisquer regulamentos ou práticas administrativas incompatíveis com essa política proposta pela Organização. Assim sendo, "o trabalhador deve ter asseguradas as oportunidades iguais, de acordo com as suas possibilidades, que os demais membros da sociedade têm, por uma questão isonômica que se reflete em diversas situações da sua vida trabalhista."[551]

As diretrizes da Organização, com o decorrer dos anos, renovaram-se, sem perder, porém, o foco nuclear de proteção do trabalho do Homem frente à exploração do capital. Na *Declaração da OIT sobre os Princípios e Direitos Fundamentais no Trabalho*, adotada na 86ª reunião, durante a Conferência Internacional do Trabalho[552], realizada em 18 de junho de 1998[553], foram discutidos o desenvolvimento sustentável de ampla base, políticas eficazes destinadas à geração de emprego e o vínculo entre progresso social e crescimento econômico. Na justificativa prévia desse documento, destaco a

---

(549) *A proteção da relação de emprego. Análise crítica em face das normas da OIT e da legislação nacional*. São Paulo: LTr, 2002. p. 118.

(550) Disponível em: <http://www.oitbrasil.org.br/sites/default/files/topic/discrimination/pub/declaracao_principios_direitos_fundamentais_236.pdf>. Acesso em: 1º mar. 2013. p. 26.

(551) NASCIMENTO, Amauri Mascaro. *Direito contemporâneo do trabalho*. São Paulo: Saraiva, 2011. p. 63.

(552) Sobre a Conferência Internacional do Trabalho, esclarece Arnaldo Süssekind: "[...] é a assembleia-geral de todos os Estados-membros da Organização; é o órgão supremo da POIT, que elabora a regulamentação internacional do trabalho e dos problemas que lhe são conexos, por meio de convenções, recomendações e resoluções. Cumpre-lhe, igualmente, dentre outras atribuições, decidir os pedidos de admissão na OIT dos Estados que não pertençam à ONU, aprovar as credenciais dos delegados às suas sessões e o orçamento da Organização, resolver as questões atinentes à aplicação das convenções e recomendações por parte dos Estados-membros etc." (*Instituições de direito do trabalho*. 14. ed. São Paulo: LTr, 1993. v. 2, p. 1261, 2 v)

(553) Disponível em: <http://www.oitbrasil.org.br/sites/default/files/topic/discrimination/pub/declaracao_principios_direitos_fundamentais_236.pdf>. Acesso em: 1º mar. 2013.

previsão de justa participação na riqueza por aquele que tenha contribuído pela sua geração, de modo a tornar pleno seu potencial humano. Como princípios relativos aos direitos fundamentais, enumera: (a) a liberdade sindical e o reconhecimento efetivo do direito de negociação coletiva; (b) a eliminação de todas as formas de trabalho forçado ou obrigatório; (c) a efetiva abolição do trabalho infantil; e (d) o fim da discriminação em matéria de emprego e ocupação.

Identificamos, nesse último aspecto, uma das principais justificativas para regulamentação do labor autônomo, dentro do ordenamento jurídico brasileiro, inclusive como forma de evitar distinção dos direitos fundamentais alcançados aos empregados e aos demais trabalhadores. Afinal, seguindo os dizeres de Américo Plá Rodriguez, os princípios constituem "diretrizes que informam algumas normas e inspiram direta ou indiretamente uma série de soluções, pelo que, podem servir para promover e embasar a aprovação de novas normas, orientar a interpretação das existentes e resolver os casos não previsto".[554]

A OIT tem preconizado, na atualidade, a Agenda do Trabalho Decente, cuja noção funciona como ponto de convergência de quatros objetivos estratégicos para o mundo do trabalho: a) aplicação dos princípios e direitos fundamentais no trabalho; b) criação de empregos; c) proteção social adequada; d) diálogo social.[555] Sobre o tema, esclarece Éricson Crivelli:

> O trabalho decente, como se pode perceber, é uma ideia-chave que articula, ao mesmo tempo, a noção do direito ao trabalho, a proteção de direitos básicos, a equidade no trabalho, segurança social, uma representação dos interesses dos trabalhadores e, ainda, que o trabalho esteja envolto num meio ambiente social e político adequado à noção de liberdade e dignidade humana.[556]

Na *Declaração da OIT sobre a Justiça Social para uma Globalização Equitativa*, adotada durante a Conferência Internacional do Trabalho na 97ª reunião, realizada em 10 de junho de 2008[557], além dos altos níveis de desemprego, constatou-se o aumento do trabalho *não protegido* e da economia informal, que influenciaram a relação de trabalho e o amparo que ela pode oferecer ao trabalhador. Desde o seu prefácio, reforça o compromisso de os Estados promoverem globalização justa, resolverem os objetivos do emprego pleno e produtivo, além de garantir o trabalho decente para todos, em prol do desenvolvimento sustentável e no âmbito de suas políticas nacionais. Recomendou, para tanto, que os Estados-membros considerassem o estabelecimento de indicadores e estatísticas, para monitorar e avaliar os progressos alcançados. Tendo por premissa o vínculo indissociável de trabalho e economia, sintetiza Guilherme Guimarães Feliciano:

---

(554) *Princípios de direito do trabalho*. 5ª tir. São Paulo: LTr, 1997. p. 16.
(555) CRIVELLI, Ericson. *Direito internacional do trabalho contemporâneo*. São Paulo: LTr, 2010. p. 175.
(556) Ibid., p. 175.
(557) Disponível em: <http://www.ilo.org/wcmsp5/groups/public/--dgreports/--cabinet/documents/genericdocument/wcms_099768.pdf>. Acesso em: 4 mar. 2013.

A Economia do Trabalho permite aferir, ademais, a evolução de um país na agenda do trabalho decente. Por *trabalho decente*, a propósito, a Organização Internacional do Trabalho compreende o trabalho adequadamente remunerado, exercido em condições de liberdade, equidade e segurança, capaz de garantir uma vida digna. Logo, é trabalho decente, entre outras coisas, aquele escoimado de toda forma de discriminação de gênero ou de exploração infantil.[558]

A luta contra a pobreza e as crescentes desigualdades busca, em síntese, a elevação do nível de vida das pessoas promovida pelo labor, visto que a relação de trabalho constitui meio de oferecer proteção jurídica. A promoção do trabalho autônomo engaja-se nesse contexto, como medida necessária à justa distribuição dos frutos do progresso, ainda que imprescindível adaptar a aplicação dos objetivos peculiares às circunstâncias de cada país.

Em 2009, o Escritório da OIT no Brasil lançou o Perfil do Trabalho Decente, que avaliou a evolução nacional, no período de 1992 a 2007. Em complemento a esse estudo, em 2012, é lançado o *Perfil do Trabalho Decente no Brasil: um olhar sobre as Unidades da Federação*[559], direcionado, predominantemente, à segunda metade dos anos 2000. Consta, nesse documento, que a promoção das oportunidades de acesso ao Trabalho Decente para homens e mulheres é eixo estratégico, para que o país possa superar a pobreza, a fome e a desigualdade social. A respeito do assunto, devemos compreender conforme lição de José Ribeiro Soares Guimarães:

> Além da remuneração adequada, o Trabalho Decente também supõe o acesso aos direitos associados ao trabalho e à proteção social e, quando combinado com aumentos de produtividades e igualdade de oportunidades e de tratamento no emprego, tem o potencial de diminuir exponencialmente a pobreza extrema e a fome, por meio do aumento e melhor distribuição da renda.[560]

"O trabalho é um dos principais vínculos entre desenvolvimento econômico e social, uma vez que representa um dos principais mecanismos por intermédio dos quais os seus benefícios podem efetivamente chegar às pessoas".[561] Como amostra, o referido relatório insere pesquisa do IBGE, segundo a qual 61% da renda familiar provém do trabalho. "Isso significa que grande parte dos rendimentos familiares e, por conseguinte, das condições de vida das pessoas, depende primordialmente dos rendimentos gerados no mercado de trabalho."[562]

---

(558) *Curso crítico de direito do trabalho. Teoria Geral do Direito do Trabalho*. São Paulo: Saraiva, 2013. p. 30.

(559) GUIMARÃES, José Ribeiro Soares. *Perfil do trabalho decente no Brasil*: um olhar sobre as Unidades da Federação. Brasília: OIT, 2012.

(560) *Perfil do trabalho decente no Brasil*: um olhar sobre as Unidades da Federação. Brasília: OIT, 2012. p. 57.

(561) GUIMARÃES, José Ribeiro Soares. *Op. cit.*, p. 57.

(562) GUIMARÃES, José Ribeiro Soares. *Op. cit.*, p. 57.

Os conceitos de empresas sustentáveis e de trabalho decente interagem com a noção de desenvolvimento equilibrado sobre três pilares: crescimento econômico, progresso social e aspectos ambientais.[563] Aliás, de acordo com a *Resolução sobre a Promoção de Empresas Sustentáveis*, aprovada na 96ª Reunião da Conferência Internacional do Trabalho de 2007, dentre as condições básicas para esse novo perfil empresário estão "justiça social e inclusão social", além de "proteção social adequada".[564]

Como se extrai da 101ª reunião da Conferência Internacional do Trabalho de 2012, as formas *atípicas* de emprego, e a precariedade que costuma acompanhá-las, suscitam preocupações sobre princípios e direitos fundamentais no trabalho e dos outros direitos relacionados com o trabalho. Existe um número crescente de países que estão tomando medidas para melhorar a regulação da relação de trabalho e para especificar o regime jurídico aplicável às formas de emprego *atípicas*. Além de estabelecer a distinção entre *assalariados* e *independentes*, bem como de lutar contra as relações de emprego disfarçadas de autonomia, passa-se a reconhecer que os trabalhadores insertos em formas de emprego *atípicas* têm direito a condições de trabalho iguais ou similares àquelas estendidas aos trabalhadores *típicos*.[565]

A OIT, como principal fonte do direito internacional do trabalho, ao estabelecer os direitos fundamentais dos trabalhadores, reforça seu compromisso de eliminar todas as formas de discriminação, ou melhor, de distinção do núcleo essencial de direitos propiciados a determinadas classes de trabalhadores, em detrimento de outras. "Observa-se que a vocação da OIT é muito maior do que simplesmente regrar o trabalho subordinado".[566] Impulsiona, assim, a interpretação dos preceitos nacionais e inspira a regulamentação do labor autônomo, para que se implemente, de modo eficaz, as diretrizes protetivas dos trabalhadores em geral.

O verdadeiro significado do enunciado do trabalho decente deve ser priorizado, para renovação do ordenamento jurídico brasileiro, em resposta às demandas sociais crescentes de grupo de trabalhadores alijado de direitos basilares. Desse modo, chega-se à afirmação de que a legalidade avança pela extensão da lei moderna a relações que antes eram excluídas, abrindo caminho à incorporação de direitos nacionais, à sua inclusão na legislação vigente ou à sua salvaguarda na forma de regras especiais.[567]

---

(563) GUIMARÃES, José Ribeiro Soares. *Op. cit.*, p. 333.

(564) GUIMARÃES, José Ribeiro Soares. *Op. cit.*, p. 334.

(565) *Princípios y derechos fundamentales en el trabajo*: del compromisso a la acción. Informe IV. In: Conferência Internacional del Trabajo, 101ª reunião, 2012. p. 35-40. Disponível em: http://www.oit.org.br/sites/default/files/topic/gender/doc/direitosfund2012_838.pdf. Acesso em: 1º mar. 2013.

(566) HUSEK, Carlos Roberto. *Curso básico de direito internacional público e privado do trabalho*. 2. ed. São Paulo: LTr, 2011. p. 98.

(567) "[...] In formal terms, legality moves forward by extending 'modern' law to relationships that were previously excluded. It also breaks new ground by incorporating vernacular rights, either including them in the current legislation or enshrining them in the form of exceptional or special rules. But its development tends to be fragmented both within the same branch of law, in that branch's links with neighbouring branches, and within the institutional and legal system as a whole." (TEKLÈ, Tzehainesh. *Labour law and worker protection in development countries*. Geneva: Oxford, 2010. p. 73).

4.2. As Normas de Direito Comunitário de Proteção dos Trabalhadores

A Comunidade Econômica Europeia, formada pelo Tratado de Roma (1957), objetivou a criação de um mercado comum e uma união aduaneira, de caráter equilibrado, progressivo e estável. A necessidade de promover a melhoria das condições de vida e de trabalho, aliada à paralela proliferação de empresas multinacionais, impulsionaram o surgimento de um ambiente único do trabalho, o que exigiu uma readequação legislativa firmada em preceitos compartilhados por todo o seu território.

As migrações de mão de obra, como destaca Gérard Lyon-Caen, constituem um fenômeno importante, não apenas representativo do caso europeu, mas dos nossos tempos. Ressalta o autor duas tendências complementares: 1ª) transferência de capital para lugares em que trabalho é excedente e barato; 2ª) transferência de mão de obra disponível nas regiões com forte densidade demográfica, mas insuficientemente desenvolvidas, para nações industrializadas.[568] Vale a lição de Guilherme Guimarães Feliciano acerca da onipresença do capital, no sentido de que "o capital não tem vínculos culturais ou geográficos (diversamente do trabalho), deslocando-se com facilidade de um ponto a outro do planeta e de um segmento a outro da economia"[569]. Sobre o fluxo migratório dentro dos países europeus industrializados, Gérard Lyon-Caen elucida uma separação na classe operária: aos nacionais, os ofícios nobres ou lucrativos; aos imigrantes, os trabalhos repulsivos (penosos) e mal remunerados. Nesse panorama, ensina o autor, o imigrante é o proletário da sociedade da abundância.[570] Essa peculiaridade, dentro do espaço comunitário, passou a demandar esforços para a tomada de medidas que coibissem a discriminação dos trabalhadores imigrantes.

A harmonização das disposições legislativas, regulamentares e administrativas de cada um dos seus membros, como forma de assegurar a igualdade de tratamento entre nacionais e estrangeiros, tornou-se um dos grandes desafios desse bloco regional. Procurou-se, ainda, na medida do possível, compatibilizar a conservação de direitos adquiridos com a possibilidade de transferência de prestações sociais para pagamentos em outros países. Os avanços obtidos nessa seara, não obstante a crise econômica vivenciada, nos dias atuais, por tais países, servem a nós como exemplo de superação das diferenças de cada nação por uma finalidade comum.

Para estabelecer o livre fluxo de trabalhadores (ingresso, permanência e residência), o Tratado de Roma proclamou a instituição de um sistema que consolidasse os

---

(568) "Les migrations de main-de-oeuvre constituent un phénomène majeur de notre temps. Depuis la fin des empires coloniaux on assiste à deux tendances complèmentaires: tantôt il y a transfert de capitaux là ou la main-de-oeuvre est excédentaire et bon marche; tantôt il y a transfert de la main-de-oeuvre disponible des pays à forte densité démographique mais insuffisamment développés, vers les pays industrialisés." (LYON-CAEN, Gérard. *Droit Social International et Européen*. 4. ed. Paris: Dalloz, 1976. p. 6)
(569) *Curso crítico de direito do trabalho. Teoria geral do direito do trabalho*. São Paulo: Saraiva, 2013. p. 74.
(570) "Dans les pays industrialisés de l'Europe les flux migratoires sont presque exclusivement des flux d'immigrants. Ceux-ci remplissent les tâches progressivement délaissées par les ouvriers autochtones. Un clivage s'effectue ainsi au sein de la classe ouvrière: aux <nationaux> les métiers nobles ou lucratifs; aux immigrés les travaux rebutants et mal payés. Le migrant est le prolétaire de la societé d'abondance." (*Ibidem*, p. 7)

direitos à aquisição e à manutenção de benefícios sociais pelos trabalhadores migrantes, mediante a totalização dos períodos considerados pelas diferentes legislações nacionais, desde que residentes em território dos Estados-Membros (art. 51[571]). Ademais, determinou a abolição de toda discriminação, fundada sobre a nacionalidade dos trabalhadores dos Estados-membros, no que diz respeito ao emprego, à remuneração e às condições de trabalho (art. 48[572]). Segundo Nicolas Valticos, suas disposições procuram a conformidade dos custos da mão de obra na integração econômica, de modo que não reforce a concorrência em detrimento dos países em que a legislação social é mais avançada.[573]

A livre circulação do trabalho diz respeito não ao trabalho subordinado propriamente dito, mas também às demais espécies de prestação de serviços por pessoa naturais. Nesse aspecto, porém, como bem destaca Gérard Lyon-Caen, os trabalhadores independentes não são mencionados no Tratado de Roma, permanecendo à margem da seguridade social[574]. Aliás, por mais que, com o passar dos anos, os regimes de previdência social tenham incluído os autônomos, o que ocorreu até mesmo no Brasil, remanesce a luta pela equiparação de outros direitos, ditos aqui como trabalhistas, ainda outorgados com exclusividade aos empregados, distinção essa propulsora deste estudo. Sobre o tema, esclarece Ericson Crivelli:

> Os trabalhadores autônomos devem ter o direito à livre circulação para a prestação de serviços de forma temporária ou permanente. No caso destes trabalhadores, a regulação comum do direito comunitário a respeito da certificação profissional nos Estados-membros de um processo de integração econômica foi fundamental para o exercício dos direitos decorrentes da liberdade de circulação.[575]

A eliminação progressiva das barreiras que dividiam a Europa permitiu o desenvolvimento de um novo sistema jurídico, caracterizado pela fixação de patamares gerais a serem seguidos por todos os seus membros, inclusive no que diz respeito à proteção dos trabalhadores, para que houvesse um crescimento equilibrado na Comunidade. Sobre os pontos mais vulneráveis da ação comunitária dentro do domínio social, Nicolas Valticos entende que parecem residir na insuficiência do Tratado de Roma quanto à me-

---

(571) Disponível em: <https://infoeuropa.eurocid.pt/opac/?func=service&doc_library=CIE01&doc_number=000037605&line_number=0001&func_code=WEB-FULL&service_type=MEDIA>. Acesso em: 23 maio 2013.

(572) *Ibidem*.

(573) Sobre o assunto, afirma o autor: "[...] Ces diverses dispositions répondent surtout à la crainte qu'à default d'une harmonisation des coûts de la main-de-oeuvre l'intégration économique ne fasse jouer la concurrence au détriment des pays dont la législation sociale est la plus avancée." (Droit Internacional du Travail. In: CAMERLYNCK, G. H. *Traité de Droit du Travail*. Paris: Dalloz, 1970, Tome VIII, p. 162)

(574) Sobre o assunto, comenta o autor: "[...] Il importe de souligner que le règlement n. 1408 ne concerne pas les travailleurs indépendants. Ceci peut s'expliquer par le fait que le règlement a été pris en application de l'article 51, lequel a pour fondement l'article 48 sur la libre circulation des travailleurs *salariés*. Mais la liberte d'etablissement postulerait qu'un regime de Sécurité sociale propre aux travauilleurs indépendants <migrants> soit adopté sur le modele du règlement n. 1408. Il y a là une lacune; de plus certains cas-limites susciteront des litiges (n. 318)." (LYON-CAEN, Gérard. *Droit Social International et Européen*. 4. ed. Paris: Dalloz, 1976. p. 243-244)

(575) *Direito internacional do trabalho contemporâneo*. São Paulo: LTr, 2010. p. 128.

lhoria das condições de trabalho e de vida, assim como na ausência de vontade política dos Estados-Membros no que concerne a uma ação social, principalmente por causa de considerações financeiras.[576]

A Carta dos Direitos Sociais do Conselho Europeu tratou da interação dos direitos econômicos e sociais. Segundo Andrzej M. Swiqtkowski, é paradigma utilizado pelos juristas focados no Direito do Trabalho e na Seguridade Social, como também por especialistas em políticas sociais internacionais. Consiste no conjunto de tratados e documentos internacionais sancionados pelo Conselho Europeu, a saber: Carta Social Europeia (1961); Protocolo Adicional à Carta Social Europeia (1988); Protocolo Modificatório da Carta Social Europeia (1991); Protocolo Adicional da Carta Social Europeia (1995) e Carta Social Europeia Revisada (1996).[577]

Sobre o trabalho autônomo, o art. 19 da Carta de 1961 asseverou direitos à proteção e à assistência de trabalhadores migrantes e das suas famílias, além do compromisso de estendê-los, nos seguintes aspectos, àqueles que trabalham por conta própria: 1) prestação gratuita de serviços de auxílio; 2) medidas facilitadoras de partida, viagem e acolhimento, inclusive serviços sanitários e médicos, em boas condições de higiene; 3) colaboração entre os serviços sociais dos países de emigração e de imigração; 4) tratamento igual aos nacionais quanto à remuneração e outras condições de emprego e de trabalho, filiação em organizações sindicais, fruição dos benefícios resultantes de convenções coletivas e habitação; 5) tratamento igual aos nacionais quanto a impostos, taxas ou contribuições referentes ao trabalho, pagas pelo trabalhador; 6) facilitar o reagrupamento da família do trabalhador migrante autorizado a fixar-se no território; 7) tratamento igual aos nacionais em ações judiciais com referência às questões mencionadas neste artigo; 8) os residentes regulares não poderão ser expulsos, exceto quando ameaçarem a segurança do Estado ou violarem a ordem pública ou os bons costumes; 9) transferência de qualquer parte dos salários e das economias dos trabalhadores migrantes que estes desejem transmitir.[578]

Nesse mesmo contexto, de caráter complementar aos documentos anteriormente mencionados, inclui-se a Carta dos Direitos Fundamentais da União Europeia (2000). No seu Capítulo 1, proclama a inviolabilidade da dignidade humana e o respeito à integridade física e mental de cada pessoa. No art. 15º, aponta o direito de trabalhar e a liberdade de escolha profissional. Sem prejuízo dos demais dispositivos que tratam das liberdades, igualdade, solidariedade, cidadania e justiça, cremos que, no seu conjunto, corrobora, ainda mais, não só a conveniência de se proporcionar tratamento equânime entre os trabalhadores das mais diferentes nacionalidades, como também entre as

---

(576) Pondera o autor: "Les principales faiblesses de l'action communautaire dans le domaine social semblent résider dans les insuffisances des textes du Traité de Rome relatifs à l'mélioration des conditions de travail et de vie, dans l'absence de volonté politique des Etats membres en ce qui concerne une telle action sociale, en raison notamment de considérations financières." (Droit Internacional du Travail. In: CAMERLYNCK, G. H. *Traité de Droit du Travail*. Paris: Dalloz, 1970. Tome VIII, p. 172)

(577) *Carta de los Derechos Sociales Europeos*. Caseros: Universidad Nacional de Tres Febrero, 2007. p. 13.

(578) Disponível em: <http://www.gddc.pt/direitos-humanos/textos-internacionais-dh/tidhregionais/conv-tratados-18-10-961-ets-35.html>. Acesso em: 24 maio 2013.

mais diversas espécies de trabalhadores (subordinados ou independentes), quanto às condições básicas de exercício de seus ofícios e às normas mínimas de tutela enquanto indivíduos que laboram para garantir sua subsistência, sujeitos à lógica expansionista do capitalismo, dentro das mais variadas formas atuais de exploração do labor humano.

Suas normas representaram um progresso, não só por sintetizarem o espírito dos direitos consagrados pela OIT, mas também por regularem situações específicas do contexto europeu. Os mecanismos utilizados por este bloco regional "representam parte do denominado Direito Internacional do Trabalho, aplicável de forma compatível com as normas emanadas pela OIT naquela região"[579]. Como bem ressalta José Soares Filho:

> A política social da Comunidade Europeia foi [...] fortemente influenciada pelas normas adotadas pela OIT que versam matérias da mesma natureza. É inegável, porém, que o direito comunitário, apesar dessa afinidade, possui autonomia em relação ao direito internacional do trabalho.[580]

Nicolas Valticos distingue as normas trabalhistas estabelecidas pela OIT e pela Comunidade Europeia. A partir de suas ponderações, podemos dizer que, no primeiro caso, existe um objetivo essencial de promover ação sistemática de proteção ao trabalho. No segundo, os enfoques sociais relacionam-se com as finalidades econômicas, sendo que a harmonização das leis ocorre na medida em que constituem cargas sociais.[581] Andrzej M. Swiqtkowski reforça esse entendimento, ao afirmar que o objetivo do Conselho Europeu é consolidar a unidade entre os membros da Comunidade Europeia, com o propósito de garantir e realizar ideias e fundamentos comuns, ao mesmo tempo em que incentiva o desenvolvimento econômico e social.[582]

Ao defender a proteção dos direitos fundamentais dos autônomos, por meio da criação de um fundo social, partimos da ideia do Fundo Social Europeu, regulado pelos arts. 123-128 do Tratado de Roma[583], que buscou melhorar as possibilidades de emprego dos trabalhadores no mercado comum, assim também concorrendo para elevar seu nível de vida. Adaptando essa sistemática ao foco primordial do nosso estudo, teríamos pagamentos específicos para esse fim realizados pelos tomadores de

---

(579) HUSEK, Carlos Roberto. *Curso básico de direito internacional público e privado do trabalho.* 2. ed. São Paulo: LTr, 2011. p. 159.

(580) *A proteção da relação de emprego.* Análise crítica em face das normas da OIT e da legislação nacional. São Paulo: LTr, 2002. p. 247.

(581) Esclarece o autor: "A la différence des normes du travail établies par l'O.I.T., dont l'objectif essenciel est la protection du travail el l'action systématique dans ce domaine, l'activité de la C.E.E. dans le domaine social se rattache à sés finalités économiques et vise principalement l'harmonisation des lois dans la mesure ou elles constituent des charges sociales." (Droit Internacional du Travail. In: CAMERLYNCK, G. H. *Traité de Droit du Travail.* Tome VIII, Paris: Dalloz, 1970. p. 163)

(582) "El objectivo del Consejo Europeo es asegurar la unidad entre los países miembro de esa organización internacional con el propósito de garantizar y realizar las ideas y fundamentos comunes, al mismo tiempo que posibilitar el desarrollo económico y social." (*Carta de los derechos sociales europeos.* Caseros: Universidad Nacional de Tres Febrero, 2007. p. 14)

(583) Disponível em: <https://infoeuropa.eurocid.pt/opac/?func=service&doc_library=CIE01&doc_number= 000037605&line_number=0001&func_code=WEB-FULL&service_type=MEDIA>. Acesso em: 23 maio 2013.

serviços, administradas por um Conselho, formado por representantes das categorias envolvidas e pelo próprio Estado, o qual também responderia pela concessão dos benefícios trabalhistas a que se propõe (e não previdenciários ou assistenciais), conforme previamente estabelecido na lei reguladora.

O modelo de integração europeu evidenciou, mais uma vez, a oposição de medidas protecionistas e liberais. No primeiro aspecto, não apenas pela supervalorização da mão de obra nacional, em detrimento dos estrangeiros, mas também da própria tutela dada ao trabalho humano e da indispensável destinação de recursos para esse fim específico. No segundo aspecto, o acirramento da competitividade das empresas e a transferência do capital para mercados menos onerosos, do ponto de vista social, direcionaram à uniformização dos direitos sociais, atenuando a concorrência desleal no âmbito internacional, inclusive como forma de coibir o retrocesso de direitos já alcançados em leis nacionais. Sintetizando os dizeres de Gérard Lyon-Caen, o peso dos encargos sociais deve ser o mesmo entre todos os países, na medida em que a justiça social também deve ser idêntica. Nesse sentido, a internacionalização do Direito do Trabalho minimiza as distorções que geram uma concorrência internacional desigual.[584]

O nível de proteção dos direitos sociais, como bem salientado por Andrzej M. Swiqtkowski, está condicionado pelo grau de desenvolvimento econômico de determinada sociedade.[585] O exemplo da preocupação com a admissão de trabalhadores estrangeiros na Europa serve-nos para repensar no que verdadeiramente consiste o livre exercício de cada profissão e a igualdade de tratamento dos trabalhadores, que devem ser garantidos por nosso ordenamento jurídico. Se já evoluímos em relação à Previdência Social, muito ainda se tem a percorrer para alcançarmos um patamar básico de direitos trabalhistas, de modo a proporcionar uma vida digna a todos os trabalhadores no Brasil.

Segundo a lógica mercadológica do capitalismo, para o melhor fluxo do capital, torna-se imprescindível conferir maior mobilidade profissional aos indivíduos. Para evitar abusos, porém, impõe-se uma política eficaz de pleno emprego, que garanta condições de livre exercício das potencialidades laborais das pessoas e que possibilite a reinserção desses trabalhadores em novos ofícios, que vão surgindo na mesma velocidade da evolução tecnológica. A lógica liberal da empregabilidade dos trabalhadores decorre do mercado de consumo, na medida em que não se busca mais a durabilidade dos produtos, mas a satisfação imediata e volátil do consumidor, o que acaba refletindo em relações de trabalho mais efêmeras.

---

(584) A respeito do assunto, esclarece Gérard Lyon-Caen: "Mais il est un autre facteur qui a lui aussi joué dans le sens de l'élaboration de cette législation uniforme, c'est la concurrence existant entre les entreprises. Les entreprises d'un pays donné, ne pouvaient supporter le poids des charges sociales, c'est-à-dire le poids de la législation socieale, que si ce poids était sensiblement le même d'un pays à l'autre. L'internatiosanisation du Droit du travail est trés vite apparue comme un moyen d'égaliser les charges et d'atténuer les inégalités de la concurrence internationale. Aussi, le patronat lui—même s'est trés vite déclaré acquis à l'idée d'une uniformisation du Droit. Le sentimemt, que la justice sociale devait être la même dans les différents pays, et le caractere humain du Droit du travail ont agi dans le même sens." (LYON-CAEN, Gérard. *Droit Social International et Européen*. 4. ed. Paris: Dalloz, 1976. p. 49).

(585) *Carta de los derechos sociales europeos*. Caseros: Universidad Nacional de Tres Febrero, 2007. p. 17.

Seguindo os ensinamentos de Gérard Lyon-Caen, a política de (pleno) emprego, em verdade, significa uma política econômica que visa à criação de postos de trabalho e a preparar as pessoas para ocupá-los; fornecer formação profissional adequada, recrutar mão de obra estrangeira e facilitar a readaptação profissional. Uma política que, por consequência, tenha uma base econômica tanto quanto uma "coloração" social.[586] Emerge, daí, o propósito de conferir uma efetiva proteção aos autônomos, em níveis que, pelo menos até hoje, não foram atingidos. Cumpre a nós dar vazão à efetividade da norma constitucional brasileira prevista no art. 170, VIII, da CF (busca do pleno emprego), além de todos os seus consectários.

4.3. O Trabalho Humano nas Constituições Brasileiras

A previsão de tutela ao trabalho humano, a exemplo das normas estrangeiras e internacionais, também evoluiu dentro das Constituições brasileiras, encontrando seu ápice nas máximas estabelecidas na Carta Cidadã de 1988. O ordenamento jurídico pátrio, ao estipular garantias de exercício de todas as formas de labor, trilhou progressivo caminho. Nessa projeção ampliativa, ainda falta regulamentar o trabalho autônomo, fundado na liberdade de execução, organização e disposição dos resultados pelo próprio prestador de serviços.

A Constituição de 1824, no art. 179, além do fim das corporações de ofício, estabeleceu a impossibilidade de proibir qualquer gênero de trabalho, desde que não se opusesse aos costumes públicos, à segurança e à saúde dos Cidadãos (incisos XXIV e XXV). Curiosamente, manteve o trabalho escravo, em frontal contradição à efetiva liberdade de trabalho. "Consagrando a filosofia liberal da revolução francesa, não tratou dos direitos sociais do trabalhador, que pressupõem a intervenção do Estado nas relações contratuais".[587]

O art. 72 da Constituição de 1891 fixou a inviolabilidade dos direitos concernentes à liberdade, à segurança individual e à propriedade, dentre os quais o livre exercício de qualquer profissão moral, intelectual e industrial (§ 24). Novamente, não se preocupou em tratar dos direitos sociais do trabalhador, prevalecendo a influência liberal da Constituição norte-americana. Como é sabido, até ser promulgada a Constituição seguinte (1934), houve aumento da pressão da classe trabalhadora, para que os sindicatos interviessem no mercado de trabalho *livre*, dando novos horizontes às relações de trabalho. Saia-se da perspectiva meramente individual e adentrava-se, de uma vez por todas, no plano das relações coletivas.

A Constituição de 1934 foi, nitidamente, influenciada pela Constituição de Weimar (1919), sendo a primeira a inscrever um título sobre a ordem econômica e social. Em

---

(586) "[...] Une politique de l'emploi est une politique économique qui vise à creer des emplois, à preparer les personnes à occuper ces emplois en leur donnant une formation professionnelle adéquate, à recruter la main-deoervre étrangère, à faciliter la réadaptation professionenelle; une politique qui, par conséquent, a une base économique autant qu'une coloration sociale." (*Droit Social International et Européen*. 4. ed. Paris: Dalloz, 1976. p. 294)

(587) SÜSSEKIND, Arnaldo. *Direito constitucional do trabalho*. 2. ed. Rio de Janeiro: Renovar, 2001. p. 29.

seu art. 113, reproduziu, embora limitada pelo interesse público, a previsão anterior de garantia de livre exercício de qualquer profissão. Desse modo, pôr em prática essa liberdade dependeria das condições de capacidade técnica e de outras que a lei viesse a afiançar. Em consonância, definia o direito de cada um prover à própria subsistência e à de sua família, mediante trabalho *honesto*. No Título IV (Da Ordem Econômica e Social), reconheceu os sindicatos e as associações profissionais (art. 120). Previu o estabelecimento das condições de trabalho, tendo em vista a proteção social do trabalhador e as conveniências econômicas do País (art. 121). Arrolou os seguintes direitos, além de outros que colimassem melhorias à situação do trabalhador (§1º): a) proibição de diferença de salário para um mesmo trabalho, por motivo de idade, sexo, nacionalidade ou estado civil; b) salário mínimo, capaz de satisfazer, conforme as circunstâncias de cada região, às necessidades normais do trabalhador; c) jornada não excedente de oito horas, reduzíveis, mas só prorrogáveis nos casos previstos em lei; d) proibição de trabalho a menores de 14 anos, de labor noturno a menores de 16 e, em indústrias insalubres, a menores de 18 anos e a mulheres; e) repouso hebdomadário, de preferência aos domingos; f) férias anuais remuneradas; g) indenização por dispensa sem justa causa; h) assistência médica e sanitária ao trabalhador e à gestante, assegurando a esta descanso antes e depois do parto, sem prejuízo do salário e do emprego, e instituição de previdência, mediante contribuição igual da União, do empregador e do empregado, a favor da velhice, da invalidez, da maternidade e nos casos de acidentes de trabalho ou de morte; i) regulamentação de todas as profissões; e j) reconhecimento das convenções coletivas de trabalho. Além disso, dentro dessa primeira positivação do direito ao trabalho no nosso sistema jurídico, constituiu os seguintes preceitos, ainda hoje reproduzidos na Constituição brasileira vigente: ausência de distinção entre atividade manual, intelectual ou técnica, além de serviços de amparo à maternidade e à infância. Dentro dessa nova concepção do trabalho como direito fundamental, estipulou a organização de colônias agrícolas para os *sem trabalho*. Além disso, criou a Justiça do Trabalho, paralela ao Poder Judiciário, composta por representantes eleitos dos empregados e dos empregadores (art. 122).

Percebe-se, desde então, a interferência incisiva do Estado no âmbito das relações privadas, quanto à regulação do mercado, seja na sutileza do conceito de trabalho honesto, seja no expresso controle da liberdade de trabalhar, conforme o interesse público. Além disso, a enumeração de direitos dos trabalhadores coaduna-se com o espectro de sustentação que envolve a tutela do direito social ao trabalho. Por fim, ressaltamos o disposto no art. 123 da Constituição Federal brasileira de 1934, que se insere perfeitamente o objeto deste estudo, quando estipula que "são equiparados aos trabalhadores, para todos os efeitos das garantias e dos benefícios da legislação social, os que exerçam profissões liberais".

Ainda com referência à paridade dos direitos dos trabalhadores em geral, autônomos ou subordinados, a partir do momento em que nossa Constituição apresentou o direito social ao trabalho, optou-se, como em outros sistemas, por restringir tais garantias tão-somente aos empregados, com a exclusão dos ditos profissionais liberais. Nesse aspecto, o que ora se pretende é justamente retomar a inclusão de direitos fundamentais a todos os trabalhadores, para que se atinja não só a plena liberdade de trabalhar, como também se estenda dignidade (mínima) a todos aqueles que dependam do seu trabalho, para prover a sua subsistência pessoal e familiar. A regulamentação do trabalho autônomo e a criação do fundo social pretendido reitera, na verdade, a máxima de isonomia prevista, expressamente nas nossas Constituições, pelo menos, desde 1934.

A Constituição de 1937 introduziu, logo em seguida, o chamado Estado Novo de Vargas. Dentro do ideário do governo populista e autoritário, reproduziu preceitos da Constituição anterior, com amplo rol de direitos sociais, mas retrocedeu em outros aspectos, especialmente no que tange às liberdades individuais, diante da marcante presença do Estado nas relações de trabalho. No seu art. 135, indicou que "a intervenção no domínio econômico poderá ser mediata e imediata, revestindo a forma do controle, do estimulo ou da gestão direta". O art. 136 definiu o trabalho como um dever social e um bem que deve o Estado proteger, assegurando-lhe condições favoráveis e meios de defesa. Destacamos, ainda, a previsão do direito à indenização proporcional aos anos de serviço, a sucessão de empregadores na empresa, bem como o acréscimo do adicional noturno (art. 137, *j*). Aliado a isso, considerou a greve e o *lock-out* recursos anti-sociais nocivos ao trabalho e ao capital, além de incompatíveis com superiores propósitos da produção nacional (art. 139). Sobre os autônomos, o art. 150 proclamou que "só poderão exercer profissões liberais os brasileiros natos e os naturalizados que tenham prestado serviço militar no Brasil", ressalvados os casos de exercício legítimo na data da Constituição e de reciprocidade internacional. A respeito do tema, sintetiza Arnaldo Süssekind:

> Outorgada por GETÚLIO VARGAS, com o apoio das Forças Armadas, ela sublinhou que o escopo da intervenção do Estado no domínio econômico era, não apenas, o de "suprir as deficiências na iniciativa individual", mas também o de "coordenar os fatores de produção, de maneira a evitar ou resolver os seus conflitos e introduzir, no jogo das competições individuais, o pensamento dos interesses da Nação, representados pelo Estado" (art. 135).[588]

Com a vitória dos Aliados na Segunda Guerra Mundial, como bem ressalta Maria Hemília Fonseca, a Constituição de 1946 "assimilou as ideias das Constituições de 1891 e 1934, restabelecendo os direitos e garantias individuais outrora adquiridos sob um modelo de Estado Democrático Social".[589] Determinou que a ordem econômica se organizasse conforme os princípios da justiça social, conciliando a liberdade de iniciativa com a valorização do trabalho humano (art. 145). Sobre a legislação trabalhista e previdenciária, inovou com relação aos seguintes preceitos (art. 157): participação obrigatória e direta do trabalhador nos lucros da empresa; higiene e segurança do trabalho; obrigatoriedade da instituição do seguro pelo empregador contra os acidentes do trabalho; além da estabilidade no emprego (art. 157). Reconheceu os direitos de greve (art. 158) e de livre a associação profissional ou sindical (art. 159). Ademais, integrou a Justiça do Trabalho ao Poder Judiciário (art. 94), desvinculando-a do Poder Executivo, o que proporcionou maior autonomia a esse novo segmento da Justiça brasileira.

---

(588) *Direito constitucional do trabalho*. 2. ed. Rio de Janeiro: Renovar, 2001. p. 35.

(589) *Direito ao trabalho*: um direito fundamental no ordenamento jurídico brasileiro. São Paulo: LTr, 2009. p. 132.

Sobre a Constituição de 1967, "vigorou a chamada 'teoria da segurança nacional', que caracterizou um duro golpe ao sistema de direitos e garantias individuais".[590] Contrapôs o livre exercício de qualquer trabalho, ofício ou profissão (art. 153, §23) com a possibilidade de suspensão dos direitos políticos, nos casos de *abuso das liberdades* (art. 154). Ainda que de maneira falaciosa, estabeleceu que a ordem econômica e social teria por fim o desenvolvimento nacional e a justiça social, com base, dentre outras razões, na liberdade de iniciativa, na valorização do trabalho como condição da dignidade humana, na função social da propriedade e na expansão das oportunidades de emprego produtivo (art. 160). A Emenda Constitucional de 1969, por sua vez, não alterou o elenco dos direitos sociais. Pelo contrário, evoca flagrante restrição das liberdades (inclusive de trabalhar) decorrente do endurecimento do regime militar, à época, vigente no Brasil.

Na Constituição de 1988, por constituir o meio legítimo para assegurar o acesso aos bens da vida pelos indivíduos dentro da organização social, retomou-se o propósito de tutela ao trabalho, bem como às liberdades que dele decorrem. Inova, porém, ao incorporar os direitos dos trabalhadores na categoria dos direitos fundamentais.[591] Como elucida Amauri Mascaro Nascimento, "modificou os direitos sociais, incluídos não mais como parte da ordem econômica e social, mas entre os *direitos e garantias fundamentais*"[592]. Sustentando a clareza do mandamento constitucional de que os poderes estatais têm existência vinculada à promoção e à efetivação dos direitos e garantias fundamentais nas relações dos indivíduos entre si e com o Estado, José Felipe Ledur ressalta a mudança pretendida com o novo Texto Constitucional:

> [...] a Sociedade apostou na Constituição como mecanismo jurídico de promoção do respeito devido a cada pessoa e à igualdade, inclusive por meio da garantia do acesso a direitos sociais mal satisfeitos ou negados. Por isso, os valores, princípios, direitos e deveres afirmados na Constituição são normas que devem ser conhecidas e vivenciadas pelos cidadãos e pelos que exercem o poder.[593]

À conjugação da livre iniciativa e da valorização social do trabalho, agregou-se o preceito basilar de preservação da dignidade do labor humano, ou seja, de garantir vida digna em sociedade e no ambiente de trabalho, já que o segundo nada mais é do que extensão da primeira, em visão unitária de cada pessoa nas múltiplas facetas de suas individualidades. Por refletirem valores essenciais da comunidade reconhecidos pela Constituição, "pode-se dizer que os direitos do trabalho do citado art. 7º concretizam o

---

(590) FONSECA, Maria Hemília. *Direito ao trabalho*: um direito fundamental no ordenamento jurídico brasileiro. São Paulo: LTr, 2009. p. 133.

(591) Cf. LEDUR, José Felipe. A Constituição de 1988 e seu Sistema Especial de Direitos Fundamentais do Trabalho. *Revista do TST* Brasília, 2011. v. 77. p. 154-181 (160). Disponível em: <http://www.tst.jus.br/web/biblioteca/2011-vol.-77/-/document_library_display/D3yj/view/2684887/12559>. Acesso em: 17 mar. 2014.

(592) *Curso de direito do trabalho*. 25. ed. São Paulo: Saraiva, 2010. p. 399.

(593) *Os 25 anos da Constituição Federal*. Disponível em: <http://www.trt4.jus.br/portal/portal/trt4/comunicacao/noticia/info/NoticiaWindow?cod=782062&action=2&destaque=false&filtros=>. Acesso em: 12 mar. 2014.

direito ao trabalho e a outros direitos sociais do art. 6º, também da Constituição, todos dirigidos à melhoria da condição social de quem vive do trabalho"[594].

Mauricio Godinho Delgado destaca que a Constituição de 1988 emergiu como "a mais significativa Carta de Direitos já escrita na história jurídico-política do país", superando "a equívoca dissociação entre liberdade e igualdade, direitos individuais e direitos coletivos ou sociais".[595] Aliás, "o art. 6º da Constituição não deixa margem para interpretação outra que não seja a de que os direitos dos trabalhadores também integram o rol dos direitos sociais."[596] A respeito da diferenciação do conteúdo normativo dos arts. 6º e 7º da Constituição de 1988, esclarece Maria Hemília Fonseca:

> No primeiro, reconhece-se explicitamente o "direito ao trabalho" como um direito econômico, social e cultural (a expressão "direitos sociais" foi utilizada em um *sentido amplo*); e, no segundo, estão previstos os "direitos dos trabalhadores". Mas, como veremos mais adiante, é justamente neste campo que os reflexos ou as irradiações do direito ao trabalho, em sua dimensão individual, serão sentidos.[597]

A ilustre autora ainda refere que, "visto que o direito ao trabalho em nosso ordenamento jurídico assume a estrutura de um princípio, ele exige a sua realização segundo as condições fáticas e juridicamente possíveis".[598] Desse modo, cumpre a nós efetivar o direito ao trabalho de uma maneira extensiva, levando em consideração a ampla tutela da norma constitucional.

A igualização dos direitos dos empregados urbanos, rurais, avulsos e, recentemente, domésticos já foi atingida, tanto pelo art. 7º, *caput* e inciso XXXIV, da Constituição Federal de 1988, quanto pela Emenda Constitucional n. 78 de 2013. Vislumbra-se, a partir daí, panorama favorável à fixação dos direitos fundamentais dos autônomos, na continuidade desse processo de ampliação das proteções jurídicas dadas aos trabalhadores em geral, conciliando-as com a realidade econômica brasileira.

4.4. A Legislação Vigente no Brasil

Na ausência de um diploma legal que uniformize o trabalho autônomo no Brasil, podemos, em nosso ordenamento, encontrar dispositivos esparsos, que disciplinam o trabalho "não subordinado". Além da abrangência bastante restrita desses preceitos, o que se encontra pouco interfere na proteção desses trabalhadores, visto que trazem apenas um indicativo do mínimo de garantias obrigatórias a serem observadas, no intuito de assegurar o implemento dos direitos fundamentais aos autônomos.

---

(594) LEDUR, José Felipe. *Op. cit.*

(595) *Curso de direito do trabalho*. 12. ed. São Paulo: LTr, 2013. p. 120.

(596) LEITE, Carlos Henrique Bezerra. *Constituição e direitos sociais dos trabalhadores*. São Paulo: LTr, 1997. p. 24.

(597) *Direito ao trabalho*: um direito fundamental no ordenamento jurídico brasileiro. São Paulo: LTr, 2009. p. 140.

(598) FONSECA, Maria Hemília. *Direito ao trabalho*: um direito fundamental no ordenamento jurídico brasileiro. São Paulo: LTr, 2009. p. 148.

Exemplos de contratos de atividade, que muito se assemelham com o contrato de emprego objeto central do Direito do Trabalho *clássico*, são percebidos dentro do Direito Civil (prestação de serviços, empreitada e mandato), do Direito Agrário (parcerias) e até do Direito Comercial (representação mercantil). Denota-se, além da ocorrência do trabalho realizado em favor de outro, certo grau de pessoalidade peculiar a cada tipologia. Quanto ao tratamento dispensado ao prestador de serviços, cada disciplina jurídica mostra-se, porém, completamente diversa. Sobre a dificuldade de diferir o contrato de emprego dos demais ajustes civis, leciona Mauricio Godinho Delgado:

> Os *contratos de atividade* situam-se, pela semelhança do sujeito pessoa física e do objeto, em uma fronteira próxima à seara do contrato empregatício. Embora seja evidente que com ele não se confundem, guardando pelo menos uma ou algumas distinções essenciais, essa diferenciação nem sempre é claramente visível no cotidiano sociojurídico. A recorrência prática de tais situações fronteiriças torna prudente o exame comparativo de algumas dessas figuras contratuais similares.[599]

A carência de uma regulamentação eficaz é percebida na análise daqueles contratos que entendemos de maior importância ao desenvolvimento do tema em estudo, a começar pela prestação de serviços, prevista no Capítulo VII do Código Civil brasileiro (arts. 593-609), não sujeita às leis trabalhistas ou especiais. Abrange, assim, todas as espécies de serviço ou trabalho lícito, material ou imaterial, *oriundas da energia humana aproveitada por outrem*[600], realizado mediante retribuição[601]. "A proximidade do contrato de prestação de serviços com o contrato de emprego é evidente, diferenciando-se os dois pelo elemento *subordinação jurídica* (entendida como hierarquização), que é indispensável no segundo e ausente no primeiro."[602] Trata-se de uma linha tênue, mas que leva a um abismo de diferenças quanto aos direitos proclamados no ordenamento jurídico nacional a cada tipo de trabalhador. Maurício Godinho Delgado retrata a complexidade de assimilar cada arquétipo:

> No plano concreto, nem sempre é muito clara a diferença entre autonomia e subordinação. É que dificilmente existe contrato de prestação de serviços em que o tomador não estabeleça um mínimo de diretrizes e avaliações básicas à prestação efetuada, embora não dirija nem fiscalize o cotidiano dessa prestação. Esse mínimo de diretrizes e avaliações básicas, que se manifestam principalmente no instante da pactuação e da entrega do serviço (embora possa haver uma ou outra conferência tópica ao longo da prestação

---

(599) *Curso de direito do trabalho*. 12. ed. São Paulo: LTr, 2013. p. 595.

(600) DINIZ, Maria Helena. *Manual de direito civil*. São Paulo: Saraiva, 2011. p. 210.

(601) "Este dever do tomador dos serviço é uma *retribuição* pela conduta praticada, sendo também chamada de honorários, soldadas, preço ou salário. Buscaremos evitar, porém, esta última denominação (embora também utilizada pela lei, conforme se verifica do parágrafo único do art. 599 do CC-02 — art. 1.221 do CC-16, a seguir retratado), tendo em vista que a consideramos atécnica, uma vez que, na atualidade, reservamos a expressão 'salário' somente para a retribuição do contrato de emprego". (GAGLIANO, Pablo Stolze; PAMPLONA FILHO, Rodolfo. *Novo curso de direito civil*. Contratos em Espécie. 4. ed. 2. tir. São Paulo: LTr, 2011. v. IV, p. 279)

(602) GAGLIANO, Pablo Stolze; PAMPLONA FILHO, Rodolfo. *Op. cit.*, p. 274.

realizada) não descaracteriza a autonomia. Esta será incompatível, porém, com uma intensidade e repetição de ordens pelo tomador ao longo do cotidiano da prestação laboral. Havendo ordens cotidianas, pelo tomador, sobre o modo de concretização do trabalho pelo obreiro, desaparece a noção de autonomia, emergindo, ao revés, a noção e realidade da subordinação.[603]

Na prestação de serviços, quando as partes silenciarem, sem, todavia, estipular um valor mínimo, a retribuição pode até ser obtida segundo os costumes, o tempo e sua qualidade. Limita a vigência do contrato ao período máximo de quatro anos e estabelece o aviso-prévio, conforme a duração da obra. Admite a obrigação do prestador por todo e qualquer serviço compatível com suas forças e condições. Indica o direito do prestador à retribuição vencida e vincenda (quando despedido sem justa causa) e o dever de responder por perdas e danos, nos casos de rescisão antecipada de contrato a prazo determinado ou de justa causa. Define o caráter pessoal da prestação de serviços, quando afasta a possibilidade de transferência de tomador ou de substituição do prestador, salvo ajuste entre as partes. Caso o prestador não possua habilitação para realizar o serviço contratado, pode o Juiz fixar uma compensação razoável, exceto na ocorrência de proibição legal ou por motivo de ordem pública. Aliás, essa ressalva legal deve ser sempre confrontada com as diretrizes constitucionais da atualidade, que destacam o valor social do trabalho e da livre iniciativa, no intuito de evitar o enriquecimento ilícito do tomador dos serviços (ou contratante). Fixa, ainda, regras contratuais, mas não assegura tutela efetiva ao trabalhador autônomo. Além disso, "a continuidade na prestação de serviços, por pessoa física, pode inferir a caracterização de uma relação de emprego, apenas travestida sob outra forma contratual, o que, lamentavelmente, é muito comum"[604].

Logo a seguir, o Código Civil de 2002, nos arts. 610-626, regula o contrato de empreitada, pelo qual o empreiteiro de uma obra contribui com seu trabalho e, dependendo daquilo que for acertado com o dono da obra, com os materiais também. O que importa é a execução da obra (novamente, sem vínculo de subordinação), de acordo com o resultado visado pelo contratante, mas sob imediata direção do próprio prestador, mediante o adimplemento do preço da empreitada ao contratado. Distingue-se, assim, dos demais contratos de atividade e de trabalho humano, como o de emprego, pois as qualidades pessoais do trabalhador não assumem maior relevo, já que a obra acabada (e não a força de trabalho despendida pelo indivíduo) é o objeto principal buscado pelo contratante. Como ressalta Vera Helena de Mello Franco, "a principal obrigação do empreiteiro é entregar a obra no modo e prazo combinado, acatando as instruções recebidas"[605]. Maria Helena Diniz apresenta o seguinte conceito de empreitada:

> [...] é o contrato pelo qual um dos contraentes (empreiteiro) se obriga, sem subordinação ou dependência, a realizar, pessoalmente ou por meio de ter-

---

(603) *Curso de direito do trabalho*. 12. ed. São Paulo: LTr, 2013. p. 597.

(604) GAGLIANO, Pablo Stolze; PAMPLONA FILHO, Rodolfo. *Novo curso de direito civil*. Contratos em Espécie. 4. ed., 2ª tir. São Paulo: LTr, 2011. v. IV, p. 284.

(605) *Contratos. Direito civil e empresarial*. 2. ed. São Paulo: Revista dos Tribunais, 2011. p. 136.

ceiro, certa obra para o outro (dono da obra ou comitente), com material próprio ou por este fornecido, mediante remuneração determinada ou proporcional ao trabalho executado.[606]

Os riscos até a entrega final, na empreitada, serão suportados pelo empreiteiro, quando tomar para si a dupla obrigação mencionada. O Código Civil prevê também as hipóteses de mora e da culpa do empreiteiro, além do pagamento pelo dono da obra daquilo que for executado. Fixa uma garantia de, ao menos, cinco anos, pela solidez e segurança do trabalho. Aponta hipóteses de suspensão e de extinção do contrato. Indica a ausência de pessoalidade, salvo quando houver ajuste *em consideração às qualidades pessoais do empreiteiro*. "Nesse quadro, a diferença de caráter absoluto reside no binômio autonomia *versus* subordinação."[607] A lei, mais uma vez, não fala em valores mínimos a serem adimplidos, nem menciona qualquer regra de tutela à segurança e à saúde dos trabalhadores envolvidos no negócio, a exemplo dos direitos do art. 7º da Constituição Federal direcionados, em tese, aos empregados.

A Lei n. 4.886/65 regula as atividades dos representantes comerciais autônomos. Ainda que voltada apenas a um segmento de profissionais, provavelmente, trouxe os maiores avanços a trabalhadores *independentes*, na tutela do labor por conta própria. Sobre a figura do vendedor autônomo, é importante examinar os ensinamentos de Paulo Emílio Ribeiro de Vilhena:

> A Lei n. 4.886/65, ao regular a atividade dos representantes comerciais autônomos, consagrou uma interceptação minuciosa de atos-fatos que ocorrem em prestação dessa natureza, apropriando-se de muitas situações antes ocorrentes no contrato de trabalho e que passaram a integrar o estatuto dos autônomos (arts. 27, letras *a* e *i*, 28 e 29 *in fine*, que pressupõe poder fiscalizador diretivo). Basta se lembre que a delimitação de zonas, quotas mínimas de produção, prestação de contas, diretrizes de vendas, exclusividade de representado, etc., que denotavam marcadamente a sintomatologia do vendedor-empregado, passaram a integrar, como pressupostos legais da nova lei, a figura do vendedor autônomo.[608]

Admite, no art. 1º, a possibilidade de exercício da atividade por pessoa física ou jurídica, *sem relação de emprego*, que desempenha a mediação, em caráter não eventual (tal qual o conceito do art. 3º da CLT), para realizar negócios mercantis. Destacamos que nem mesmo o gozo de auxílio-doença pelo representante constitui justo motivo para rescisão do contrato, o que atenua qualquer traço de pessoalidade, juntamente com a viabilidade de o contrato ser firmado com pessoas jurídicas nos dois polos.

Exige o registro obrigatório do profissional nos Conselhos Regionais, segundo requisitos mínimos do candidato, sob pena de sequer ter direito à remuneração (art. 5º).

---

(606) *Manual de direito civil*. São Paulo: Saraiva, 2011. p. 212.
(607) DELGADO, Maurício Godinho. *Curso de direito do trabalho*. 12. ed. São Paulo: LTr, 2013. p. 598.
(608) VILHENA, Paulo Emílio Ribeiro de. *Relação de emprego. Estrutura legal e supostos*. 2. ed. São Paulo: LTr, 1999. p. 508.

Especifica as atribuições e o funcionamento dos conselhos de classe, aponta rol de faltas cometidas pelo representante comercial e impõe cláusulas obrigatórias aos contratos de representação comercial. Dentre elas, prevê uma indenização devida ao representante, pela rescisão *imotivada*, não inferior a 1/12 do total da remuneração obtida até a data do término, multiplicada pela metade dos meses resultantes do prazo contratual (art. 27, j); além do direito ao aviso-prévio equivalente a 1/3 das comissões auferidas nos três últimos meses, nos contratos a prazo indeterminado. Além de regras de boa-fé na execução do contrato, rege a aquisição do direito às comissões pelo representante, por ocasião do pagamento dos pedidos ou das propostas (art. 32), que deverão ser adimplidas até o dia 15 do mês subsequente à liquidação da fatura. Indica os casos de justa causa pelo representante e pelo representado, inclusive com a possibilidade de retenção das comissões, a título de compensação de danos.

Além das normas anteriormente referidas, podemos citar as leis federais que disciplinam a remuneração de profissionais diplomados em determinados cursos, a exemplo de engenharia, química, arquitetura, agronomia e veterinária (Lei n. 4950-A/66); bem como de medicina e odontologia (Lei n. 3.999/61). Ainda que fixem regras sobre a duração normal do trabalho, salário-mínimo profissional, contraprestação de horas suplementares e noturnas, tais leis silenciam sobre sua extensão aos profissionais autônomos. Desse modo, apenas os *empregados* (em cada uma dessas especialidades) farão jus aos benefícios estipulados, juntamente com aqueles discriminados no art. 7º da Constituição Federal. Como já ensinava Amauri Mascaro Nascimento, em sua obra de 1968, mas cuja atualidade permanece, "desde que configurada a relação de emprego, é garantido ao médico o salário profissional mínimo"[609], o que vale também para as demais categorias beneficiadas com tais leis. Do contrário, não sobra nada, isto é, os *demais* continuarão à margem da referida tutela legal, por exemplo, sem direito a salário-mínimo, a descanso (repousos e férias), às horas extras e à incidência das normas de segurança, saúde e higiene.

Evidencia-se, a partir dos apontamentos acima, que o próprio princípio da isonomia constitucional acaba sendo violado com a distinção de tratamento dado pelo nosso sistema legal em vigor a profissionais de uma mesma área. A título de amostra, citamos o caso de um arquiteto que, tendo sua carteira de trabalho assinada, fará jus aos *privilégios* da categoria, como salário mínimo profissional equivalente a seis salários mínimos nacionais, para uma jornada de seis horas. Na circunstância de não haver a anotação do contrato de emprego em sua na CTPS, sequer terá direito a salário-mínimo nacional, nem à limitação da jornada de oito horas. É justo deixar os trabalhadores por conta própria sujeitos, livremente, às oscilações do mercado? Qual a alternativa para viabilizar um tratamento igualitário aos profissionais, independente dos contratos que os vinculam? Antes de respondermos com a defesa da ampla liberdade de negociação dos autônomos, vale lembrar que aumentam (e muito) o esgotamento e o risco de adoecimento na sobrejornada. Ademais, um trabalhador doente deixa de ser um problema privado para se tornar um assunto pertinente à seguridade social (saúde e

---

(609) *O salário*. Edição Fac-similada. São Paulo: LTr, 1996. p. 353.

previdência públicas), ou seja, do Estado. Na tentativa de responder a tais indagações, Noêmia Porto alerta:

> [...] a insegurança no trabalho, que atraia a necessidade de proteção, não ocorre apenas numa dada relação de emprego. Na realidade, tal insegurança advém 'das condições em que se processam as transações, com vendedores de força de trabalho que não possuem outros meios de subsistência que não os provenientes da alocação de sua capacidade de trabalho'.[610]

Como não comportam indivíduos que laboram por conta própria, em seus consultórios ou escritórios particulares, fica muito reduzido o raio de tutela que emana dessas leis que fixam os salários profissionais. Aliás, essas normas não estipulam uma jornada reduzida e diferenciada para esse segmento de trabalhadores, em comparação à jornada "normal" de oito horas prevista na Constituição Federal. Somente remetem a uma proporcionalidade distinta entre o salário-mínimo profissional e o número de horas (trabalhadas)[611], o que evidencia, ainda mais, o campo de aplicação restrita aos profissionais *subordinados*, sujeitos às demais regras estabelecidas no art. 7º da Carta Magna brasileira.

Por mais que possam ser encontrados alguns preceitos que atinjam, sob certos aspectos, os trabalhadores autônomos brasileiros, não há dúvida de que a tutela oferecida por nosso ordenamento jurídico ainda é praticamente inexistente, pois em nada elevam o labor desses indivíduos a patamares mínimos de dignidade. Nem tudo pode ser monetizado, o que exige intervenção estatal no encaminhamento de demandas além da mera contraprestação dos serviços, como na regulação de descansos remunerados e na fiscalização do ambiente de trabalho, de modo a preservar a higidez física e mental de tais trabalhadores.

Independente da existência de vínculo formal de emprego ou de um contrato de prestação de serviços firmado entre pessoas jurídicas, é certo que se faz necessária a proteção do trabalhador que está por trás de qualquer amarra contratual. A situação fática de cada relação, muitas vezes, põe em xeque a modalidade de ajuste utilizada pelos contratantes, por apresentarem características comuns a outras modalidades contratuais mais benéficas aos trabalhadores envolvidos (a saber, o contrato de emprego), inserindo-se dentro de uma zona cinzenta de difícil definição.

Não se mostra justo dar tudo aos empregados e nada aos autônomos, especialmente nos casos *híbridos*, pois, de fato, são todos segmentos de mesmo núcleo do trabalho humano, com o mesmo grau de importância social e econômica. Afinal, "a liberdade para contratar e estabelecer as condições que vigoram para o pacto de trabalho estabelecido só poderá ser efetivamente constitucional se abrigar a exigência,

---

(610) *O trabalho como categoria constitucional de inclusão*. São Paulo: LTr, 2013. p. 157.

(611) BRASIL. Súmula n. 370 do Tribunal Superior do Trabalho: "MÉDICO E ENGENHEIRO. JORNADA DE TRABALHO. LEIS NS. 3.999/1961 E 4.950-A/1966. Tendo em vista que as Leis n. 3.999/1961 e 4.950-A/1966 não estipulam a jornada reduzida, mas apenas estabelecem o salário mínimo da categoria para uma jornada de 4 horas para os médicos e de 6 horas para os engenheiros, não há que se falar em horas extras, salvo as excedentes à oitava, desde que seja respeitado o salário mínimo/horário das categorias."

também constitucional, do respeito à igualdade"[612]. Sobre o enfrentamento jurídico dessa situação de resgate do trabalho, Noêmia Porto indica os seguintes caminhos:

> No quadro atual, a constatação em torno do poliformismo do trabalho e da perda da centralidade da relação empregatícia pode conduzir a comportamentos institucionais diversos. Numa primeira perspectiva, é possível que se dê prevalência à flexibilização que precariza as relações de trabalho, sob a justificativa das demandas do mercado. [...] Todavia, o processo de cidadania exige outra postura das instituições, qual seja, a do resgate do trabalho como categoria de inclusão.[613]

Salvaguardar a pessoa que labora, sob as mais variadas dimensões, deve ser o foco na implementação da norma constitucional pátria, como forma de proporcionar níveis mínimos de civilidade a todos. "A igualdade, com respeito à diversidade dos trabalhadores, implica em luta pela integração dos marginalizados de todo tipo."[614] A criação do fundo social em comento aparece como uma forma de equilibrar inquestionáveis dificuldades econômicas com preceitos de solidariedade que a vida em sociedade nos impõe. Afinal, "para retirada da pessoa trabalhadora de uma situação de precariedade é imprescindível a sua inserção num estatuto adequado de garantias."[615]

4.5. O Direito Social ao Trabalho e a Compatibilidade Ponderada dos Arts. 6º e 7º da Constituição Federal Brasileira para os Trabalhadores Autônomos

A partir de uma perspectiva evolutiva, os direitos fundamentais não se anulam, mas apenas se agregam, para melhor proteger o Homem em todas as suas dimensões, o que se verifica nos planos jurídicos nacional e internacional. Impõe-se, assim, maior cuidado com as relações autônomas de trabalho, como forma de equilibrar a tutela estatal alcançada aos cidadãos brasileiros. Sobre a importância da intervenção do Estado na regulação de direitos, sustenta Gabriela Neves Delgado:

> Reitera-se, uma vez mais, que para se ter dignidade não é preciso necessariamente se ter direitos positivados, visto ser a dignidade uma intrínseca condição humana. De toda forma, quanto à sua proteção, reconhece-se que o Estado, pela via normativa, desempenha função singular para a manutenção da dignidade do homem.[616]

Embora a aplicação do art. 7º da Constituição Federal tenha se restringido, na prática, às relações de emprego, sua redação literal não faz essa limitação. Ao afirmar direitos dos trabalhadores urbanos e rurais, abrange o gênero labor humano, sem

---

(612) PORTO, Noêmia. *O trabalho como categoria constitucional de inclusão*. São Paulo: LTr, 2013. p. 165.
(613) *O trabalho como categoria constitucional de inclusão*. São Paulo: LTr, 2013. p. 154-155.
(614) PORTO, Noêmia. *Op. cit.*, p. 156.
(615) PORTO, Noêmia. *Op. cit.*, p. 160.
(616) *Direito fundamental ao trabalho digno*. São Paulo: LTr, 2006. p. 205.

direcionar seus ditames, especificamente, aos subordinados. Equívoco do constituinte? Cremos que não, na medida em que elenca direitos para todo e qualquer trabalhador, e não apenas para os empregados urbanos e rurais.[617] Como reforço de argumentação, basta retomar as máximas de igualdade e de valorização social do trabalho. Na defesa da *incontornável* dicção do Texto Constitucional, referente à titularidade do direito fundamental social *ao* trabalho por todos os trabalhadores (ou seja, não só empregados), José Felipe Ledur argumenta:

> A consequência que disso emerge é a de que todo aquele que mobiliza seu trabalho em favor de pessoa física ou jurídica para auferir contraprestação voltada a assegurar o sustento pessoal e da família encontra-se protegido pela regra inserta no *caput* do art. 7º da Constituição. A questão controversa que remanesce é se também quem não mantém relação de emprego, mas tão só relação de trabalho sem a subordinação típica da relação de emprego, é alcançado pela proteção que emana das normas do art. 7º e em que proporção ou em que medida isso ocorre.[618]

"Todo o trabalho digno deve ser efetivamente protegido pelo Direito do Trabalho"[619]. Além disso, a relação de emprego deixou de ser a forma preponderante de inserção no mercado de trabalho, abrindo espaço à inclusão social e econômica por meio do labor autônomo, como ressalta Maria Hemília Fonseca ao falar de políticas públicas:

> De todo modo, verificou-se que o emprego não concentra mais o potencial de empregabilidade de outrora, o que fez com que o trabalho, em suas distintas formas de manifestação, também assumisse uma posição de destaque nas discussões de caráter econômico-social. Por isso, é perfeitamente possível se falar em políticas públicas de trabalho e emprego.[620]

A mera transposição de direitos aos trabalhadores por contra própria enfrenta obstáculos à sua implementação, o que incrementa a discussão acerca do melhor caminho para regulamentar direitos aos autônomos e efetivá-los, de modo a expressar a mesma tutela do Estado outorgada àqueles que trabalham por conta alheia. Compreende-se, desse modo, que "o texto magno abre caminhos à extensão de, pelo menos, parte do Direito do Trabalho a grupos não empregatícios de trabalhadores".[621]

Como destaca Marc Rigaux, ao impor normas equânimes de trabalho e de salário-mínimo, neutralizam-se, ainda que parcialmente, os efeitos nefastos da concorrência social entre diferentes categorias.[622] Ao padronizar e uniformizar as condições

---

(617) DELGADO, Gabriela Neves. *Op. cit.*, p. 215.
(618) A Constituição de 1988 e seu Sistema Especial de Direitos Fundamentais do Trabalho. *Revista do TST*, Brasília, 2011. v. 77. p. 154-181 (167). Disponível em: <http://www.tst.jus.br/web/biblioteca/2011-vol.-77/-/document_library_display/D3yj/view/2684887/12559>. Acesso em: 17 mar. 2014.
(619) DELGADO, Gabriela Neves. *Op. cit.*, p. 208.
(620) FONSECA, Maria Hemília. *Direito ao trabalho*: um direito fundamental no ordenamento jurídico brasileiro. São Paulo: LTr, 2009. p. 203.
(621) DELGADO, Gabriela Neves. *Op. cit.*, p. 217.
(622) RIGAUX, Marc. *Droit du travail ou droit de la concurrence sociale?* Essai sur um droit de la dignité de l'Homme au travail (re)mis en cause. Bruxelles: Bruylant, 2009. p. 79.

de trabalho, segundo o mesmo autor, libera-se o trabalhador das condicionantes econômicas e sociais induzidas pelo mercado de trabalho, ao passo que, ao individualizá-las a uma ou outra categoria, acabamos retirando parte da liberdade de trabalhar.[623] É justamente nesse aspecto que se visualiza o direito social ao trabalho e a necessidade de lhe conferir maior eficácia dentro do nosso sistema jurídico.

É preciso, para tanto, desvincular a ideia de que somente dentro de um vínculo de emprego haverá cobertura social consistente, em decorrência da amplitude de relações de trabalho que podem existir no contexto de cada nação. Ao apontar os sujeitos ativos do direito ao trabalho no ordenamento jurídico brasileiro, Maria Hemília Fonseca sustenta que "são todos os trabalhadores, e não apenas aqueles que se inserem no quadro desenhado pelo art. 3º da Consolidação das Leis do Trabalho, que exterioriza o conceito de empregado em nosso país"[624]. Com relação aos sujeitos passivos, por ajudarem a garantir a liberdade e igualdade dos indivíduos frente a organizações econômicas e corporações que usufruem de posições dominantes na sociedade industrial e tecnológica de hoje, de acordo com José Felipe Ledur:

> [...] os direitos fundamentais ao trabalho têm como principal destinatário (obrigado) imediato o empregador ou tomador de trabalho prestado por pessoa física, cabendo ao titular, no exercício do direito de ação (de defesa), demandar os deveres de proteção que remanescem com o Estado.[625]

Acompanhados de Maria Hemília Fonseca, defendemos que, com o reconhecimento do caráter jurídico das obrigações decorrentes dos direitos econômicos, sociais e culturais, seja na relação Estado-cidadão, seja na relação entre particulares, não se pode negar sua exigibilidade[626]. Destacando a dimensão individual do direito ao trabalho como limitadora da liberdade (de empresa), complementa a insigne doutrinadora:

> Como se viu, o direito ao trabalho assume a estrutura de um princípio no texto constitucional de 1988, ou seja, apresenta-se como um mandamento de otimização, que impõe "direitos e deveres *prima facie*", exigindo, assim, a sua realização segundo as possibilidades fáticas e juridicamente previstas naquele caso concreto.[627]

Ao tratar do futuro do trabalho e do emprego, Guilherme Guimarães Feliciano, ressalta que "a *morfologia do trabalho* está em franca metamorfose, tanto em face das

---

(623) "Standardiser et uniformiser les conditions de travail libère le travailleur des contraintes économiques et sociales induites par le marché du travail; individualiser la fixation des mêmes conditions de travail équivaut à soumettre le travailleur à noveau plus aux rapports de marché et à lui retirer une partie de sa liberté économique." (RIGAUX, Marc. *Droit du travail ou droit de la concurrence sociale?* Essai sur un droit de la dignité de l'Homme au travail (re)mis en cause. Bruxelles: Bruylant, 2009. p. 80)

(624) FONSECA, Maria Hemília. *Direito ao trabalho*: um direito fundamental no ordenamento jurídico brasileiro. São Paulo: LTr, 2009. p. 163.

(625) A Constituição de 1988 e seu Sistema Especial de Direitos Fundamentais do Trabalho. *Revista do TST*, Brasília, 2011. v. 77. p. 154-181 (162). Disponível em: <http://www.tst.jus.br/web/biblioteca/2011-vol.-77/-/document_library_display/D3yj/view/2684887/12559>. Acesso em: 17 mar. 2014.

(626) *Ibidem*, p. 81.

(627) *Direito ao trabalho*: um direito fundamental no ordenamento jurídico brasileiro. São Paulo: LTr, 2009. p. 175.

novas tecnologias aplicadas à produção de bens e serviços como também em razão dos novos matizes que se constroem nas culturas operárias e corporativas"[628]. A respeito do universalismo homogeneizador, que inspira a reformulação da nossa legislação trabalhista, Noêmia Porto instiga:

> [...] o desafio que se apresenta é o de se apontar a direção do universalismo da proteção fundamental, vale dizer, para além do contrato de emprego, a ser construída, de forma adequada e concreta, em relação a cada uma, e em relação a todas as novas e renovadas situações em que o trabalho humano é exigido para a produção de riqueza, e em que os seus resultados se perfaçam essenciais para a sobrevivência da pessoa que é portadora desta especial mercadoria.[629]

O art. 7º da Constituição Federal ainda recebe muitas críticas, por apresentar rol exaustivo de direitos, cuja necessidade de previsão constitucional é questionada nas muitas ondas flexibilizantes que hoje vivenciamos. Não concordamos com qualquer tentativa de precarizar as relações de trabalho, em razão dos custos que representam (para o empresário, para o Estado e para a própria sociedade). Entretanto, se, de um lado, existem direitos que podem ser "facilmente" estendidos aos autônomos (como as férias); de outro, há vantagens de difícil correspondência para os trabalhadores "independentes" (dentre os quais, a participação nos lucros da empresa). Sobre a consideração das peculiaridades de cada forma de labor no apontamento de direitos mínimos, sem que isso implique segregação, pondera Gabriela Neves Delgado:

> É claro que a concessão dos direitos constitucionais trabalhistas será asse-gurada a cada trabalhador conforme a possibilidade da própria estrutura de trabalho estabelecida, o que não significa a defesa de discriminações, mas pelo contrário, o respeito às diferenças estruturais que se estabelecem no mundo do trabalho.[630]

Ainda que justificássemos a aplicação irrestrita do art. 7º da Constituição Federal, não é possível escapar de uma adequação da norma constitucional para as relações de trabalho autônomas, a exemplo do que está ocorrendo, a partir da Emenda Constitucional n. 72, de 02.04.2013, que alterou a redação do parágrafo único do art. 7º, para estabelecer a igualdade de direitos trabalhistas entre os trabalhadores domésticos e os demais trabalhadores urbanos e rurais. Sobre a necessidade de fazer uma aplicação do dispositivo constitucional dirigida a cada espécie de trabalhador, comenta Paulo Luiz Schmidt:

> É certo que nem todos os direitos previstos nos trinta e quatro incisos do art. 7º da CF teriam aplicação indiscriminada ou ampla, visto que vários dentre eles são específicos e típicos dos trabalhadores empregados. Outros, contudo, a exemplo de remuneração mínima, irredutibilidade, proteção do

---

(628) *Curso crítico de direito do trabalho. Teoria geral do direito do trabalho.* São Paulo: Saraiva, 2013. p. 36.
(629) *O trabalho como categoria constitucional de inclusão.* São Paulo: LTr, 2013. p. 166.
(630) *Direito fundamental ao trabalho digno.* São Paulo: LTr, 2006. p. 215.

rendimento, salário-família, duração do trabalho, aposentadoria e assistência social podem, perfeitamente, ser assegurados aos trabalhadores em geral que, à margem da formalidade, recorrem à Justiça do Trabalho.[631]

Para melhor atender à dinâmica das relações de trabalho dentro do sistema capitalista atual, a sindicalização e a negociação coletiva estão entre os caminhos mais valorizados. Seguindo essas diretrizes, países europeus, inclusive já mencionados ao longo deste estudo, têm estruturado a livre organização sindical dos trabalhadores autônomos, legitimando eventuais instrumentos que dela decorram. Atinge-se, desse modo, diretamente, o teor da norma disposta no art. 8º da Constituição Federal e sua expansão aos autônomos. De qualquer forma, embora não seja o foco primordial deste estudo, remanesce a atenção do Judiciário, "de sorte que o exercício da autonomia coletiva não acabe por esvaziar o núcleo essencial do direito fundamental sob conformação"[632].

Entendemos ser viável estabelecer um núcleo rígido de direitos dos trabalhadores autônomos, a exemplo do que ocorre com as relações de emprego, o que poderia ser denominado de um contrato mínimo legal, para fiel observância em todas as relações estabelecidas com seus clientes (pessoas físicas ou jurídicas). Retomando o conteúdo de instrumentos internacionais, com destaque para aqueles provenientes da OIT, Gabriela Neves Delgado, depreende o seguinte patamar civilizatório universal de direitos para o ser humano trabalhador:

> Asseguram, especialmente, o direito à remuneração que promova a existência digna do próprio trabalhador e de sua família; o direito à segurança e à higiene no trabalho; a proteção ao trabalho e ao emprego; o direito a períodos de descanso e lazer; o direito à limitação razoável das horas de trabalho, tanto diárias como semanais; o direito à remuneração dos feriados; o direito de greve e o direito de os trabalhadores organizarem sindicatos e de se filiarem ou não a eles.[633]

Ao confrontar o art. 7º da Constituição Federal com essa nova perspectiva normativa que se propõe, não se contende que os autônomos devam ser protegidos contra o desemprego involuntário, mas isso não significa dizer que será da mesma forma que os subordinados. Exige-se, portanto, desde o inciso I do dispositivo constitucional em comento, uma aplicação ponderada da Constituição pátria. Sobre a assunto, Noêmia Porto acrescenta:

> Na Constituição de 1988, direitos como seguro-desemprego e FGTS podem ser ajustados para atender a trabalhadores não empregados e que se ativam no

---

(631) Os Direitos Sociais do art. 7º da CF — Uma Nova Interpretação no Judiciário Trabalhista. In: COUTINHO, Grijalbo Fernandes; FAVA, Marcos Neves (Coords.). *Justiça do trabalho*: nova competência da justiça do trabalho. São Paulo: LTr, 2005. p. 308.
(632) LEDUR, José Felipe. A Constituição de 1988 e seu Sistema Especial de Direitos Fundamentais do Trabalho. *Revista do TST*, Brasília, 2011. v. 77. p. 154-181 (174). Disponível em: <http://www.tst.jus.br/web/biblioteca/2011-vol.-77/-/document_library_display/D3yj/view/2684887/12559>. Acesso em: 17 mar. 2014.
(633) *Direito fundamental ao trabalho digno*. São Paulo: LTr, 2006. p. 215.

mercado de forma diversa, a fim de que possam ser devidamente assistidos nos períodos em que não encontram trabalho (caso dos autônomos e pequenos empreiteiros, por exemplo) e, portanto, privados de sustento em face da ociosidade involuntária.[634]

É certo, ainda, que os autônomos devam ter salário-mínimo ou piso salarial, décimo terceiro salário, férias e repousos remunerados, além de regramento sobre a duração da jornada. Para assegurar a remuneração da sobrejornada, porém, não se mostra factível colocar um relógio-ponto em todos os seus clientes. Ademais, se não se questionam os direitos à licença-gestante e à licença-paternidade, é imprescindível criar uma possibilidade de garantir o gozo e pagamento correspondente. Além disso, pela ligação direta com a saúde pública, como os autônomos também fazem jus à redução dos riscos inerentes ao trabalho (por meio de saúde, higiene e segurança), é relevante conceber mecanismos de fiscalização e, quem sabe, uma espécie de adicional de remuneração. Por fim, as regras de proteção em face da automação, do trabalho do menor e de todas as formas de discriminação são, de pronto, ampliadas aos trabalhadores "independentes", já que partem de uma mesma matriz ideológica de salvaguarda do homem que labora, nas mais variadas expressões.

"Evidentemente, há direitos arrolados no art. 7º que não são de fácil extensão àqueles que dependem do trabalho para sobreviver, mas não se afiliam à rede de emprego."[635] Viabiliza-se, assim, efetivar o direito social ao trabalho digno aos autônomos, como preceituado no art. 6º da Constituição Federal, sem que, para tanto, ingressemos na problemática inserção dos trabalhadores por conta própria dentro dos limites rígidos e exaustivos do art. 7º da Constituição Federal, que serviriam apenas como pontos de partida e diretrizes de igualdade de tratamento estatal. "O sentido que precisa ser construído sobre o art. 7º da Constituição é o da extensão dos direitos sociais para todos."[636] "As dificuldades, todavia, que devem ser vistas como iniciais, não podem ser, em si, impeditivas de que os direitos fundamentais alcancem a universalidade a que se propõem."[637] O direito social ao trabalho está atrelado à possibilidade da pessoa exercer atividade produtiva de forma digna, o que não se vincula, necessariamente, à fiel observância e ao alargamento de todos os direitos elencados no art. 7º da Constituição Federal a todos os trabalhadores.

Segundo Jacques Barthélémy, parte-se da premissa de que é possível prosperar um direito da atividade profissional, que afete todos os trabalhadores, pondo fim à existência de dois blocos, um dos empregados e outro dos independentes.[638] Como

---

(634) *O trabalho como categoria constitucional de inclusão*. São Paulo: LTr, 2013. p. 167.
(635) PORTO, Noêmia. *O trabalho como categoria constitucional de inclusão*. São Paulo: LTr, 2013. p. 167.
(636) PORTO, Noêmia. *O trabalho como categoria constitucional de inclusão*. São Paulo: LTr, 2013. p. 167.
(637) PORTO, Noêmia. *Op. cit.*, p. 167.
(638) "Le postulat sur lequel est susceptible de prospérer un droit de l'activité professionelle, c'est qu'il concerne tous lês travailleurs. Il est dês lors mis fin à l'existence de deux blocs, celui des salariès et celui des indépendants." (*Évolution du Droit Social*. Une tendance à la contractualisation mais um rôle accru dês deroits fondamentaux du travailleur. Paris: Lamy, 2009. p. 423)

propõe Alain Supiot, impõe-se aproximar os regimes jurídicos dos *independentes* ao dos *assalariados*, sem esquecer a realidade heterogênea de cada ocupação autônoma, por meio de um direito comum a todas as relações de trabalho, ficando as disposições especiais, por exemplo, a cargo da negociação coletiva entre entidades sindicais.[639]

É necessário renovar a voz cidadã da Constituição brasileira, suprindo, de algum modo, o imenso vácuo legislativo.[640] Para regulamentar o trabalho autônomo, defendemos um direito único, a par da heterogeneidade de formas de laborar, mas que garanta a subsistência digna de todos os trabalhadores, já que a base do direito social fundamental ao trabalho a eles é direcionado, sem distinção.

Com o rompimento das fronteiras entre autônomos e subordinados, chegaremos a um direito do trabalho sem adjetivos, associado às mais variadas modalidades de trabalho.[641] Aliado a isso, para proteger o trabalho, devemos considerar a regulamentação já existente em nosso sistema, outras relações de trabalho (que não as empregatícias) e a dinâmica inerente às relações coletivas de trabalho.[642]

Precisamos ir além do art. 7º da Constituição Federal, focalizando o estudo no direito social ao trabalho, o que justifica a universalização da abrangência normativa do Direito do Trabalho. Justifica-se, para tanto, estipular patamares elementares de proteção jurídica a todos que exerçam qualquer atividade pessoal produtiva, com respeito às diferenças do *modus operandi* de cada tipologia. Defendendo a amplitude do direito ao trabalho no contexto nacional, manifesta-se Werner Keller:

> Com efeito, impossível, nos tempos atuais, admitir que o direito ao trabalho seja um direito limitado aos trabalhadores subordinados, já que a dignidade da pessoa humana é o maior valor social a ser protegido, portanto, não pode haver amarras ao alcance do direito do trabalho como fundamento da busca à justiça social. Destaca-se, por oportuno, que no cenário brasileiro não resta qualquer dúvida quanto à aplicação da teoria ampliativa, principalmente após as alterações do art. 114, trazidas pela Emenda Constitucional n. 45/04. Assim sendo, os sujeitos ativos do direto ao trabalho no sistema jurídico brasileiro são todos os trabalhadores.[643]

Dentro desse mínimo existencial de promoção ao trabalho livre e digno, identificamos: preservação da saúde e da segurança do trabalho; garantia de contraprestação mínima (e irredutível); limitação da jornada de trabalho (com a salvaguarda dos descansos remunerados); liberdade de associação e negociação sindical. Quanto à necessidade de norma específica no ordenamento jurídico nacional, que atinja os autônomos, comunga-se do entendimento de Gabriela Neves Delgado:

---

(639) Les nouveaux visages de la subordination. *Droit Social*, Paris, n. 2, p. 131-145, févr. 2000.

(640) SCHMIDT, Paulo Luiz. Os Direitos Sociais do Art. 7º da CF — Uma Nova Interpretação no Judiciário Trabalhista. In: COUTINHO, Grijalbo Fernandes; FAVA, Marcos Neves (Coords.). *Justiça do trabalho*: nova competência da justiça do trabalho. São Paulo: LTr, 2005. p. 308.

(641) JEAMMAUD, Antoine. L'avenir sauvegardé de la qualification de contrat de travail. À propôs de l'arrêt *Labbane*. Droit Social, Paris, n. 3, p. 227-236, mars. 2001.

(642) DELGADO, Gabriela Neves. *Direito fundamental ao trabalho digno*. São Paulo: LTr, 2006. p. 222.

(643) *O direito ao trabalho como direito fundamental. Instrumentos de efetividade*. São Paulo: LTr, 2011. p. 41.

Esclareça-se, em conclusão, que não obstante se possa inferir a extensão de tal patamar de direitos trabalhistas da própria ordem constitucional brasileira (o art. 7º, *caput*, da Carta Magna se refere, afinal, a trabalhadores e não, exatamente, a empregados), considera-se recomendável a elaboração de legislação específica, apta a produzir as adequações necessárias à ampla diversidade de situações concretas existentes no País.[644]

O principal mecanismo de efetivação da norma constitucional que garante o direito social ao trabalho, previsto no art. 6º da Constituição Federal, parte da premissa de que "o eixo referencial do art. 7º da Constituição deve ser a melhoria da condição social de todos os trabalhadores."[645] "É importante distinguir entre *a falta de capacidade* e a *falta de vontade* do Estado de cumprir as obrigações que lhes são pertinentes"[646]. Dentro da reserva do possível, como forma de proporcionar o mínimo existencial necessário a todos os trabalhadores independentes em nosso país, ainda que englobando direitos indisponíveis, propomos o Fundo Social do Trabalhador Autônomo. Afinal, "o melhor catálogo de direitos fundamentais pouco serve se inexiste possibilidade de se protegê-los eficazmente."[647]

O autônomo vem recebendo tratamento abaixo do mínimo de proteção imposto pelos direitos fundamentais. Seguindo visão pós-positivista, ao menos em tese, seria possível pensar em uma forma de queixa de base constitucional perante o Poder Judiciário, na hipótese, uma ação trabalhista, que viabilizasse espécie de ativismo judicial, para fazer valer a norma constitucional vigente.[648] Afinal, o direito ao trabalho é um direito econômico-social fundamental, assumindo a estrutura de um princípio, ou seja, "apresenta-se como um mandamento de otimização que impõe direitos e deveres *prima facie*"[649]. Reforçando essa visão impositiva dos direitos fundamentais, esclarece Guilherme Guimarães Feliciano:

> Entendemos, no entanto, que essa eficácia horizontal é na verdade *imediata* (e não meramente mediata). Hoje se reconhece amplamente que os direitos fundamentais têm operatividade imediata no campo das relações jurídico-privadas, por aplicação *direta* das regras e princípios constitucionais, dispensando-se a mediação concreta de órgãos estatais diversos do Poder Judiciário (embora não a proíbam). A norma constitucional — regra ou princípio — pode ser evocada como razão primeira e justificadora para a solução

---

(644) *Direito fundamental ao trabalho digno*. São Paulo: LTr, 2006. p. 230.
(645) PORTO, Noêmia. *O trabalho como categoria constitucional de inclusão*. São Paulo: LTr, 2013. p. 168.
(646) FONSECA, Maria Hemília. *Direito ao trabalho*: um direito fundamental no ordenamento jurídico brasileiro. São Paulo: LTr, 2009. p. 77.
(647) LEDUR, José Felipe. A Constituição de 1988 e seu Sistema Especial de Direitos Fundamentais do Trabalho. *Revista do TST*, Brasília, 2011. v. 77. p. 154-181 (177). Disponível em: <http://www.tst.jus.br/web/biblioteca/2011-vol.-77/-/document_library_display/D3yj/view/2684887/12559>. Acesso em: 17 mar. 2014.
(648) Cf. FELICIANO, Guilherme Guimarães. *Curso crítico de direito do trabalho. Teoria geral do direito do trabalho*. São Paulo: Saraiva, 2013. p. 68-70.
(649) FONSECA, Maria Hemília, *Direito ao trabalho*: um direito fundamental no ordenamento jurídico brasileiro. São Paulo: LTr, 2009. p. 181.

de conflitos privados concretos, em juízo ou fora dele. Essa eficácia direta e imediata dos princípios constitucionais, tornou-se, aliás, o principal espólio do denominado *pós-positivismo*.[650]

Ainda assim, Maria Hemília Fonseca aponta os principais obstáculos à justiciabilidade desses direitos, que entravam a reclamação perante um juiz ou tribunal de cumprimento das obrigações que dele decorram: 1) falta de ações ou garantias processuais concretas que tutelem tais direitos; 2) inadequação da estrutura e da posição do Poder Judiciário para exigir o cumprimento de obrigações que disponham de recursos públicos.[651] Na tentativa de resolver essa problemática, retomam-se os destinatários da previsão constitucional:

> [...] o direito ao trabalho é endereçado aos Poderes Públicos, seja ao legislador (quando necessita de concreção legislativa), seja ao administrador (para implementação de políticas públicas de trabalho e emprego), seja aos juízes (quando apreciam demandas que visam garantir a sua aplicação), bem como aos particulares, sobretudo no âmbito social-trabalhista.[652]

Diante das peculiaridades ínsitas ao labor por conta própria e da necessária compreensão das condições fático-jurídico-econômicas de cada nação, sem prejuízo das dificuldades anteriormente expostas, cremos que uma proposta legislativa teria melhor êxito, por permitir tratamento equânime de todos os trabalhadores, dando maior segurança jurídica aos negócios estabelecidos em sociedade, no que refere aos direitos e deveres decorrentes dessas relações. Ademais, pelo princípio da legalidade, qualquer nova obrigação, como a que se pretende com a criação do Fundo Social do Trabalhador Autônomo, dependeria de autorização legislativa em sentido formal (Constituição Federal, art. 5, II[653]). Seguindo essa mesma diretriz, comenta José Felipe Ledur:

> Assim como os direitos clássicos de propriedade e de sucessão exigem configuração infraconstitucional, também os direitos sociais e do trabalho muitas vezes requerem essa providência, de modo que o "fazer uso" desses direitos se viabilize. A tarefa, em princípio, pertence ao legislador, o qual, contudo, não está autorizado a esvaziar o núcleo essencial do direito fundamental em causa.[654]

Na tentativa de compor o eixo referencial de direitos fundamentais dos autônomos, que servirão de ponto de partida para o almejado fundo social, é necessário fazer limitações ao art. 7º da Constituição. Alguns direitos demandam apenas a fiscalização do Estado, ainda que de forma repressiva pelo Judiciário, a saber: salário mínimo (inciso IV); piso salarial (inciso V); irredutibilidade do salário (inciso VI); garantia do salário

---

(650) *Curso crítico de direito do trabalho. Teoria geral do direito do trabalho.* São Paulo: Saraiva, 2013. p. 69.

(651) FONSECA, Maria Hemília. *Op. cit.*, p. 81.

(652) FONSECA, Maria Hemília. *Op. cit.*, p. 177.

(653) Constituição Federal, art. 5º "Todos são iguais perante a lei, sem distinção de qualquer natureza, garantindo-se aos brasileiros e aos estrangeiros residentes no País a inviolabilidade do direito à vida, à liberdade, à igualdade, à segurança e à propriedade, nos termos seguintes: [...] II — ninguém será obrigado a fazer ou deixar de fazer alguma coisa senão em virtude de lei; [...]".

(654) A Constituição de 1988 e seu Sistema Especial de Direitos Fundamentais do Trabalho. *Revista do TST*, Brasília, 2011. v. 77. p. 154-181 (174). Disponível em: <http://www.tst.jus.br/web/biblioteca/2011-vol.-77/-/document_library_display/D3yj/view/2684887/12559>. Acesso em: 17 mar. 2014.

nunca inferior ao mínimo legal (inciso VII); proteção do salário (inciso X); duração do trabalho (inciso XIII); jornada de trabalho de seis horas para o trabalho realizado em turnos ininterruptos de revezamento (inciso XIV); gozo do repouso semanal remunerado (inciso XV); proteção do mercado da mulher (inciso XX); redução dos riscos inerentes ao trabalho (inciso XXII); reconhecimento dos instrumentos coletivos (inciso XXVI); proteção em face da automação (inciso XXVII); seguro contra acidentes de trabalho (inciso XXVIII); proibição de diferença de salários, de exercício de funções e de critérios de admissão por motivo de sexo, idade, cor ou estado civil (inciso XXX); proibição de discriminação aos portadores de deficiência (inciso XXXI); proibição de distinção entre trabalho manual, técnico e intelectual ou entre os profissionais respectivos (inciso XXXII); proibição de trabalho noturno, perigoso ou insalubre aos menores (inciso XXXIII). Além da análise do contrato firmado entre o autônomo e seu tomador de serviços, será possível verificar o cumprimento da norma pela produção de prova oral, no curso da instrução de processo porventura ajuizado por algum dos interessados.

Outros "direitos", por sua vez, refogem da análise jus fundamental ora proposta: 1) por não ser um direito propriamente dito (prescrição — inciso XXIX); 2) por dizer respeito a outro tipo de trabalhador, por expressa disposição normativa (igualdade de direitos do trabalhador avulso — inciso XXXIV); 3) por ser incompatível com a natureza do trabalho autônomo, que se dirige a variados tomadores de serviços (participação nos lucros ou resultados — inciso XI, assistência gratuita aos filhos e dependentes, desde o nascimento até 5 (cinco) anos de idade em creches e pré-escolas — inciso XXV, licença-gestante — inciso XVIII e licença-paternidade — inciso XIX); 4) por já se encontrar regulado pela legislação previdenciária pátria em vigor (aposentadoria — XXIV).

Determinados direitos, por sua vez, estarão compreendidos no pagamento direto do tomador de serviços ao trabalhador, a exemplo da remuneração do trabalho noturno superior ao diurno (inciso IX), salário-família (inciso XII), remuneração do serviço extraordinário superior à do normal (inciso XVI), trabalho em dias de repouso semanal remunerado (inciso XV) e adicional de remuneração para atividades penosas, insalubres ou perigosas (inciso XXIII). Além da viabilidade de discriminar tais parcelas como rubrica apartada no recibo, a contraprestação mínima poderia ser estipulada em paridade com as normas vigentes para os trabalhadores subordinados da localidade, sem prejuízo de eventual negociação coletiva, quando for possível.

Remanesceriam alguns direitos a serem compreendidos no Fundo Social do Trabalhador Autônomo, ainda que de forma englobada. Embora o salário complessivo não seja aceito na dinâmica das relações de emprego, por dificultar ao empregado a visualização daquilo que lhe está sendo efetivamente adimplido, tratamento diverso deve ocorrer no caso de labor por conta própria, em que se mostra como uma das alternativas mais viáveis de dar eficácia da norma constitucional.

Dentro desse contexto, buscaremos que as receitas destinadas ao fundo em questão, calculadas sobre o total da contraprestação adimplida por força dos serviços realizados pelo trabalhador por conta própria, sustentem os seguintes benefícios: 1) indenização compensatória, na ruptura dos contratos por prazo indeterminado, de longa duração (compreendendo a proteção contra o término imotivado do contrato — inciso I, o seguro-desemprego — inciso II e o aviso-prévio proporcional ao tempo de serviço — XXI); 2) Fundo de Garantia por Tempo de Serviço (inciso III); 3) gratificação natalina (inciso VIII); 4) descanso anual remunerado (inciso XVII). Com base nesses direitos remanescentes, focaremos a criação do Fundo Social do Trabalhador Autônomo, inclusive seguindo critério de razoabilidade, de modo a compatibilizar as implicações sócio-econômicas com a eficácia do direito social fundamental ao trabalho para os autônomos.

Por mais que se tenha defendido a harmonia dos direitos sociais previstos no art. 7º da Constituição Federal para todos os trabalhadores, os estudos até então não materializaram forma sólida de viabilizar o seu gozo genérico. Ressalta-se, todavia, que o embasamento jurídico de tutela genérica do trabalho é de irrestrito acesso, podendo ser facilmente encontrado nas normas internacionais que elevam o homem ao centro das atenções do desenvolvimento sustentado. Das várias vertentes, nasce o regramento de um novo modelo inclusivo e solidário.

5. OS ENCARGOS SOCIAIS E OS IMPACTOS ECONÔMICOS

O Fundo Social do Trabalhador Autônomo instiga comprovar a viabilidade econômica desse novo instituto para defesa dos direitos fundamentais antes apontados. Dada à importância do labor por conta própria na economia, inclusive no aspecto do empreendedorismo para o progresso do país, apontaremos a necessidade de medidas de discriminação positiva pelo Estado. Os regimes de *welfare*, ou seja, os sistemas de empregos e de proteção social delinearão os contornos da presença estatal ora esperada, sem olvidar a contenda sobre os gastos trabalhistas e o custo da mão de obra no Brasil. As políticas governamentais (ativas e passivas) no mercado de trabalho, como forma de obter maior inclusão social e redistribuir riquezas, embasarão sua origem. O aumento das despesas privadas e eventual redução de compromissos públicos serão debatidos com relevância à melhoria das condições de vida dos autônomos. Tentaremos antever, na medida do possível, prováveis efeitos da taxação pretendida no mercado de trabalho, além da possibilidade de transição ocupacional. Lembrando a elasticidade e a capacidade de autoregulação do mercado na busca pelo equilíbrio, sem que haja prejuízo da competitividade, abordaremos, ainda, aumento do preço dos serviços, contratação preferencial de pessoas jurídicas (no lugar de trabalhadores individuais) e constituição de microempresas por autônomos, como tentativa de desvirtuar a incidência do modelo tutelar em foco. A Justiça do Trabalho, mais uma vez, terá papel primordial no julgamento das lides que envolvam supostas irregularidades.

5.1. A Importância do Trabalho Autônomo na Economia: a Necessidade de Ações Estatais Afirmativas

Considerando que o regramento da relação de emprego não foi suficiente para abarcar todas as novas tipologias contratuais surgidas no mercado e tendo em vista a já perceptível preocupação estatal em reduzir os índices de trabalhadores informais, desponta a discussão sobre a viabilidade de ações afirmativas do Estado, com vistas ao aprimoramento da tutela despendida aos seus cidadãos.[655] Quando se fala em trabalho informal, ainda que de modo indireto, embora não sejam sinônimos, inserem-se os autônomos, que permanecem à margem de normas de proteção eficazes.

Convergindo para esse contexto, Ricardo Antunes observa "nítido crescimento de relações de trabalho mais desregulamentadas, distantes da legislação trabalhista, gerando uma massa de trabalhadores que passam da condição de assalariados com

---

(655) "Some constitutional rights depends for their existence on positive acts by the state, and the government is therefore under a constitutional duty to perform, not to forbear, under the Constitution as it stands." (HOLMES, Stephen; SUNSTEIN, Cass R. *The cost of rights. Why liberty depends on taxes.* New York: W. W. Norton & Company, 2000. p. 52)

carteira assinada para a de trabalhadores sem carteira"[656]. Para José Pastore, "o mercado de trabalho se diversificou, mas a legislação trabalhista manteve-se amparando apenas a relação típica de subordinação na qual as proteções são apenas atreladas ao emprego e não aos trabalhadores"[657].

Como bem aponta Alain Supiot, parte dessa mudança decorre de um desejo crescente dos cidadãos em ter maior controle sobre as suas próprias vidas. Alguns dos mais importantes progressos sociais da última geração, como o avanço do movimento de mulheres, têm base nos ideais de liberdade de escolha e oportunidade para todos.[658] A relevância de garantir a eficácia do direito social ao trabalho aos *independentes* desponta, tomando por modelo inicial as conquistas já alcançadas aos *subordinados*.

No Brasil, impera a dicotomia de trabalhadores com ou sem CTPS anotada. Aliás, não existe, hoje, brecha legal para caminhos alternativos. Ao defrontarmos a questão da informalidade, direciona-se o foco do debate tanto para aqueles que laboram por contra própria, quanto àqueles considerados "falsos autônomos". Dentro desse segundo grupo, incluem-se indivíduos que são, de fato, empregados subordinados, ainda que não haja o reconhecimento explícito por seu empregador. Ressaltamos que tais situações permanecem sujeitas às normas da CLT, não sendo o objeto principal deste estudo.

Não podemos ignorar realidade vigente, segundo a qual "uma parcela muito grande dos adultos que são empregadores ou trabalhadores por conta própria não teve oportunidade de acesso ou preservação de um emprego formal e foi obrigada a tentar-se estabelecer com um negócio próprio de baixa remuneração"[659]. Ainda que chamados de empresários, os pequenos empreendedores não podem ser equiparados aos proprietários de grandes empresas. Além disso, os balanços financeiros totalmente distintos de cada tipo de negócio interferem na capacidade de atender, de modo satisfatório, à carga tributária incidente sobre os serviços realizados.

De acordo com dados do Banco Interamericano de Desenvolvimento, "a maioria dos trabalhadores em atividade na América Latina labuta de forma informal", atingindo o percentual de 56%.[660] "O Brasil, por sua vez, aliou medidas de aumento do emprego de carteira assinada com a formalização de pequenos empreendedores, que atuavam

---

(656) *O continente do labor*. São Paulo: Boitempo, 2011. p. 132.

(657) *As mudanças no mundo do trabalho*. São Paulo: LTr, 2006. p. 84.

(658) "Part of the reason for this shift has been an increasing desire on the part of citizens to take greater control over their own lives. Some of the most important social developments of the last generation, such as the rise of the women's movement, has been based on the ideals of freedom of choice and oportunity for all." (SUPIOT, Alain. *Beyond employment*. Changes in Work and the Future of Labour Law in Europe. Reimp. New York: Oxford, 2005. p. 139)

(659) BALTAR, Paulo; LEONE, Eugênia Troncoso. Perspectivas do Emprego Formal em um Cenário de Crescimento da Economia. In: FAGNANI, Eduardo; HENRIQUE, Wilnês; LÚCIO, Clemente Ganz (Orgs.). *Debates contemporâneos, economia social e do trabalho*, 4. Previdência Social: Como Incluir os Excluídos? Uma Agenda Voltada para o desenvolvimento Econômico com Distribuição de Renda. Debates Contemporâneos. São Paulo: LTr, 2008. p. 100.

(660) A Informalidade na América Latina. *Correio do povo*, Porto Alegre, 18 mar. 2013, p. 2.

à margem da legalidade, conseguindo bons resultados e inclusão laboral".[661] Observa-se que, em nosso país, "a parcela de empregados com contrato de trabalho formal aumentou de 45,3%, em 2001, para 56%, em 2011, quando os trabalhadores informais deixaram de ser maioria no país, segundo o IBGE"[662]. Mesmo assim, "a estimativa é que o Brasil ainda possua 44,2 milhões de trabalhadores na informalidade"[663]. Esses índices mantiveram-se estáveis até 2016, quando, em função da crise que assolou a economia nacional, houve o aumento da taxa de desemprego no país.

Ao destacar importante recuperação da atividade econômica no Brasil, na primeira década deste século, Cláudio Salvadori Dedecca defende que "o crescimento tem mostrado que o sistema [de regulação] não tem se apresentado como obstáculo, bem como não tem impedido a recomposição do segmento formal do mercado de trabalho"[664]. O insigne economista sintetiza o cenário brasileiro até então vigente:

> Em suma, o desempenho econômico recente mostrou que, mesmo que o sistema de regulação necessite ser reorganizado, ele não pode ser acusado de impedir o crescimento, menos ainda a diminuição do desemprego e o segmento informal de nossa estrutura ocupacional. Ao contrário, a boa capacidade da economia brasileira em enfrentar a crise teve como um de seus determinantes a existência de um mercado interno fortalecido pela geração de empregos, a elevação dos rendimentos do trabalho e o menor desemprego.[665]

Sobre o sistema regulatório do emprego assalariado em vigor no país, bem como a respeito da distinção entre "formal" e "informal", Márcio Pochmann e André Campos reforçam ponderações pertinentes:

> Em síntese, trata-se de uma concepção jurídica sobre a natureza da legalidade ou não da ocupação, sendo o trabalho formal aquele que possui um contrato que legaliza o acesso ao conjunto de direitos sociais e trabalhistas, enquanto o trabalho informal, sem a contratação formalizada e, portanto, ilegal à luz da legislação social e trabalhista, termina excluído da tutela estabelecida por atores (sindicatos) e fontes do direito social e do trabalho. As normas gerais de proteção social e trabalhista no Brasil concentram-se fundamentalmente nas ocupações assalariadas, sendo pouco desenvolvida, até o presente momento, a tutela legal para outras formas de ocupação não assalariadas (trabalho autônomo, independente, conta própria, cooperativado, sem remuneração, entre outros).[666]

---

(661) A Informalidade na América Latina. *Correio do Povo*, Porto Alegre, 18 mar. 2013, p. 2.

(662) AZEVEDO, André Felipe Zago de. Brasil segue líder em encargos trabalhistas. *Correio do Povo*, 17 mar. 2013, Cenários Econômicos, p. 7.

(663) AZEVEDO, André Felipe Zago de. Brasil segue líder em encargos trabalhistas. *Correio do Povo*, 17 mar. 2013, Cenários Econômicos, p. 7.

(664) Relações de trabalho, emprego e regulação no Brasil. In: NETTO, Antônio Delfim (Coord.). *O Brasil do século XXI*. São Paulo: Saraiva, 2011. v. 1, p. 228.

(665) DEDECCA, Cláudio Salvadori. Relações de trabalho, emprego e regulação no Brasil. In: NETTO, Antônio Delfim (Coord.). *O Brasil do século XXI*. São Paulo: Saraiva, 2011. v. 1, p. 228.

(666) Mercado de Trabalho e Previdência Social no Brasil. In: FAGNANI, Eduardo; HENRIQUE, Wilnês; LÚCIO, Clemente Ganz (Orgs.). *Debates Contemporâneos, economia social e do trabalho, 4*. Previdência Social:

Nesse encadeamento, dado o espaço significativo ocupado pelos autônomos na economia brasileira, impõe-se, não apenas o registro dos contratos de emprego subjacentes daqueles que são trabalhadores subordinados, mas também, observando suas especificidades, a equiparação, a todas as espécies de trabalhadores, da tutela estatal outorgada aos empregados. Seguindo a lição de Stephen Holmes e Cass R. Sunstein, os direitos são uma uniformidade imposta pela Constituição, a ser financiada pela sociedade. A isonomia de tratamento perante a lei não estará garantida em um vasto território de direitos sem eficácia e sem meios capazes de fazê-los valer como tais.[667]

Para "legalizar" o trabalho autônomo informal, talvez não seja preciso anotar a carteira de trabalho de todos, até porque isso seria inviável, além de indevido para parte deles, isto é, os genuínos profissionais por conta própria. Bastaria, para tanto, garantir o gozo de direitos trabalhistas pelos autônomos, representando importante evolução do nosso sistema jurídico. Desse modo, ao invés de "legalizar" o descumprimento da legislação trabalhista, enseja-se colocar como empregados aqueles que, de modo incontestе, o são, sem "forçar" a inclusão de verdadeiros autônomos como subordinados. Sobre a identificação de cada grupo e de seus respectivos direitos, posiciona-se Clemente Ganz Lúcio:

> Como, na situação atual, não se antevê a possibilidade de que todos os trabalhadores brasileiros venham a se integrar no sistema econômico segundo a norma de assalariamento padrão, é necessário elaborar políticas que promovam o acesso gradativo de trabalhadores com "inserção não padrão" na rede de proteção social e construir instrumentos de proteção que superem a presente precarização e que sejam adequadas às suas condições diferenciadas, ao mesmo tempo em que se estimule o crescimento do emprego sob a norma padrão com ampla proteção social e trabalhista.[668]

A reforma trabalhista, tão defendida por aqueles que desejam o Brasil em sintonia com padrões internacionais de proteção, pode ser reavaliada sob outro paradigma, diferente da ultrapassada desregulamentação ou da flexibilização excessiva, a que se reduz a tutela daqueles que mais precisam. Sustentando a necessidade de reorganizar o sistema de regulação, mas não pelos motivos defendidos na década de 1990, Cláudio Salvadori Dedecca alerta quanto à perenidade do sistema, o que determina a adoção de

---

Como Incluir os Excluídos? Uma Agenda Voltada para o desenvolvimento Econômico com Distribuição de Renda. Debates Contemporâneos. São Paulo: LTr, 2008. p. 88.

(667) "All-out adversaries of state power cannot be consistent defenders of individual rights, for rights are an enforced uniformity, imposed by the government and funded by the public. Equal treatment before the law cannot be secured over vast territory without relatively effective, honest, centralized bureaucratic agencies capable of creating and enforcing rights." (*The cost of rights. Why liberty depends on taxes*. New York: W. W. Norton & Company, 2000. p. 58.)

(668) Medidas Específicas que Podem Favorecer o Crescimento de Empregos Formais no Brasil. In: FAGNANI, Eduardo; HENRIQUE, Wilnês; LÚCIO, Clemente Ganz (Org.). *Debates contemporâneos, economia social e do trabalho, 4*. Previdência Social: Como Incluir os Excluídos? Uma Agenda Voltada para o desenvolvimento Econômico com Distribuição de Renda. Debates Contemporâneos. São Paulo: LTr, 2008. p. 110.

um processo de médio prazo, diverso de mudança caracterizada por ruptura radical.[669] Se as relações de trabalho assumiram contornos diferentes daqueles que alicerçaram a legislação hoje em vigor, faz-se necessário que o Direito se reformule, para retratar a sociedade que aflora, sob pena de perda de eficácia como agente regulador.

Por que não implementar uma política de inserção social dos autônomos, observando as peculiaridades do segmento? A regulamentação do labor independente poderá, inclusive, favorecer o crescimento econômico nacional e a competitividade internacional brasileira, uma vez que a melhoria da condição desses trabalhadores por conta própria minimizará, por certo, os riscos de gastos excedentes que decorram de contratações irregulares. Os autônomos, em razão de sua expressão numérica dentro da mão de obra ativa de nosso país, são responsáveis por grande parte da geração e da circulação de riquezas indispensáveis à expansão do capitalismo pátrio. Ao tratar do direito de emprego em uma nova geografia do trabalho, Juan Raso Delgue reforça o interesse na extensão da tutela a todos os trabalhos, em razão de suas consequências na sociedade:

1) *Empresas*, pois o desemprego destrói consumidores potenciais;

2) *Trabalhadores*, já que o trabalho continua sendo a fonte de recursos para sua subsistência pessoal e familiar;

3) *Estado*, porque uma sociedade em que o desemprego alcança níveis insustentáveis, está fadada à auto-destruição.[670]

O labor dos autônomos, cerca de 50% dos trabalhadores do Brasil, como antes mencionado, repercute diretamente nos programas de previdência social, nas políticas públicas assistencialistas e no diagnóstico do índice de desenvolvimento humano de nossa população. A administração do pretendido fundo social pelo Estado não decorre de mero repasse da responsabilidade, mas do seu interesse direto no sucesso desse instituto, por permitir melhor qualidade de vida desses indivíduos, inclusive com a consequente redução de possíveis (e prováveis) despesas na área da seguridade social (em especial, saúde e assistência social). Valendo-se dos ensinamentos de Stephen Holmes e Cass R. Sunstein, os direitos fundamentais envolvidos na relação de trabalho são, assim, direitos ditos "positivos", ou seja, ainda que não se pretenda o financiamento exclusivo pelo Estado de sua implementação, ao menos o gerenciamento lhe compete, por refletir a melhoria do bem-estar coletivo e individual.[671]

---

(669) DEDECCA, Cláudio Salvadori. Relações de trabalho, emprego e regulação no Brasil. In: NETTO, Antônio Delfim (Coord.). *O Brasil do século XXI*. São Paulo: Saraiva, 2011. v. 1, p. 228.

(670) "La cuestión del empleo y sus consecuencias sobre toda la sociedad constituye a nuestro juicio el tema central del debate porque es un tema que interesa a todos: a las empresas porque el desempleo destruye potenciales consumidores; a los trabajadores porque el trabajo sigue siendo la fuente de sus recursos; al Estado porque uma sociedad, donde el desempleo alcanza niveles insostenibles, se autodestruye; Em este contexto el derecho del empleo, como dereceho de la promoción, distribuición y proteción de 'los trabajos' se vuelve una herramienta n solo de tutela de los individuos, sino de construcción de una nueva sociedade. Una utopia? Um desafio." (El Derecho del Empleo y la Nueva Dimensión del Trabajo. In: Congreso Internacional sobre Culturas y Sistemas Juridicos Comparados. 9 a 14 de febrero, 2004. 19 fls.)

(671) "The financing of basic rights through tax revenues help us see clearly that rights are public goods: taxpayer-funded and government-managed social services designed to improve colective and individual

Para o empresariado, a participação no custeio do fundo social reduziria o risco de discussão sobre constantes irregularidades nos contratos de trabalho e de enquadramento dos autônomos como empregados, como única alternativa para estabelecer um mínimo de eficácia aos direitos fundamentais desses trabalhadores. Aliado a isso, teríamos o real progresso do labor independente, em paralelo, ao trabalho por conta alheia e subordinado, inclusive pela vontade da própria pessoa (e não por mera contingência de vida). "Há que criar as condições para que os brasileiros possam exercer seu potencial, seja como assalariado, seja como dono de um novo negócio."[672] "A nova proteção do trabalho terá de ser portátil. O que interessa é proteger o cidadão, mesmo porque ele faz um intenso ziguezague ao longo da vida"[673]. Sobre a função estatal dentro do mercado de trabalho, Clemente Ganz Lúcio comenta:

> O trabalho deve contar com proteção social ampla e o sistema de proteção social deve promover uma distribuição mais equitativa de renda e de acesso a serviços vitais. Cabe fundamentalmente ao Estado construir uma rede de proteção social que garanta a homens e mulheres as condições para seu desenvolvimento a partir do trabalho.[674]

Seguindo modelo de justiça distributiva, compete ao Estado proporcionar um mínimo de bem-estar material aos seus cidadãos. Para que tal partilha seja concretizada, porém, diante da limitação de recursos (públicos e privados), é preciso focar a efetividade dos direitos fundamentais e, justamente por isso, primordiais a existência digna de qualquer indivíduo. Ainda que por solidariedade todos participem, cabe ao Estado assumir papel de vanguarda na criação de institutos capazes de atender às novas demandas sociais condizentes com o mundo do trabalho atual. José Cláudio Monteiro de Brito Filho remete a novos e justos padrões ao sintetizar:

> [...] cada indivíduo é merecedor de direitos básicos, sendo que uma certa parcela de bens materiais está compreendida nesses direitos; garantir que ocorrerá a distribuição desses bens — entendida a distribuição como algo factível — compete principalmente ao Estado.[675]

A regulamentação do labor autônomo toma parte nos programas de ações afirmativas do Estado, segundo estratégia de repartir e promover o acesso a recursos, para que cada um receba aquilo que lhe é de direito, atenuando as desigualdades. Para incremento de políticas sociais, com a integração dos trabalhadores por conta própria no sistema normativo pátrio de proteção geral ao labor humano em suas mais variadas espécies, a adoção de normas que estendam direitos a esse grupo desfavorecido, e

---

well-being. All rights are positive rights." (*The cost of rights. Why liberty depends on taxes*. New York: W. W. Norton & Company, 2000. p. 48)

(672) A criação de novas empresas. *Correio do Povo*, 1º abr. 2014, Opinião, p. 2.

(673) PASTORE, José. *As mudanças no mundo do trabalho*. São Paulo: LTr, 2006. p. 85.

(674) Medidas Específicas que Podem Favorecer o Crescimento de Empregos Formais no Brasil. In: FAGNANI, Eduardo; HENRIQUE, Wilnês; LÚCIO, Clemente Ganz (Org.). *Debates contemporâneos, economia social e do trabalho, 4*. Previdência Social: Como Incluir os Excluídos? Uma Agenda Voltada para o desenvolvimento Econômico com Distribuição de Renda. Debates Contemporâneos. São Paulo: LTr, 2008. p. 109.

(675) *Ações afirmativas*. 2. ed. São Paulo: LTr, 2013. p. 26.

porque não dizer discriminado, decorre da necessária intervenção do Estado na economia. Incluir os autônomos no mercado de trabalho "formal" não implica, invariavelmente, a aplicação pura e simples da legislação atinente ao contrato de emprego. "A intervenção do legislador se faz necessária no sentido de corrigir distorções, com o intuito de tutelar relação de trabalho em que os protagonistas não são empregados."[676] Ao sustentar a modificação do sistema jurídico, além das relações coletivas de labor, acrescenta José Pastore:

> É claro que muita coisa é pura ilegalidade. Mas novas leis precisam ser criadas para dar um mínimo de proteção à maioria dos que estão em condições que não podem ser enquadradas na situação de emprego. Não podemos continuar com uma lei "tamanho único" quando o mercado de trabalho se diversifica de maneira tão acentuada. A reforma trabalhista não pode se restringir à reforma sindical. Aliás, a parte que mais interessa ao povo é a que vai estimular a geração de trabalho protegido, nas suas mais variadas formas.[677]

O pretendido Fundo Social do Trabalhador Autônomo pode ser visto como instituto estratégico para melhor divisão de recursos existentes na sociedade, de modo a atingir gama maior de trabalhadores. Afinal, deve o homem "encontrar a fonte de satisfação da maioria de suas necessidades e a possibilidade de ascender econômica e socialmente por meio do trabalho"[678]. Agregam-se, nesse contexto, os ensinamentos de Ronald Dworkin sobre o direito ao tratamento como igual, qual seja, "não de receber a mesma distribuição de algum encargo ou benefício, mas de ser tratado com o mesmo respeito e consideração que qualquer outra pessoa"[679]. Nessa mesma linha, Cláudio Salvadori Dedecca salienta a importância de se buscar uma agenda de mudanças progressivas, "que possibilitem um enxugamento e maior racionalidade do sistema de regulação dos contratos e das relações de trabalho", de modo a reduzir a incerteza da transição e favorecer o crescimento por meio da qualificação da força de trabalho e do aumento da produtividade.[680]

Todos os direitos são dispendiosos e, em atenção ao princípio da reserva do possível, espera-se do Estado uma resposta afirmativa, que materialize sua política de pleno emprego com vistas à igualdade de oportunidades aos cidadãos, a exigir, inclusive, a participação solidária dos demais atores sociais.[681] Parafraseando José Pastore, embora

---

(676) FURQUIM, Maria Célia de Araújo. *Nem empregado, nem autônomo*: Parassubordinado. São Paulo: LTr, 2013. p. 62.

(677) *As mudanças no mundo do trabalho*. São Paulo: LTr, 2006. p. 85.

(678) MARRAS, Jean Pierre. *Capital e trabalho. O desafio da gestão estratégica de pessoas no século XXI*. São Paulo: Futura, 2008. p. 58.

(679) *Levando os direitos a sério*. Tradução de Nelson Boeira. 2. ed. São Paulo: Martins Fontes, 2007. p. 350.

(680) Relações de trabalho, emprego e regulação no Brasil. In: NETTO, Antônio Delfim (Coord.). *O Brasil do século XXI*. São Paulo: Saraiva, 2011. v. 1, p. 229.

(681) "Negative rights ban and exclude government; positive ones invite and demand government. The former require the hobbling of public officials, while the latter require their affirmative intervention. Negative rights typically protect liberty; positive right typically promote equality." (HOLMES, Stephen; SUNSTEIN, Cass R. *The cost of rights. Why liberty depends on Taxes*. New York: W. W. Norton & Company, 2000. p. 40)

as leis não criem empregos, "leis de boa qualidade respeitam as especificidades dos vários segmentos do mercado de trabalho e ajudam a contratar legalmente"[682]. O Fundo Social do Trabalhador Autônomo pretende, assim, aliar diretrizes de proteção do labor humano com atenção às características intrínsecas dessa forma de labor.

5.2. Espécies de Mercado: Regime de Welfare – Sistemas de Empregos e de Proteção Social

Para o sucesso de um programa de proteção social, faz-se necessária uma avaliação econômica, antes mesmo de formular normas jurídicas correspondentes. "A teoria do bem-estar, ou *welfare* economics, estuda como alcançar soluções socialmente eficientes para o problema da alocação e distribuição dos recursos, ou seja, encontrar a 'alocação ótima dos recursos'."[683] O êxito de um sistema de emprego bem estruturado depende de estimativa de receitas suficientes às despesas previstas para manter a estrutura organizacional e a concessão de benefícios nele estabelecida. Sobre o tema, ensina Rachel Sztajn:

> Eficiência significa a aptidão para obter o máximo ou melhor resultado ou rendimento, com a menor perda ou o menor dispêndio de esforços; associa-se à noção de rendimento, de produtividade, de adequação à função. Não se confunde com a eficácia que é a aptidão para produzir efeitos.[684]

A regulação do mercado de trabalho pelo Estado não é consenso entre os economistas, contrapondo a posição de ortodoxos e institucionalistas[685]. Em paralelo semelhante com a dinâmica das relações de trabalho, os primeiros defendem o não intervencionismo estatal na economia, enquanto os segundos justificam tal interferência, para corrigir imperfeições, dentre as quais a competição depredadora da mão de obra, a assimetria informacional e a insuficiência de representação coletiva dos trabalhadores[686]. "O grau de eficácia e a extensão dos mecanismos usados, entretanto,

---

(682) *Ibidem*, p. 100.

(683) VASCONCELLOS. Marco Antonio Sandoval de; GARCIA, Manuel Enriquez Garcia. *Fundamentos da economia*. 4. ed. São Paulo: Saraiva, 2008. p. 50.

(684) Law and Economics. In: ZYLBERSZTAJN, Décio; SZTAJN, Rachel (Org.). *Direito & Economia. Análise econômica do direito e das organizações*. 6ª tir. Rio de Janeiro: Elsevier, 2005. p. 83.

(685) "Os **institucionalistas** que têm como grandes expoentes os norte-americanos Thornstein Veblen (1857-1929) e John Kenneth Galbraith (1917-2007), dirigem suas críticas ao alto grau de abstração teórica econômica e ao fato de ela não incorporar em sua análise as instituições sociais — daí o nome de institucionalistas. Rejeitam o pressuposto neoclássico de que o comportamento humano na esfera econômica, seja racionalmente dirigido e resulte do cálculo de ganhos e perdas marginais. Consideram que as decisões econômicas das pessoas refletem muito mais as influências das instituições dominantes e do desenvolvimento tecnológico." (VASCONCELLOS. Marco Antonio Sandoval de; GARCIA, Manuel Enriquez Garcia. *Fundamentos da economia*. 4. ed. São Paulo: Saraiva, 2008. p. 31)

(686) ZYLBERSTAJN, Hélio. Bases conceituais para um sistema justo e eficiente de relações de trabalho: superando o dilema entre legislado e negociado. In: CHADAD, José Paulo Zeetano; PICCHETTI, Paulo (Orgs.). *Mercado de trabalho no Brasil*: padrões de comportamento e transformações institucionais. São Paulo: LTr, 2003. p. 338.

variam significativamente de acordo com o estágio de desenvolvimento econômico de cada país e dos padrões específicos de intervenção estatal na economia."[687] Sobre a tendência natural do mercado ao equilíbrio, dentro de uma visão ortodoxa, esclarecem Marcos Antonio Sandoval de Vasconcellos e Manuel Enriquez Garcia:

> [...] se não há obstáculos para a livre movimentação dos preços, ou seja, se o sistema é de concorrência pura ou perfeita, será observada essa tendência natural de o preço e a quantidade atingirem determinado nível desejado tanto pelos consumidores como pelos ofertantes. Para que isso ocorra, é necessário que não haja interferência nem do governo nem de forças oligopólicas, que têm poder de afetar o preço de mercado.[688]

Os argumentos trazidos pela última corrente, em que as inexatidões do mercado assumem relevo, retomam, porém, uma função do Estado de promover o equilíbrio de poder entre capital e trabalho. "Se existem falhas de mercado, o objetivo da regulação deve ser o de corrigi-las para que o mercado maximize o emprego e utilize eficientemente os recursos".[689] Como sustenta Hélio Zylberstajn, as imperfeições devem estimular os formuladores de políticas a intervirem com criatividade, ajustando o mercado, quando e onde for necessário.[690] Sob outro ângulo, parafraseando Roland Veras Saldanha Jr., o princípio geral subjacente é o reconhecimento da importância e do papel social da livre empresa e da livre iniciativa, readaptando o Estado para as funções de orientação e regulação da atuação dos particulares.[691] Francisco Mochón aponta três grandes funções do Estado:

> 1) Aumentar a eficiência econômica combatendo as falhas de mercado;

> 2) Estabilizar a economia e propiciar o crescimento econômico, por meio da política macroeconômica;

> 3) Procurar a equidade, melhorando a distribuição de renda.[692]

Um sistema de emprego bem definido estabiliza as relações de trabalho, reduzindo as incertezas e, por consequência, os despêndios das transações econômicas. "As normas jurídicas buscam, em última análise, regular as atividades econômicas, no sentido de tornar os mercados mais eficientes (função alocativa) e buscar a melhor qualidade de vida para a população como um todo (função distributiva)."[693] Nesse sentido, Rachel

---

(687) SALDANHA Jr., Roland Veras. Regulação econômica e defesa da concorrência no Brasil. In: PARKIN, Michael. *Economia*. Tradução de Cristina Yamagami. 8. ed. São Paulo: Addison Wesley, 2009. p. 339.
(688) *Fundamentos da economia*. 4. ed. São Paulo: Saraiva, 2008. p. 64.
(689) ZYLBERSTAJN, Hélio. *Op. cit.*, p. 339.
(690) ZYLBERSTAJN, Hélio. Bases conceituais para um sistema justo e eficiente de relações de trabalho: superando o dilema entre legislado e negociado. In: CHADAD, José Paulo Zeetano; PICCHETTI, Paulo (Orgs.). *Mercado de trabalho no Brasil*: padrões de comportamento e transformações institucionais. São Paulo: LTr, 2003. p. 338.
(691) *Ibidem*, p. 339-340.
(692) *Princípio de economia*. Tradução de Thelma Guimarães. São Paulo: Prentice Hall, 2007. p. 132.
(693) VASCONCELLOS. Marco Antonio Sandoval de; GARCIA, Manuel Enriquez Garcia. *Fundamentos da economia*. 4. ed. São Paulo: Saraiva, 2008. p. 42.

Sztajn e Érica Gorga, sem olvidar a possibilidade das normas ficarem ultrapassadas perante a transformação da realidade social, argumentam que "a legislação economiza custos de transação e possibilita ganhos de escala ao sinalizar para a comunidade em geral o Direito vigente, promovendo a estabilidade jurídica"[694]. A respeito do modelo nacional, Roland Veras Saldanha Jr. pensa alternativas concretas:

> Como ocorre na maior parte das economias modernas, o Brasil dispõe de mecanismos jurídico-institucionais para regular as atividades econômicas, combater os abusos de poder de mercado e promover a livre concorrência. Os fundamentos econômicos para a existência desses instrumentos regulatórios são basicamente similares ao redor do mundo, representando, em geral, esforços para minimizar os efeitos de falhas do mercado, problemas distributivos e ineficiências alocativas.[695]

Se, para os ortodoxos, a ampla liberdade é suficiente para fazer o mercado funcionar, os institucionalistas questionam a finalidade da atividade econômica, a qual, em última análise, deve ser a promoção do homem. O monitoramento da economia pelo poder público busca diminuir desequilíbrio que lhe é prejudicial. Nesse aspecto, o excesso de competitividade entre as empresas e entre os próprios trabalhadores, bem como a ampliação da atividade empresária em escala mundial, dificultam, por exemplo, a organização e sindicalização de grupos de trabalhadores. Caso essa concorrência não seja mitigada, como alerta Hélio Zylberstajn, pode-se chegar à situação de exaustão do trabalho humano.[696]

Na tentativa de viabilizar a introdução de parâmetros jurídicos de tutela ao indivíduo dentro das possibilidades de alocação de recursos específicos (públicos ou privados) para tal fim, valemo-nos dos estudos realizados dentro de um "sistema econômico de prosperidade", que analisa, justamente, o interesse social e as alternativas econômicas, distinguindo circunstâncias viáveis para execução dentro dos mercados e aquelas que levarão a resultados insatisfatórios. O bom funcionamento de uma economia competitiva, especialmente em panorama global, exige, em prol de um bem maior, que sejam avaliados, de forma ampla, efeitos concomitantes bons ou ruins. Como já dito anteriormente, todos os direitos possuem um custo, o que, por si só, já representa, à primeira vista, uma consequência indesejada por qualquer potencial contribuinte.

É preciso verificar até que ponto a sociedade e o Estado estão aptos a suportar os gastos decorrentes de novas despesas, ainda que fundadas na efetividade de preceitos constitucionais.[697] A destinação de recursos deve ser socialmente desejada, para que seja

---

(694) Tradições do Direito. In: ZYLBERSZTAJN, Décio; SZTAJN, Rachel (Orgs.). *Direito & Economia. Análise econômica do direito e das organizações*. 6ª tir. Rio de Janeiro: Elsevier, 2005. p. 177.
(695) Regulação econômica e defesa da concorrência no Brasil. In: PARKIN, Michael. *Economia*. Tradução de Cristina Yamagami. 8. ed. São Paulo: Addison Wesley, 2009. p. 339.
(696) Bases conceituais para um sistema justo e eficiente de relações de trabalho: superando o dilema entre legislado e negociado. In: CHADAD, José Paulo Zeetano; PICCHETTI, Paulo (Orgs.). *Mercado de trabalho no Brasil*: padrões de comportamento e transformações institucionais. São Paulo: LTr, 2003. p. 339.
(697) A respeito do assunto, refere Michael L Katz e Harvey S Rosen: "This debate demonstrates that we want to know not only how a competitive economy works, but whether the results are in some sense

considerada justa. Afinal, a função do bem-estar social introduz considerações éticas, que mostram como a sociedade está disposta a equilibrar os benefícios destinados aos seus membros.[698] Trata-se, em verdade, de "uma tentativa de os economistas estabelecerem critérios que permitam analisar mudanças que são desejáveis para o conjunto da sociedade e, portanto, se fundamentam no ramo da economia normativa"[699].

Respaldado por espírito filosófico do "máximo para o maior número de pessoas", Jose Carrera-Fernandez retoma o "Ótimo de Pareto"[700], para concluir que "uma ação que melhora a situação de pelo menos um indivíduo sem piorar a situação de qualquer outro é uma melhoria potencial de Pareto e, portanto, contribui para aumentar o bem-estar econômico"[701]. Diante das notórias dificuldades em reconhecer algo benéfico para determinadas pessoas e, ao menos, inofensivo para as demais, talvez seja necessário pensar em alguma forma de compensação[702], especialmente quando coexistam efeitos positivos e negativos, para desenvolver critério normativo de bem-estar com maior aplicabilidade prática, como proposto por José Carrera-Fernandez:

> Duas contribuições importantes foram oferecidas no sentido de desenvolver um critério normativo de bem-estar, com uma maior aplicabilidade prática, principalmente para aqueles casos em que uma ação inevitavelmente melhora a situação de alguns, piorando a situação de outros. A primeira, proposta

---

'good'. This section introduces **welfare economics**, the branch of economy theory concerned with the social desirability of alternative economic states. Welfare economics provides a framework for distinguishing circumstances under with markets can be expected to perform well from those circumstances under which they will produce underisable results." (*Microenomics*. 3. ed. Boston: Irwin/McGraw-Hill, 1998. p. 379).

(698) Sobre a eficiência de Pareto, a justificar a análise pretendida ao tema, esclarecem Michael L Katz e Harvey S Rosen: "A Pareto-efficient allocation of resources may not be socially desirable if the associated distribution of real income is deemed to be unfair. The social welfare function introduces ethical considerations by showing how society is willing to trade off utility among its members." (Ibid., p. 404)

(699) CARRERA-FERNANDEZ, José. *Curso básico de microeconomia*. 3. ed. Salvador: EDUFBA, 2009. p. 437. Disponível em: <http://repositorio.ufba.br/ri/bitstream/ufba/189/1/Curso%20basico%20de%20 microeconomia.pdf>. Acesso em: 9 dez. 13.

(700) O autor apresenta a seguinte definição do Critério de Pareto: "estabelece que o estado social A é preferível ao estado B se existe pelo menos uma pessoa melhor em A do que em B e não existe nenhuma pessoa pior em A que em B. Por ser preferível, o estado social A é dito ser Pareto-superior em relação ao estado B". A seguir: "é um estado social que se caracteriza pela condição em que é impossível melhorar a situação de algum indivíduo, sem piorar a situação de outro. Em outras palavras, o ótimo de Pareto é a fronteira formada por um conjunto de pontos para os quais não existem estados Pareto-superior". (CARRERA-FERNANDEZ, José. *Curso básico de microeconomia*. 3. ed. Salvador: EDUFBA, 2009. p. 438-439. Disponível em: <http://repositorio.ufba.br/ri/bitstream/ufba/189/1/Curso%20basico%20de%20 microeconomia.pdf>. Acesso em: 9 dez. 13)

(701) CARRERA-FERNANDEZ, José. *Op. cit.*, p. 438.

(702) "Uma crítica ao critério da compensação é que o bem-estar social não poderá realmente aumentar se a compensação não for efetivamente paga ou se não se introduzir um julgamento explícito de valor, de modo a fazer com que qualquer pessoa se torne realmente melhor e a consequente redistribuição de renda seja realmente desejada. A outra crítica está associada ao fato de que não é possível redistribuir os benefícios e os custos sem incorrer em novos custos. Isto é, se as compensações forem efetivamente feitas, serão necessários incorrer em custos para determinar quem serão os beneficiários dessas ações e quem deverão pagar, assim como quais serão os meios pelos quais tais recursos serão gerados. É óbvio que esses custos poderão ser grandes o suficiente a ponto de inviabilizar as compensações ou pelo menos pôr em dúvida a viabilidade dessas ações." (CARRERA-FERNANDEZ, José. *Op. cit.*, p. 440)

por Kaldor e Hicks, estabelece que uma ação altera a alocação de recursos melhora o bem-estar social se o critério de Pareto é satisfeito ou se as pessoas que se beneficiam podem compensar aquelas prejudicadas e ainda assim tiverem o seu bem-estar ampliado. O segundo critério, proposto por Stitovsky, aceita a compensação de Kaldor-Hicks, mas requer ainda que se as pessoas prejudicadas com o projeto não sejam capazes de compensar os ganhadores para que o projeto não seja implementado.[703]

Fatores ideológicos também acabam influenciando a visão das pessoas sobre questões que não são meramente econômicas.[704] De qualquer forma, valendo-se dos ensinamentos de Michael L. Katz e Harvey S. Rosen, "bem-estar econômico" é extremamente útil para avaliar medidas de política pública, cujos fins se destinam a melhorar a eficiência e/ou aumentar a igualdade entre os indivíduos.[705]

Toda a regulamentação do Direito do Trabalho encontra guarida na discussão do modelo econômico de cada nação. A sustentação de um bom nível de emprego pelo Estado é medida necessária para não só prestar assistência aos trabalhadores, como para manter certo nível de consumo (indispensável para o sucesso do regime capitalista). A garantia de um conjunto de direitos essenciais dos trabalhadores, abrangendo os autônomos, é de interesse maior (compensatório) da sociedade em geral, "porque eles têm como objetivo assegurar que o capital humano do país não se deteriore"[706]. Do contrário, seguindo um fluxo natural do mercado, os detentores de capital sempre buscarão reduzir seus custos, incluindo os trabalhistas, o que implica achatamento proporcional do padrão de vida dos trabalhadores.

"O mercado está longe de ser um espaço homogêneo. Quer do ponto de vista da demanda (as empresas), quer do ponto de vista da oferta (os trabalhadores), há uma variedade muito grande de situações."[707] A respeito dos problemas que decorrem de uma legislação única para todas as formas de trabalho humano, mais uma vez, dentro de um enfoque econômico, destacamos a lição de Hélio Zylberstajn, a corroborar o fundamento deste estudo:

> Apesar de tanta heterogeneidade, a legislação trabalhista brasileira é uma só. A maioria dos dispositivos da CLT e das demais leis trabalhistas se apli-

---

(703) *Ibidem*, p. 439-440.

(704) Novamente, valemo-nos dos ensinamentos de Michael L Katz e Harvey S Rosen: "We conclude that great advantage of welfare economics is that it provides a coherent framework for thinking about the desirability of alternative allocations of resources. Because virtually every important public policy problem involves some kind of reallocation of resources, having such a framework is invaluable. Nevertheless, ideological factors that lie outside the realm of welfare economics can and do influence peolple's views on economic issues." (*Microenomics*. 3. ed. Boston: Irwin/McGraw-Hill, 1998. p. 403)

(705) "Welfare economics provides an extremely useful framework for evaluating public policy measures whose ostensible purposes are to enhance efficiency and/or increase fairness". (KATZ, Michael L.; ROSEN, Harvey S. *Op. cit.*, p. 403)

(706) ZYLBERSTAJN, Hélio. Bases conceituais para um sistema justo e eficiente de relações de trabalho: superando o dilema entre legislado e negociado. In: CHADAD, José Paulo Zeetano; PICCHETTI, Paulo (Orgs.). *Mercado de trabalho no Brasil*: padrões de comportamento e transformações institucionais. São Paulo: LTr, 2003. p. 340.

(707) ZYLBERSTAJN, Hélio. *Op. cit.*, p. 353.

ca indistintamente a todas as situações. As situações concretas são muito heterogêneas, mas as regras são sempre as mesmas. Isto cria situações de dificuldades e ineficiências, pois não há flexibilidade na aplicação de regras.[708]

Ao oferecer opções para uma reforma trabalhista, o professor Hélio Zylberstajn destaca a criação de "pacotes" de legislação, que assegurem direitos básicos dos trabalhadores, dentre os quais, em visão econômica não ortodoxa, tomamos a liberdade de inserir a proposta de criar o Fundo Social do Trabalhador Autônomo. Respeitando as distintas realidades do mercado, abre-se espaço para o aperfeiçoamento da forma de proteção outorgada pelo Estado a quem labora e depende dos seus ofícios para garantir a subsistência pessoal e familiar. Afinal, além dos empregados, os ditos *independentes* também sobrevivem graças aos recursos provenientes do trabalho que realizam.

O novo modelo legal sugerido para os contratos de trabalho autônomo, além de fixar o conjunto de direitos e deveres recíprocos de tomadores e prestadores de serviços, permitirá o alcance de um ganho social coletivo. Afinal, a melhoria das condições de vida dos trabalhadores por conta própria justifica a realocação de recursos para viabilizar o funcionamento do sistema ora sugerido.

5.3. A Polêmica sobre os Encargos Trabalhistas e o Custo da Mão de Obra no Brasil

Partindo do pressuposto de que os direitos têm um custo, percebe-se que países com estado de bem-estar social mais desenvolvido apresentam maior participação de tributos incidentes sobre a folha de pagamento. De um lado, temos os índices de informalidade que, a seu modo, pressionam a sua desoneração. De outro, as políticas governamentais que exigem um suporte de recursos para custeio de benefícios a serem concedidos aos trabalhadores, o que, em regra, está interligado a garantias constitucionais de subsistência digna do Homem na vida em sociedade.

Com relação ao primeiro aspecto, "o tradicional conceito de informalidade inclui, além dos trabalhadores assalariados sem carteira, os trabalhadores por conta própria, os empresários de pequenos negócios precários, as pessoas sem remuneração, os empregados domésticos etc."[709] Destacando as dificuldades de precisar o universo das atividades organizadas em torno do trabalho não assalariado, Anselmo Luís dos Santos distingue *verdadeiros* e *falsos* autônomos:

> Esse conceito de ocupações informais, portanto, pode abarcar tanto os trabalhadores sem carteira assinada das atividades minimamente estruturadas, como os ocupados em diferentes tipos de pequenos estabelecimentos (permanente em espaço público ou particular — de forma exclusiva para o desenvolvimento do negócio ou em domicílios —, provisório e ambulante principalmente em

---

(708) ZYLBERSTAJN, Hélio. *Op. cit.*, p. 353.
(709) SANTOS, Anselmo Luís dos. *Debates contemporâneos, economia social e do trabalho, 9. Trabalho em pequenos negócios no Brasil. Debates contemporâneos*. São Paulo: LTr, 2013. p. 238.

espaços públicos) sem nenhum tipo de registro, ou mesmo aqueles com algum tipo de registro (nas prefeituras, inscrição no INSS etc.), mas que não apresentam um mínimo de estruturação, com o descumprimento de diversas exigências legais e utilização de empregados sem carteira de trabalho.[710]

Os trabalhadores sem carteira assinada, em regra, concentram-se em micro e pequenas empresas, o que justifica notórias dificuldades enfrentadas por tais empreendimentos em suportar despesas referentes a tributos estatais, inclusive aqueles que incidem sobre a folha de salários dos seus empregados. Ressalta-se, desde a Lei Complementar n. 123/06, que instituiu o Estatuto Nacional da Microempresa e da Empresa de Pequeno Porte, foram estabelecidas normas gerais relativas ao tratamento diferenciado e favorecido a ser dispensado às microempresas e empresas de pequeno porte, no âmbito dos Poderes da União, dos Estados, do Distrito Federal e dos Municípios, especialmente, no que se refere à apuração e recolhimento dos impostos e contribuições, mediante regime único de arrecadação, e ao cumprimento de obrigações trabalhistas e previdenciárias (art. 1º). Por envolver a geração de emprego e de renda, observa-se:

> Recentemente, a formalização dos pequenos negócios ajudou a fomentar uma nova cultura de integração de atividades marginais ao mercado, com possibilidade de obter vantagens acessíveis somente para uma empresa legalizada. Os próprios empreendedores podem ter benefícios previdenciários e participar de licitações, além da chance de poderem expandir suas atividades.[711]

"O panorama para empreender no país ainda não está em patamares que possam ser considerados ideais, pois ainda existem questões a serem equacionadas, como as dificuldades para inovar e o alto custo dos tributos."[712] Além da flexibilização das leis trabalhistas, permanece o debate paralelo para que se respeite a capacidade tributária de cada contribuinte, o que levaria a um tratamento diferenciado de acordo com o tamanho do negócio, o que, sob certo aspecto, já foi iniciado com a desoneração das obrigações tributárias que vem sendo dispensada ao Microempreendedor Individual (MEI).

Sobre a redução do "assalariamento" nos últimos 15 anos, segundo Anselmo Luís dos Santos, trata-se também de "um indicativo da expansão dos números de empregadores e de trabalhadores por conta própria, que conformam parcela expressiva dos ocupados em pequenos negócios e empreendimentos informais urbanos"[713]. Vinculado a isso, o autor disserta sobre a precarização do mundo do trabalho, já que muitos desses novos empresários, até pouco tempo atrás, eram empregados de seus atuais clientes:

> [...] no período de industrialização, de elevação da participação do trabalho assalariado e da crescente estruturação do mercado de trabalho, essa

---

(710) *Debates contemporâneos, economia social e do trabalho, 9. Trabalho em pequenos negócios no Brasil. Debates contemporâneos*. São Paulo: LTr, 2013. p. 238.

(711) A criação de novas empresas. *Correio do Povo*, 1º abr. 2014, Opinião, p. 2.

(712) SANTOS, Anselmo Luís dos. *Op. cit.*, p. 238.

(713) SANTOS, Anselmo Luís dos. *Debates contemporâneos, economia social e do trabalho, 9. Trabalho em pequenos negócios no Brasil. Debates contemporâneos*. São Paulo: LTr, 2013. p. 157.

expansão do universo de trabalhadores por conta própria surgiu como uma das expressões da crise econômica dos anos 1980 e de seus impactos em termos de deterioração do mercado de trabalho brasileiro.[714]

Relacionando a degeneração das relações de trabalho com o despontar de pequenos negócios, muitas vezes motivados pelo aumento dos processos de terceirização e de subcontratação, Anselmo Luís dos Santos aponta a questão social a ser enfrentada:

> São problemas que vão desde a geração de piores postos de trabalho, com menores rendimentos e benefícios, elevado grau de informalidade nas relações de trabalho, piores condições de saúde e segurança no trabalho e que se estendem às questões relacionadas à legislação trabalhista e à Justiça do Trabalho, à fiscalização e multas, ao acesso a informações sobre a legislação trabalhista e previdenciária e que, em geral, remetem a discussão de políticas específicas para o segmento.[715]

Como contraponto das liberdades de mercado, assim, os direitos sociais colocam-se, com respaldo constitucional, a demandar a interferência do Estado na economia. Dentro dessa discussão, é que se estabelece a polêmica dos encargos trabalhistas e, no caso brasileiro especificamente, do elevado custo da mão de obra para o empresariado. Em meio à contenda, o valor do trabalho humano, que está intimamente ligado à garantia de subsistência digna do trabalhador, faz emergir a imposição do seu preço ao empresariado, ao Estado e à própria sociedade. Adam Smith estende a reflexão e, no particular, distingue o preço real do trabalho a ser trocado por objetos necessários e convenientes para a vida e o preço nominal, isto é, a quantidade de dinheiro utilizada para esse fim.[716] A respeito da onerosa tributação, critica André F. Z. Azevedo, em comentário que percorre o tema:

> Não é de hoje que os empresários brasileiros têm-se queixado dos altos impostos que precisam despender sobre os salários pagos a seus funcionários. Frequentemente, os encargos trabalhistas acabam se destacando entre os itens que compõem o tão famigerado custo Brasil, diminuindo a competitividade de nossas empresas. Ainda assim, envergonha o fato de o Brasil ser apontado como o líder em encargos trabalhistas, num seleto conjunto de 25 países, incluindo os que compõem o G7 (os sete mais industrializados) e o BRIC (principais economias emergentes).[717]

O debate impõe cautela por contrapor interesses das empresas, que postulam a redução dos encargos, com seus trabalhadores, que, por sua vez, almejam melhores condições para executar seu labor. Reside, nesse aspecto, como bem elucidado por Marcus

---

(714) *Debates contemporâneos, economia social e do trabalho, 9. Trabalho em pequenos negócios no Brasil. Debates contemporâneos*. São Paulo: LTr, 2013. p. 160.
(715) *Ibidem*, p. 277.
(716) *Investigação sobre a natureza e as causas da riqueza das nações*. Série Os Pensadores. Tradução de Conceição Jardim Maria do Carmo Cary e Eduardo Lúcio Nogueira. 3. ed. São Paulo: Abril, 1984. p. 29.
(717) Brasil segue líder em encargos trabalhistas. *Correio do Povo*, 17 mar. 2013, Cenários Econômicos, p. 7.

Orione Gonçalves Correia e Érica Paula Barcha Correia[718], as críticas, de naturezas econômicas e sociais, ao modelo estatal do bem-estar social, a impingir as reformulações jurídicas pretendidas nesse estudo: a) onerosidade excessiva para as empresas, em prejuízo do crescimento potencial dos negócios e da competitividade; b) desagrado de todos, empresários, porque se sentem onerados, e trabalhadores, pois não conseguem saciar todos os seus desejos. "Não há, assim, mais como vislumbrar a existência de um capitalismo completamente inerte diante das questões sociais emergentes que põem em risco as próprias instituições que preservam essa mesma sociedade capitalista."[719]

"Os trabalhadores desejam ganhar o máximo e os patrões pagar-lhes o mínimo possível."[720] Parafraseando o jornalista Juremir Machado da Silva[721], é chegada a hora de dar maior transparência a essa equação: taxa de administração (lucro pré-fixado dos empresários) *versus* qualidade do serviço prestado e remuneração dos funcionários. Com referência à motivação precípua dos empregadores, Adam Smith destaca:

> Este indivíduo só pode ter qualquer interesse em empregar trabalhadores se espera obter pela venda do trabalho deles algo mais do que suficiente para repor o capital adiantado; e só lhe interessa empregar um maior capital na medida em que os seus lucros estejam em proporção com o quantitativo efetivamente utilizado para esse fim.[722]

A questão posta exige, porém, análise contextual de cada nação, quando busca implementar garantias básicas a todos os trabalhadores, dentro de um padrão de consumo, em que o capital circula livremente, desde que observadas condições mínimas de distribuição de riquezas. Afinal, "além do Brasil, os países europeus são os que mais cobram encargos sobre os salários dos trabalhadores, com Itália e França surgindo na segunda e terceira posições, respectivamente". [723] De acordo com levantamento realizado pela rede mundial de auditoria e contabilidade UHY[724], o Brasil paga, em média, 57% do valor bruto dos salários em tributos, enquanto a média global é de apenas 22%.[725] Segundo José Pastore, a contratação formal gera uma despesa trabalhista ao empregador equivalente a 103,46%[726] do salário pago ao empregado, o que dificulta o cumprimento da legislação, em especial, pelas pequenas e médias empresas.[727]

---

(718) *Curso de direito da seguridade social.* 7. ed. São Paulo: Saraiva, 2013. p. 37.

(719) CORREIA, Marcus Orione Gonçalves; CORREIA, Érica Paula Bracha. *Curso de direito da seguridade social.* 7. ed. São Paulo: Saraiva, 2013. p. 50.

(720) SMITH, Adam. *Investigação sobre a natureza e as causas da riqueza das nações.* Série Os Pensadores. Tradução de Conceição Jardim Maria do Carmo Cary e Eduardo Lúcio Nogueira. 3. ed. São Paulo: Abril, 1984. p. 56.

(721) Direito de greve. *Correio do Povo*, 1º fev. 2014, Opinião, p. 2.

(722) *Investigação sobre a natureza e as causas da riqueza das nações.* Série Os Pensadores. Tradução de Conceição Jardim Maria do Carmo Cary e Eduardo Lúcio Nogueira. 3. ed. São Paulo: Abril, 1984. p. 42.

(723) AZEVEDO, André F. Z. Brasil segue líder em encargos trabalhistas. *Correio do Povo*, 17 mar. 2013, Cenários Econômicos, p. 7.

(724) Urbach Hacker Young International Limited.

(725) AZEVEDO, André F. Z. *Op. cit.*, p. 7.

(726) Este índice tem sofrido alterações, desde então, decorrentes de mudanças da legislação tributária, que inclusive majoraram os encargos de empresas que não se enquadram no perfil beneficiado pela desoneração tributária trazida a partir da Lei Complementar n. 123/06.

(727) *As mudanças no mundo do trabalho.* São Paulo: LTr, 2006. p. 80-81.

Para Ivan Kertzman, a defesa pela desoneração da folha de pagamento pode passar por dois caminhos: 1º) pregar a desoneração fiscal e também trabalhista, por meio da flexibilização das leis laborais; 2º) propor unicamente a desoneração tributária, reduzindo as despesas com tributos diretos sobre a folha de pagamento.[728] De qualquer forma, sustenta o autor que "a justiça social deve ser orientada pelo princípio da capacidade contributiva"[729]. Desse modo, embora princípio da igualdade exija que a carga tributária seja distribuída igualmente entre os cidadãos, o componente social da justiça determina que os mais ricos paguem proporcionalmente mais do que os mais pobres.[730] É valido lembrar, nesse contexto, o padrão social alcançado pela Europa, ao partir desse paradigma contributivo, servindo de modelo para qualquer nação dita desenvolvida. É o que se extrai do seguinte estudo:

> A folha de pagamentos é uma base importante para tributação na maioria dos estados modernos, sendo que, quase universalmente, os recursos arrecadados sobre esta base são direcionados para o financiamento de políticas sociais (saúde, previdência, etc.), sejam essas universais ou não. Desta forma, países com estado de bem-estar mais desenvolvido apresentam uma maior participação dos tributos sobre folha, tanto em termos de participação na arrecadação total, quanto em termos de proporção do PIB.[731]

Sobre os impactos dos impostos incidentes sobre a folha de salários, Helio Zylberstajn indica: 1) aumento do custo do trabalho para a empresa; 2) redução do salário recebido pelo trabalhador; 3) redução do nível de emprego.[732] Logo a seguir, o ilustre professor alerta que "se receber do governo um serviço que valha exatamente o que está pagando, o imposto não altera o comportamento do trabalhador e, portanto, não altera o equilíbrio e a alocação do mercado".[733] Desse modo, o maior problema não é a tributação sobre a folha de salários, mas o melhor equilíbrio de receitas em comparação com os benefícios concedidos a partir de tais recursos. Sobre o tema, ressaltamos:

> A tributação no país mostra uma voracidade do poder público para arrecadar e uma ineficiência na hora de dar um retorno que resulta em uma vida melhor para a população. Um estudo do Instituto Brasileiro de Planejamento Tributário (IBPT) mostra que o Brasil está na rabeira de um grupo de 30 países

---

(728) *A desoneração da folha de pagamento*. São Paulo: LTr, 2012. p. 145.

(729) *Ibidem*, p. 151.

(730) *Ibidem*, p. 151.

(731) RANGEL, Leonardo Alves; ANSILIERO, Graziela; STIVALI, Matheus; PAIVA, Luís Henrique; SILVEIRA, Fernando Gaiger; BARBOSA, Edvaldo Duarte. A Desoneração da Folha de Pagamento e sua Relação com a Formalidade no Mercado de Trabalho. In: FAGNANI, Eduardo; HENRIQUE, Wilnês; LÚCIO, Clemente Ganz (Org.). *Debates Contemporâneos, economia social e do trabalho, 4. Previdência Social*: como incluir os excluídos? Uma agenda voltada para o desenvolvimento econômico com distribuição de renda. Debates contemporâneos. São Paulo: LTr, 2008. p. 137.

(732) Reforma Trabalhista: oportunidade para reconhecer os diferentes mercados de trabalho. In: *Revista de Direito do Trabalho*, São Paulo, ano 31, n. 117, p. 89-103, jan./mar. 2005.

(733) ZYLBERSTAJN, Hélio. Reforma Trabalhista: oportunidade para reconhecer os diferentes mercados de trabalho. In: *Revista de Direito do Trabalho*, São Paulo, ano 31, n. 117, p. 89-103, jan./mar. 2005.

em que foi feita uma relação entre o percentual resultante da incidência da tributação sobre o Produto Interno Bruto (PIB) e os níveis de qualidade dos serviços prestados, com base no Índice de Desenvolvimento Humano (IDH), aferição criada pela Organização das Nações Unidas (ONU) para medir as condições fornecidas pelos países-membros em áreas como saúde, saneamento, renda e educação. No país, a carga de arrecadação ficou em 36,27%. Esse indicador é diferente daquele anunciado pela Receita Federal, de 35,85%, porque inclui multas, juros, correções, contribuições sociais e custas judiciais. Os dados são de 2012.[734]

Como bem constata Ivana Bentes[735], após o "empoderamento dos pobres" no Brasil, por intermédio de políticas como do Bolsa-Família e das cotas sociais, emergiu uma *nova* classe média e um *novo* nicho de consumo, visíveis a qualquer cidadão. A ascensão da cultura da periferia demonstra aprofundamento democrático não propenso a restringir os direitos de quem pode consumir, sob pena de fazer-se acompanhar das mais diversas formas de resistência à especulação do capital contra a vida. Na sociedade urbano-industrial do século XXI, a demanda por leis trabalhistas mais abrangentes decorre, também, dos extratos sociais que hoje se desenham no país.

Nem todos querem ser empregados. O desejo de trabalhar por conta própria merece alguma forma de guarida estatal, ainda que destoe um pouco daquela conferida aos empregados, em razão da própria natureza da atividade autônoma. Do contrário, retornaremos ao feudalismo estamental, em que os indivíduos nasciam e morriam dentro da mesma casta, sem qualquer possibilidade de mudança no decorrer de suas existências.

Na agenda mundial, discutem-se modelos de negócios conectados à perspectiva de um crescimento inclusivo, que minimize a estagnação econômica ou a crise nos orçamentos nacionais. Aliado a isso, a eficácia da legislação trabalhista relaciona-se, diretamente, com o desenvolvimento social de um país. Nesse aspecto, dentro do grupo BRICS (Brasil, Rússia, Índia, China e África do Sul), "o Brasil é mais eficiente em transformar crescimento econômico em progresso social"[736], tendo ficado em 18º lugar entre 50 nações avaliadas pela fundação americana *Social Progress Imperative*, no ano de 2013, atrás, porém, de Chile (14º) e Argentina (15º).

Em contrapartida, estudo feito pela Organização para Cooperação e Desenvolvimento Econômico, no terceiro trimestre de 2013, ao comparar o desempenho do Produto Interno Bruto, colocou o Brasil na lanterna da economia global, "amargando" a contração de 0,5% entre as 20 maiores economias do planeta, enquanto que a maioria das demais nações apresentaram algum tipo de aceleração.[737] Como causas, tal levantamento indica, ainda, problemas de infraestrutura, logística, tecnologia e custo de mão de obra, ressalvando, todavia, que este último aspecto tem melhor desempenho do país.

---

(734) Tributos: país tem o pior retorno. *Correio do Povo*, 4 abr. 2014, Opinião, p. 2.
(735) País do Presente. Uma outra cara do Brasil. *Zero Hora*, 25 jan. 2014, Cultura, p. 8.
(736) Progresso Social no Brasil. BORTOLON, Eugênio (Ed.) *Correio do Povo*, 5 set. 2013, Economia, p. 6.
(737) O Brasil derrapa. Na lanterna do crescimento. *Zero Hora*, 13 dez. 2013, Economia, p. 26.

No vasto território de realidades sociais tão distintas encontradas no mercado, independente do que foi levado em conta nas pesquisas antes mencionadas, basta um olhar atento para chegarmos à conclusão inequívoca de que, para alcance de um patamar razoável de proteção social, ainda temos um longo caminho a percorrer. Deve servir de alerta sobre a necessidade de reformular as normas trabalhistas, de modo a acobertar outras formas de contratação, a liderança do Brasil nos encargos trabalhistas, fato que desestimularia a contratação dos empregados "pelas vias legais"[738] e induziria a proliferação do trabalho informal. Seguindo a lógica proposta por Adam Smith, adequada às carências do trabalho autônomo no Brasil, "é apenas justo que aqueles que alimentam, vestem e alojam a totalidade da população sejam recompensados de tal modo que possam também estar razoavelmente alimentados, vestidos e alojados"[739].

"Cada homem vive do seu trabalho e o salário que recebe deve pelo menos ser suficiente para o manter."[740] Para elevarmos o padrão de vida dos trabalhadores, teremos que apontar uma fonte de custeio correspondente, ainda que não seja a opção mais barata. Retomando conclusões de Stephen Holmes e Cass. R. Sunstein, todos os direitos são caros, porque pressupõem o financiamento por contribuição com mecanismos eficientes de controle de execução e monitoramento.[741] Por outro lado, o quadro de precariedade dos pequenos negócios evidencia a necessidade de promover melhores condições de trabalho não só nesse segmento, mas também para os autônomos em geral.

Dissertando sobre a criação de fundos destinados ao pagamento de salários, Adam Smith aponta duas origens possíveis: 1) uma renda superior à que é necessária para permitir o sustento de quem a recebe; 2) um capital que exceda o quantitativo entregue pelos seus patrões. Valendo-nos dessa lição sobre o crescimento da economia promovido pelo trabalho autônomo, quando garantida uma melhor divisão do capital, para aumento da riqueza nacional, inclusive com a geração de outros postos de trabalho, reportamo-nos ao exemplo de Adam Smith:

> Quando um trabalhador independente, por exemplo um tecelão ou um sapateiro, dispõe de capital superior ao necessário para comprar os materiais do seu próprio trabalho e para garantir a sua subsistência, o excesso permitirá empregar naturalmente um ou mais artífices a fim de obter, com o trabalho destes, mais lucros. Se este excesso aumentar, aumentará também o número dos seus trabalhadores.[742]

---

(738) Brasil lidera encargos trabalhistas. BORTOLON, Eugênio (Ed.) *Correio do Povo*, 28 mar. 2013, Economia, p. 7.
(739) *Investigação sobre a natureza e as causas da riqueza das nações*. Série Os Pensadores. Tradução de Conceição Jardim Maria do Carmo Cary e Eduardo Lúcio Nogueira. 3. ed. São Paulo: Abril, 1984. p. 66.
(740) SMITH, Adam. *Op. cit.*, p. 58.
(741) "All rights are costly because all rights presuppose taxpayer funding of effective supervisory machinery for monitoring and enforcement." (*The Cost of Rights. Why Liberty Depends on Taxes*. New York: W. W. Norton & Company, 2000. p. 44)
(742) *Investigação sobre a natureza e as causas da riqueza das nações*. Série Os Pensadores. Tradução de Conceição Jardim Maria do Carmo Cary e Eduardo Lúcio Nogueira. 3. ed. São Paulo: Abril, 1984. p. 59.

Preceitos de solidarismo social fundamentam qualquer busca por melhoria das condições de vida e de trabalho, em que uns abrem mão de algo em benefício de outrem e/ou de um bem maior, visível na pacificação das relações sociais. Para tanto, o desafio é encontrar medidas de equilíbrio entre os anseios individuais e coletivos com a capacidade financeira de cada país. Como sintetiza Wladimir Novaes Martinez, "a preocupação maior é distribuir por toda a sociedade, medida pela dimensão do consumo, os encargos suportados pela Nação, necessários ao atendimento do bem comum"[743].

O Fundo Social do Trabalhador Autônomo vem ao encontro das demandas sociais de parcela da população posta à margem da tutela estatal. "Uma subsistência abundante aumenta a força do trabalhador, e a esperança confortável de melhorar a sua situação e de terminar talvez os seus dias no bem-estar leva-o a desenvolver ao máximo essa sua força."[744]

O aumento da tributação ou do custo do serviço prestado sofrerá críticas, em razão da notória ineficiência da máquina administrativa, que costuma onerar o bolso do contribuinte (que paga a conta), sem ofertar serviços públicos de qualidade.[745] Afinal, superando Japão e Estados Unidos, "já faz alguns anos que o Brasil vem mantendo uma tributação em torno de 36% do Produto Interno Bruto (PIB), figurando no topo dos países com a maior carga tributária"[746]. Ressalvamos, porém, que o modelo pretendido objetiva o repasse direto da contribuição ou de um valor específico à conta individualizada do autônomo, de maneira que a utilização desses recursos seja feita, exclusivamente, pelos próprios trabalhadores, sem que se direcione o dinheiro arrecadado ao custeio global de despesas estatais.

A coordenação das relações de trabalho autônomas permitirá realizar ganhos coletivos compensatórios dos custos indispensáveis ao sustento desse fundo social, sem perda dos recursos destinados à Previdência Social. Pelo contrário, o cadastramento dos autônomos aumentará as receitas reservadas à Seguridade Social. Além de permitir maior fiscalização do recolhimento das contribuições já existentes, acredita-se no incremento da adesão ao sistema de previdência oficial, na medida em que os autônomos terão mais condições financeiras de suportar essa despesa adicional obrigatória, até mesmo pelo interesse na aposentadoria futura. A melhoria das condições de vida dos trabalhadores por conta própria, por fim, virá acompanhada, ainda, de provável diminuição de demanda por prestações estatais assistenciais não contributivas[747], que são financiadas por toda a sociedade, dentro do sistema de Seguridade Social.

---

(743) *Princípios de direito previdenciário*. 4. ed. São Paulo: LTr, 2001. p. 378.

(744) SMITH, Adam, op. cit., p. 68.

(745) Cf. Ameaça de maior tributação. *Correio do Povo*, 24 fev. 2014, Opinião, p. 2.

(746) *Idem.*

(747) A respeito do assunto, Ivan Kertzman esclarece: "A informalidade, por sua vez, traz impactos indesejáveis para a própria seguridade social, uma vez que menos pessoas estão abrangidas por cobertura do seguro público obrigatório, podendo necessitar no futuro das prestações assistenciais não contributivas. Com isso, acresce-se o gasto da seguridade e diminui-se a sua receita." (*A desoneração da folha de pagamento*. São Paulo: LTr, 2012. p. 148)

5.4. Políticas Governamentais Ativas e Passivas dentro do Mercado de Trabalho: Inclusão Social e Redistribuição de Riquezas

Ao se admitir a intervenção do Estado como agente regulador, ainda que com intensidades distintas a cada segmento, as políticas econômicas devem tem por escopo a sustentação do nível de emprego, uma vez que sua queda enfraquece o trabalhador. Seguindo diretriz básica de oferta e de procura, quanto maior o número de pessoas disponíveis no mercado sem ocupação, menores são as chances de obter melhores salários e condições de labor, com exceção às hipóteses em que a qualificação na profissão é fator primordial.

Importante parcela da população motiva-se em adquirir o *status* de empresário, assim, livrando-se do domínio de capitalistas pela criação de um negócio próprio.[748] Como o mercado de trabalho não está restrito ao labor subordinado, é preciso conferir maior tutela ao autônomo no Brasil. Destacando a participação dos pequenos empreendimentos no capitalismo contemporâneo, comenta Anselmo Luís dos Santos:

> A criação do próprio negócio surge, portanto, como uma alternativa ao desemprego ou às dificuldades de encontrar um bom emprego: tanto como precárias estratégias de sobrevivência, como formas articuladas às novas possibilidades de abertura de pequenos negócios e de trabalho por conta própria em atividades mais organizadas e com elevados rendimentos, tanto nos países pobres e em desenvolvimento — onde geralmente é mais marcante —, mas também em países desenvolvidos.[749]

É difícil acertar o ponto de equilíbrio na regulamentação do Estado, diante da gama de interesses diretos e indiretos a serem ponderados para incremento de atuação justa do governo. Não é possível fugir das implicações econômicas de qualquer intervenção estatal, independente da natureza do contrato de trabalho, pois demanda fonte de receita específica para o fim colimado, sobremaneira, quando conexo à efetivação de direitos previstos no ordenamento jurídico. A respeito da interação do Direito e Economia, dois caminhos são apontados por Guilherme Guimarães Feliciano:

> Duas concepções de mundo, dois pontos de partida para a construção legislativa e/ou hermenêutica do Direito (e especialmente do Direito do Trabalho). Pela primeira de feitio liberal, privilegia-se um Direito do Trabalho inibidor de instabilidades e tão contido quanto possível, assegurando a autorregulação dos mercados. Pela segunda, de feitio crítico [...], privilegia-se um Direito do Trabalho transformador da realidade.[750]

Além da opção por um sistema legislado ou negociado de fixação de direitos dos trabalhadores, outras medidas estatais interferem diretamente no mercado de

---

(748) SANTOS, Anselmo Luís dos. *Debates contemporâneos, economia social e do trabalho, 9. Trabalho em pequenos negócios no brasil. Debates contemporâneos.* São Paulo: LTr, 2013. p. 76.

(749) *Ibidem*, p. 80.

(750) *Curso crítico de direito do trabalho. Teoria geral do direito do trabalho.* São Paulo: Saraiva, 2013. p. 28.

trabalho, a exemplo do seguro-desemprego, que tem por objetivo primordial assistir ao trabalhador para manter certo grau de consumo. Com relação à frequente preocupação com os níveis de desemprego de cada nação, Richard G. Lipsey justifica por duas razões principais: produz desperdício econômico e causa sofrimento humano.[751] Na mesma linha, reflete Michael Parkin sobre rendas, produção e capital humano perdidos em tal circunstância:

> *Rendas e produção perdidas.* A perda de um posto de trabalho leva a uma perda de renda e de produção. Essas perdas são devastadoras para as pessoas que arcam com elas; além disso, fazem com que o desemprego seja uma perspectiva aterrorizante para todos. Os benefícios recebidos quando se está empregado criam uma rede de segurança, mas não substituem totalmente os rendimentos perdidos. *Capital humano perdido.* Um período prolongado de desemprego prejudica permanentemente as perspectivas de trabalho de uma pessoa.[752]

Costuma-se apontar, dentre as causas do desemprego, o excesso de proteção prevista nas leis, o que tem sido objeto de reforma nos países europeus. No comparativo do Brasil com outras nações, "é preciso considerar que as políticas sociais não se desenvolveram plenamente como nos países avançados, tanto em termos de acesso aos bens e serviços públicos, como em termos de qualidade desses bens e serviços prestados à população".[753] Ainda assim, reforça Paulo Nogueira Batista Jr.:

> É o que acontece no caso brasileiro. A pesada tributação da folha de pagamento, por exemplo, embora possa ser relativamente conveniente do ponto de vista da arrecadação, encarece a contratação de trabalhadores, dificultando a geração de empregos ou estimulando a informalização das relações de trabalho.[754]

Em paralelo com o desemprego, a desvalorização do trabalho autônomo provoca efeitos negativos semelhantes àqueles oriundos da perda de um posto de trabalho formal, especialmente quando o indivíduo é mal remunerado. Nas duas situações, o desperdício da força produtiva e a descrença pessoal estão presentes, na medida em que, dentro da dinâmica da sociedade, não há reconhecimento do relevo do labor. Ademais, é sabido que a motivação para o trabalho está diretamente ligada com a produtividade no serviço, tornando-se, em conjunto, peças essenciais à maior geração de riquezas.

As políticas públicas retratam, por sua vez, metas conscientemente assumidas pelo Estado, para resolver demandas relevantes, classificando-se como medidas ativas

---

(751) *Introdução à economia positiva.* Tradução de Maria Imilda da Costa e Silva e Luiz Fernando Zoratto Sanvivente. São Paulo: Martins Fontes, 1986. p. 785.

(752) *Economia.* Tradução de Cristina Yamagami. 8. ed. São Paulo: Addison Wesley, 2009. p.465.

(753) MORETTO, Amílton José. *Debates contemporâneos, economia social e do trabalho, 6. O sistema público de emprego no Brasil:* uma Construção Inacabada. Debates Contemporâneos. São Paulo: LTr, 2009. p. 162.

(754) *A economia como ela é...* 3. ed. São Paulo: Boitempo, 2005. p. 222.

ou passivas. Um governo torna-se mais igualitário, quando diminui a amplitude da distribuição de renda, ou seja, reduz no limite superior e eleva no limite inferior.[755] Sobre essas duas formas de atuação, com o objetivo comum do pleno emprego, esclarece Werner Keller:

> Política pública passiva é aquela em que o Estado deve amparar o desempregado, mas muito mais importante do que isso é investir profundamente na requalificação do trabalhador para que alcance condições de ser reabsorvido pelo mercado de trabalho. [...] Já a política pública ativa é aquela que deve implementar meios para o fomento e criação de novos postos de trabalho, de forma que estes postos proporcionem condições dignas ao trabalhador, além de estabelecer meios para a manutenção do emprego, através da valorização do trabalho, que nada mais é do que a materialização de um política pública estatal cujo fundamento é a busca do pleno emprego.[756]

Verifica-se espécie de política passiva na ajuda outorgada ao indivíduo que está desempregado. Nesse aspecto, para evitar acomodação da pessoa, o benefício deve ser suficiente para garantir a subsistência pessoal e familiar do trabalhador, mas de modo que ele não perca o incentivo de retornar a novo posto de trabalho que lhe permita auferir uma renda melhor.[757] A respeito do debate sobre o estado de bem-estar, comenta Francisco Mochón:

> A chave está em descobrir se as iniciaitivas criadas para aliviar a pobreza estão provocando déficits públicos excessivos e elevados níveis de desemprego, um sintoma da ineficiência do sistema — há quem diga que auxílios-desemprego generosos não convidam ao trabalho. Em outras palavras, alguns sustentam que as subvenções criadas pelo estado de bem-estar *limitaram* a motivação das pessoas para trabalhar.[758]

Maria Hemília Fonseca retoma o debate sobre os objetivos e as limitações desse tipo de programa estatal:

> No contexto das chamadas "medidas passivas" ou "assistenciais" do Estado e da vinculação com o direito ao trabalho, ainda se discute sobre a obrigação do Estado de prover uma renda mínima ao cidadão que se encontra em situação de desamparo, seja pela impossibilidade física ou psíquica para o

---

(755) Sobre distribuição de renda e de riquezas, ler LIPSEY, Richard. G. *Introdução à economia positiva*. Tradução de Maria Imilda da Costa e Silva e Luiz Fernando Zoratto Sanvivente. São Paulo: Martins Fontes, 1986. p. 472.
(756) *O direito ao trabalho como direito fundamental. Instrumentos de efetividade*. São Paulo: LTr, 2011. p. 73.
(757) Sobre o desemprego por busca, leciona Richard G. Lipsey: "[...] é uma área cinzenta entre o desemprego voluntário e involuntário, e entre o desemprego friccional e desemprego estrutural. Existe quando os trabalhadores que poderiam encontrar emprego permanecem desempregados, em busca de algo melhor". (*Introdução à economia positiva*. Tradução de Maria Imilda da Costa e Silva e Luiz Fernando Zoratto Sanvivente. São Paulo: Martins Fontes, 1986. p. 788)
(758) *Princípio de economia*. Tradução de Thelma Guimarães. São Paulo: Prentice Hall, 2007. p. 134.

exercício do trabalho, seja pela impossibilidade do Estado fornecer ou gerar postos de trabalho a quem necessite (materializar o pleno emprego).[759]

Com relação às políticas públicas ativas, o Estado não dá apenas dinheiro, mas cria emprego ao indivíduo. Medidas, como treinamentos e cursos profissionalizantes, que busquem garantir a empregabilidade da pessoa, servem de exemplo. "Níveis mais altos de formação trazem benefícios salariais, especialmente em cargos de gestão."[760] A respeito da necessidade de renovação do trabalho, salienta-se:

> O ensino profissionalizante tem valor crescente numa economia que precisa renovar a força de trabalho e ampliar a produtividade. Além disso, contribui para o amadurecimento do jovem trabalhador, que se torna um cidadão na boa acepção do termo.[761]

Além dos argumentos já lançados, a qualificação profissional, desde que orientada para setores carentes de mão de obra, aumenta as chances de recolocação da pessoa no mercado. Diante dessas ponderações, Jean Pierre Marras discorre sobre três hipóteses de desemprego:

> 1) *aberto*: pessoas que procuraram trabalho de maneira efetiva nos últimos 30 dias e não exerceram nenhum trabalho nos últimos sete dias;
>
> b) *oculto pelo trabalho precário*: pessoas que realizam de forma irregular alguma espécie de trabalho remunerado ou pessoas que realizam trabalho não remunerado para ajudar negócios de parentes e que procuraram trabalho nos últimos trinta dias ou que, não tendo procurado trabalho nesse período, fizeram-no até doze meses atrás;
>
> c) *oculto pelo desalento*: pessoas que não possuem trabalho e nem procuram nos últimos trinta dias, por desestímulo do mercado de trabalho ou por circunstâncias fortuitas, mas apresentaram procura efetiva de trabalho nos últimos doze meses.[762]

Sustentando uma megatendência do capitalismo atual em direção ao desemprego em massa, o que questionamos, por entender que o trabalho não acabará e apenas sofrerá transformações, Adjiedj Bakas destaca o crescimento do universo do trabalho precário:

> [...] enquanto parte da crise pode estar refletida na taxa de desemprego, nós poderemos assistir ao aumento no número de pessoas juntando-se ao grupo

---

(759) *Direito ao trabalho*: um direito fundamental no ordenamento jurídico brasileiro. São Paulo: LTr, 2009. p. 205.

(760) Bolso mais cheio para quem estuda. CIGANA, Caio. *Zero Hora*, 10 fev. 2014, Informe Econômico, p. 18. E ainda: "Gerentes com Ensino Superior completo que estão no recorte superior ganham o dobro de que quem não terminou a faculdade ou tem níveis mais baixos de formação. No patamar salarial inferior, os vencimentos são 66% maiores."

(761) Renovação do trabalho. *Correio do Povo*, 26 fev. 2014, Opinião, p. 2.

(762) *Capital e Trabalho. O desafio da gestão estratégica de pessoas no século XXI*. São Paulo: Futura, 2008. p. 65.

dos assim chamados trabalhadores pobres: eles têm trabalho, mas seus ganhos são mínimos. Subempregados freelance e pessoas que involuntariamente trabalham em tempo parcial são também baixas dessa recessão que se aprofunda. Por não terem os métodos de contagem de desemprego se mantido atualizados com as mudanças na força de trabalho, autônomos ou trabalhadores freelance não são contados como tendo sido demitidos ainda que tenham perdido a maior parte de sua renda.[763]

Como bem observa Noêmia Porto, as demandas concretas dos trabalhadores dizem também respeito à condição de cidadãos que buscam participação social dentro de uma relação reconhecida pelo mercado econômico.[764] As ações do governo, concentrando ou não gastos em programas de transferência direta de renda, servem de instrumento para reduzir as desigualdades, melhorando o perfil de distribuição de recursos.

Conforme salientado por Carlos Alonso Barbosa de Oliveira, além de privilegiar determinadas camadas da população, percebe-se a orgânica relação entre qualquer projeto social com programas de reformas políticas econômicas, já que a orientação de um gasto implica corte na receita de outro, de modo a viabilizar o ajuste fiscal.[765] Dentro de perspectiva evolutiva, seguindo a diretriz de Davi José Nardy Antunes, "a desigualdade social pode ser reduzida através da incorporação sistemática de novas parcelas da população a padrões de vida superiores, ou seja, a desigualdade diminui pela elevação, e não pela piora, das condições de vida da população".[766]

Ao tratar de inclusão social e da redistribuição de riquezas, seguindo os ensinamentos de Amartya Sen, "a pobreza deve ser vista como privação de capacidades básicas em vez de meramente como baixo nível de renda, que é o critério tradicional de identificação da pobreza"[767]. Além disso, "em um país generalizadamente opulento, é preciso mais renda para comprar mercadorias suficientes para realizar o *mesmo funcionamento social*"[768]. Desse modo, "as dificuldades que alguns grupos de pessoas enfrentam para 'participar da vida da comunidade' podem ser cruciais para qualquer estudo de 'exclusão social'."[769] Considerando essa lógica, ao criar um cenário que favoreça cada pessoa a ser mais produtiva e obter renda mais elevada, o crescimento econômico vem acompanhado da melhoria do padrão de vida em sociedade. Novamente, valemo-nos da lição de Amartya Sen:

---

(763) *Além da crise*: o futuro do capitalismo. Tradução: Sérgio Alberto Rosenwaldj. Rio de Janeiro: Qualitymark, 2010. p. 193.

(764) *O trabalho como categoria constitucional de inclusão*. São Paulo: LTr, 2013. p. 135.

(765) Ajuste Fiscal e Política Social. In: FAGNANI, Eduardo; POCHMAN, Márcio. (Org.). *Debates contemporâneos, economia social e do trabalho, 1. Mercado de trabalho, relações sindicais, pobreza e ajuste fiscal*. São Paulo: LTr, 2007. p. 45-46.

(766) Gasto Social e Desigualdade Social. In: FAGNANI, Eduardo; POCHMAN, Márcio. (Org.). *Debates contemporâneos, economia social e do trabalho, 1. Mercado de trabalho, relações sindicais, pobreza e ajuste fiscal*. São Paulo: LTr, 2007. p. 83.

(767) *Desenvolvimento como liberdade*. São Paulo: Companhia das Letras, 2009. p. 109.

(768) SEN, Amartya. *Op. cit.*, p. 111.

(769) SEN, Amartya. *Op. cit.*, p. 112.

Acontece que o aumento das capacidades humanas também tende a andar junto com a expansão das produtividades e do poder de auferir renda. Essa conexão estabelece um importante encadeamento indireto mediante o qual um aumento de capacidades ajuda direta e indiretamente a enriquecer a vida humana e a tornar as privações humanas mais raras e menos pungentes.[770]

Para eficiência de qualquer política governamental, impõe-se uma espécie de acordo entre os agentes sociais quanto aos valores norteadores dos programas a serem implementados pelo Estado, de modo que os anseios da maioria dos indivíduos convirjam com a provisão e a distribuição de recursos públicos ou privados. Além disso, uma política de pleno emprego bem estruturada varia conforme a dinâmica e o estágio de evolução do país em que será aplicada. Roberto Alves de Lima e Tarcísio Patrício de Araújo reforçam tal argumento:

> [...] qualquer que seja o modelo de desenvolvimento seguido, a eficácia de programas sociais depende fortemente da relação entre Estado e sociedade na formulação e na implementação desses programas e, portanto, do grau de controle social sobre a destinação e o uso dos recursos disponíveis.[771]

"A formação de valores e a emergência e a evolução ética social são igualmente parte do processo de desenvolvimento que demandam atenção, junto com o funcionamento dos mercados e outras instituições."[772] Como alicerce de sustentação, o bom desempenho das estruturas legais depende, ainda, da confiança depositada pelo cidadão no projeto concebido, como recomenda Amartya Sen:

> Para a elaboração das políticas públicas é importante não apenas avaliar as exigências de justiça e o alcance dos valores ao se escolherem os objetivos e as prioridades da política pública, mas também compreender os valores do público em geral, incluindo seu senso de justiça.[773]

A organização do mercado frente às demandas da sociedade atual impinge promover melhoria das condições de trabalho para os autônomos, inclusive para impedir a expansão de formas precárias e mal pagas de prestação de serviços. O salário real de cada trabalhador está ligado à quantia de bens e serviços que uma hora de trabalho pode comprar, projetando o nível de bem-estar.[774] Seguindo essa lógica, "o salário real influencia a quantidade ofertada de trabalho porque as pessoas não se importam com as quantidades monetárias que elas ganham, mas com o que esse dinheiro comprará"[775].

---

(770) *Desenvolvimento como liberdade*. São Paulo: Companhia das Letras, 2009. p. 114.
(771) Avanços e Impasses da Política Pública de Emprego no Brasil: Discussão com Foco no Proger e no Planfor. In: ARAÚJO, Tarcísio Patrício de; LIMA, Roberto Alves de (Orgs.). *Ensaios sobre mercado de trabalho e política de emprego*. Recife, Universitária da UFPE, 2001. p. 384.
(772) SEN, Amartya. *Op. cit.*, p. 336.
(773) *Ibidem*, p. 311.
(774) PARKIN, Michael. *Economia*. Tradução de Cristina Yamagami. 8. ed. São Paulo: Addison Wesley, 2009. p. 504.
(775) PARKIN, Michael. *Op. cit.*, p. 531.

Não é possível, porém, fugir da polêmica de como propor mudanças nas relações e nas condições do trabalho no Brasil sem que isso implique o agravamento da situação econômico-financeira dos Estados, das empresas ou do restante da população. Destacando a premência por um compromisso do governo na melhor distribuição de riquezas, expressa Paulo Nogueira Batista Jr.:

> Um governo comprometido com a redistribuição da renda terá de ampliar o gasto social, além de reformar o sistema tributário para torná-lo efetivamente progressivo, obrigando aqueles que têm mais renda e patrimônio a contribuírem proporcionalmente mais. É possível e recomendável cortar despesas supérfluas ou que beneficiam setores de alta renda. Mesmo assim, parece pouco provável que seja viável, respeitadas as restrições financeiras do governo, ampliar os programas sociais e reforçar os setores essenciais da administração pública sem obter recursos tributários adicionais.[776]

Como todos os direitos possuem um custo, talvez o caminho mais adequado seja a defesa de um pacto social, com renovada participação de todos, para estabelecer formas de melhor redistribuir riquezas e incluir a maioria dos cidadãos em patamares de vida digna. Inserida nesse contexto, "a busca de emprego é a atividade de procurar um emprego aceitável. Sempre há pessoas que ainda não encontraram um emprego aceitável e que estão ativamente procurando por um."[777] Se uma espécie de ofício é demandada no cotidiano da sociedade, é justo que ela responda a tais trabalhadores, como contrapartida, suportando os ônus decorrentes do uso de tais serviços.

Como o mercado de trabalho está em constante estado de mudança[778], é chegada a hora de tutelar outras formas de trabalho humano, já que a relação de emprego não retrata mais o desejo de todas as pessoas. O fundo social pretendido busca otimizar a procura por novos recursos para efetivar direitos fundamentais dos autônomos, criando uma rede de segurança capaz de permitir a valorização social do trabalho prestado por tais profissionais e o crescimento econômico pretendido pelo capitalismo nacional.

5.5. Fundo Social do Trabalhador Autônomo: Efeitos da Taxação de Serviços

Ao se propor a definição de uma alíquota geral incidente sobre o valor total do trabalho autônomo realizado, é preciso ter o cuidado de não alimentar a informalidade. Embora não exista uma certeza absoluta sobre os efeitos futuros dessa nova forma de taxar serviços, qualquer controvérsia acerca de eventual fraude na utilização indevida do sistema proposto continuará sendo dirimida pela Justiça do Trabalho, que possui a competência material para fixar o que é ou não trabalho subordinado ou autônomo.

---

(776) *A economia como ela é...* 3. ed. São Paulo: Boitempo, 2005. p. 220.
(777) PARKIN, Michael. *Op. cit.*, p. 534.
(778) PARKIN, Michael. *Economia*. Tradução de Cristina Yamagami. 8. ed. São Paulo: Addison Wesley, 2009. p. 534.

Sob o prisma das despesas públicas, o Fundo Social do Trabalhador Autônomo representa, em última análise, redução dos gastos públicos, com relação a benefícios assistenciais e de saúde, na medida em que promove melhoria no padrão de vida dessa classe de trabalhadores e de suas condições para enfrentar momentos de maior dificuldade. Afinal, um trabalhador que tem seus direitos fundamentais atendidos vive melhor, adoece menos e aumenta a circulação de riquezas na sociedade capitalista. Sobre esse último aspecto, deve ser considerado o efeito da renda gerada, ou melhor, a criação de empregos associada ao aumento de produção, que se destina ao atendimento da expansão de consumo.[779] Relacionando crescimento e estilo de vida, Richard D. Lipsey reforça que "uma família frequentemente verifica que uma grande elevação de sua renda leva a uma alteração significativa de seus padrões de consumo — o dinheiro extra permite a compra de importantes coisas agradáveis"[780].

Em outras palavras, resta estabelecido um fluxo circular de riqueza, segundo o qual o acréscimo pago como contraprestação do serviço autônomo retorna para o mercado com o consequente aumento da venda de produtos e de mercadorias, sem prejuízo da maior independência dos trabalhadores por conta própria quanto aos meios de sua subsistência pessoal e familiar. Ao tratar da privação de capacidades, Amartya Sen aponta os efeitos negativos do desemprego, que também estão presentes em formas precárias de labor:

> Há provas abundantes de que o desemprego tem efeitos abrangentes além da perda de renda, como dano psicológico, perda da motivação para o trabalho, perda de habilidade e autoconfiança, aumento de doenças e morbidez (e até mesmo das taxas de mortalidade), perturbação das relações familiares e da vida social, intensificação da exclusão social e acentuação de tensões raciais e das assimetrias entre os sexos.[781]

Como se isso não bastasse, a experiência estrangeira, especialmente europeia, evidencia cenário de escassez de recursos, em que se verifica a redução e até o esgotamento dos recursos disponíveis do Estado para promover políticas públicas protetivas no mercado laboral, o que impinge a adoção de medidas que responsabilizem os beneficiários diretos pelo custo social do trabalho realizado. "A qualidade das finanças públicas envolve o nível e a composição do gasto público e seu financiamento via receitas e déficits, com as instituições orçamentárias também desempenhando papel importante."[782] Conclamando a participação de outros agentes, Amartya Sen amplia a responsabilidade pelo bem-estar de todos, indo além do mero repasse para o Estado, como se fosse o único culpado pelas adversidades vivenciadas pelos indivíduos:

---

(779) Cf. ARAÚJO, Tarcísio Patrício de; LIMA, Roberto Alves de (Orgs.). *Ensaios sobre mercado de trabalho e política de emprego*. Recife, Universitária da UFPE, 2001. p. 411.
(780) *Introdução à economia positiva*. Tradução de Maria Imilda da Costa e Silva e Luiz Fernando Zoratto Sanvivente. São Paulo: Martins Fontes, 1986. p. 741.
(781) *Desenvolvimento como liberdade*. São Paulo: Companhia das Letras, 2009. p. 117.
(782) ROCHA, Fabiana. O setor público na economia brasileira. Instituições e resultados fiscais do governo brasileiro: o gasto público no Brasil. In: NETTO, Antônio Delfim (Coord.). *O Brasil do século XXI*. São Paulo: Saraiva, 2011. v. 1, p. 299-300.

Há uma diferença entre "pajear" as escolhas individuais e criar mais oportunidades de escolha e decisões substantivas para as pessoas, que então poderão agir de modo responsável sustentando-se nessa base. O comprometimento social com a liberdade individual obviamente não precisa atuar apenas por meio do Estado: deve envolver também outras instituições: [...][783]

A maior dificuldade é, de um lado, implementar uma nova contribuição ou acréscimo no valor pago, a ser suportada pelos múltiplos clientes do labor autônomo, burocratizando, sob certo aspecto, relações até então *informais*. De outro, além de viabilizar melhor controle do Estado sobre os impostos devidos por toda espécie de trabalhador, diminuindo a evasão fiscal e a sonegação previdenciária, o desafio reside, ainda, na necessidade de maior conscientização da população sobre os efeitos positivos na diminuição de despesas públicas, as quais são, em última análise, também suportadas pelo cidadão, quando do aporte de recursos para incremento de políticas públicas. Sobre as vantagens dessa nova contribuição, valemo-nos dos ensinamentos de Richard G. Lipsey acerca dos impostos:

> Os impostos são de primordial importância na implantação de muitas políticas governamentais. Eles proporcionam os fundos para financiar as despesas, mas também são usados como instrumento, por si mesmos, para uma vasta gama de propósitos, inclusive o da alteração da distribuição de renda.[784]

Partimos da premissa de uma prática socialmente aceita de pagamento da gorjeta aos garçons, valor acrescido, de forma voluntária pelo cliente ao preço da refeição, inclusive dentro de um padrão mundial que utiliza diferentes percentuais. Desse modo, pelo fundo em conceito, essa espécie de contribuição (em sentido lato[785]), até então voluntária, passaria a ser obrigatória por todos aqueles que contratam serviços autônomos, dentro dos mais variados setores da economia, com destinação à espécie de poupança individual de cada trabalhador, direcionada ao custeio de direitos trabalhistas fundamentais previstos em nossa Constituição e que até hoje não foram regulamentados. Destacando a maior facilidade de redistribuir riquezas em cenário de crescimento econômico, por intermédio de políticas de transferência, disserta Richard D. Lipsey:

> Para que a renda existente seja redistribuída, é preciso que se reduza o padrão de vida de alguém. Entretanto, se houver crescimento econômico e o incremento de renda for redistribuído (por meio de intervenção governamental), então será possível reduzir desigualdades de renda sem que se chegue a diminuir a renda de qualquer pessoa. É muito mais fácil para uma economia em crescimento rápido usar de generosidade para com seus cidadãos menos afortunados, ou seus vizinhos, do que para uma economia estagnada.[786]

---

(783) *Desenvolvimento como liberdade*. São Paulo: Companhia das Letras, 2009. p. 322.
(784) *Introdução à economia positiva*. Tradução de Maria Imilda da Costa e Silva e Luiz Fernando Zoratto Sanvivente. São Paulo: Martins Fontes, 1986. p. 466.
(785) "[...] 2. Pagamento feito a alguém ou à alguma entidade ou ainda ao Estado [...] colaboração de caráter moral, social, intelectual, científico etc. [...]" (HOUAISS, Antonio; VILLAR, Mauro de Salles. *Dicionário Houaiss da língua portuguesa*. Rio de Janeiro: Objetiva, 2009. p. 541)
(786) *Introdução à economia positiva*. Tradução de Maria Imilda da Costa e Silva e Luiz Fernando Zoratto Sanvivente. São Paulo: Martins Fontes, 1986. p. 741.

Independente de qualquer contexto favorável, o compromisso em cumprir ditames constitucionais justifica o enfrentamento de eventuais dificuldades. Seguindo a lógica do princípio da solidariedade nas relações sociais, o Estado e a sociedade não podem escapar de seu dever de impulsionar a capacitação de cada pessoa. Contrapõe, no particular, Amartya Sen a noção de responsabilidade social e de responsabilidade individual:

> [...] Também é uma responsabilidade social que as políticas econômicas sejam orientadas para proporcionar amplas oportunidades de emprego, das quais a viabilidade econômica e social das pessoas pode depender crucialmente. Porém, em última análise, é uma responsabilidade do indivíduo decidir que uso fazer das oportunidades de emprego e que opções de trabalho escolher.[787]

Uma maior taxação dos serviços, por certo, exigirá um período de transição, não só para ciência e observância das regras por todos, como também para adaptação do mercado à dinâmica a ser estabelecida. Nessa hipótese, existiria a possibilidade dos autônomos formalizarem microempresas, ou ainda, a preferência de contratação de pessoas jurídicas aos trabalhadores individuais; no entanto, como já dito antes, caberá ao Poder Judiciário verificar tanto os moldes de ocorrência, como alguma tentativa de burlar a legislação trabalhista aplicável, o que não seria novidade dentro dos tribunais pátrios. Sobre o fenômeno da *pejotização*, esclarece Jorge Luiz Souto Maior:

> [...] para tentar fugir da relação de emprego e do consequente custo social que isto gera, tem proliferado uma forma de vinculação jurídica que transforma a pessoa natural em pessoa jurídica, ou, em palavras mais claras, tem-se exigido que o trabalhador, para se integrar a uma relação de trabalho, constitua uma pessoa jurídica, formalizando-se um contrato de prestação de serviços entre a tal pessoa jurídica e aquele para quem os serviços são prestados. Bem se sabe que diante do caráter de ordem pública do qual se reveste a configuração da relação de emprego, se essa prestação de serviços se der com as características fáticas legalmente fixadas, haverá o inevitável efeito da consideração da relação de emprego. Ou seja, se o trabalhador prestar serviços de forma pessoal, mesmo que isso se dê, formalmente, por intermédio de um contrato de prestação de serviço, assumido por uma pessoa jurídica, esse trabalhador será empregado daquele para quem os serviços são prestados. Nenhuma dúvida há nisto.[788]

Ainda que subsista a possibilidade do Poder Judiciário analisar e enquadrar corretamente a situação fática da relação de trabalho ao tratamento jurídico mais adequado, com a regulação almejada, passaria a existir, ao menos, um melhor equilíbrio dos direitos alcançados às diversas espécies de trabalhadores. Reitera-se que não se pretende fomentar a extinção dos contratos de emprego, mas apenas efetivar benefícios pendentes de regulamentação, por força da norma constitucional brasileira.

---

(787) *Desenvolvimento como liberdade*. São Paulo: Companhia das Letras, 2009. p. 327.
(788) *Curso de direito do trabalho* — a relação de emprego. São Paulo: LTr, 2008. v. II, p. 193-194.

Até mesmo o risco de migração dos trabalhadores por conta própria para outras formas de contratação dependeria, a nosso ver, da relação custo-benefício. A respeito da elasticidade do preço e da demanda, Fernando Mochón aponta os seguintes fatores condicionantes:

> 1) *Tratar-se de um bem de luxo ou de um bem necessário.* Caso se trate de um bem de primeira necessidade, é de esperar que a elasticidade seja baixa, pois será difícil de consumi-lo e, portanto, as variações da quantidade demandada diante das mudanças de preço serão pequenas. Os bens de luxo, ao contrário, costumam apresentar uma demanda bastante elástica, pois os compradores podem abster-se de comprá-los quando os preços sobem;

> 2) *Existência de bens substitutos próximos.* Os bens facilmente substituíveis tendem a apresentar uma demanda mais elástica do que os que não o são, pois diante de uma alta no preço os demandantes podem substituir a demanda do bem em questão pela demanda de algum de seus substitutos. [...]

> 3) *Parcela da renda gasta com o bem.* Os bens que têm uma importância considerável no orçamento do consumidor tendem a ter uma demanda mais elástica do que aqueles que contam com uma participação reduzida. No caso dos últimos bens, os consumidores costumam ser pouco sensíveis a preço.[789]

Partindo dessas premissas, a demanda, a oferta e o valor de cada trabalho autônomo dependeriam da relevância do ofício para o cliente e para a sociedade, assim como da possibilidade de suprimir ou substituir a contratação pretendida, em atenção à representatividade do respectivo gasto no orçamento do tomador de serviços. De acordo com a teoria do comportamento do consumidor, aplicada por analogia ao caso em comento, "dada sua renda e os preços de mercado de vários serviços ou produtos, ele [consumidor] planeja o gasto de sua renda de forma a obter o máximo possível de satisfação (ou *utilidade*)."[790] Como bem salientado por Luiz Afonso dos Santos Senna, "o consumidor tem uma dada renda que define limites para maximizar seu comportamento. A renda age como uma restrição na tentativa de maximizar o comportamento."[791] Daí porque, ao menos em tese, o labor autônomo seria mais dispendioso do que antes e, ainda assim, poderia inclusive ser requalificado como subordinado, no caso de não corresponder à realidade fática da relação. Defendendo o favorecimento do emprego formal em nosso país, afirma Clemente Ganz Lúcio:

> Portanto, considerando, primeiro, as frequentes transições de grande proporção dos trabalhadores brasileiros entre formas distintas de inserção ocupacional ao longo de sua vida laboral e, segundo, a heterogeneidade do

---

(789) *Princípio de economia.* Tradução de Thelma Guimarães. São Paulo: Prentice Hall, 2007. p. 41-42.
(790) SENNA, Luiz Afonso dos Santos. *Economia e planejamento dos transportes.* Rio de Janeiro: Elsevier, 2014. p. 31.
(791) *Ibidem*, p. 37.

mercado de trabalho no país, a proteção social deve instituir regras de acesso aos benefícios de modo mais bem ajustado a toda a trajetória de vida ativa de cada indivíduo.[792]

Diante da diversidade de anseios dos indivíduos com relação à trajetória profissional, a regulação pretendida permitirá maior segurança do trabalhador no mercado, laborando por conta própria ou alheia, mas, em ambos os casos, com seus direitos garantidos pelo ordenamento jurídico. Como ensina Amartya Sen, as decisões sociais devem ser sensíveis ao desenvolvimento de preferências e normas individuais[793], sendo que "o mais importante não é que algumas consequências sejam impremeditadas, mas que a análise causal pode tornar os efeitos impremeditados, razoavelmente *previsíveis*"[794].

Para êxito da regulação pretendida, é imprescindível a ocorrência de um acordo social, que, a partir de valores comuns, atenda as demandas oriundas das formas atuais de organização do trabalho. Retomando a lição de Alain Supiot, o alcance da organização institucional para o mercado de trabalho deve estar baseado na dinâmica da interação entre o Estado, a economia e a sociedade, tendo em conta ainda a diversidade das culturas jurídicas.[795] Cada nação possui alternativas que lhe são mais viáveis e que, ao menos, servirão de indicativo para as demais, quando do confronto das matrizes tutelares com a normatização das relações de trabalho em vigor.

Com a inclusão dos autônomos no raio de direitos dos empregados, sem prejuízo daqueles indivíduos bem remunerados e que também são destinatários do direito social ao trabalho, os *trabalhadores pobres* seriam diretamente beneficiados, auxiliando a resolução de demandas crescentes relacionadas a condições de sobrevivência digna, já noticiada por Adjiedj Bakas[796]. De um lado, o trabalho possui um custo social a ser suportado pelo beneficiário direto da prestação de serviços, seja ele quem for, a exemplo do que ocorre na relação de emprego, ainda que se observem as particularidades de cada forma de exteriorização. De outro, pessoas melhor capacitadas terão condições e liberdade de realizar mais em suas vidas, sem depender diretamente do assistencialismo estatal. Como bem ressalta Amartya Sen:

> "[...] o papel do crescimento econômico na expansão dessas oportunidades tem de ser integrado à concepção mais fundamental do processo de desenvolvimento como a expansão da capacidade humana para levar uma vida mais livre e digna de ser vivida"[797].

---

(792) Medidas Específicas que Podem Favorecer o Crescimento de Empregos Formais no Brasil. In: FAGNANI, Eduardo; HENRIQUE, Wilnês; LÚCIO, Clemente Ganz (Orgs.). *Debates contemporâneos, economia social e do trabalho, 4. Previdência social*: Como incluir os excluídos? Uma agenda voltada para o desenvolvimento econômico com distribuição de renda. Debates contemporâneos. São Paulo: LTr, 2008. p. 115.
(793) *Desenvolvimento como liberdade*. São Paulo: Companhia das Letras, 2009. p. 288.
(794) SEN, Amartya. *Desenvolvimento como liberdade*. São Paulo: Companhia das Letras, 2009. p. 292-293.
(795) "The scope of the institucional framework for the labour market should based on the dynamic of the interaction between State, economy and society and take account of the diversity of legal cultures." (*Beyond Employment. Changes in Work and the Future of Labour Law in Europe*. Reimp. New York: Oxford, 2005. p. 137)
(796) BAKAS, Adjiedj. *Além da crise*: o futuro do capitalismo. Tradução: Sérgio Alberto Rosenwaldj. Rio de Janeiro: Qualitymark, 2010. p. 193.
(797) *Desenvolvimento como liberdade*. São Paulo: Companhia das Letras, 2009. p. 334.

Sobre o risco de elevação do valor dos serviços autônomos, existe uma gama de variantes que repercutem nos preços dos produtos, as quais devem ser consideradas em conjunto. Ademais, quando se pretende analisar a dinâmica do mercado de trabalho, devemos ter em mente a sua elasticidade. Isso implica em observar um tempo necessário de adaptação às circunstâncias trazidas por tal regulamentação, sem prejuízo da tendência natural do mercado em buscar estabilidade. Sobre o assunto, reporta-se ao estudo de políticas de preços realizado por Luiz Afonso dos Santos Senna:

> A precificação é um método de alocação de recursos. De fato, não existe um preço correto, mas sim uma estratégia ótima de preços que permite que objetivos sejam atingidos. Um exemplo é o preço ótimo para atingir a maximização do lucro que pode diferir daquele necessário para maximizar o bem-estar ou assegurar a maior receita advinda de vendas. Em alguns casos não existe a tentativa de encontrar o preço que maximize ou minimize qualquer coisa, mas sim busca-se a fixação de preços que permitam atingir objetivos de nível mais baixo, como por exemplo, segurança ou mínima participação no mercado, entre outras.[798]

Alguns ajustes ocorrerão, sejam na rotina, sejam nos preços, uma vez que não se pode desprezar tendência irretorquível de repasse dos encargos sociais para o valor final do produto (no caso, do trabalho em si). Michael Parkin apresenta a seguinte definição sobre equilíbrio de mercado:

> Um *equilíbrio* é uma situação na qual forças opostas se contrabalançam. O equilíbrio em um mercado ocorre quando o preço equilibra os planos dos compradores e os dos vendedores. Um preço de equilíbrio é o preço no qual a quantidade demandada é igual à quantidade ofertada. A quantidade de equilíbrio é a quantidade comprada e vendida ao preço de equilíbrio. Um mercado tende ao equilíbrio porque: 1) o preço regula os planos de compras e vendas; 2) o preço se ajusta quando os planos não coincidem.[799]

Partindo dos ensinamentos de Michael L. Katz e Harvey S. Rosen[800], sempre que quisermos descobrir como uma variável muda em resposta a outra poderá ser utilizada uma medida da elasticidade do mercado. Dependendo do grau de elasticidade um aumento de preços (da mão de obra) pode levar à diminuição na despesa total. Para tanto, basta lembrar que a quantidade demandada de uma "mercadoria" varia com o seu preço, o qual não pode ser analisado de uma maneira simplista, já que o suposto aumento do custo do trabalho autônomo traz consigo a redução de despesas extras com saúde, assistência social e torna mais célere o nível de circulação de riquezas.

Dentre as determinantes da elasticidade, destacam-se as seguintes: 1) a presença de substitutos próximos de uma mercadoria tende a tornar a sua demanda mais flexível; b) a elasticidade depende do espaço da mercadoria no orçamento do consumidor; c) a

---

(798) *Economia e planejamento dos transportes*. Rio de Janeiro: Elsevier, 2014. p. 143.
(799) *Economia*. Tradução de Cristina Yamagami. 8. ed. São Paulo: Addison Wesley, 2009. p. 63.
(800) *Microenomics*. 3. ed. Boston: Irwin/McGraw-Hill, 1998. p. 73.

elasticidade depende da estrutura de tempo da análise. Desse modo, as repercussões, tanto positivas, como negativas, devem ser estudadas dentro de contexto global do indivíduo perante Estado e sociedade em que vive.[801] A procura por um serviço sofrerá variações, assim, pela possibilidade da própria pessoa realizar a atividade, sem a busca de um profissional específico, como forma de diminuir seus gastos.

Considerando a lição acima, cremos que as medidas propugnadas, por mais que possam impingir o aumento inicial do *preço* do trabalho autônomo, com o decurso do tempo, será possível chegar a um valor mais moderado e adequado, em consonância com a oferta e a procura de cada tipo de serviço. Parafraseando Amartya Sen, o funcionamento de mercados bem-sucedidos deve-se também ao sólido alicerce de instituições, a exemplo de estruturas eficazes que defendam os direitos resultantes de contratos, e à ética de comportamento dos envolvidos, de modo a afastar litígios para o cumprimento daquilo que foi avençado.[802]

Na defesa do direito social ao trabalho e da efetivação da norma constitucional brasileira, é pertinente gerar receitas para custeio de direitos, sem as quais eles acabarão esvaziados, tornando-se letras mortas. Buscando uma compreensão integral do papel das capacidades humanas, emerge a relevância direta do trabalho no bem-estar e na liberdade dos autônomos, bem como na produção econômica nacional, a demandar uma tutela jurídica eficiente como promotora de igualdade. Preocupado com o aumento das liberdades individuais e o comprometimento social de ajudar para que isso se concretize, Amartya Sen reforça que a liberdade é um conceito multiforme e que envolve considerações sobre processos e oportunidades substantivas.[803]

Como já reiterado nesse estudo, todos os direitos têm um custo e sua simples negativa corrobora forma de exclusão dos autônomos como sujeitos de direitos, no caso, fundamentais. Além disso, trabalhadores mais satisfeitos e com melhores condições de aperfeiçoamento formam uma mão de obra melhor qualificada e, em regra, melhor remunerada, inclusive dentro de padrões internacionais, o que garantiria a competitividade do Brasil dentro do mundo globalizado em que vivemos.

Do mesmo modo que o trabalho subordinado sofreu mutações, o labor autônomo mudou, passando a albergar novos tipos de trabalhadores por conta própria, além de profissionais liberais típicos e empresários de pequenos negócios. Independente da multiplicidade de tomadores dos serviços autônomos, que refoge do âmbito de grandes empresas para atingir indivíduos comuns, o dever de proporcionar uma ocupação adequada para esses trabalhadores impõe a inexistência de prejuízos econômicos na comparação com os subordinados, bem como a necessidade de conciliar o custo do trabalho com a dignidade de cada trabalhador, ainda que isso incremente os gastos sociais.

---

(801) Cf. KATZ, Michael L.; ROSEN, Harvey S. *Microenomics*. 3. ed. Boston: Irwin/McGraw-Hill, 1998. p. 79-80.

(802) *Desenvolvimento como liberdade*. São Paulo: Companhia das Letras, 2009. p. 298.

(803) *Ibidem*, p. 336-337.

Considerando as inúmeras nuances que envolvem o contexto dos *independentes* e a determinação constitucional de se outorgar um tratamento equânime a todos os trabalhadores, impinge regulamentar o sistema proposto pela via legislativa. Na espécie, o ativismo judicial para realizar o art. 7º da Constituição, isto é, a interferência do Poder Judiciário ao julgar seus processos, superando opção política omissiva do Poder Legislativo sobre a matéria, pode dar brecha ao surgimento de variados tipos de regulação e tais distorções acabarem sendo nocivas ao fim colimado de promover a isonomia entre empregados e autônomos. Não se pode esquecer que a atuação jurisdicional permite assumir tanto um viés conservador, quanto progressista, dependendo da conjuntura sócio-política do país e da formação pessoal de cada magistrado. Diante da premência de uma discussão aprofundada acerca da interpretação das normas contidas no nosso sistema, para encontrarmos soluções adequadas às novas demandas, alerta Vicente Paulo de Almeida:

> Ante a pluralidade social, via de regra, estas decisões envolvem questões morais, ideológicas e religiosas. Por tratar-se de temas altamente controvertidos, sem um mínimo de consenso social, a classe política se exime de discuti-los com a sociedade, fazendo com que estes temas sejam levados ao judiciário, que diante do seu poder-dever constitucional, tem de se manifestar a fim de concretizar o direito material lhes assegurado, por vezes, assumindo o papel de legislador, ora negativo, ora positivo. Diante do acuamento do legislativo em cumprir o seu papel principal — fazer as leis que a sociedade reclama — desponta o Judiciário superando o antigo modelo legalista positivista, e perante nova técnica de interpretação constitucional, regula determinadas situações que caberia ao legislador ordinário regulamentar.[804]

Ainda que entendamos que o ativismo judicial sirva como garantidor dos direitos fundamentais, não constitui o meio adequado para criar uma taxação de serviços. A sociedade precisará adaptar-se ao novo regramento proposto, comungando da premissa de que os autônomos são credores de tutela dos seus tomadores de serviços, os quais, aliás, devem cobrir o débito da utilização e do benefício pelo uso da força de trabalho alheia. Não se trata apenas de solidariedade social, mas também da impossibilidade financeira do Estado arcar com todos os ônus da vida em coletividade. A cautela e a defesa de uma disciplina legal sobre a matéria são indispensáveis à melhor aplicação da norma constitucional brasileira, dentro de um processo progressivo de efetivação do direito social ao trabalho dos autônomos em nosso sistema jurídico, como se pretende com o Fundo Social do Trabalhador Autônomo, cujas normas serão a seguir especificadas.

---

(804) *Ativismo judicial*. Disponível em: <http://jus.com.br/artigos/19512/ativismo-judicial/5>. Acesso em: 3 abr. 2014.

6. DIRETRIZES DE FUNCIONAMENTO E OPERACIONALIZAÇÃO DO FUNDO SOCIAL DO TRABALHADOR AUTÔNOMO

O ponto de partida para fixar as diretrizes de funcionamento do Fundo Social do Trabalhador Autônomo constitui-se em utilizar os sistemas do Fundo de Garantia por Tempo de Serviço (FGTS) e da Previdência Oficial, dos quais se aproveita parte de seus princípios norteadores. Assinala-se, entretanto, que as prestações — trabalhistas — a serem alcançadas por ele possuem natureza distinta daquelas anteriormente mencionadas. Para atingir os objetivos do fundo social, garantidor de direitos mínimos e da própria higidez física e mental do trabalhador autônomo, impõe-se o gerenciamento do Estado, que administrará e fiscalizará o sistema proposto.

Sugere-se um regime de capitalização (poupança), com contribuição compulsória incidente sobre o valor do serviço, além de um Cadastro Nacional de Trabalhadores Autônomos. As características, a base de cálculo e o percentual contributivo serão demonstrados, juntamente com as responsabilidades de pagamento e de recolhimento. O montante adimplido deverá ser semelhante àquele utilizado para os empregados, de forma a significar acúmulo de direitos iguais. É a política mais sensata, para não provocar diferenças no mercado, evitando — por pertencer a qualquer uma das categorias — vantagens ou desvantagens de esfera trabalhista. No que se refere à operacionalização do fundo social, serão também analisados os seguintes aspectos: abertura de conta bancária individualizada por trabalhador; forma de depósito da contribuição; fato gerador; vencimento e mora; reajustamento dos valores recolhidos.

Discutiremos, além disso, as prestações trabalhistas em espécie custeadas por esse programa; o valor, a forma e o tempo das retiradas pelo beneficiário. As hipóteses de movimentação da conta serão especificadas, em conjunto com a legitimidade de acesso pelos trabalhadores ou seus sucessores legais. Como encerramento do sexto capítulo, levantaremos questões sobre eventuais incentivos fiscais compensatórios, a exemplo da possibilidade de dedução do imposto de renda dos valores recolhidos, uma vez que o Estado deverá participar do sistema, ainda que de forma indireta, diante do interesse e da possibilidade de reduzir despesas públicas futuras, em especial, nas áreas de saúde e de assistência social.

6.1. Conceito

Valendo-se dos ensinamentos de Sérgio Pinto Martins[805], o Fundo Social do Trabalhador Autônomo é uma poupança compulsória do autônomo, administrada pelo

---

(805) Para o autor, "o FGTS é um depósito bancário vinculado, pecuniário, compulsório, realizado pelo empregador em favor do trabalhador, visando formar uma espécie de poupança para este, que poderá ser sacada nas hipóteses previstas em lei." (*Manual do FGTS*. 4. ed. São Paulo: Atlas, 2010. p. 27)

Estado e vinculada a valores pagos pelos seus tomadores de serviços como contraprestação ao labor realizado, com hipóteses periódicas de saque e de utilização, na forma estabelecida em lei.

6.2. Contribuintes e Beneficiários

Dentro do Direito Tributário, "o contribuinte é aquele obrigado por lei a contribuir para as despesas públicas, vertendo recursos do seu patrimônio para o erário"[806]. Em outras palavras, são as pessoas responsáveis pela criação de receita destinada a subsidiar os gastos públicos.

No Fundo Social do Trabalhador Autônomo, será *contribuinte* qualquer pessoa, física ou jurídica, de direito público ou privado, que mantiver relação de trabalho direta e pessoal com um trabalhador autônomo, fora dos moldes da relação de emprego regulada pelos arts. 2º e 3º, da CLT.

Não importa ter ou não objetivo de lucro para ser contribuinte; tampouco a constituição de um empreendimento econômico, mas, somente, a remuneração dada em troca do labor de outrem prestado por conta própria a seu favor. Considerando a multiplicidade de tomadores de serviços que um trabalhador autônomo pode ter, os aportes financeiros serão devidos por todos os tipos de clientes (individuais ou empresariais).

O custeio do Fundo Social do Trabalhador Autônomo ocorrerá pelo contratante, dentro dos mesmos parâmetros, não só quando um técnico de informática revisar e atualizar os *softwares* de computadores residenciais; mas também na hipótese de prestar serviços em máquinas ou sistemas operacionais utilizados por uma grande companhia do ramo alimentício. No exemplo, ressalvamos, porém, o labor realizado para empresa de informática, o que desvirtuaria a modalidade contratual para configurar verdadeira relação de emprego. A execução de serviços pessoais e intrinsecamente ligados à atividade-fim de um empreendimento leva à caracterização do labor subordinado e, por via de consequência, afasta, de plano, a aplicação do sistema ora proposto, pois não se pretende com essas inovações acobertar o descumprimento da legislação trabalhista já existente.

Será *beneficiário* do Fundo Social do Trabalhador Autônomo, por sua vez, toda pessoa física cadastrada no sistema e que prestar serviços por conta própria a um tomador de serviços, fora dos moldes da relação de emprego regulada pelos arts. 2º e 3º, da CLT. Em segundo plano, esse direito poderá ser acessado pelos dependentes, de forma indissociável ao direito dos titulares, seguindo as regras de sucessão trabalhista.

6.3. Princípios Norteadores

Para construção do sistema proposto, despontam os princípios como proposições que orientam a elaboração de suas regras, também servindo de instrumental para

---

(806) PAULSEN, Leandro. *Curso de direito tributário completo*. 4. ed. Livraria do Advogado: Porto Alegre, 2012. p. 143.

melhor interpretação das normas, em coerência com a finalidade de tutelar o gozo de direitos fundamentais trabalhistas pelos autônomos. Buscaremos demonstrar os chamados *princípios descritivos ou informativos*, que propiciam uma leitura reveladora das orientações essenciais da ordem jurídica analisada.[807]

O Fundo Social do Trabalhador Autônomo parte de uma ideia inicial de solidariedade social. Significa dizer que a contribuição dos membros da sociedade, que utilizam serviços autônomos prestados por outrem, virá em benefício de tais trabalhadores, com vistas a usufruírem de parcelas trabalhistas, como forma de efetivar o direito social ao trabalho estabelecido na norma constitucional brasileira.

Por mais que se possa afirmar que, "a partir do momento em que cada trabalhador faça cotizações para si próprio, e não para um fundo mútuo, desaparece a noção de solidariedade social[808]"[809], o incremento da participação da sociedade na melhoria do patamar remuneratório do trabalhador autônomo reforça a base solidária do sistema. A amplitude de utilização dos serviços por conta própria demanda o envolvimento de todos, e não apenas daqueles que desenvolvem algum tipo de atividade econômica. Verifica-se o caráter solidário do sistema, indiretamente, por exigir o engajamento de todos, já que atinge a rotina diária de vida de cada indivíduo.

O dever de zelar pelo bem comum e a responsabilidade de construir uma sociedade mais justa e igualitária, inclusive quanto à criação de oportunidades, não recai apenas sobre o Estado, demandando a participação de amplos interessados. Como aponta Ivan Kertzman ao tratar do sistema previdenciário, o que também se aplica em parte nesse estudo, a solidariedade obriga contribuintes a verterem parte de seu patrimônio para o sustento do regime protetivo, mesmo que nunca tenham a oportunidade de usufruir dos benefícios e serviços oferecidos.[810] No Fundo Social do Trabalhador Autônomo, porém, o Estado intervirá para regular uma forma mais equânime de contraprestação do labor por conta própria, atendendo à obrigação social imposta pela Carta Magna brasileira.

O uso do trabalho alheio gera um custo social a ser suportado, em razoável medida, pelo tomador e beneficiário direto do serviço. Pouco importa o fato de o cliente explorar atividade econômica, o que poderá ser relevante para verificar casos de fraude à ordem

---

(807) Cf. DELGADO, Maurício Godinho. *Curso de direito do trabalho*. 12. ed. São Paulo: LTr, 2013. p. 181-182.

(808) CASTRO, Carlos Alberto Pereira de; LAZZARI, João Batista. *Manual de direito previdenciário*. 15. ed. Rio de Janeiro: Forense, 2013. p. 22.

(809) Sobre a inserção da ideia de solidariedade social no regime previdenciário pátrio, que se apresenta de forma distinta no Fundo Social do Trabalhador Autônomo, sustenta Fábio Zambitte Ibrahim: "Sem dúvida, é o princípio securitário de maior importância, pois traduz verdadeiro espírito da previdência social: a proteção coletiva, na qual as pequenas contribuições individuais geram recursos suficientes para a criação de um manto protetor sobre todos, viabilizando a concessão de prestações previdenciárias em decorrência de eventos preestabelecidos. [...] A solidariedade é justificativa para a compulsoriedade do sistema previdenciário, pois os trabalhadores são coagidos a contribuir em razão da cotização individual ser necessária para a manutenção de toda a rede protetiva, e não para a tutela do indivíduo, isoladamente considerado." (*Curso de direito previdenciário*. 17. ed. Rio de Janeiro: Impetus, 2012. p. 64-65)

(810) *A seguridade social na Constituição Federal*. 10. ed. Salvador: Juspodivm, 2013. p. 58.

jurídica trabalhista, como antes mencionado, e à consequente caracterização de um contrato de emprego. Para o exercício de direitos (ainda mais, quando fundamentais), impõe-se a todos o respeito e, por decorrência lógica, a cooperação financeira necessária para tal fim. Carlos Alberto Pereira de Castro e João Batista Lazzari, reportando-se a Wagner Balera, concluem:

> Concebe-se que o desenvolvimento da atuação do Estado no âmbito da proteção social culmina — ou deveria culminar — na obtenção da Justiça Social, já que "a redução das desigualdades sociais — tarefa que exige esforço colossal da comunidade — prepara terreno onde se assenta uma sociedade mais justa".[811]

Considerando a dinâmica social e a diversidade dos liames estabelecidos no co-tidiano, o contribuinte de uma relação pode tornar-se beneficiário direto em outra, e vice-versa, o que justifica, ainda mais, o interesse comum interdependente dos cidadãos na vida em coletividade.[812] Como amostra, cita-se a hipótese de um eletricista que necessita contratar um hidráulico para consertar um vazamento em sua residência (vice--versa).

Seguindo a mesma diretiva previdenciária, "todos contribuem para que alguns possam ser beneficiários, em evidente processo redistributivo de renda e de operação de Justiça Social, conforme determina a Carta Constitucional de 1988, em seu art. 193."[813] A compatibilização de um modelo de inclusão com a efetiva participação pecuniária dos cidadãos é tratada por Fábio Zambitte Ibrahim, quando demonstra a interligação de sistemas de proteção social com a melhoria dos rendimentos pessoais de cada trabalhador:

> Sabe-se que o trabalhador somente poderá abrir mão de parcela de sua remuneração, em prol da previdência, quanto atinja determinado patamar mínimo de rendimento. Isto é, a melhor maneira de incluir o trabalhador de baixa renda no sistema protetivo é retirá-lo da situação de baixa renda.[814]

Dentro dessa linha de raciocínio, "os princípios apresentam-se dotados de uma maior generalidade, o que permite o seu cumprimento em diferentes graus, mas a medida da sua execução será determinada por possibilidades reais e jurídicas"[815]. Agregando o conjunto de fatores exógenos que interferem no modelo pretendido, busca-se elevar o padrão de vida dos autônomos em geral, o que proporcionará condições financeiras para que participem, efetivamente, de outros sistemas contributivos estabelecidos pelo Estado, mas com finalidades diversas, a exemplo do previdenciário.

---

(811) *Manual de direito previdenciário*. 15. ed. Rio de Janeiro: Forense, 2013. p. 26.

(812) Cf. MARTINEZ, Wladimir Novaes. *Princípios de direito previdenciário*. 4. ed. São Paulo: LTr, 2001. p. 74-75.

(813) FORTES, Simone Barbisan; PAULSEN, Leandro. *Direito da seguridade social. Prestações e Custeio da Previdência, Assistência e Sáude*. Porto Algre: Livraria do Advogado, 2005. p. 31.

(814) *Curso de direito previdenciário*. 17. ed. Rio de Janeiro: Impetus, 2012. p. 39.

(815) *Comentários à Lei de Benefícios da Previdência Social*. 11. ed. Porto Alegre: Livraria do Advogado, 2012. p. 32.

6.3.1. Universalidade

O Fundo Social do Trabalhador Autônomo tem por desiderato concretizar o direito ao trabalho para todos os profissionais por conta própria, desde que desenvolvam suas atividades laborais no território nacional, à semelhança do que ocorre com os empregados (conceituados no art. 3º da CLT). A universalidade diz respeito ao aspecto subjetivo dos destinatários da proteção conferida pelo modelo proposto, independentemente do quanto cada trabalhador ganhe mensalmente ou do número de clientes que tenham.

Como ressalvam Daniel Machado da Rocha e José Paulo Baltazar Júnior, "não significa, obrigatoriamente, a concessão de um direito igual, para todos os trabalhadores, de receber benefícios exatamente nas mesmas condições"[816]. No caso em análise, ainda que uniformes os direitos, o valor dos benefícios trabalhistas usufruídos não serão equivalentes. Dependerá, proporcionalmente, dos aportes financeiros vertidos na conta vinculada de cada trabalhador autônomo.

Aqueles que trabalharem e ganharem mais em contraprestação dos seus clientes, por essa razão, receberão benefícios mais atraentes do ponto de vista financeiro. Objetiva-se conferir maior estabilidade econômica aos autônomos e, como consequência, melhores condições de satisfazer suas despesas diárias de subsistência e de gozar descansos periódicos, sem a preocupação de estar "parado", aumentando suas dívidas pessoais e familiares.

Como se percebe, um bom nível de qualidade de vida, capaz de preservar a higidez física e mental do indivíduo, exige recursos disponíveis para tanto. Do contrário, ninguém descansa, até chegar o dia em que a pessoa adoece e "se encosta", definitivamente, na Previdência, aumentando as despesas públicas e sem possibilidade de gerar riquezas novamente.

6.3.2. Obrigatoriedade de Filiação e de Contribuição

A solidariedade está respaldada pela tutela imperativa da Constituição. Para sua existência real, a filiação e a contribuição compulsórias tornam-se condições de sustentação do sistema financeiro sugerido. A cultura da precaução ainda é incipiente no meio social, até mesmo pela indisponibilidade de recursos já comprometidos com outras despesas, de modo que não se pode presumir que todos guardem dinheiro para momentos de descanso e lazer ou para situações imprevistas ou emergenciais.

Sem uma poupança forçada ou sem a elevação do patamar protetivo dado aos autônomos, caberá ao Estado, mais cedo ou mais tarde, suportar esse ônus, até mesmo com o pagamento, em casos extremos, de uma aposentadoria por invalidez, quando toda a força de trabalho é desperdiçada e inviabilizada. A respeito da compulsoriedade, mesmo na hipótese de escassez de recursos do trabalhador para destinação de outros fins, afora da sobrevivência imediata, ressaltam Carlos Alberto Pereira de Castro e João Batista Lazzari:

---

(816) *Ibidem*, p. 34.

Deve-se dizer, ainda, que o trabalhador nem sempre está em condições de destinar, voluntariamente, uma parcela de seus rendimentos para uma poupança. Pode ocorrer — e ocorre, via de regra, nos países onde o nível salarial da população economicamente ativa é baixo — de o trabalhador necessitar utilizar todos os seus ganhos com sua subsistência e a de seus dependentes, não havendo, assim, excedentes que possam ser economizados. De outra vertente, pode ocorrer o que parcela da doutrina chama de "miopia social", caracterizada pela ausência de prevenção acerca de suas necessidades econômicas futuras. [...][817]

Do simples exercício do labor por conta própria remunerado, deflui a filiação automática do autônomo ao Fundo e a exigibilidade da contribuição incidente sobre o valor contratado pelo trabalho realizado, com a constituição do devedor em mora, se desrespeitado o prazo legal de recolhimento.[818] "Assim é que ninguém pode escusar-se de recolher contribuição, caso a lei estabeleça como fato gerador alguma situação em que incorra."[819] O simples exercício de trabalho autônomo compele o pagamento das obrigações trabalhistas fixadas no Fundo. O descumprimento das regras do sistema em nada altera a filiação automática do trabalhador e o dever de pagar do cliente, a exemplo do que ocorre na Previdência Social:

> A filiação é a aquisição da condição de segurado junto ao RGPS e é sempre automática, bastando, para tal, a efetiva prestação de atividade abrangida pela proteção previdenciária, seja empregado, empregador, autônomo, especial etc., independentemente de contribuição à Previdência.[820]

Embora diverso do regime de previdência, o Fundo Social do Trabalhador Autônomo possuirá evidente caráter preventivo de doenças, na medida em que permitirá o descanso do trabalhador, sem prejuízo da remuneração no período, tal como ocorre com as férias dos empregados. Aliás, a formulação de espécies de gratificação natalina e maiores garantias pecuniárias nas rescisões contratuais imotivadas dará ao autônomo aporte financeiro para melhor gerir suas despesas vitais, inclusive criando outras, dentro do seu orçamento pessoal e familiar.

A obrigatoriedade busca impor uma nova realidade, superando obstáculos imediatos que sempre irão existir, mas com evidente perspectiva de panorama futuro mais estável, do ponto de vista econômico. Justifica-se, sob esse enfoque, a vinculação jurídica automática ao sistema pretendido, a partir do simples exercício de trabalho autônomo, até porque é daí que surge o direito à contraprestação pelo beneficiário direto do labor executado. Pela semelhança notória com os segurados obrigatórios ao Regime Previdenciário, aproveita-se a lição de Simone Barbisan Fortes e Leandro

---

(817) *Manual de direito previdenciário*. 15. ed. Rio de Janeiro: Forense, 2013. p. 22-23.
(818) Cf. MARTINEZ, Wladimir Novaes. *Princípios de direito previdenciário*. 4. ed. São Paulo: LTr, 2001. p. 103-105.
(819) CASTRO, Carlos Alberto Pereira de; LAZZARI, João Batista. *Op. cit.*, p. 96.
(820) CORREIA, Marcus Orione Gonçalves; CORREIA, Érica Paula Barcha. *Curso de direito da seguridade social*. 7. ed. São Paulo: Saraiva, 2013. p. 169.

Paulsen, com as necessárias adaptações para a hipótese de vinculação compulsória do autônomo ao Fundo Social do Trabalhador Autônomo:

> Em outras palavras, se uma atividade profissional for elencada na legislação previdenciária, com previsão de que seu exercício torna o trabalhador segurado obrigatório do regime previdenciário, a filiação ocorre por força de lei, que também dispõe sobre seus efeitos. O exercente da atividade laborativa — agora segurado — não tem ao seu alvedrio nem a possibilidade de escolher filiar-se ou não, nem tampouco de dispor sobre o conteúdo da relação previdenciária.[821]

Independente da clientela, do tipo de atividade realizada ou do valor adimplido, todos os autônomos estarão, *ope legis*, abrangidos pelo sistema proposto, competindo à fiscalização estatal apurar eventuais irregularidades e autuar os infratores. Concilia-se um regime de poupança forçada do autônomo, mas com o acesso controlado pelo Estado aos valores depositados, para uso do trabalhador, conforme disciplina legal.

A inclusão facultativa será admitida, excepcionalmente, nos casos de sócios, acionistas administradores ou proprietários de empresas. Dependendo da forma de administração e gerenciamento do negócio, poderão ocorrer quatro situações singulares. A primeira diz respeito ao autônomo que é o único dono do empreendimento e que, portanto, "autorremunera-se", diante de um certo grau de confusão patrimonial. A segunda atinge os sócios que não trabalham na empresa, mas que fazem jus aos dividendos societários. A terceira ocorre no caso de sócios que trabalham na empresa e que nada recebem além dos dividendos mensais. Por fim, a quarta hipótese abrange os sócios que laboram dentro da sociedade, mas que possuem benefícios equivalentes à férias, décimos terceiros salários e parcelas rescisórias. Somente na primeira e na terceira situações compreende-se a adesão voluntária ao Fundo Social do Trabalhador Autônomo, como justificaremos a seguir.

Como se extrai do parágrafo anterior, os sócios que efetivamente laboram na firma poderão, de forma facultativa, inscrever-se no sistema, caso já não recebam vantagens equivalentes estabelecidas no contrato social ou no ato constitutivo da empresa. Sobreleva, também, a percepção de remuneração por serviço autônomo realizado, como salienta Fábio Zambitte Ibrahim, ao tratar do vínculo previdenciário:

> Não é segurado obrigatório todo e qualquer sócio, mas somente aquele que exerça a direção ou, ao menos, receba remuneração pelo seu trabalho na sociedade. Um simples acionista ou cotista, que não tenha vínculo algum com a administração da sociedade nem realize qualquer atividade remunerada em favor desta, está excluído deste dispositivo [no caso, art. 11, V, *f*, da Lei n. Lei n. 8.213/91[822]]. É evidente que o acionista ou cotista supracitados até

---

(821) *Direito da seguridade social. Prestações e custeio da previdência, assistência e saúde.* Porto Algre: Livraria do Advogado, 2005. p. 58.
(822) Lei n. 8.213/91, art. 11. "São segurados obrigatórios da Previdência Social as seguintes pessoas [...] V — como contribuinte individual: [...] f) o titular de firma individual urbana ou rural, o diretor não empregado e o membro de conselho de administração de sociedade anônima, o sócio solidário, o sócio de indústria, o

podem ser segurados obrigatórios, desde que exerçam uma outra atividade remunerada, sem vínculo com a sociedade. O simples fato de ser acionista ou cotista não transforma uma pessoa em segurado obrigatório, pois a participação no lucro da sociedade não é remuneração, não corresponde à contraprestação do serviço realizado pelo segurado.[823]

Sem exercício de qualquer tipo de atividade remunerada pelo sócio dentro da sociedade, não haverá obrigação legal, nem sequer a faculdade de inscrição ao Fundo. Estamos diante de forma de regulação de direitos trabalhistas previstos no art. 7º da Constituição e de efetivação do direito social ao trabalho para uma categoria de trabalhadores, até então, desprotegidos pelo nosso ordenamento. Sem trabalho autônomo, esvazia-se o caráter protetivo do sistema propugnado. Além disso, mesmo nas hipóteses de adesão voluntária, "a faculdade é da pessoa se filiar ao sistema, de se inscrever. A partir do momento em que se filia tem obrigação de contribuir."[824]

Admite-se a faculdade, pois nada impede que os estatutos societários estabeleçam períodos de descansos remunerados de seus sócios, distribuição de dividendos ao final do ano ou até uma forma de pagamento adicional pela perda ou retirada de um cargo de gestão, que lhe confira um maior patamar remuneratório do que os demais sócios ou acionistas. Nesses casos, o acúmulo dessas vantagens com os benefícios trazidos pelo presente Fundo Social do Trabalhador Autônomo representaria espécie de *bis in idem* e enriquecimento sem causa do administrador ou equivalente.

Além dos fundamentos antes esposados, ainda que o patrimônio do empreendimento não se confunda em regra com o patrimônio pessoal dos sócios, como previsto no art. 50 do Código Civil[825] e art. 795, § 1º, do Código de Processo Civil de 2015[826], pode soar estranho que "se autorremunere" o titular de uma empresa individual, salvo quando por vontade própria. A possibilidade de inclusão voluntária segue a lógica da figura dos diretores de sociedades, ou melhor, verdadeiros administradores, embora sem vínculo empregatício, mas que recebem espécie de contraprestação por meio de retiradas periódicas, como disciplinam os arts. 15, § 4º e 16, da Lei n. 8.036/90[827].

---

sócio gerente e o sócio cotista que recebam remuneração decorrente de seu trabalho em empresa urbana ou rural, e o associado eleito para cargo de direção em cooperativa, associação ou entidade de qualquer natureza ou finalidade, bem como o síndico ou administrador eleito para exercer atividade de direção condominial, desde que recebam remuneração; [...]".

(823) *Curso de direito previdenciário*. 17. ed. Rio de Janeiro: Impetus, 2012, p. 205.

(824) MARTINS, Sérgio Pinto. *Direito da seguridade social, Direito da seguridade social. Custeio da seguridade social* — Benefícios — Acidente do trabalho — Assistência social — Saúde. 32. ed. São Paulo: Atlas, 2012. p. 111.

(825) Código Civil, art. 50. "Em caso de abuso da personalidade jurídica, caracterizado pelo desvio de finalidade, ou pela confusão patrimonial, pode o juiz decidir, a requerimento da parte, ou do Ministério Público quando lhe couber intervir no processo, que os efeitos de certas e determinadas relações de obrigações sejam estendidos aos bens particulares dos administradores ou sócios da pessoa jurídica."

(826) Código de Processo Civil, art. 795. "Os bens particulares dos sócios não respondem pelas dívidas da sociedade, senão nos casos previstos em lei. § 1º O sócio réu, quando responsável pelo pagamento da dívida da sociedade, tem o direito de exigir que primeiro sejam excutidos os bens da sociedade."

(827) "Art. 15. Para os fins previstos nesta lei, todos os empregadores ficam obrigados a depositar, até o dia 7 (sete) de cada mês, em conta bancária vinculada, a importância correspondente a 8 (oito) por

Na hipótese de falsos sócios (*laranjas* ou testas de ferro), isto é, aqueles indivíduos que apenas emprestam o nome para a sociedade, sem manter qualquer forma de atuação de fato na administração da empresa, após apuração pelas vias administrativa e/ou judicial, retornaríamos à análise da caracterização de vínculo de emprego, se existente alguma espécie de labor. Caso preenchidos os requisitos legais para tanto, impede-se o Fundo Social do Trabalhador Autônomo, visto que o padrão legislativo proposto não se presta à validação de fraude à tutela legal "celetista" porventura incidente.

6.3.3. Seletividade dos Benefícios

O labor independente, por sua própria natureza, envolve multiplicidade de tomadores, os quais, muitas vezes, não empreendem atividade econômica na área relacionada com os serviços contratados. Por mais que se pretenda a isonomia dos direitos trabalhistas entre autônomos e subordinados, não se mostra viável a mera transposição do art. 7º da Constituição Federal, visto que imprescindível a aplicação ponderada da norma em comento, separando aquilo que é ou não possível conciliar com as viabilidades fática e/ou financeira para atingir os objetivos propostos.

Na contraposição da seletividade com a universalidade, verificamos respaldo constitucional para adequar a aplicação da norma, sem que isso fragilize as máximas universais de isonomia, seguindo a cautela sugerida por Marcus Orione Gonçalves Correia e Érica Paula Barcha Correia:

> A escolha de certos grupos, como desdobramento da igualdade material (a distinção segundo as peculiaridades do grupo selecionado, para atender às suas diferenças), deve resultar de opção apenas da própria Constituição. Caso contrário, teríamos a ameaça constante de que a norma infraconstitucional infirmasse o desejo constitucional de universalidade. Portanto, eventual conflito deverá, prioritariamente, ser resolvido em favor da universalidade, salvo opção constitucional pela seletividade.[828]

Por mais que a redação literal do art. 7º, *caput*, do Texto Constitucional não faça distinção explícita no elenco de direitos de todos os trabalhadores, é necessária a escolha do legislador por um plano de benefícios compatível com a força econômico-financeira do sistema, para preservação do equilíbrio entre as receitas (aportes financeiros dos clientes) e as despesas (prestações dadas aos autônomos). O Fundo Social do Trabalhador

---

cento da remuneração paga ou devida, no mês anterior, a cada trabalhador, incluídas na remuneração as parcelas de que tratam os arts. 457 e 458 da CLT e a gratificação de Natal a que se refere a Lei n. 4.090, de 13 de julho de 1962, com as modificações da Lei n. 4.749, de 12 de agosto de 1965. [...] § 4º Considera-se remuneração as retiradas de **diretores não empregados**, quando haja deliberação da empresa, garantindo-lhes os direitos decorrentes do contrato de trabalho de que trata o art. 16. [...] Art. 16. Para efeito desta lei, as empresas sujeitas ao regime da legislação trabalhista poderão equiparar seus **diretores não empregados** aos demais trabalhadores sujeitos ao regime do FGTS. Considera-se diretor aquele que exerça cargo de administração previsto em lei, estatuto ou contrato social, independente da denominação do cargo." (grifo nosso)
(828) *Curso de direito da seguridade social.* 7. ed. São Paulo: Saraiva, 2013. p. 115.

Autônomo traduz o direito social ao trabalho para o profissional por contra própria. De um lado, exige ação positiva do Estado. Do outro, traz consigo um custo maior a ser suportado e viabilizado no contexto coletivo.

A seletividade significa, assim, optar por determinadas prestações e fixar regras para sua concessão. Tal como no âmbito do Direito Previdenciário, "trata-se da possibilidade de se selecionarem certos grupos de pessoas ou contingências para a proteção social."[829] A garantia da higidez financeira do Fundo Social do Trabalhador Autônomo, dentro de sua própria estrutura, depende de que, para cada prestação, seja determinada uma fonte de custeio suficiente, o que será a seguir analisado.

O Fundo Social do Trabalhador Autônomo, como já definido anteriormente, buscará proporcionar o efetivo gozo dos direitos de proteção contra a despedida arbitrária, aviso-prévio, descanso anual remunerado, FGTS e gratificação natalina. Pela dificuldade de compatibilização integral da dinâmica das relações laborais autônomas e subordinadas, compreende-se que outros direitos, ao menos por ora, serão considerados já "embutidos" no preço do serviço prestado.

6.3.4. Precedência da Fonte de Custeio

"A ideia do princípio é encontrada em qualquer economia doméstica ou empresa: não se pode gastar mais do que se ganha."[830] Intimamente ligado ao equilíbrio financeiro do sistema, como estabelecido no art. 195, § 5º, da Constituição Federal para a Seguridade Social, nenhum benefício ou serviço poderá ser criado, majorado ou estendido, sem a correspondente fonte de custeio total. Para que seja possível criar ou ampliar os benefícios existentes, deve haver, anteriormente, a previsão da fonte financiadora, não bastando a indicação de recursos já existentes, sob pena de quebra do equilíbrio da estrutura de finanças.

Na sistemática do Fundo Social do Trabalhador Autônomo, o valor de cada prestação trabalhista corresponderá aos aportes financeiros vertidos pelos contratantes a cada trabalhador por contra própria, por meio de depósito em conta vinculada para tal fim ou de pagamento direto nos términos de contratos a prazo indeterminado e por iniciativa do cliente, sem qualquer dependência ou vinculação a outras receitas ou de complementação pelo Estado para atingir um valor mínimo.

6.3.5. Caráter Alimentar das Prestações

Na medida em que os benefícios visam ofertar direitos trabalhistas em paridade com aqueles já outorgados aos empregados, emerge o caráter alimentar dos benefícios

---

(829) CORREIA, Marcus Orione Gonçalves; CORREIA, Érica Paula Barcha. *Curso de direito da seguridade social*. 7. ed. São Paulo: Saraiva, 2013. p. 115.

(830) MARTINS, Sérgio Pinto. *Direito da seguridade social. Direito da seguridade social. Custeio da seguridade social* — Benefícios — Acidente do trabalho — Assistência social — Saúde. 32. ed. São Paulo: Atlas, 2012. p. 60.

estabelecidos no novo sistema, uma vez que decorrem da prestação pessoal de serviços e, por via de consequência, destinam-se a subsistência pessoal e familiar dos trabalhadores por conta própria.

O direito aos valores que integram o Fundo, como regra, é indisponível e, por decorrência, inviabiliza-se qualquer hipótese de renúncia pelo autônomo. Da mesma forma, não se sujeitam à penhora (CPC/2015, art. 833, IV[831]), sendo nula qualquer tentativa de cessão, venda ou constituição de ônus sobre os valores estabelecidos pelo regime em voga, por condizerem à efetiva contraprestação pelo labor executado. Hipóteses de fraude deverão ser analisadas, caso a caso, em exceção à normatividade.

6.3.6. Preservação do Valor das Prestações

A exemplo do que ocorre nos benefícios previdenciários, os depósitos realizados na conta vinculada do autônomo, com vistas ao gozo de direitos trabalhistas, sofrerão reajustamentos periódicos, de modo a preservar o valor real e proteger de eventual deterioração inflacionária, com resguardo do poder de compra. Da mesma forma, será necessário garantir atualização dos acréscimos rescisórios satisfeitos com atraso pelo tomador de serviços. Sobre a correção monetária (dos salários de contribuição), comentam Daniel Machado da Rocha e José Paulo Baltazar Júnior:

> Tendo em vista que o módulo básico, salário de benefício, é composto pela média dos salários de contribuição em um determinado período, a aplicação deste princípio tem por objetivo possibilitar a concessão de um benefício — tanto quanto possível, e respeitado um limite máximo — próximo da renda que era auferida pelo segurado. Não olvidando dos efeitos do processo inflacionário, que tantas mazelas já impôs à sociedade brasileira, a correção monetária dos salários de contribuição constitui um mecanismo de defesa da futura renda do segurado.[832]

Para que haja uma proximidade entre o valor das prestações outorgadas e a renda equivalente àquela que seria auferida pelo autônomo, caso estivesse trabalhando à época do respectivo saque, os recolhimentos serão corrigidos monetariamente, com base nos parâmetros fixados para atualização dos saldos das cadernetas de poupança, a fim de que seja assegurada a cobertura de suas obrigações. Essa regra, aliás, também existe no sistema do Fundo de Garantia por Tempo de Serviço.[833]

---

(831) Código de Processo Civil de 2015, art. 833. "São impenhoráveis: [...] IV — os vencimentos, os subsídios, os soldos, os salários, as remunerações, os proventos de aposentadoria, as pensões, os pecúlios e os montepios, bem como as quantias recebidas por liberalidade de terceiro e destinadas ao sustento do devedor e de sua família, os ganhos de trabalhador autônomo e os honorários de profissional liberal, ressalvado o § 2º; [...] § 2º O disposto nos incisos IV e X do caput não se aplica à hipótese de penhora para pagamento de prestação alimentícia, independentemente de sua origem, bem como às importâncias excedentes a 50 (cinquenta) salários-mínimos mensais, devendo a constrição observar o disposto no art. 528, § 8º, e no art. 529, § 3º."

(832) Comentários à Lei de Benefícios da Previdência Social. 11. ed. Porto Alegre: Livraria do Advogado, 2012. p. 36.

(833) Lei n. 8.036/90, art. 13. "Os depósitos efetuados nas contas vinculadas serão corrigidos monetariamente com base nos parâmetros fixados para atualização dos saldos dos depósitos de poupança e capitalização juros de (três) por cento ao ano."

Saliento, porém, que não se garantirá um valor mínimo dos benefícios, pois dependerá do aporte depositado na conta vinculada, em função do trabalho executado no período considerado para cálculo de cada prestação. Não existem, pois, limites mínimo ou máximo no valor dos benefícios; nem garantia de percepção de um salário-mínimo legal, em cada um dos dois saques anuais estabelecidos no sistema, a exemplo do que ocorre na Previdência Oficial e que gera o suposto desequilíbrio nas contas da Seguridade Social. Se não trabalhar, por mais que já esteja vinculado ao sistema, nada ganhará.

Não há falar, portanto, em desrespeito ao art. 201, § 2º, da Constituição Federal[834], pois o Fundo Social do Trabalhador Autônomo regula prestações trabalhistas em espécie, em paralelo aos direitos estabelecidos no art. 7º da Carta brasileira. Não se trata de renda substitutiva, mas de complementação do salário contraprestado ao autônomo, segundo diretrizes particulares ao regramento contido no novo sistema.

6.3.7. Solidariedade Social

Retomando a lição de Wladimir Novaes Martinez, a solidariedade social é expressão do reconhecimento das desigualdades existentes no estrato da sociedade, tendo por consequência o deslocamento físico de rendas de uma para outra parcela de indivíduos.[835] Implica a conjugação de esforços para enfrentamento de uma contingência social.

O ideal de solidariedade, dentro desse enfoque, permeia os fundamentos de constituição do Fundo Social do Trabalhador Autônomo. Pode ser identificada como princípio norteador do sistema proposto, na medida em que parte de uma premissa de sacrifício de interesses individuais dos tomadores de serviços — que passarão a responder pelo pagamento da contribuição vertida ao Fundo — em prol de um avanço social promovido pela garantia de efetivação de direitos constitucionais trabalhistas aos autônomos.

6.4. Administração e Fiscalização

A coordenação geral do sistema será exercida pelo Ministério do Trabalho e Emprego, ao qual caberá apurar os débitos e as infrações praticadas pelos tomadores de serviços e pelos próprios autônomos, já que aos últimos competirá a obrigação de recolher a contribuição à sua conta vinculada. Emerge, daí, a necessidade de tipificar infrações e fixar as respectivas sanções, por eventuais descumprimentos, com vistas à eficiência do Fundo Social do Trabalhador Autônomo frente aos seus propósitos

---

(834) Constituição Federal, art. 201. "A previdência social será organizada sob a forma de regime geral, de caráter contributivo e de filiação obrigatória, observados critérios que preservem o equilíbrio financeiro e atuarial, e atenderá, nos termos da lei, a: [...] § 2º Nenhum benefício que substitua o salário de contribuição ou o rendimento do trabalho do segurado terá valor mensal inferior ao salário mínimo. [...]."
(835) *Princípios de direito previdenciário.* 4. ed. São Paulo: LTr, 2001. p. 90.

de melhoria da renda do autônomo e de sua qualidade de vida. Quanto à forma de imposição de multas e cobrança, deverá ser seguido o procedimento previsto nos arts. 626 e seguintes, da CLT, com a lavratura de auto pelo agente de inspeção (no caso, auditor fiscal do trabalho).

Havendo atraso no pagamento da contribuição mensal ou das parcelas rescisórias pelo tomador de serviços, incidirão juros moratórios e correção monetária sobre o valor, que correrão por conta do infrator, sem prejuízo de uma multa. Caso ocorra o pagamento, mas o autônomo não recolha o valor devido à sua conta vinculada, o próprio trabalhador estará sujeito à penalidade (multa) por infringir o dispositivo legal. Existirá, ainda, uma terceira hipótese de infração, quando o autônomo estiver laborando, no período destinado ao seu descanso anual, o que também ensejará a incidência de uma multa a cargo do infrator, no caso, novamente, o próprio trabalhador autônomo. Em qualquer das hipóteses, as receitas provenientes das multas reverterão em favor da União.

Partindo dos arts. 3º, 4º e 5º da Lei n. 8.036/90[836], será criado um Conselho Curador do Fundo Social do Trabalhador Autônomo, composto por representação de trabalhadores autônomos, tomadores de serviços e órgãos governamentais, que terá por principais atribuições: 1) estabelecer as diretrizes do Fundo Social do Trabalhador Autônomo; 2) acompanhar e avaliar a gestão econômica e financeira dos recursos, bem como os ganhos sociais; 3) dirimir dúvidas sobre a aplicação das normas regulamentares; 4) fixar critérios para parcelamento das contribuições em atraso[837].

---

(836) "Art. 3º O FGTS será regido por normas e diretrizes estabelecidas por um Conselho Curador, composto por representação de trabalhadores, empregadores e órgãos e entidades governamentais, na forma estabelecida pelo Poder Executivo. I — Ministério do Trabalho; II — Ministério do Planejamento e Orçamento; III — Ministério da Fazenda; IV — Ministério da Indústria, do Comércio e do Turismo; V — Caixa Econômica Federal; VI — Banco Central do Brasil. [...] Art. 4º A gestão da aplicação do FGTS será efetuada pelo Ministério da Ação Social, cabendo à Caixa Econômica Federal (CEF) o papel de agente operador. Art. 5º Ao Conselho Curador do FGTS compete: I — estabelecer as diretrizes e os programas de alocação de todos os recursos do FGTS, de acordo com os critérios definidos nesta lei, em consonância com a política nacional de desenvolvimento urbano e as políticas setoriais de habitação popular, saneamento básico e infra-estrutura urbana estabelecidas pelo Governo Federal; II — acompanhar e avaliar a gestão econômica e financeira dos recursos, bem como os ganhos sociais e o desempenho dos programas aprovados; III — apreciar e aprovar os programas anuais e plurianuais do FGTS; IV — pronunciar-se sobre as contas do FGTS, antes do seu encaminhamento aos órgãos de controle interno para os fins legais; V — adotar as providências cabíveis para a correção de atos e fatos do Ministério da Ação Social e da Caixa Econômica Federal, que prejudiquem o desempenho e o cumprimento das finalidades no que concerne aos recursos do FGTS; VI — dirimir dúvidas quanto à aplicação das normas regulamentares, relativas ao FGTS, nas matérias de sua competência; VII — aprovar seu regimento interno; VIII — fixar as normas e valores de remuneração do agente operador e dos agentes financeiros; IX — fixar critérios para parcelamento de recolhimentos em atraso; X — fixar critério e valor de remuneração para o exercício da fiscalização; XI — divulgar, no Diário Oficial da União, todas as decisões proferidas pelo Conselho, bem como as contas do FGTS e os respectivos pareceres emitidos; XII — fixar critérios e condições para compensação entre créditos do empregador, decorrentes de depósitos relativos a trabalhadores não optantes, com contratos extintos, e débitos resultantes de competências em atraso, inclusive aqueles que forem objeto de composição de dívida com o FGTS; XIII — em relação ao Fundo de Investimento do Fundo de Garantia do Tempo de Serviço — FI-FGTS: [...]."
(837) Leandro Paulsen distingue moratória, ou seja, prorrogação do prazo de vencimento do tributo, do parcelamento, que nada mais é do que uma espécie de moratória, através do qual se permite o pagamento

A composição tripartite permitirá análise ampla das repercussões externas do sistema, podendo sinalizar sobre eventuais reformulações necessárias ao melhor atingimento dos objetivos almejados.

Sem prejuízo da atuação do Ministério do Trabalho e Emprego e do Conselho Curador, haverá, ainda, um agente operador do sistema, no caso, a Caixa Econômica Federal, para os valores depositados nas contas bancárias individualizadas e vinculadas ao Fundo Social em comento. Ela centralizará as contas de todos os autônomos e executará a parte formal da arrecadação (a ser procedida em guia de recolhimento própria para tal fim), bem como calculará o montante devido em cada hipótese de saque.

Situação semelhante já ocorre com o FGTS, em que "a lei, imperativamente, criou restrições à movimentação das contas vinculadas e incumbiu a Caixa Econômica Federal de verificar a existência, ou não, das situações que legitimam o saque de quaisquer importâncias pelo empregado"[838]. Além disso, como órgão operador do Fundo em análise, "terá de prestar estrita obediência às determinações do Conselho Curador e do Ministério gestor, sob pena de responder pelos prejuízos eventualmente resultantes de seu comportamento irregular"[839].

A administração e a fiscalização do sistema, como se verifica, ficarão a cargo do Estado, já que é de sua responsabilidade adequar as políticas de pleno emprego aos anseios de melhor distribuição de renda e de promoção da saúde dos trabalhadores em geral. Por mais que o financiamento do sistema provenha de receitas de pagamentos efetuados pelos tomadores de serviços autônomos, a efetivação do direito social ao trabalho e a promoção da igualdade material são preocupações e metas de cada governo, razão pela qual se impõe a integração do Estado na dinâmica do novo regime.

6.5. Certificado de Regularidade

Além de manter o controle adequado das contas vinculadas e facilitar o acesso aos valores depositados, a Caixa Econômica Federal fornecerá Certificado de Regularidade[840]

---

do débito tributário em diversas prestações, de modo que, a cada mês, só seja exigível uma parcela, e não o todo. (*Curso de direito tributário completo*. 4. ed. Livraria do Advogado: Porto Alegre, 2012. p. 176)

(838) SAAD, Eduardo Gabriel. *Comentários à Lei do Fundo de Garantia do Tempo de Serviço*. 3. ed. São Paulo: LTr, 1995. p. 116.

(839) SAAD, Eduardo Gabriel. *Op. cit.*, p. 125.

(840) Como exemplo de procedimento já existente, mais uma vez, destacamos os arts. 43-45 do Decreto n. 99.684/90, que regulamento o FGTS: "Art. 43. A regularidade da situação do empregador perante o FGTS será comprovada pelo Certificado de Regularidade do FGTS, com validade em todo o território nacional, a ser fornecido pela CEF, mediante solicitação. Art. 44. A apresentação do Certificado de Regularidade do FGTS é obrigatória para: I — habilitação em licitação promovida por órgãos da Administração Pública direta, indireta ou fundacional e por empresas controladas direta ou indiretamente pela União, pelos Estados, pelo Distrito Federal e pelos Municípios; II — obtenção de empréstimos ou financiamentos junto a quaisquer instituições financeiras públicas, por parte de órgãos e entidades da Administração Pública direta, indireta ou fundacional, bem assim empresas controladas direta ou indiretamente pela União, pelos Estados, pelo Distrito Federal e pelos Municípios; III — obtenção de favores creditícios, isenções, subsídios, auxílios,

junto ao Fundo proposto, de modo a permitir a participação em processos licitatórios[841] e intimidar aqueles que pretendam incidir em sonegação. A exemplo do que ocorre com o FGTS, comenta Eduardo Gabriel Saad sobre as implicações às empresas devedoras:

> Aquelas que não estiverem em dia com os recolhimentos ao Fundo estarão impossibilitadas de participar de importantes atividades econômicas ou creditícias nem sequer transferir o domicílio para o exterior. Sem exibir o Certificado de Regularidade fica a empresa impossibilitada de registrar no órgão competente a alteração ou distrato de seu contrato social.[842]

O interessado em participar em algum tipo de licitação pública deverá estar em dia com as obrigações para o Fundo Social do Trabalhador Autônomo. O referido certificado objetiva estimular o cumprimento da legislação trabalhista, inclusive em atenção ao disposto no art. 27, inciso IV, da Lei n. 8.666/93. Ao regulamentar o art. 37, inciso XXI, da Constituição Federal e instituir normas para licitações e contratos da Administração Pública, a habilitação dos interessados dependerá da comprovação da regularidade fiscal e trabalhista, da onde emerge a exigência do Certificado de Regularidade (arts. 27, IV e 29, IV[843]).

---

outorga ou concessão de serviços ou quaisquer outros benefícios concedidos por órgão da Administração Pública Federal, dos Estados, do Distrito Federal e dos Municípios, salvo quando destinados a saldar débitos para com o FGTS; IV — transferência de domicílio para o exterior; e V — registro ou arquivamento, nos órgãos competentes, de alteração ou distrato de contrato social, de estatuto, ou de qualquer documento que implique modificação na estrutura jurídica do empregador ou na extinção da empresa. Art. 45. Para obter o Certificado de Regularidade, o empregador deverá satisfazer as seguintes condições: I — estar em dia com as obrigações para com o FGTS; e II — estar em dia com o pagamento de prestação de empréstimos lastreados em recursos do FGTS. Art. 46. O Certificado de Regularidade terá validade de até seis meses contados da data da sua emissão. § 1° No caso de parcelamento de débito, a validade será de trinta dias. § 2º Havendo antecipação no pagamento de parcelas, o Certificado terá validade igual ao período correspondente às prestações antecipadas, observado o prazo máximo de seis meses."
(841) Lei n. 8.036/90, art. 27: "A apresentação do Certificado de Regularidade do FGTS, fornecido pela Caixa Econômica Federal, é obrigatória nas seguintes situações: a) habilitação e licitação promovida por órgão da Administração Federal, Estadual e Municipal, direta, indireta ou fundacional ou por entidade controlada direta ou indiretamente pela União, Estado e Município; b) obtenção, por parte da União, Estados e Municípios, ou por órgãos da Administração Federal, Estadual e Municipal, direta, indireta, ou fundacional, ou indiretamente pela União, Estados ou Municípios, de empréstimos ou financiamentos junto a quaisquer entidades financeiras oficiais; c) obtenção de favores creditícios, isenções, subsídios, auxílios, outorga ou concessão de serviços ou quaisquer outros benefícios concedidos por órgão da Administração Federal, Estadual e Municipal, salvo quando destinados a saldar débitos para com o FGTS; d) transferência de domicílio para o exterior; e) registro ou arquivamento, nos órgãos competentes, de alteração ou distrato de contrato social, de estatuto, ou de qualquer documento que implique modificação na estrutura jurídica do empregador ou na sua extinção."
(842) *Comentários à Lei do Fundo de Garantia do Tempo de Serviço*. 3. ed. São Paulo: LTr, 1995. p. 523.
(843) Lei n. 8.666/93, art. 27. "Para a habilitação nas licitações exigir-se-á dos interessados, exclusivamente, documentação relativa a: [...] IV — regularidade fiscal e trabalhista; [...]". Art. 29. "A documentação relativa à regularidade fiscal e trabalhista, conforme o caso, consistirá em: I — prova de inscrição no Cadastro de Pessoas Físicas (CPF) ou no Cadastro Geral de Contribuintes (CGC); II — prova de inscrição no cadastro de contribuintes estadual ou municipal, se houver, relativo ao domicílio ou sede do licitante, pertinente ao seu ramo de atividade e compatível com o objeto contratual; III — prova de regularidade para com a Fazenda Federal, Estadual e Municipal do domicílio ou sede do licitante, ou outra equivalente, na forma da lei; IV — prova de regularidade relativa à Seguridade Social e ao Fundo de Garantia por Tempo de Serviço (FGTS),

Quando se fala em criar formas de maior controle de atividades laborais, a comprovação de regularidade poderá ser também exigida. O cumprimento das obrigações contidas no Fundo Social do Trabalhador Autônomo, como bem apontam Carlos Alberto Pereira de Castro e João Batista Lazzari, servirá de requisito para concessão de alvarás e licenças de atividades como profissionais liberais em geral, taxistas, motoristas carreteiros, feirantes, camelôs, pequenos comerciantes ambulantes etc.[844] Aliado a isso, competirá aos auditores fiscais do trabalho investigar o exercício de atividade laboral informal, no pleno exercício do poder de polícia.

O certificado de regularidade tem por escopo demonstrar que o trabalhador e seus tomadores vêm cumprindo com as obrigações legais que lhes competem. Facilita a troca de informações entre os diferentes órgãos estatais responsáveis pela fiscalização e arrecadação de tributos e de outras fontes de receitas. Afinal, por trás do labor autônomo, existirão também os fatos geradores de outros encargos, como a contribuição previdenciária e o imposto de renda. O cruzamento de dados, hoje facilitado pelos avanços da informática, auxiliará a execução dessa tarefa.

6.6. Cadastro Nacional de Trabalhadores Autônomos

Sem prejuízo de recolhimentos previdenciários ou de tributos municipais, a exemplo Imposto sobre Serviços de Qualquer Natureza (ISSQN)[845], entende-se necessário realizar um cadastro dos autônomos no país[846], junto ao Ministério do Trabalho e Emprego, com delegação das atividades operacionais à Caixa Econômica Federal.[847]

---

demonstrando situação regular no cumprimento dos encargos sociais instituídos por lei. V — prova de inexistência de débitos inadimplidos perante a Justiça do Trabalho, mediante a apresentação de certidão negativa, nos termos do Título VII-A da Consolidação das Leis do Trabalho, aprovada pelo Decreto-Lei n. 5.452, de 1º de maio de 1943."

(844) *Manual de direito previdenciário*. 15. ed. Rio de Janeiro: Forense, 2013. p. 1142.

(845) Sobre o conceito de serviços, Leandro Paulsen sustenta: "Pode-se dizer que se trata de um fazer em favor de terceiros, específico, como objeto mesmo de um negócio jurídico, ou seja, um fazer como fim colimado e não como simples meio para outra prestação. Ademais, deve ser prestado a título oneroso, mediante contraprestação." (*Curso de direito tributário completo*. 4. ed. Livraria do Advogado: Porto Alegre, 2012. p. 281) A respeito do assunto, acrescenta Sacha Calmon Navarro Coêlho: "O imposto incide sobre a *prestação de serviços de qualquer natureza* realizada em favor de terceiro por profissionais autônomos ou empresas, o que exclui de saída: os serviços prestados em regime celetista (relação de emprego); os serviços prestados em regime estatutário (serviços públicos prestados pelos órgãos da Administração Pública); os auto-serviços. (*Curso de direito tributário brasileiro*. 10. ed. Rio de Janeiro: Forense, 2009. p. 552-553)

(846) Concordamos, no aspecto, com a possibilidade futura de comunicabilidade dos dados cadastrais, na forma propugnada por Carlos Alberto Pereira de Castro e João Batista Lazzari: "Medida de grande repercussão, neste sentido, seria a criação de um cadastro único de pessoas, que conteria, a um só tempo, dados que hoje estão em banco de dados os mais diversos, como: RG, CPF, CNH, Título Eleitoral, CTPS, PIS/PASEP. Não há sentido em se manter tamanha diversidade de cadastros de uma só pessoa." (*Ibidem*, p. 1144)

(847) Sobre o tema, comenta Leandro Paulsen: "[...] Contudo, ainda não sobreveio o pretendido cadastro nacional único. Aliás, mesmo quanto aos tributos federais, há mais de um cadastro. As pessoas físicas possuem o número de instricção junto à Secretaria da Receita Federal (CPF) e outro junto ao INSS (NIT). A inscrição no **Cadastro de Pessoas Físicas** é obrigatório, dentre outros, para que todas as pessoas

Trata-se de um ato formal, pelo qual o trabalhador fornecerá os dados necessários à sua identificação (e de seus dependentes) pelo sistema. Valemo-nos, para tanto, da regra previdenciária, comentada por Daniel Machado da Rocha e José Paulo Baltazar Júnior:

> Para que os beneficiários possam, exercer seus direitos perante a previdência social é imprescindível que a filiação esteja registrada no Cadastro Nacional de Informações Sociais. Assim, a inscrição do segurado é o ato pelo qual o segurado passa a existir formalmente para a Previdência Social, mediante comprovação dos dados pessoais e de outros elementos necessários e úteis a sua caracterização.[848]

Como estipulado no art. 146, parágrafo único, inciso IV, da Constituição Federal[849], a medida permitirá melhor controle e gerenciamento do Estado. Esse cruzamento de dados entre os órgãos estatais auxiliará no combate à sonegação de tributos e de contribuições, bem como no aumento de sua arrecadação. No combate à evasão fiscal, saliento que, a partir de 2016, nas declarações de imposto de renda, houve a inclusão do campo número de registro profissional para as seguintes ocupações principais: médico, odontólogo, fonoaudiólogo, fisioterapeuta, terapeuta ocupacional, psicólogo ou advogado. Esse campo novo é obrigatório para os contribuintes que possuírem rendimentos de trabalho não assalariado recebidos de pessoa física. Ademais, para essas ocupações, também é obrigatória a informação do CPF do responsável pelo pagamento recebido.[850]

"É consabido que o problema da exclusão social ocorre em atividades laborativas com alto grau de informalidade e que esta, por sua vez, decorre da ausência de efetiva fiscalização do Estado sobre a sua existência."[851] Aproveitando a experiência do FGTS, incidem à espécie os ensinamentos da João de Lima Teixeira Filho:

> A centralização de todas as contas em um cadastro único, na Caixa Econômica Federal, permitirá a administração do sistema mais eficiente e barata, assim como o conhecimento, por parte do trabalhador, da situação real do saldo

---

físicas sujeitas à apresentação de declaração de rendimentos, às pessoas com rendimentos retidos pela fonte pagadora ou obrigadas ao pagamento do carnê-leão, aos profissionais liberais, aos titulares de conta bancária ou de aplicações e aos contribuintes individuais ou requerentes do INSS. Mas, para os recolhimentos previdenciários, não basta o CPF. Impende que seja indicado o número de inscrição junto ao INSS. Os trabalhadores em geral são inscritos no Cadastro Nacional de Informação Social — CNIS mediante atribuição de um Número de Inscrição do Trabalhador (NIT), que pode corresponder à sua inscrição no INSS, no PIS, no PASEP ou no SUS." (*Ibidem*, p. 162)

(848) *Comentários à Lei de Benefícios da Previdência Social*. 11. ed. Porto Alegre: Livraria do Advogado, 2012. p. 108.

(849) CF, art. 146. "[...] Parágrafo único. A lei complementar de que trata o inciso III, *d*, também poderá instituir um regime único de arrecadação dos impostos e contribuições da União, dos Estados, do Distrito Federal e dos Municípios, observado que: [...] IV — a arrecadação, a fiscalização e a cobrança poderão ser compartilhadas pelos entes federados, adotado cadastro nacional único de contribuintes."

(850) Disponível em: <http://idg.receita.fazenda.gov.br/interface/cidadao/irpf/2016/declaracao/novidades>. Acesso em: 19 set. 2016.

(851) Castro, Carlos Alberto Pereira de; LAZZARI, João Batista. *Manual de direito previdenciário*. 15. ed. Rio de Janeiro: Forense, 2013. p. 1142.

de sua conta. Com o cadastro único, os bancos funcionarão apenas para o recebimento dos depósitos ou o pagamento dos saques.[852]

Diante da vedação contida no art. 7º, inciso XXXIII, da Constituição Federal, a inscrição do titular somente será permitida para maiores de 16 anos de idade. Parafraseando Jorge Luiz Souto Maior, embora a configuração da relação de trabalho preserve vários valores consagrados constitucionalmente, "não se pode negar que o direito à proteção da infância sobrepõe-se a todos os demais"[853].

O trabalho autônomo, para efeito do Fundo Social em análise, deverá ter objeto lícito, ou seja, não poderá decorrer de atividade ilegal (ilícito criminal, como o tráfico de drogas). De qualquer sorte, "a relevância do bem jurídico tutelado, para negar validade à relação de emprego [no caso, de trabalho], não pode ser apenas de natureza contravencional."[854]

Sem prejuízo das ressalvas expostas, caso o labor proibido ou ilícito ocorra ainda assim, caberá ao Judiciário Trabalhista dirimir a questão, definindo o direito aplicável e a reparação devida, como já acontece nas demandas referentes às relações de emprego. Superando meandros preconceituosos porventura existentes e/ou condenados pela moral (como ocorre no "jogo do bicho" e na prostituição), deverá prevalecer a boa-fé do trabalhador e, quando possível, os reflexos aceitáveis do exercício de sua atividade laboral na sociedade.

Quanto à inscrição do dependente, deverá ser feita, de preferência, junto à do titular. Ainda assim, quando necessário, como destaca Sérgio Pinto Martins ao tratar da Previdência Oficial, incumbirá também ao dependente promover sua inscrição como tal, quando do requerimento do saque de valores que porventura lhe sejam devidos.[855] Para provar sua condição, valerão as regras já existentes em nosso ordenamento jurídico, como veremos na sequência.

6.7. Regime de Financiamento

O custeio do Fundo Social do Trabalhador Autônomo dependerá de receitas provenientes dos pagamentos efetuados pelo tomador de serviços ao autônomo. Para o bom desempenho do sistema, cumpre definir o regime de financiamento a ser utilizado, ou seja, se de repartição ou de capitalização de recursos.

A previdência oficial, em nosso país, adota o regime de repartição, no qual o financiamento das prestações e das despesas operacionais é feito por contribuições

---

(852) SÜSSEKIND, Arnaldo; MARANHÃO, Délio; VIANNA, Segadas. *Instituições de direito do trabalho*. 14. ed. São Paulo: LTr, 1993. p. 593.
(853) *Curso de direito do trabalho* — a relação de emprego. São Paulo: LTr, 2008. v. II, p. 71.
(854) MAIOR, Jorge Luiz Souto. *Curso de direito do trabalho* — a relação de emprego. São Paulo: LTr, 2008, v. II, p. 75.
(855) *Direito da seguridade social. Direito da seguridade social. Custeio da seguridade social* — Benefícios — Acidente do trabalho — Assistência social — Saúde. 32. ed. São Paulo: Atlas, 2012. p. 306.

sociais ou impostos, sem que haja vinculação dos aportes financeiros vertidos no sistema com os benefícios futuros usufruídos pelo indivíduo. "Em outros termos, os segurados não vertem contribuições para sustentar o seu benefício no futuro, e sim para dividir os custos de pagamento dos benefícios em manutenção."[856] Como se confrontam despesas com receitas correntes, há transferência intergeracional de recursos, dentro da coletividade, revelando os alicerces de uma espécie de solidariedade social[857], como salienta Wladimir Novaes Martinez:

> O princípio da solidariedade social significa a contribuição pecuniária de uns em favor de outros beneficiários, no espaço e no tempo, conforme a capacidade contributiva dos diferentes níveis de clientela de protegidos de oferecerem e a necessidade de receberem.[858]

O sistema previdenciário pátrio tem sofrido grande abalo com o envelhecimento gradativo da população e a elevação da expectativa de vida do brasileiro. Significa dizer que as pessoas estão vivendo mais e, por consequência, recebendo benefícios previdenciários por mais tempo do que o calculado na época de ingresso e filiação ao respectivo regime. As receitas contributivas, desse modo, não estão sendo suficientes para custear as despesas geradas por tais beneficiários. Não se fala apenas na aposentadoria, mas também nos gastos com saúde e com programas assistenciais, que objetivam permitir ao carente o acesso à cidadania.

Outro problema que agrava o noticiado déficit previdenciário reside na adoção do caixa único do governo federal. Os recursos angariados pelas contribuições previdenciárias podem ser realocados para outros segmentos da Seguridade Social e também para outros órgãos estatais, gerando o então inevitável desequilíbrio entre despesas e receitas. Na dinâmica do sistema de repartição, como salientam Carlos Alberto Pereira de Castro e João Batista Lazzari, "as contribuições sociais vertem para um fundo único, do qual saem os recursos para a concessão de benefícios a qualquer beneficiário que atenda aos requisitos previstos na norma previdenciária"[859]. Em contrapartida, é certo que a Assistência Social e a Saúde não possuem fontes de receitas próprias, necessitando de recursos advindos de outros setores, para que se viabilize qualquer prestação estatal nos respectivos segmentos. Sobre esse panorama e as alternativas procuradas para solucionar tal disparidade, comenta Fábio Zambitte Ibrahim:

> Este regime tem sido criticado por ser extremamente influenciado pelo envelhecimento da população, pois, à medida que se observa a inversão da pirâmide etária, um maior número de idosos irá depender de um menor número de jovens para manutenção de seus benefícios. Tal sistema é também muito influenciado pelas taxas de natalidade de um país, e pela expectativa de vida de seus componentes. A correção costuma ser feita com incentivo

---

(856) FORTES, Simone Barbisan; PAULSEN, Leandro. *Direito da seguridade social. Prestações e custeio da previdência, assistência e saúde*. Porto Algre: Livraria do Advogado, 2005. p. 39.
(857) Cf. FORTES, Simone Barbisan; PAULSEN, Leandro. *Op. cit.*
(858) *Princípios de direito previdenciário*. 4. ed. São Paulo: LTr, 2001. p. 90.
(859) *Manual de direito previdenciário*. 15. ed. Rio de Janeiro: Forense, 2013. p. 32.

ao aumento da natalidade e modificações nos requisitos para obtenção de benefícios, como o aumento do limite de idade ou a redução dos valores pagos.[860]

Diante desse quadro de difícil sustentabilidade, imaginar o Fundo Social do Trabalhador Autônomo sobre as mesmas bases seria um grande equívoco. Para evitar as distorções noticiadas, as receitas oriundas do regime em estudo serão pagas diretamente ao autônomo depositante ou destinadas a uma espécie de conta-poupança individualizada, para que somente o trabalhador tome posse dos benefícios trabalhistas ora estipulados e conquistados com seu próprio labor.

Impõe-se, como contrapartida, um regime de capitalização[861], para "custear despesas correntes, mas também para a formação de fundos de aplicação, capitalizando os valores"[862]. A preservação do poder aquisitivo dos valores depositados é indispensável para atingir os fins colimados, mas sem que haja a mescla do dinheiro angariado pelos trabalhadores ou o desvio de receitas para outros fins, que não a efetivação de direitos trabalhistas de cada autônomos inscrito no sistema e individualmente considerado.

Sem prejuízo das parcelas rescisórias porventura devidas, cada autônomo possuirá uma poupança pessoal, na qual serão revertidos os aportes contributivos, "de modo que o valor do seu futuro benefício terá, necessariamente, relação com os valores que, capitalizados, houver computado em sua conta"[863]. Dessa maneira, as receitas de um trabalhador não se misturarão com as de outro, nem servirão para custear benefícios alheios. A respeito desse método, salienta Fábio Zambitte Ibrahim:

> Neste sistema, os benefícios são pagos de acordo com as contribuições individuais de cada segurado, as quais são separadas por contas nominais, algo similar a uma poupança. Não existe preestabelecimento do valor a ser pago ao segurado: isto irá depender das cotizações realizadas e da rentabilidade obtida durante os anos. Por isso, o referido método é normalmente vinculado a um regime de capitalização, pois a contribuição do assistido é individualizada.[864]

Dentro do regime de capitalização, o Estado atuará como administrador e fiscalizador do sistema, pelo notório interesse social existente, mas não terá acesso a tais recursos, até porque condizem com direitos individuais trabalhistas, promotores do direito social ao trabalho. Não obstante o caráter personalíssimo, a redistribuição de renda promovida pelo Fundo Social do Trabalhador Autônomo dará melhores

---

(860) *Curso de direito previdenciário.* 17. ed. Rio de Janeiro: Impetus, 2012. p. 41.

(861) "No regime de capitalização, os recursos arrecadados com contribuições são investidos pelos administradores do fundo, tendo em vista o atendimento das prestações devidas aos segurados futuramente, ou seja, os valores pagos no futuro variarão de acordo com as taxas de juros obtidas e a partir das opções de investimento dos administradores." (IBRAHIM, Fábio Zambitte. *Curso de direito previdenciário.* 17. ed. Rio de Janeiro: Impetus, 2012. p. 41)

(862) FORTES, Simone Barbisan; PAULSEN, Leandro. *Direito da seguridade social. Prestações e custeio da previdência, assistência e sáude.* Porto Algre: Livraria do Advogado, 2005. p. 40.

(863) FORTES, Simone Barbisan; PAULSEN, Leandro. *Op. cit.*, p. 40.

(864) *Curso de direito previdenciário.* 17. ed. Rio de Janeiro: Impetus, 2012. p. 42.

condições para tais indivíduos financiarem outros sistemas solidários de proteção, como o previdenciário, além de renovar o fluxo de consumo almejado pelo capitalismo.

6.8. Conta Vinculada

Diante da necessidade de abertura de uma conta-poupança, para que haja o recolhimento das contribuições, o autônomo utilizará o seu número de inscrição no Cadastro Nacional de Trabalhadores Autônomos. A operação bancária deverá caracterizar-se pela isenção de despesas administrativas, as quais serão suportadas pelo Estado, da mesma maneira que ocorre com as transações atinentes aos depósitos do FGTS.

A opção por instituição bancária integrante da Administração Pública indireta, como a Caixa Econômica Federal, busca reduzir os custos administrativos, padronizar rotinas e facilitar a fiscalização do regime proposto pelo Estado. Independente do gerenciamento estatal, os trabalhadores serão os titulares das contas vinculadas e beneficiários diretos dos valores nelas depositados. Alertamos que apenas as receitas originárias de penalidades porventura impostas reverterão em favor da União.

Tal como ocorre no sistema do FGTS, não se trata de um contrato comum de abertura de conta corrente, "pois, inexiste *in casu* o concurso de vontades. A conta vinculada é aberta por determinação de lei"[865]. Eduardo Gabriel Saad ratifica essa distinção:

> [...] a conta vinculada é um depósito bancário que tem por objeto importâncias determinadas na Lei que comentamos e com um rendimento igualmente por ela previsto. Esse depósito não deriva de um contrato, mas resulta de disposição expressa da lei.[866]

No mesmo sentido, reforça Sergio Pinto Martins:

> A natureza da abertura de conta na Caixa Econômica Federal não é a de um contrato de abertura de conta-corrente, pois não há acorde de vontades nesse sentido, mas determinação de lei para a sua abertura. Da mesma forma, a conta não pode ser movimentada a bel-prazer de seu titular, como ocorre numa conta-corrente privada, mas de acordo com as hipóteses contidas na lei.[867]

A obrigatoriedade do sistema impõe a criação de conta vinculada pessoal de cada trabalhador, o que confere características diversas de um contrato bancário corriqueiro. Por impositivo legal, os valores creditados, ao menos em regra, serão destinados a seus titulares, e não para o Estado, até porque retratam forma de contraprestação do labor despendido em proveito de terceiros.

---

(865) SAAD, Eduardo Gabriel. *Comentários à Lei do Fundo de Garantia do Tempo de Serviço*. 3. ed. São Paulo: LTr, 1995. p. 99.
(866) *Ibidem*, p. 100.
(867) *Manual do FGTS*. 4. ed. São Paulo: Atlas, 2010. p. 108.

6.9. Natureza Jurídica

O Fundo Social do Trabalhador Autônomo será composto, em parte, por recolhimentos pecuniários mensais, efetivados em conta bancária vinculada em nome do trabalhador, em conformidade com o parâmetro de cálculo estipulado legalmente.[868] Ao falar sobre o FGTS, João de Lima Teixeira Filho, por sua vez, sustenta:

> [...] é um crédito trabalhista, resultante de poupança forçada do trabalhador, concebido para socorrê-lo em situações excepcionais durante a vigência do vínculo de emprego ou na cessão deste, de forma instantânea ou futura, conforme a causa determinante da cessão contratual.[869]

Em adendo à contribuição mensal, dependendo da natureza do contrato e do motivo de término da relação, pelos mesmos fundamentos constitucionais, haverá o pagamento obrigatório de parcelas rescisórias adicionais ao autônomo. Serão adimplidas, assim, diretamente pelo contratante ao trabalhador, quando o tomador dos serviços assumir a iniciativa no rompimento imotivado de um contrato a prazo indeterminado. Em ambos os casos, trata-se de um crédito iminentemente trabalhista do qual resulta uma poupança forçada do trabalhador, que objetiva contraprestar o trabalho autônomo pelo serviço realizado em favor de outrem, em atenção aos arts. 6º e 7º, da Constituição Federal.

Valendo-se da lição de Mauricio Godinho Delgado ao tratar do FGTS como *Fundo Social com Destinação Variada*[870], existe uma relação de trabalho, que vincula autônomo e seu tomador de serviços, pela qual este é obrigado a efetuar o pagamento mensal da contribuição ao Fundo Social do Trabalhador Autônomo e, dependendo das circunstâncias, também do acréscimo pecuniário da rescisão. O autônomo desponta, nessa relação, como credor das parcelas em comento, sem prejuízo da operação do Estado como gestor dos valores depositados na conta do trabalhador.

6.9.1. Indenização

Em atenção ao disposto nos art. 927[871] e 944[872], do Código Civil, a indenização é medida da extensão de um dano causado à vítima decorrente de ato ilícito[873], como se extrai da lição de Paulo de Tarso Sanseverino:

> Os modos de reparação dos prejuízos ligam-se à função primordial da responsabilidade civil, que é restabelecer o equilíbrio social rompido com o

---

(868) DELGADO, Maurício Godinho. *Curso de direito do trabalho.* 12 ed. São Paulo: LTr, 2013. p. 1308.

(869) SÜSSEKIND, Arnaldo; MARANHÃO, Délio; VIANNA, Segadas. *Instituições de direito do trabalho.* 14. ed. São Paulo: LTr, 1993. p. 594.

(870) *Curso de direito do trabalho.* 12 ed. São Paulo: LTr, 2013. p. 1312-1314.

(871) "Art. 927. Aquele que, por ato ilícito (arts. 186 e 187), causar dano a outrem, fica obrigado a repará-lo."

(872) "Art. 944. A indenização mede-se pela extensão do dano."

(873) Código Civil, art. 186: "Aquele que, por ação ou omissão voluntária, negligência ou imprudência, violar direito e causar dano a outrem, ainda que exclusivamente moral, comete ato ilícito."

dano, devendo-se tentar, na medida do possível, recolocar o prejudicado, ainda que de forma apenas aproximativa, na situação em que se encontraria caso o ato danoso não houvesse acontecido.[874]

No que se refere às parcelas do Fundo Social do Trabalhador Autônomo, porém, não se está diante de sanção por ato ilícito, nem de responsabilidade do tomador de serviços por violação de um direito do autônomo, que lhe tenha causado prejuízo ou algum malefício. Como destaca Eduardo Gabriel Saad, ao efetuar o depósito mensal na conta vinculada do autônomo, o contrato de trabalho está em plena vigência e, ao menos em tese, nenhuma ilicitude é imputada ao tomador de serviços, nem mesmo quando decide dar por encerrado o contrato até então estabelecido. Não existe, assim, qualquer proibição legal expressa referente a tal tipo de contratação, de modo a ensejar uma indenização punitiva ou compensatória do trabalhador.[875] A respeito do assunto, reportamo-nos aos comentários de Sérgio Pinto Martins sobre o FGTS, mas que também são aplicáveis ao estudo em foco:

> Não é o caso de indenização por dano, pois não se tem por objetivo com o FGTS [na hipótese, Fundo Social do Trabalhador Autônomo] a reposição do patrimônio do indivíduo em razão de certa conduta indevida ou ilícita de outrem ou de um ato de responsabilidade que seria do empregador [na hipótese, tomador dos serviços]. Da mesma forma, não se trata da violação de um direito do empregado [trabalhador autônomo], [...][876]

Independente de semelhança com o regime do FGTS, o qual também serviu de substitutivo das indenizações de antiguidade devidas ao empregado[877], conforme disciplina constitucional (Constituição Federal, art. 7º, III), não se justifica, sob qualquer aspecto, a natureza jurídica prevalente de indenização, no que tange às parcelas estabelecidas no Fundo Social do Trabalhador Autônomo. Afinal, não existe ilicitude ensejadora de reparação, mas tão-somente o adimplemento de direitos trabalhistas ao prestador de serviços.

---

(874) *Princípio da reparação integral. Indenização no Código Civil*. São Paulo: Saraiva, 2010. p. 34.

(875) SAAD, Eduardo Gabriel. *Comentários à Lei do Fundo de Garantia do Tempo de Serviço*. 3. ed. São Paulo: LTr, 1995. p. 280.

(876) *Manual do FGTS*. 4. ed. São Paulo: Atlas, 2010. p. 37.

(877) CLT, art. 478 — "A indenização devida pela rescisão de contrato por prazo indeterminado será de 1 (um) mês de remuneração por ano de serviço efetivo, ou por ano e fração igual ou superior a 6 (seis) meses. § 1º O primeiro ano de duração do contrato por prazo indeterminado é considerado como período de experiência, e, antes que se complete, nenhuma indenização será devida. § 2º Se o salário for pago por dia, o cálculo da indenização terá por base 25 (vinte e cinco) dias. § 3º Se pago por hora, a indenização apurar-se-á na base de 200 (duzentas) horas por mês. § 4º Para os empregados que trabalhem a comissão ou que tenham direito a percentagens, a indenização será calculada pela média das comissões ou percentagens percebidas nos últimos 12 (doze) meses de serviço. § 5º Para os empregados que trabalhem por tarefa ou serviço feito, a indenização será calculada na base média do tempo costumeiramente gasto pelo interessado para realização de seu serviço, calculando-se o valor do que seria feito durante 30 (trinta) dias." CLT, art. 479 — "Nos contratos que tenham termo estipulado, o empregador que, sem justa causa, despedir o empregado será obrigado a pagar-lhe, a título de indenização, e por metade, a remuneração a que teria direito até o termo do contrato. Parágrafo único — Para a execução do que dispõe o presente artigo, o cálculo da parte variável ou incerta dos salários será feito de acordo com o prescrito para o cálculo da indenização referente à rescisão dos contratos por prazo indeterminado."

A partir da regulamentação do direito social ao trabalho e dos direitos estabelecidos nos art. 7º da Constituição Federal para os trabalhadores por conta própria, o Fundo Social em comento servirá de instrumento para promover mais justiça na contraprestação dos serviços dos *independentes*.

6.9.2. Contribuição Previdenciária

Os valores vertidos ao Fundo Social do Trabalhador Autônomo não se confundem com as contribuições previdenciárias, pois não buscam apenas proteger o indivíduo dos efeitos provocados pelo desemprego, nem pela inatividade. Ainda que possam se destinar, em parte, à tutela ao desemprego involuntário e à garantia de subsistência do trabalhador por determinado período, objetivam garantir, ainda, descansos anuais, que sustentem a higidez física e mental do trabalhador, além da percepção de outros direitos já outorgados aos empregados, nos termos dos arts. 6º e 7º, da Constituição Federal.

Outro aspecto diferenciador é que essa poupança obrigatória, embora promova a melhoria das condições de vida do autônomo, não é prestação devida e paga pela sociedade em geral, pelos próprios trabalhadores, nem pelo Instituto Nacional do Seguro Social (INSS), mas tão-somente pelos tomadores dos serviços. Como não há um custeio compartilhado para financiamento do Fundo Social do Trabalhador Autônomo, não se trata de contribuição para instituição de segurança social, como se verifica no caso da previdenciária[878], o que inclusive confere contornos distintos de solidariedade no novo sistema proposto, como anteriormente analisado.

6.9.3. Obrigação Dualista

Ao argumentar sobre a natureza jurídica do FGTS, Jair Teixeira dos Reis aborda a Teoria da Obrigação Dualista, segundo a qual "as contribuições têm natureza fiscal e os depósitos levantados têm natureza de salário social"[879], isto é, devido pela sociedade em favor do empregado.

Cremos não ser a melhor definição sobre as receitas destinadas ao Fundo Social do Trabalhador Autônomo, na medida em que, embora preceitos de solidarismo sustentem sua existência, diante da necessária aceitação social do regime proposto, os valores são devidos apenas por aqueles que se beneficiam dos serviços autônomos, não sendo custeado irrestritamente por todos os membros da coletividade.

Além disso, as prestações trabalhistas não são indistintamente conferidas em proveito do total de autônomos do país, já que cada trabalhador receberá na exata medida do labor realizado aos seus clientes e dos valores vertidos na sua conta. Os recursos angariados não reverterão em favor do Estado, para realizar suas atividades, à exceção daqueles originários de penalidades impostas a infratores, o que, por sua vez, implicará a utilização parcial de preceitos de direito tributário.

---

(878) Cf. MARTINS, Sérgio Pinto. *Manual do FGTS*. 4. ed. São Paulo: Atlas, 2010. p. 33.
(879) *FGTS. Cálculo, recolhimento, parcelamento e fiscalização*. São Paulo: LTr, 2013. p. 33.

6.9.4. Tributo

De acordo com Sérgio Pinto Martins, obrigação tributária consistiria em uma prestação pecuniária compulsória paga ao ente público, com a finalidade de constituir um fundo econômico para custeio do serviço público. Para o insigne professor, poderíamos antever uma contribuição parafiscal, quando sustentasse encargos do Estado que não lhe seriam próprios, mas decorrentes de necessidades sociais da comunidade, ou melhor, qualquer exação fora das modalidades de imposto, taxa ou contribuição de melhoria.[880]

Parafraseando Carmen Camino quando examina o sistema do FGTS, "a teoria mais consistente inclina-se pela definição de tais contribuições como uma espécie de tributo paralelo ao arrecadado diretamente pelo Estado, com finalidade social e tendo como fato gerador o pagamento de salários".[881] Em complemento, para Jair Teixeira dos Reis, os depósitos poderiam ser enquadrados como um tributo paralelo ao arrecadado pelo Estado como receita orçamentária, em face dos seus fins sociais, tendo como fato gerador o pagamento do salário ao autônomo.[882] A respeito do assunto, destacamos, de início, o seguinte julgamento do Supremo Tribunal Federal:

> FUNDO DE GARANTIA POR TEMPO DE SERVIÇO. SUA NATUREZA JURÍDICA. CONSTITUIÇÃO, ART. 165, XIII. LEI N. 5.107, DE 13.9.1966. As contribuições para o FGTS não se caracterizam como crédito tributário ou contribuições a tributos equiparáveis. [...] Cuida-se de um direito do trabalhador. Dá-lhe o Estado a garantia desse pagamento. A contribuição pelo empregador, no caso, deflui do fato de ser ele o sujeito passivo da obrigação, de natureza trabalhista e social, que encontra, na regra constitucional aludida, sua fonte. A atuação do estado, ou de órgão da Administração Pública, em prol do recolhimento da contribuição, não implica torná-lo titular do direito à contribuição, mas, apenas, decorre do cumprimento, pelo Poder Público, de obrigação de fiscalizar e tutelar a garantia assegurada ao empregado optante pelo FGTS. Não exige o Estado, quando aciona o empregador, valores a serem recolhidos ao Erário, como receita pública. Não há, daí, contribuição de natureza fiscal ou parafiscal. Os depósitos do FGTS pressupõem vínculo jurídico, com disciplina no Direito do Trabalho. Não se aplica às contribuições do FGTS o disposto nos arts. 173 e 174, DO CTN. [...]"[883]

Segundo o art. 3º do Código Tributário Nacional (CTN), "tributo é toda prestação pecuniária compulsória, em moeda ou cujo valor nela se possa exprimir, que não constitua sanção de ato ilícito, instituída em lei e cobrada mediante atividade administrativa plenamente vinculada". Leandro Paulsen, assim, conceitua:

> Cuida-se de prestação em dinheiro exigida compulsoriamente pelos entes políticos de pessoas físicas ou jurídicas, com ou sem promessa de devolução, forte na ocorrência de situação estabelecida por lei que revele sua capacidade contributiva ou sua vinculação a atividade estatal que lhe diga respeito diretamente, com vista à obtenção de recursos para o financiamento geral do

---

(880) Cf. MARTINS, Sérgio Pinto. *Direito da seguridade social. Direito da seguridade social. Custeio da seguridade social* — Benefícios — Acidente do trabalho — Assistência social — Saúde. 32. ed. São Paulo: Atlas, 2012. p. 71-72.
(881) *Direito individual do trabalho*. 3. ed. Porto Alegre: Síntese, 2003. p. 620.
(882) *FGTS. Cálculo, recolhimento, parcelamento e fiscalização*. São Paulo: LTr, 2013. p. 32.
(883) BRASIL. STF. Órgão Julgador: Tribunal Pleno. RE 100249/SP. Relator para Acórdão: Min. Néri da Silveira. Julgamento: 02.12.1987. Publicação: DJ 1º.07.1988. P. 16903.

Estado ou para o financiamento de atividades ou fins específicos realizados e promovidos pelo próprio Estado ou por terceiros no interesse público.[884]

No mesmo sentido, Sacha Calmon Navarro Coêlho indica a essência jurídica do tributo:

> É ser prestação pecuniária compulsória em favor do Estado ou de pessoa por este indicada (parafiscalidade), que não constitua sanção de ato ilícito (não seja multa), instituída em lei (não decorrente de contrato). Intuitivo, também, porque a prestação pecuniária no caso do tributo não é feita para indenizar (recompor) nem para garantir (depósitos, fianças, cauções), admitindo cobrança administrativa.[885]

Conforme o art. 5º do Código Tributário Nacional, o tributo possui como espécies os impostos, as taxas e as contribuições de melhoria, os quais serão a seguir analisados.

Com relação aos impostos, de acordo com o art. 16 do Código Tributário Nacional, tem por fato gerador uma situação independente de qualquer atividade estatal específica, mas relativa ao contribuinte, ou seja, não vinculado a qualquer atividade do Estado. "Como decorrência, o montante devido terá de ser dimensionado, necessariamente, com referência a tais riquezas."[886] Além disso, em atenção ao disposto no art. 167, inciso IV, da Constituição Federal[887], o produto, via de regra, não pode ser previamente afetado a determinado órgão, fundo ou despesa. Em razão do exposto, como tem por finalidade atender necessidades gerais da coletividade, não pode ser devolvido a determinado particular, no caso, o trabalhador autônomo, o que afasta o enquadramento das receitas destinadas ao Fundo Social do Trabalhador Autônomo como imposto.[888]

Da mesma forma ocorre no comparativo com as taxas, conceituadas no art. 77 do Código Tributário Nacional, que têm como fato gerador o exercício regular do poder de polícia, ou a utilização, efetiva ou potencial, de serviço público específico e divisível, prestado ao contribuinte ou posto à sua disposição. Novamente, da análise do Fundo Social do Trabalhador Autônomo, verificamos não existir serviço específico e divisível prestado pelo Estado ou posto à disposição do contribuinte. Ademais, seria, no mínimo, forçoso identificar a hipótese de poder de polícia, o qual, nos dizeres de Maria Sylvia Zanella Di Pietro, "é a atividade do Estado consistente em limitar o exercício dos direitos individuais em benefício do interesse público"[889]. Sobre o mesmo tema, acrescenta Leandro Paulsen:

---

(884) *Curso de direito tributário completo*. 4. ed. Livraria do Advogado: Porto Alegre, 2012. p. 24-25.

(885) *Curso de direito tributário brasileiro*. 10. ed. Rio de Janeiro: Forense, 2009. p. 377.

(886) COÊLHO, Sacha Calmon Navarro. *Curso de direito tributário brasileiro*. 10. ed. Rio de Janeiro: Forense, 2009. p. 36.

(887) CF, art. 167. "São vedados: [...] IV — a vinculação de receita de impostos a órgão, fundo ou despesa, ressalvadas a repartição do produto da arrecadação dos impostos a que se referem os arts. 158 e 159, a destinação de recursos para as ações e serviços públicos de saúde, para manutenção e desenvolvimento do ensino e para realização de atividades da administração tributária, como determinado, respectivamente, pelos arts. 198, § 2º, 212 e 37, XXII, e a prestação de garantias às operações de crédito por antecipação de receita, previstas no art. 165, § 8º, bem como o disposto no § 4º deste artigo; [...]".

(888) Cf. MARTINS, Sérgio Pinto. *Manual do FGTS*. 4. ed. São Paulo: Atlas, 2010. p. 38-39.

(889) *Direito administrativo*. 24. ed. São Paulo: Atlas, 2011. p. 118.

O exercício do poder de polícia é realizado, e os serviços públicos são prestados porque são atividades do interesse público. Contudo, não há por que toda a sociedade participar do custeio de tais **atividades estatais** na mesma medida se são elas específicas, divisíveis e realizadas diretamente em face ou para determinado contribuinte que a provoca ou demanda. Daí a outorga de competência para a instituição de tributo que atribua o custeio de tais atividades específicas e divisíveis às pessoas às quais dizem respeito, conforme o custo individual do serviço que lhes foi prestado ou fiscalização a que foram submetidas, com inspiração na ideia de **justiça comutativa**.[890]

Por fim, também não é possível traçar qualquer paralelo com a contribuição de melhoria, regulada pelo art. 81 do Código Tributário Nacional, que é instituída para fazer face ao custo de obras públicas de que decorra valorização imobiliária, tendo como limite total a despesa realizada e como limite individual o acréscimo de valor que da obra resultar para cada imóvel beneficiado. No caso do Fundo Social do Trabalhador Autônomo, não existe, por óbvio, qualquer obra pública correspondente. Sobre a contribuição de melhoria, elucida Leandro Paulsen:

> Realizada obra pública que implique particular enriquecimento de determinados contribuintes, podem estes ser chamados ao seu custeio em função de tal situação peculiar que os distingue. Efetivamente, havendo benefício direto para algumas pessoas, é razoável que o seu custeio não se dê por toda a sociedade igualmente, mas, especialmente, por aqueles a quem a obra aproveite.[891]

Seguindo lição de João de Lima Teixeira Filho, entendemos, em princípio, que os depósitos para o Fundo Social do Trabalhador Autônomo não possuem natureza jurídica de contribuição fiscal, já que não são entregues diretamente ao Estado para aplicação em serviços públicos; nem parafiscal[892], posto que não são, igualmente, recursos aplicados por terceiros beneficiários em virtude de uma delegação do Estado.[893]

Somente a receita advinda de penalidades impostas pelo descumprimento das obrigações estabelecidas no novo sistema serão revertidas, diretamente, em favor do Estado. Como se isso não bastasse, o Fundo Social do Trabalhador Autônomo não

---

(890) *Curso de direito tributário completo.* 4. ed. Livraria do Advogado: Porto Alegre, 2012. p. 36.

(891) PAULSEN, Leandro. *Curso de direito tributário completo.* 4. ed. Livraria do Advogado: Porto Alegre, 2012. p. 38.

(892) "A parafiscalidade consistiria então em um mecanismo para garantir a destinação de determinados tributos não a entes públicos, mas a outras entidades (não territoriais) que atuassem em prol de determinada categoria, devendo esta cotizar em razão da especial vantagem obtida. É uma abordagem puramente financeira da cobrança. Tal ampliação da parafiscalidade teve como forte componente as novas demandas originárias do *welfare state*, trazendo como consequência novas exações à sociedade, estabelecendo sua vinculação e arrecadação direta pelas entidades interessadas — como que justificando socialmente a maior carga fiscal criada. Da mesma forma, era uma garantia aos participantes que os recursos arrecadados seriam efetivamente utilizados no fim previsto." (IBRAHIM, Fábio Zambitte. *Curso de direito previdenciário.* 17. ed. Rio de Janeiro: Impetus, 2012. p. 133)

(893) SÜSSEKIND, Arnaldo; MARANHÃO, Délio; VIANNA, Segadas. *Instituições de direito do trabalho.* 14. ed. São Paulo: LTr, 1993. p. 607.

tem por fato gerador a atuação do Estado, nem se liga a ações que são expoentes presumíveis de capacidade contributiva[894], decorrendo, pura e simplesmente, da prestação de serviços em favor de terceiros, como forma de pagamento pelo labor executado. Cuida-se, portanto, de um direito do trabalhador distinto de um crédito tributário ou a ele equiparável.

6.9.5. Contribuição (Constituição Federal, art. 149)

Quando se fala no FGTS, tem-se sustentado o enquadramento na regra do art. 149 da Constituição Federal[895]. "É, portanto, um instrumento utilizado pelo governo, por meio da instituição do referido tributo, para implementação da política habitacional."[896] Sobre a matéria, esclarece Sérgio Pinto Martins:

> Vem a ser, assim, a contribuição do FGTS uma contribuição social de intervenção no domínio econômico, cobrada com fundamento no art. 149 da Constituição, "como instrumento de sua atuação nas respectivas áreas", em que o Estado, com seu poder fiscal, interfere na relação dos particulares, estabelecendo uma contribuição em benefício do empregado, mas que também ajuda a financiar o Sistema Financeiro de Habitação.[897]

No caso do Fundo Social do Trabalhador Autônomo, reforçamos, porém, que não existe uma atividade estatal direcionada para o interesse geral da sociedade, referente à espécie de serviço público, mas o interesse individual latente do trabalhador autônomo em ter o devido adimplemento pela utilização de sua força de trabalho em benefício de outrem. Para melhor análise da questão, reportamo-nos à exposição de Leandro Paulsen:

> Há situações em que o Estado atua relativamente a um determinado grupo de contribuintes. Não se trata de ações gerais, a serem custeadas por impostos, tampouco específicas e divisíveis, a serem custeadas por taxa, mas de ações voltadas a **finalidades específicas** que se referem a determinados **grupo de contribuintes**, de modo que se busca, destes, o seu custeio através de tributo que se denomina de contribuições. Não pressupondo nenhuma atividade direta, específica e divisível, as contribuições não são dimensionadas

---

(894) Sobre o tema, vale a lição de Sacha Calmon Navarro Coêlho: "Uns tributos possuem fatos geradores que são atuações do Estado (tributos vinculados e atuações estatais). A base de cálculo expressa atuação estatal. Outros tributos possuem fatos geradores que são manifestações do contribuinte (ter renda, ter gastos, ter propriedades, ter investimentos etc.). Estes tributos não são vinculados a ações estatais, e, porque se ligam a fatos que são signos presuntivos de capacidade contributiva, as bases de cálculo deles medem a materialidade do fato gerador." (*Curso de direito tributário brasileiro*. 10. ed. Rio de Janeiro: Forense, 2009. p. 405)

(895) Constituição Federal, art. 149: "Compete exclusivamente à União instituir contribuições sociais, de intervenção no domínio econômico e de interesse das categorias profissionais ou econômicas, como instrumento de sua atuação nas respectivas áreas, observado o disposto nos arts. 146, III, e 150, I e III, e sem prejuízo do previsto no art. 195, § 6º, relativamente às contribuições a que alude o dispositivo."

(896) MARTINS, Sérgio Pinto. *Manual do FGTS*. 4. ed. São Paulo: Atlas, 2010. p. 53-54.

(897) *Ibidem*, p. 55.

por critérios comutativos, mas por **critérios distributivos**, podendo variar conforme a capacidade contributiva de cada um.[898]

Para melhor compreender a matéria, sem adentrar na análise da inserção ou não das contribuições sociais como espécie de tributo, o art. 149 da Constituição Federal define quatro subespécies de contribuições das quais nos interessam apenas três: sociais, de intervenção no domínio econômico e de interesse das categorias profissionais ou econômicas. Descarta-se a quarta, de início, visto que atinente à iluminação pública e por completa incompatibilidade com o sistema em análise.

Quanto às sociais, seguindo a lição de Leandro Paulsen[899], a validade da contribuição dependerá da finalidade buscada que, necessariamente, terá de encontrar previsão no Título atinente à Ordem Social (Constituição Federal, arts. 193-232), quais sejam: seguridade social (saúde, previdência social e assistência social); educação, cultura e desporto; ciência e tecnologia; comunicação social; meio ambiente; família, criança, adolescente e idoso; índios. Com referência ao Fundo Social do Trabalhador Autônomo, poderíamos apenas admitir sua inclusão genérica nas finalidades elencadas pelo Texto Constitucional, o que, mesmo assim, seria insuficiente para tal enquadramento.

Com relação às de intervenção no domínio econômico, correspondem ao âmbito de atuação dos agentes econômicos, para corrigir distorções ou promover objetivos, influindo na atuação da iniciativa privada, em determinado segmento da atividade econômica.[900] O Fundo Social do Trabalhador Autônomo, porém, não visa corrigir falhas do mercado, mas tem por objetivo a efetivação de direitos trabalhistas aos profissionais por conta própria e a garantia de uma melhor contraprestação. Aliás, sequer é possível especificar um segmento específico de atividades, posto que o labor autônomo pode ser encontrado nos mais diversos segmentos da economia, o que tornaria por demais vaga a inserção do Fundo Social do Trabalhador Autônomo como espécie dessa contribuição.

Por fim, quanto ao interesse das categorias profissionais ou econômicas, também não enquadram as receitas do Fundo Social do Trabalhador Autônomo, já que dizem respeito a um direito individual de cada trabalhador. Não abarca, ao menos de forma direta, interesse coletivo da categoria, até porque, como dito anteriormente, não configura atividade laboral de um setor específico. Sem dúvida alguma, consiste no pagamento do labor realizado em diferentes setores da economia.

6.9.6. Salário Diferido

O Fundo Social do Trabalhador Autônomo constitui-se em espécie de salário (diferido), pago e depositado, quando assim for exigido, em uma conta vinculada, para utilização futura pelo trabalhador. "A contribuição seria, assim, uma espécie de salário diferido, porque o benefício resultante não seria pago imediatamente ao

---

(898) *Curso de direito tributário completo*. 4. ed. Livraria do Advogado: Porto Alegre, 2012. p. 40.
(899) *Ibidem*, p. 44.
(900) PAULSEN, Leandro. *Op. cit.*, p. 44-45.

trabalhador."[901] Nesse aspecto, mais uma vez, estamos falando apenas do percentual mensal incidente sobre o valor do serviço, já que os acréscimos rescisórios são, quando devidos, pagos diretamente pelo cliente ao autônomo.

Mesmo no caso das contribuições mensais, representa evidente forma de contraprestação de serviços, razão pela qual os valores a ele atinentes sempre serão destinados ao trabalhador, sem a possibilidade de retenção por terceiro ou pelo Estado, como ocorre, por exemplo, no caso da impossibilidade do saque do FGTS, em hipótese de justa causa praticada pelo obreiro ensejadora do término da relação contratual. Ademais, ressalvadas as receitas de penalidades, não haverá a vinculação com programas ou serviços estatais.

Como destaca Sérgio Pinto Martins[902], por visar à formação de um somatório de recursos que, futuramente, irá prover a subsistência do trabalhador, trata-se de um salário adquirido no presente que será utilizado no futuro, uma poupança diferida, uma forma de pecúlio para o autônomo, que possibilita o direito a prestações e ao saque dos depósitos, em determinadas circunstâncias. Seguindo crítica proposta pelo mesmo autor ao opinar sobre as contribuições previdenciárias, inexistiria ajuste de vontades quanto ao pagamento do Fundo Social do Trabalhador Autônomo, visto que sua incidência estará prevista em lei.[903]

Pelos motivos antes expostos, cremos que, apesar da denominação porventura utilizada de contribuição, o Fundo Social do Trabalhador Autônomo estabelece espécie de salário diferido do trabalhador. Não obstante o interesse público subjacente de regular as relações de trabalho, outorgando um mínimo de garantias ao labor por conta própria, entendemos que prevalece o interesse individual de cada trabalhador, direcionando-se, assim, a determinada parcela da sociedade.

6.10. Prestações Trabalhistas

Segundo José Pastore, ao indicar a enorme complexidade e o gigantesco peso das despesas trabalhistas para a contratação formal, as empresas pagam um acréscimo de 103,46%[904] do salário adimplido ao empregado, para custeio de: obrigações sociais (Previdência Social, FGTS, dentre outros impostos e contribuições = subtotal de 36,30%), tempo não trabalhado (repousos, feriados, férias com 1/3, aviso-prévio, décimo-terceiro salário, além de outras parcelas = subtotal de 52,35%) e incidências cumulativas (subtotal de 14,81%).[905]

---

(901) MARTINS, Sérgio Pinto. *Direito da seguridade social. Direito da seguridade social. Custeio da seguridade social* — Benefícios — Acidente do trabalho — Assistência social — Saúde. 32. ed. São Paulo: Atlas, 2012. p. 69.

(902) *Manual do FGTS*. 4. ed. São Paulo: Atlas, 2010. p. 31.

(903) MARTINS, Sérgio Pinto. *Direito da seguridade social. Direito da seguridade social. Custeio da seguridade social* — Benefícios — Acidente do trabalho — Assistência social — Saúde. 32. ed. São Paulo: Atlas, 2012. p. 69.

(904) Este índice tem sofrido alterações, desde então, decorrentes de mudanças da legislação tributária, que inclusive majoraram os encargos de empresas que não se enquadram no perfil beneficiado pela desoneração tributária trazida a partir da Lei Complementar n. 123/06.

(905) *As mudanças no mundo do trabalho*. São Paulo: LTr, 2006. p. 80.

Com relação ao Fundo Social do Trabalhador Autônomo, tomaríamos por base verbas que representam, aproximadamente, acréscimo mensal ao empregador de 27,40%, conforme a seguir discriminadas: a) Fundo de Garantia por Tempo de Serviço (FGTS) — 8%; b) gratificação natalina — 8,3%; e c) férias acrescidas de 1/3 — 11,1%.

Diante das notórias dificuldades em se chegar a uma conta exata, pensamos no percentual de 30% incidente sobre o preço do serviço autônomo realizado, dentro do limite temporal de um mês de referência, que será adimplido pelo tomador de serviços, a título de contribuição ao Fundo Social do Trabalhador Autônomo. Busca-se, nessa medida, ao menos, uma sensação de equivalência econômica com os valores adimplidos nas relações de emprego formais.[906] Ressalva-se, outrossim, a possibilidade (e talvez necessidade) de realizar alguns ajustes no tocante a tributos hoje incidentes sobre o trabalho autônomo, até mesmo como medida compensatória e incentivadora do regime ora proposto.

Nos contratos a prazo indeterminado, quando imotivadamente rescindido pelo contratante, acrescentaríamos o aviso-prévio e uma indenização rescisória compensatória, que compreenderia, nas devidas proporções, ao aviso-prévio e ao acréscimo de 40% do FGTS (hoje satisfeitos aos empregados despedidos sem justa causa). Para tanto, obteríamos o valor devido da seguinte forma: a) aviso-prévio — equivalente à média mensal dos valores pagos pelo contratante ao contratado, limitada aos últimos doze meses de vigência do contrato; b) acréscimo rescisório — no valor de 10% sobre o montante pago, mensalmente, durante todo o período de vigência do contrato.

A título de esclarecimento, destacamos que, nos contratos de emprego, os depósitos mensais do FGTS são feitos à razão de 8% incidente sobre o montante das parcelas remuneratórias recebidas do empregador. Sendo assim, como o percentual da contribuição mensal é elevado para 30% no Fundo Social proposto, justifica-se a redução do acréscimo rescisório para 10% daquilo que foi pago, na vigência do pacto laboral, o que aproxima os valores adimplidos em ambas as situações.[907]

Ressaltamos que os contribuintes de adesão voluntária não farão jus às parcelas rescisórias estabelecidas no sistema, pois, nessa hipótese, não há desemprego involuntário. O autônomo preserva sua condição de sócio ou proprietário, confundindo-se, em quaisquer das hipóteses, as qualidades de credor e de devedor (às vezes, único, como nas empresas individuais) no mesmo trabalhador[908].

---

(906) Atualmente, esse é o percentual também utilizado para o cálculo do adicional de periculosidade, calculado sobre o salário básico do empregado, conforme disciplina prevista no art. 193, § 1º, da CLT. Sobre o tema, destaca-se, ainda, a aprovação pelo Plenário do Senado, no dia 28.05.2014, a alteração da CLT, para fixar o pagamento de adicional de periculosidade para motoboys e outros profissionais que utilizam a motocicleta no trabalho, seguindo o projeto de lei para sanção presidencial (Disponível em: <http://www12.senado.gov.br/noticias/materias/2014/05/28/senado-aprova-adicional-de-periculosidade-para-motoboys>. Acesso em: 5 jun. 2014).

(907) Exemplificamos a situação no caso de um trabalhador, que receba R$ 1.000,00 mensais e que teve seu contrato rescindido, imotivadamente, pelo seu tomador de serviços, ao final do 12º mês de vigência: se empregado, receberia um acréscimo de 40% do FGTS de, aproximadamente, R$ 384,00; se autônomo, receberá um acréscimo rescisório em torno de R$ 360,00.

(908) CC, art. 381. "Extingue-se a obrigação, desde que na mesma pessoa se confundam as qualidades de credor e devedor."

Em síntese, o Fundo Social do Trabalhador Autônomo compreenderá os seguintes valores a serem adimplidos pelos contratantes de serviços prestados por profissionais autônomos: 1) contribuição de 30% incidente sobre o preço do serviço autônomo realizado no mês; 2) na ruptura imotivada dos contratos a prazo indeterminado, ressalvados os contribuintes voluntários: 2.1) aviso-prévio equivalente à média dos valores pagos pelo contratante ao contratado, limitada aos últimos doze meses de vigência do contrato); 2.2) acréscimo rescisório de 10% do montante pago, mensalmente, durante todo o período de vigência do contrato.

Sobre o procedimento a ser utilizado, lembramos que, na hipótese do FGTS, "os saques só podem ocorrer desde que verificada uma dentre as situações previstas pela lei, algumas durante o curso da relação de emprego, outras por ocasião da sua extinção por dispensa sem justa causa ou aposentadoria".[909] No Fundo Social do Trabalhador Autônomo, as verbas decorrentes do rompimento imotivado do contrato pelo tomador de serviços serão adimplidas pelo cliente diretamente ao autônomo, por ocasião do último pagamento. De resto, haverá apenas o gerenciamento da contribuição mensal propriamente dita, para efeito da gratificação natalina e do descanso anual remunerado.

Na primeira hipótese (gratificação natalina), no mês de dezembro do ano respectivo, o autônomo poderá sacar 50% do total depositado naquele exercício, à semelhança do que ocorre com o décimo terceiro salário dos empregados, na forma regulada pelas Leis ns. 4.090/62[910] e 4.749/65.[911] Os outros 50% poderão ser sacados, no exercício posterior, a requerimento do trabalhador junto à instituição bancária gestora, a qualquer tempo, mas em uma única ocasião, por oportunidade do gozo de férias pelo autônomo, observando-se o interstício de doze meses de trabalho contados da inscrição (aplicação, por analogia, dos arts. 129, 130 e 134, da CLT[912]). Para cálculo dos benefícios, seguiremos a lógica previdenciária, pela qual será apurada a média aritmética de certo número de contribuições, devidamente atualizadas, para se chegar a montante devido em cada um dos saques permitidos pela lei.

No direito previdenciário, "a carência é o período mínimo de contribuições, indicado em lei, para que o beneficiário tenha direito ao benefício previdenciário".[913] "É instituto

---

(909) NASCIMENTO, Amauri Mascaro. *Curso de direito do trabalho*. 25. ed. São Paulo: Saraiva, 2010. p. 847.

(910) Lei n. 4.092/62: Art. 1º "No mês de dezembro de cada ano, a todo empregado será paga, pelo empregador, uma gratificação salarial, independentemente da remuneração a que fizer jus."

(911) Lei n. 4.749/65: Art. 1º "A gratificação salarial instituída pela Lei n. 4.090, de 13 de julho de 1962, será paga pelo empregador até o dia 20 de dezembro de cada ano, compensada a importância que, a título de adiantamento, o empregado houver recebido na forma do artigo seguinte. Art. 2º Entre os meses de fevereiro e novembro de cada ano, o empregador pagará, como adiantamento da gratificação referida no artigo precedente, de uma só vez, metade do salário recebido pelo respectivo empregado no mês anterior."

(912) CLT, art. 129 — "Todo empregado terá direito anualmente ao gozo de um período de férias, sem prejuízo da remuneração." CLT, art. 130 — "Após cada período de 12 (doze) meses de vigência do contrato de trabalho, o empregado terá direito a férias, na seguinte proporção: [...]." CLT, art. 134 — "As férias serão concedidas por ato do empregador, em um só período, nos 12 (doze) meses subsequentes à data em que o empregado tiver adquirido o direito."

(913) CORREIA, Marcus Orione Gonçalves; CORREIA, Érica Paula Barcha. *Curso de direito da seguridade social*. 7. ed. São Paulo: Saraiva, 2013. p. 249.

típico do contrato de seguro, em que se exige tempo ou número de pagamentos para fazer jus ao benefício."[914] No Fundo Social do Trabalhador Autônomo, no entanto, não se trata de uma espécie de carência, mas, em verdade, de um tempo de contribuição, para aquisição e gozo dos benefícios, ou melhor, do exercício do direito ao saque dos valores depositados. Na hipótese de falecimento do titular do direito, aliás, nada obstará o saque imediato das contribuições existentes em sua conta vinculada pelos sucessores legais.

6.11. Base de Cálculo

A base de cálculo das prestações trabalhistas previstas no Fundo será o que o preço do serviço[915] ou, quando em prestações periódicas, o somatório dos valores pagos, por mês, pelo mesmo tomador de serviços (cliente) ao trabalhador autônomo. Consiste, assim, na importância correspondente à remuneração total paga naquela competência pelo tomador dos serviços.

Com relação aos sócios, acionistas administradores ou proprietários de empresas, cuja adesão dependerá de ato voluntário, tomaremos por base as retiradas mensais ou o montante fixado como remuneração dos administradores, na assembleia geral de acionistas[916] ou no contrato social da empresa (como definido no art. 15, § 4º, da Lei n. 8.036/90[917] para os diretores não empregados).

A base de cálculo da contribuição devida pelo tomador de serviços não se confunde com a obrigação de o trabalhador autônomo recolher, à sua conta vinculada, de uma só vez, todos os valores recebidos por seus tomadores de serviços, a título de contribuição ao Fundo Social do Trabalhador Autônomo, no mês imediatamente anterior. Por analogia às disposições contidas no art. 28 da Lei n. 8.212/91, para o trabalhador autônomo valerá, no ato de depósito, a remuneração total auferida por um ou mais clientes, em razão do exercício de sua atividade por conta própria, durante o mês imediatamente anterior.

---

(914) MARTINS, Sérgio Pinto. *Direito da seguridade social. Direito da seguridade social. Custeio da seguridade social* — Benefícios — Acidente do trabalho — Assistência social — Saúde. 32. ed. São Paulo: Atlas, 2012. p. 20.

(915) A Lei Complementar n. 116/2003, que dispõe sobre o Imposto Sobre Serviços de Qualquer Natureza, estabelece, no art. 7º: "A base de cálculo do imposto é o preço do serviço."

(916) Lei n. 6.404/76, art. 152. "A assembleia-geral fixará o montante global ou individual da remuneração dos administradores, inclusive benefícios de qualquer natureza e verbas de representação, tendo em conta suas responsabilidades, o tempo dedicado às suas funções, sua competência e reputação profissional e o valor dos seus serviços no mercado."

(917) Lei n. 8.036/90, art. 15. "Para os fins previstos nesta lei, todos os empregadores ficam obrigados a depositar, até o dia 7 (sete) de cada mês, em conta bancária vinculada, a importância correspondente a 8 (oito) por cento da remuneração paga ou devida, no mês anterior, a cada trabalhador, incluídas na remuneração as parcelas de que tratam os arts. 457 e 458 da CLT e a gratificação de Natal a que se refere a Lei n. 4.090, de 13 de julho de 1962, com as modificações da Lei n. 4.749, de 12 de agosto de 1965. [...] § 4º Considera-se remuneração as retiradas de diretores não empregados, quando haja deliberação da empresa, garantindo-lhes os direitos decorrentes do contrato de trabalho de que trata o art. 16. [...] Não, para os fins desta Lei, as parcelas elencadas no § 9º do art. 28 da Lei n. 8.212, de 24 de julho de 1991. [...]."

Com relação ao aviso-prévio, a base de cálculo será a média dos pagamentos efetuados nos últimos doze meses ou no período de vigência do contrato, quando inferior a doze meses, como estabelece o art. 487, § 3º, da CLT[918]. Quanto ao acréscimo rescisório de 10%, servirá como parâmetro de incidência o total dos pagamentos efetuados pelo tomador de serviços ao autônomo, durante a vigência do contrato.

6.12. Responsabilidades

A responsabilidade de pagamento será do tomador dos serviços, o qual, por decorrência da utilização da força de trabalho alheia em proveito próprio, deverá ser acrescido na nota de serviço. Deflui, justamente daí, a natureza contraprestativa do fundo social em intento.

Quanto à responsabilidade pelo recolhimento da contribuição à conta bancária do autônomo, porém, entendemos que, por envolver uma variedade de tomadores de serviços, pessoas físicas ou jurídicas, deverá recair sobre o próprio trabalhador autônomo. Ficará, desse modo, obrigado a repassar e depositar o valor correspondente em sua conta vinculada, como acontece na previdência geral.[919] A exceção procedimental prevista no regime previdenciário para os contribuintes individuais ou facultativos[920] aplica-se ao caso em comento, aproveitando a ressalva apresentada por Sérgio Renato de Mello:

> A mecânica de recolhimento das contribuições destes segurados está longe de apresentar alguma sinonímia com o procedimento previsto para os segurados empregados. Com efeito, pois para os segurados contribuinte individual ou facultativo, por justamente não terem [...] algum intermediário que lhes faça o pagamento pelos seus serviços prestados, são obrigatoriamente responsáveis, por ato próprio, a recolherem o pagamento da sua contribuição. É o que esta Lei de Custeio chama de recolhimento *por iniciativa própria*.[921]

---

(918) CLT, art. 487 — "Não havendo prazo estipulado, a parte que, sem justo motivo, quiser rescindir o contrato deverá avisar a outra da sua resolução com a antecedência mínima de: [...] § 3º Em se tratando de salário pago na base de tarefa, o cálculo, para os efeitos dos parágrafos anteriores, será feito de acordo com a média dos últimos 12 (doze) meses de serviço."
(919) Lei n. 8.212/91, art. 30. "A arrecadação e o recolhimento das contribuições ou de outras importâncias devidas à Seguridade Social obedecem às seguintes normas: [...] II — os segurados contribuinte individual e facultativo estão obrigados a recolher sua contribuição por iniciativa própria, até o dia quinze do mês seguinte ao da competência; [...]".
(920) "Relativamente aos contribuintes individuais, a situação é mais complexa. Isso porque podem prestar serviços a pessoas físicas, que não estão obrigadas a qualquer retenção, ou a pessoas jurídicas que, ao contratar autônomos e a remunerar outros contribuintes individuais, estão obrigadas à retenção e ao recolhimento, nos termos do art. 4º da Lei 10.666/03. Como os contribuintes individuais prestam serviços, normalmente, a diversas pessoas, físicas e jurídicas, submetem-se às retenções pelas pessoas jurídicas e têm de complementar os valores devidos relativamente à parcela da remuneração que não tenha sofrido retenção." (PAULSEN, Leandro. *Curso de Direito Tributário Completo*. 4. ed. Livraria do Advogado: Porto Alegre, 2012, p. 291)
(921) *Comentário e interpretação da Lei Previdenciária no Regime Geral da Previdência Social*. São Paulo: LTr, 2013. v. II, p. 115.

Partindo do disposto no art. 121 do Código Tributário Nacional[922], o contribuinte será o tomador dos serviços, por relação pessoal e direta com a situação (trabalho autônomo) que constitua o respectivo fato gerador. Em complementação, o responsável pelo recolhimento, sem se revestir da condição de contribuinte, identifica-se com o beneficiário do sistema. Como ressalta Leandro Paulsen sobre o responsável, "é obrigado no bojo de uma relação de colaboração com a Administração, para simplificação, a facilitação ou a garantia de arrecadação"[923]. No mesmo sentido, enfatiza Sacha Calmon Navarro Coêlho:

> Pelo sistema do CTN, o responsável tributário assume esta condição por dois modos: a) substituindo aquele que deveria ser naturalmente o contribuinte, por multivários motivos previstos em lei; e b) recebendo *por transferência* o dever de pagar o tributo antes atribuído ao contribuinte, o qual, por motivos diversos, não pode ou não deve satisfazer a prestação.[924]

Sobre a responsabilidade tributária, distingue-se: a) na substituição, "a pessoa obrigada a pagar o tributo, por expressa determinação do comando da norma, é diferente da que, na hipótese de incidência dessa mesma norma, pratica o fato jurígeno"[925]; b) na transferência, "o que transfere é o dever jurídico, que migra total ou parcialmente do contribuinte para o responsável"[926].

A partir do modelo tributário, definem-se as responsabilidades peculiares, dentro do Fundo Social do Trabalhador Autônomo: enquanto o tomador sempre responderá pelo pagamento da contribuição, o dever de depositar na conta vinculada será atribuído ao próprio autônomo, por expressa disposição legal.

Não se trata, assim, de transferência da responsabilidade tributária, pois o valor devido será suportado pelo cliente, mas de uma forma de substituição, na qual é imposta ao trabalhador apenas uma obrigação de fazer (recolher à conta bancária). O autônomo, em verdade, nunca suportará o encargo financeiro da contribuição em pauta, mas tão-somente repassará o valor já adimplido para sua conta e, se deixar de depositar, responderá pelas penalidades legais incidentes.

Podemos verificar semelhanças com a hipótese de retenção na fonte, visto que o trabalhador deverá separar o montante devido a título de contribuição do tomador ao Fundo Social do Trabalhador Autônomo, depositando-o na sua conta, como uma espécie de agente de arrecadação. O autônomo participa diretamente da relação de trabalho que dá origem à contribuição e, sem prejuízo das hipóteses legais de saque das quantias, será o beneficiário direto do dinheiro arrecadado.

---

(922) CTN, art. 121 — "Sujeito passivo da obrigação principal é a pessoa obrigada ao pagamento de tributo ou penalidade pecuniária. Parágrafo único. O sujeito passivo da obrigação principal diz-se: I — contribuinte, quando tenha relação pessoal e direta com a situação que constitua o respectivo fato gerador; II — responsável, quando, sem revestir a condição de contribuinte, sua obrigação decorra de disposição expressa de lei."
(923) *Curso de direito tributário completo*. 4. ed. Livraria do Advogado: Porto Alegre, 2012. p. 141.
(924) *Curso de direito tributário brasileiro*. 10. ed. Rio de Janeiro: Forense, 2009. p. 627.
(925) COÊLHO, Sacha Calmon Navarro. *Op. cit.*, p. 627.
(926) COÊLHO, Sacha Calmon Navarro. *Op. cit.*, p. 627.

Para evitar um número excessivo de depósitos por contratante, o autônomo realizará um depósito único, com o somatório das contribuições adimplidas no mês anterior. Novamente, valemo-nos da lógica do exemplo dado por Sérgio Renato de Mello relativo ao regime previdenciário, plenamente aplicável ao contexto em análise, com as devidas adaptações:

> Logo, quando o segurado prestar serviços a uma ou mais empresas, o seu salário de contribuição será a soma das remunerações que auferir em cada uma destas. Do contrário, se somente prestar serviços para outras pessoas, que não se enquadrem no conceito de empresa, o seu salário de contribuição, tanto para efeito de fixar a base de cálculo para a contribuição quanto para o cálculo do salário de benefício, será sua remuneração pela atividade assim desenvolvida.[927]

Desse modo, caso o tomador de serviços tenha efetuado o pagamento da contribuição, o trabalhador autônomo assumirá o compromisso de depositar o valor na sua conta vinculada. Somente esse dever jurídico migra do contribuinte para o beneficiário do sistema, o qual responderá pelas penalidades decorrentes por eventual não recolhimento. Em outras palavras, embora não sejam os sujeitos passivos da obrigação, os autônomos serão os responsáveis por repassar o valor das referidas contribuições à sua conta vinculada.

Quanto ao aviso-prévio e ao acréscimo rescisório, entendemos que não haverá necessidade de depósito, devendo ocorrer o repasse direto pelo tomador dos serviços ao autônomo. Os benefícios em destaque buscam, justamente, reduzir os impactos negativos nas finanças do trabalhador, no momento de ruptura imotivada de um contrato de prestação de serviços a prazo indeterminado. Não se justificaria, por isso, o depósito, já que o saque seria imediato, a fim de garantir a subsistência pessoal e familiar do autônomo e tempo hábil para ir à busca de nova colocação no mercado de trabalho.

Em quaisquer das hipóteses analisadas, poderá o trabalhador autônomo demandar, judicialmente, o cumprimento da lei e o pagamento da contribuição pelo tomador de serviços inadimplente. Seguindo a lógica da inadmissibilidade do salário complessivo, isto é, do adimplemento englobado de vários direitos, a remuneração do serviço em si e de cada uma das prestações estabelecidas no Fundo Social do Trabalhador Autônomo deverão constar de forma discriminada, na nota de serviço ou no recibo de pagamento, sob pena de ser considerado impago.

O direito de informação do autônomo compreenderá não só o comprovante de pagamento e o fácil acesso ao extrato da conta vinculada, viabilizado pelo agente operador, tal qual estipulado nos arts. 7º, inciso I e 17, da Lei n. 8.036/90.[928] Em eventual

---

(927) *Comentário e interpretação da Lei Previdenciária no Regime Geral da Previdência Social.* São Paulo: LTr, 2013. v. II, p. 177.

(928) "Art. 7º À Caixa Econômica Federal, na qualidade de agente operador, cabe: I — centralizar os recursos do FGTS, manter e controlar as contas vinculadas, e emitir regularmente os extratos individuais correspondentes às contas vinculadas e participar da rede arrecadadora dos recursos do FGTS; [...]. Art. 17.

demanda judicial, em que alegado a ausência de pagamento ou o adimplemento a menor da obrigação, recairá sobre o tomador de serviços o ônus de provar a regular quitação da contribuição. Para tanto, apresentará o respectivo recibo, com as rubricas discriminadas, no intuito de comprovar o fato extintivo do direito do autônomo, à semelhança do que se verifica na relação de emprego.

6.13. Fato Gerador

Seguindo a diretriz traçada pelo art. 116, inciso I, do Código Tributário Nacional, "considera-se ocorrido o fato gerador e existentes os seus efeitos, tratando-se de situação de fato, desde o momento em que se verifiquem as circunstâncias materiais necessárias a que produza os efeitos que normalmente lhe são próprios". Sendo assim, o fato gerador da contribuição para o Fundo Social do Trabalhador Autônomo é o labor realizado por conta própria.

No intuito de facilitar a fiscalização pela autoridade competente (Ministério do Trabalho e Emprego), o autônomo deverá informar a ausência de fato gerador, quando, em determinado mês, não tiver porventura trabalhado. Por mais que não se cogite da exclusão do fundo ou da perda da qualidade de beneficiário, a medida busca aprimorar o controle estatal sobre o cumprimento das obrigações trabalhistas, tributárias e previdenciárias que decorrem da prestação de serviços autônomos. Tal informação poderá ser repassada, por exemplo, através do sistema Conectividade Social[929], atualmente utilizado para agilizar os processos dos entes que se relacionam com o FGTS e outros produtos sociais[930], mediante o simples envio de arquivo específico.

No que diz respeito aos contratos a prazo indeterminado, o fato gerador da parcela paga será a dispensa imotivada do autônomo pelo tomador dos serviços, à semelhança da disciplina extraída do art. 487, § 1º, da CLT[931] e do art. 18, § 1º, da Lei n. 8.036/90[932].

Os empregadores se obrigam a comunicar mensalmente aos trabalhadores os valores recolhidos ao FGTS e repassar-lhes todas as informações sobre suas contas vinculadas recebidas da Caixa Econômica Federal ou dos bancos depositários."
(929) Disponível em: <http://www.caixa.gov.br/fgts/conectividade_social_icp.asp>. Acesso em: 29 abr. 2014.
(930) Disponível em: <http://downloads.caixa.gov.br/_arquivos/fgts/conectividade_social/cns_icp_orientacoes_usuario.pdf>. Acesso em: 29 abr. 2014.
(931) CLT, art. 487 — "Não havendo prazo estipulado, a parte que, sem justo motivo, quiser rescindir o contrato deverá avisar a outra da sua resolução com a antecedência mínima de: [...] § 1º A falta do aviso prévio por parte do empregador dá ao empregado o direito aos salários correspondentes ao prazo do aviso, garantida sempre a integração desse período no seu tempo de serviço. [...]"
(932) Lei n. 8.036/90, art. 18. "Ocorrendo rescisão do contrato de trabalho, por parte do empregador, ficará este obrigado a depositar na conta vinculada do trabalhador no FGTS os valores relativos aos depósitos referentes ao mês da rescisão e ao imediatamente anterior, que ainda não houver sido recolhido, sem prejuízo das cominações legais. § 1º Na hipótese de despedida pelo empregador sem justa causa, depositará este, na conta vinculada do trabalhador no FGTS, importância igual a quarenta por cento do montante de todos os depósitos realizados na conta vinculada durante a vigência do contrato de trabalho, atualizados monetariamente e acrescidos dos respectivos juros. [...]".

6.14. Vencimento

De um lado, para o tomador dos serviços, a obrigação de pagar as prestações previstas no Fundo Social do Trabalhador Autônomo coincidirá com o adimplemento do próprio serviço realizado. Nesse sentido, as parcelas rescisórias, porventura devidas, também serão assim satisfeitas, junto ao último pagamento efetuado ao autônomo. De outro, na tentativa de unificar as datas de cumprimento das determinações legais, a contribuição mensal ao Fundo Social do Trabalhador Autônomo deverá ser recolhida à conta vinculada do autônomo, até o dia quinze do mês seguinte ao da competência, no mesmo prazo fixado para os recolhimentos previdenciários incidentes.

6.15. Atualização Monetária, Juros e Multas

Para garantir a viabilidade e estabilidade do sistema proposto, a previsão de alguma forma de correção monetária "trata-se de processo tendente a proteger o poder aquisitivo da moeda contra a erosão causada pela inflação"[933]. Desse modo, os valores depositados na conta vinculada do trabalhador autônomo serão corrigidos monetariamente, tal qual uma caderneta de poupança comum.[934]

A exemplo da regra contida no art. 13 da Lei n. 8.036/90[935], incidirão, ainda, juros compensatórios, que decorrem da utilização consentida do capital depositado na conta vinculada do autônomo pela instituição financeira depositária. Da mesma forma, as parcelas rescisórias pagas a destempo sofrerão o acréscimo de juros e correção monetária equivalentes.

O tomador de serviços, ao efetuar com atraso o pagamento da contribuição ao Fundo Social do Trabalhador Autônomo, responderá pelos juros e pela atualização monetária que incidiriam sobre os depósitos e que seriam creditados pela Caixa Econômica Federal, na conta vinculada do autônomo, caso efetuado na data certa.

Além dos juros e da atualização monetária, aquele que descumprir as obrigações contidas no sistema do Fundo Social do Trabalhador Autônomo também responderá por uma multa legal. Essa penalidade será devida, porém, não só quando o tomador de serviços deixar de pagar sua contribuição, mas também quando o trabalhador não recolher o montante devido à sua conta vinculada ou trabalhar no período em que deveria estar em gozo do seu descanso anual remunerado.

---

(933) SAAD, Eduardo Gabriel. *Comentários à Lei do Fundo de Garantia do Tempo de Serviço*. 3. ed. São Paulo: LTr, 1995. p. 100.
(934) Sobre o tema, comenta Eduardo Gabriel Saad sobre a correção monetária no regime do FGTS, dentro do contexto econômico em vigor naquela época: "Seria insuportavelmente injusto que as contribuições ao FGTS mantivessem seu valor nominal numa quadra em que a inflação alcança níveis astronômicos. Pela correção monetária, é o mal neutralizado. A atualização do valor da conta vinculada obedece ao mesmo critério oficial empregado nas contas de poupança. É o que exige a lei." (*Ibidem*, p. 193)
(935) Lei n. 8.036/90, art. 13: "Os depósitos efetuados nas contas vinculadas serão corrigidos monetariamente com base nos parâmetros fixados para atualização dos saldos dos depósitos de poupança e capitalização juros de (três) por cento ao ano."

Por analogia, serão utilizados os parâmetros fixados dentro do sistema do FGTS (Lei n. 8.036/90, art. 22[936]). O tomador dos serviços que não realizar o pagamento, no prazo fixado em lei, responderá pela incidência da atualização monetária sobre a importância correspondente. Sobre o valor dos depósitos, acrescido da atualização monetária, recairão, ainda, juros de mora de 0,5% a.m. (cinco décimos por cento ao mês). Por fim, será também aplicada multa de 10% (dez por cento) sobre o total devido.[937]

Como leciona Sacha Calmon Navarro Coêlho, a correção monetária não constitui majoração, pois não tem natureza de juros ou de multa, buscando apenas compensar a desvalorização da moeda (atualização do poder de compra).[938] "A multa moratória constitui penalidade decorrente do descumprimento da obrigação no vencimento, diversamente dos juros moratórios que apenas compensam o atraso no pagamento."[939] As multas possuem, assim, nítido caráter punitivo, sendo postas para desencorajar o inadimplemento da obrigação.[940]

Uma vez que os juros moratórios atuam como forma de indenização pelo retardo no adimplemento da obrigação, não incidirão quando o tomador de serviços pagar corretamente a contribuição devida no mês e o próprio trabalhador deixar de efetuar o depósito da parte que competir, na sua conta vinculada, dentro do prazo estabelecido por lei. Sendo falha inerente ao próprio trabalhador, este não poderá ser beneficiado em função de sua torpeza. Sobre o assunto, comenta Sacha Calmon Navarro Coêlho:

> Está claro que a mora compensa o pagamento a destempo, e que a multa o pune. Os juros de mora em Direito Tributário possuem natureza compensatória (se a Fazenda tivesse dinheiro nas mãos, já poderia tê-lo aplicado com ganho ou quitado seus débitos em atraso, livrando-se, agora ela, da mora e de suas consequências). Por isso os juros moratórios devem ser conformados ao

---

(936) Lei n. 8.036/90, art. 22: "O empregador que não realizar os depósitos previstos nesta Lei, no prazo fixado no art. 15, responderá pela incidência da Taxa Referencial — TR sobre a importância correspondente. § 1º Sobre o valor dos depósitos, acrescido da TR, incidirão, ainda, juros de mora de 0,5% a.m. (cinco décimos por cento ao mês) ou fração e multa, sujeitando-se, também, às obrigações e sanções previstas no Decreto-Lei n. 368, de 19 de dezembro de 1968. § 2º A incidência da TR de que trata o *caput* deste artigo será cobrada por dia de atraso, tomando-se por base o índice de atualização das contas vinculadas do FGTS. § 2º-A. A multa referida no § 1º deste artigo será cobrada nas condições que se seguem: I — 5% (cinco por cento) no mês de vencimento da obrigação; II — 10% (dez por cento) a partir do mês seguinte ao do vencimento da obrigação."

(937) Diante da declaração de inconstitucionalidade pelo Supremo Tribunal Federal, na ADI 4357, do uso da TR como fator de atualização monetária, o índice a ser utilizado para atualização monetária dos débitos trabalhistas deve ser o INPC. Esse é o entendimento encontrado na Orientação Jurisprudencial n. 49 da Seção Especializada em Execução do TRT-RS, aprovada em 03.06.2014, publicada três vezes no Diário Oficial da União (5, 6 e 9 de junho) e com eficácia a partir de 10 de junho do mesmo ano.

(938) *Curso de direito tributário brasileiro*. 10. ed. Rio de Janeiro: Forense, 2009. p. 573.

(939) PAULSEN, Leandro. *Curso de direito tributário completo*. 4. ed. Livraria do Advogado: Porto Alegre, 2012. p. 460.

(940) Cf. COÊLHO, Sacha Calmon Navarro. *Op. cit.*, p. 744.

mercado, compensando a indisponibilidade do numerário. A multa, sim, tem caráter estritamente punitivo e por isso é elevada em todas as legislações fiscais, exatamente para coibir a inadimplência fiscal ou ao menos para fazer o sujeito passivo sentir o peso do descumprimento da obrigação no seu termo. Cumulação de penalidades? Os juros não possuem caráter punitivo, somente a multa. [941]

No caso de descumprimento pelo trabalhador, resta prejudicada a aplicação de juros e atualização monetária, pois ocorrerá uma confusão das figuras do devedor e do credor. Ademais, não seria lógico cobrar do autônomo tais incidências, quando ele próprio seria o titular das receitas daí provenientes. Sustentamos, por fim, que esse descumprimento não se equivaleria à apropriação indébita previdenciária, crime previsto no art. 168-A do Código Penal brasileiro[942]. Diante das distinções antes noticiadas entre as prestações previdenciárias e trabalhistas, entendemos que o maior prejudicado (direto) será o próprio trabalhador, sem ofensa à sociedade ou a terceiro, que demande punição estatal, o que afasta o potencial ofensivo e criminoso do ato em si.

Desse modo, o autônomo suportará apenas uma multa de 10% do valor que deveria ter sido depositado, e não foi pela inércia do próprio trabalhador. Idêntica penalidade será devida pelo autônomo, quando trabalhar no período de descanso anual remunerado (férias). Nesse particular, o objetivo principal do Fundo e o interesse do Estado condizem com o gozo do período de descanso de 30 dias pelo autônomo, não sendo viável admitir o simples pagamento, por significar, em outras palavras, a monetização da saúde do trabalhador.

A respeito da destinação das penalidades, os valores integrarão o orçamento da União, devendo ser destinados ao custeio de despesas do sistema e/ou a programas de assistência e promoção de trabalhadores autônomos. A citada multa de 10% não poderá ser reivindicada pelo trabalhador, na hipótese de inadimplemento pelo tomador de serviços, pois não reverterá diretamente ao obreiro, mas ao sistema do Fundo Social do Trabalhador Autônomo, tratando-se, portanto, de multa de natureza administrativa, em sentido amplo.[943]

---

(941) *Ibidem*, p. 745.

(942) Código Penal, art. 168-A — "Deixar de repassar à previdência social as contribuições recolhidas dos contribuintes, no prazo é forma legal ou convencional: Pena — reclusão, de 2 (dois) a 5 (cinco) anos, e multa. § 1º Nas mesmas penas incorre quem deixar de: I — recolher, no prazo legal, contribuição ou outra importância destinada à previdência social que tenha sido descontada de pagamento efetuado a segurados, a terceiros ou arrecadada do público; [...]. § 2º É extinta a punibilidade se o agente, espontaneamente, declara, confessa e efetua o pagamento das contribuições, importâncias ou valores e presta as informações devidas à previdência social, na forma definida em lei ou regulamento, antes do inicio da ação fiscal. § 3º É facultado ao juiz deixar de aplicar a pena ou aplicar somente a de multa se o agente for primário e de bons antecedentes, desde que: I — tenha promovido, após o início da ação fiscal e antes de oferecida a denúncia, o pagamento da contribuição social previdenciária, inclusive acessórios; ou II — o valor da contribuição devidas, inclusive acessórios, seja igual ou inferior àquele estabelecido pela previdência social, administrativamente, como sendo o mínimo para o ajuizamento de suas execuções fiscais."

(943) Cf. MARTINS, Sérgio Pinto. *Manual do FGTS*. 4. ed. São Paulo: Atlas, 2010. p. 166.

6.16. Impenhorabilidade

Por dizer respeito à prestações de natureza trabalhista e, portanto, alimentar, são indispensáveis à subsistência pessoal e familiar do autônomo. Incidem à espécie os dispositivos legais que garantem a impenhorabilidade dos valores depositados na conta vinculada em questão (CPC, art. 833, IV[944], Lei n. 8.036/90, art. 2º, § 2º[945] e Lei n. 8.213/91, art. 114[946]). Desse modo, "enquanto a importância estiver depositada no Fundo, será impenhorável. Se for sacada para qualquer fim, o dinheiro que estiver em poder do empregado [trabalhador autônomo] não mais pertencerá ao Fundo. Assim, poderá ser penhorado"[947].[948]

6.17. Movimentação da Conta

A conta somente poderá ser movimentada pelo próprio trabalhador autônomo ou, na ausência deste, como no caso de falecimento, pelos sucessores, devidamente habilitados junto à Previdência Social, segundo critério adotado para a concessão de pensões por morte (art. 16 da Lei n. 8.213/91[949]). Observará, desse modo, a disciplina

---

(944) Código de Processo Civil de 2015, art. 833. "São impenhoráveis: [...] IV — os vencimentos, os subsídios, os soldos, os salários, as remunerações, os proventos de aposentadoria, as pensões, os pecúlios e os montepios, bem como as quantias recebidas por liberalidade de terceiro e destinadas ao sustento do devedor e de sua família, os ganhos de trabalhador autônomo e os honorários de profissional liberal, ressalvado o § 2º; [...] § 2º O disposto nos incisos IV e X do caput não se aplica à hipótese de penhora para pagamento de prestação alimentícia, independentemente de sua origem, bem como às importâncias excedentes a 50 (cinquenta) salários-mínimos mensais, devendo a constrição observar o disposto no art. 528, § 8º, e no art. 529, § 3º."

(945) Lei n. 8.036/90, art. 2º "O FGTS é constituído pelos saldos das contas vinculadas a que se refere esta lei e outros recursos a ele incorporados, devendo ser aplicados com atualização monetária e juros, de modo a assegurar a cobertura de suas obrigações. [...] § 2º As contas vinculadas em nome dos trabalhadores são absolutamente impenhoráveis. [...]."

(946) Lei n. 8.213/91, art. 114. "Salvo quanto a valor devido à Previdência Social e a desconto autorizado por esta Lei, ou derivado da obrigação de prestar alimentos reconhecida em sentença judicial, o benefício não pode ser objeto de penhora, arresto ou sequestro, sendo nula de pleno direito a sua venda ou cessão, ou a constituição de qualquer ônus sobre ele, bem como a outorga de poderes irrevogáveis ou em causa própria para o seu recebimento.

(947) MARTINS, Sérgio Pinto. *Manual do FGTS*. 4. ed. São Paulo: Atlas, 2010. p. 112.

(948) Sobre o assunto, destaco a jurisprudência: "PENHORA DE CONTA DE FGTS EM NOME DO EXECUTADO. IMPOSSIBILIDADE. Ainda que os créditos devidos ao exequente possuem natureza alimentar, inviável a penhora de possíveis créditos existentes na conta vinculado do FGTS em nome do executado, por se tratar de verba absolutamente impenhorável, conforme dispõe o art. 2, § 2° da Lei n. 8.036/90." (BRASIL. TRT-4, Acórdao do processo 0119000-77.2004.5.04.0305 (AP), Data: 21.05.2013, Origem: 5ª Vara do Trabalho de Novo Hamburgo, Redator: LUCIA EHRENBRINK)

(949) Lei n. 8.213/91, art. 16. "São beneficiários do Regime Geral de Previdência Social, na condição de dependentes do segurado: I — o cônjuge, a companheira, o companheiro e o filho não emancipado, de qualquer condição, menor de 21 (vinte e um) anos ou inválido ou que tenha deficiência intelectual ou mental que o torne absoluta ou relativamente incapaz, assim declarado judicialmente; II — os pais; III — o irmão não emancipado, de qualquer condição, menor de 21 (vinte e um) anos ou inválido ou que tenha deficiência intelectual ou mental que o torne absoluta ou relativamente incapaz, assim declarado judicialmente. § 1º A existência de dependente de qualquer das classes deste artigo exclui do direito às prestações os das classes

estabelecida na Lei n. 6.858/80[950] para os subordinados (basicamente, cônjuge-companheiro, filhos, pais etc.).

De forma secundária, a habilitação de sucessores poderá ocorrer à luz da lei civil (CC, art. 1.784 e seguintes). Independente da prova da condição de herdeiro, deverá ser exigida a exibição de certidão negativa de dependentes do *de cujus* junto à Previdência Social. "Isso porque eventuais dependentes, ainda que não vinculados a relações de parentesco ou mais distantes na ordem de sucessão, detêm preferência em relação aos créditos oriundos do contrato de trabalho do trabalhador falecido."[951]

6.18. Competência Jurisdicional

A teor do disposto no art. 114 da Constituição Federal, competirá à Justiça do Trabalho dirimir as controvérsias que porventura venham a surgir sobre o Fundo Social do Trabalhador Autônomo, visto que o instituto decorre da relação de trabalho realizado por conta própria a qualquer tomador de serviços.

Diante da possibilidade de o Poder Judiciário qualificar um contrato de trabalho autônomo como de emprego, nada obstará a compensação[952] de valores já adimplidos pelo tomador de serviços, quando for considerado empregador, visto que o sistema ora proposto estabelecerá uma paridade (quase total) com os direitos alcançados aos empregados. É justamente, nesse aspecto, que se acredita na redução do número de ações trabalhistas. Além disso, mesmo quando julgado improcedente o pedido

---

seguintes. § 2º O enteado e o menor tutelado equiparam-se a filho mediante declaração do segurado e desde que comprovada a dependência econômica na forma estabelecida no Regulamento. § 3º Considera-se companheira ou companheiro a pessoa que, sem ser casada, mantém união estável com o segurado ou com a segurada, de acordo com o § 3º do art. 226 da Constituição Federal. § 4º A dependência econômica das pessoas indicadas no inciso I é presumida e a das demais deve ser comprovada."

(950) Lei n. 6.858/80, art. 1º "Os valores devidos pelos empregadores aos empregados e os montantes das contas individuais do Fundo de Garantia do Tempo de Serviço e do Fundo de Participação PIS-PASEP, não recebidos em vida pelos respectivos titulares, serão pagos, em quotas iguais, aos dependentes habilitados perante a Previdência Social ou na forma da legislação específica dos servidores civis e militares, e, na sua falta, aos sucessores previstos na lei civil, indicados em alvará judicial, independentemente de inventário ou arrolamento. § 1º As quotas atribuídas a menores ficarão depositadas em caderneta de poupança, rendendo juros e correção monetária, e só serão disponíveis após o menor completar 18 (dezoito) anos, salvo autorização do juiz para aquisição de imóvel destinado à residência do menor e de sua família ou para dispêndio necessário à subsistência e educação do menor. § 2º Inexistindo dependentes ou sucessores, os valores de que trata este artigo reverterão em favor, respectivamente, do Fundo de Previdência e Assistência Social, do Fundo de Garantia do Tempo de Serviço ou do Fundo de Participação PIS-PASEP, conforme se tratar de quantias devidas pelo empregador ou de contas de FGTS e do Fundo PIS PASEP."

(951) CAMINO, Carmen. *Direito individual do trabalho*. 3. ed. Porto Alegre: Síntese, 2003. p. 632.

(952) Código Civil, "art. 368. Se duas pessoas forem ao mesmo tempo credor e devedor uma da outra, as duas obrigações extinguem-se, até onde se compensarem. Art. 369. A compensação efetua-se entre dívidas líquidas, vencidas e de coisas fungíveis."

reconhecimento de relação de emprego, o trabalhador não ficará sem qualquer pagamento, como costuma hoje acontecer, pois terá, ao menos, recebido as parcelas previstas no fundo em comento.

Considerando que caberá ao Ministério do Trabalho e Emprego o processo de fiscalização, autuação e imposição de penalidades, as sanções aplicadas ao tomador de serviços (pela ausência de pagamento da contribuição) ou ao próprio autônomo (pelo não depósito da contribuição à sua conta vinculada) deverão também ser executadas na Justiça do Trabalho. A cobrança judicial de tais créditos obedecerá ao disposto na legislação aplicável à cobrança de dívida ativa da União.

6.19. Incentivos Fiscais Compensatórios

Inicialmente, destacamos que, como previsto no art. 28 da Lei n. 8.036/90, serão isentos de tributos federais os atos e as operações necessários à aplicação do Fundo Social do Trabalhador Autônomo, quando praticados pela Caixa Econômica Federal, pelos beneficiários ou pelos clientes/tomadores dos serviços.

Além disso, como se depreende da regulamentação proposta, todo o financiamento do sistema decorre do pagamento efetuado pelos tomadores de serviços aos autônomos, sem participação do Estado ou dos próprios trabalhadores no custeio. No aspecto, vale lembrar que estamos diante de um direito trabalhista em espécie, mas que intereferirá na qualidade de vida do trabalhador e, assim, repercutirá em despesas públicas de saúde e assistência social.

Considerando os benefícios promovidos para os autônomos e para sociedade em geral, a contrapartida estatal virá com a possibilidade de dedução dos valores da contribuição mensal ao Fundo Social do Trabalhador Autônomo e das parcelas rescisórias adicionais, de forma integral ou parcial, no imposto de renda devido pelo tomador dos serviços.[953]

Trata-se, em verdade, de incentivo tributário à formalização dos contratos, a exemplo do que já ocorreu nas contribuições pagas pelo empregador doméstico[954], na

---

(953) Sobre o assunto, esclarece Leandro Paulsen: "Entende-se que determinadas despesas têm de ter a sua dedução autorizada por lei, como as referentes à saúde e à educação, consagrados nos arts. 196 e 205 da CRFB como direito de todos e deveres do Estado. O fundamento está, ainda, no fato de que tais despesas visam à preservação da saúde e à qualificação como instrumentos, inclusive, para a própria aquisição da renda, de modo que a tributação dos valores destinados ao seu custeio não implicaria tributação de acréscimo patrimonial." (*Curso de direito tributário completo*. 4. ed. Livraria do Advogado: Porto Alegre, 2012. p. 234)

(954) "Pelas regras vigentes, o ano que vem, portanto, é o último no qual poderão ser abatidas as despesas com a contribuição patronal da Previdência Social incidente sobre a remuneração do empregado doméstico na declaração de ajuste anual — relativa a fatos geradores de 2014. A medida foi aprovada, pela primeira vez, em 2006 para incentivar a formalização dos empregados domésticos. Se não for prorrogado pelo Congresso Nacional, e sancionado pelo Executivo, o benefício poderá ser utilizado pela última vez na declaração do IR do ano que vem." (Dedução de empregado doméstico no IR vai só até declaração de 2015. Disponível em: <http://g1.globo.com/economia/imposto-de-renda/2014/noticia/2014/04/deducao-de-empregado-domestico-no-ir-vai-so-ate-declaracao-de-2015.html>. Acesso em: 9 maio 2014.)

forma regulada pela Instrução Normativa da Receita Federal do Brasil n. 1.131/11[955]. Essa medida auxiliará no acolhimento dessa nova prática pela sociedade, ainda que por um determinado espaço de tempo, conforme juízo de conveniência do Estado.

---

(955) Instrução Normativa da RFB n. 1.131/11, art. 50. "A pessoa física, até o exercício de 2015, ano-calendário de 2014, se empregador doméstico, pode deduzir do imposto apurado na Declaração de Ajuste Anual, a que se refere o art. 54, a contribuição patronal paga à Previdência Social incidente sobre o valor da remuneração do empregado. Art. 51. A dedução de que trata o art. 50, observados os limites de que tratam os arts. 55 e 56: I — está limitada: a) a 1 (um) empregado doméstico por declaração, inclusive no caso da declaração em conjunto; b) ao valor recolhido no ano-calendário a que se referir a declaração; e c) ao valor recolhido, na hipótese de pagamentos feitos proporcionalmente em relação ao período de duração do contrato de trabalho; II — não poderá exceder ao valor da contribuição patronal calculada sobre 1 (um) salário mínimo mensal, sobre o décimo terceiro salário e sobre a remuneração adicional de férias, referidos também a 1 (um) salário mínimo; e III — fica condicionada à comprovação da regularidade do empregador doméstico perante o Regime Geral de Previdência Social quando se tratar de contribuinte individual."

CONCLUSÃO – O Futuro do Direito do Trabalho: Que Trabalho?

Os avanços tecnológicos e o dinamismo do comércio internacional agregaram elementos às relações de trabalho na atualidade e impulsionam para além das fronteiras restritas da CLT o Direito do Trabalho. A subordinação jurídica, embora traço conceitual relevante para caracterizar os contratos de emprego, tornou-se ainda mais insuficiente como garantia de proteção ao labor humano pelo Estado, diante da multiplicidade de fatores que circundam o mundo do trabalho contemporâneo.

Seguindo diretrizes universais de valorização social do trabalho, visto que o labor expressa a personalidade do indivíduo, a Constituição Federal define direitos, princípios e valores que norteiam o Estado para a salvaguarda de todos os trabalhadores, permitindo-lhes o acesso a patamares mínimos de civilidade e vida digna. A regulamentação de direitos fundamentais aos autônomos decorre, ainda, de comando constitucional pátrio, não apenas ao relacionar direitos trabalhistas de forma ampla no art. 7º, mas também ao assegurar a seus cidadãos no art. 6º o direito social ao trabalho.

A parassubordinação trazida pela doutrina estrangeira, além de provocar a expansão de parte dos direitos dos subordinados a número pouco maior de trabalhadores considerados dependentes econômicos, tornou claro que o labor humano ultrapassou os parâmetros clássicos formadores da relação de emprego. O Estatuto do Trabalhador Autônomo na Espanha, a exemplo de normas similares que surgiram em outros países europeus nas últimas décadas, inovou na regulação de direitos a parte dos trabalhadores ditos independentes, porém manteve, à margem da tutela legal, gama significativa de pessoas que, por meio da execução de seus ofícios por conta própria, lutam diariamente pelo sustento pessoal e familiar. Não evitaram, além disso, questionamentos sobre a insuficiência da outorga parcial de direitos e da formação de subcategoria de trabalhadores, como política eficaz de pleno emprego e de promoção do bem-estar.

Os debates acerca das divisas do Direito do Trabalho permeiam a problemática da metamorfose do poder econômico e do realinhamento da subordinação, que tende a afirmá-lo como um direito de todas as relações de trabalho, o que já é por nós concebido, desde a Emenda Constitucional n. 45/2004, que ampliou a competência da Justiça do Trabalho. A implementação do Fundo Social do Trabalhador Autônomo seguirá lógica idêntica, tornando despiciendo o enquadramento de parassubordinados. Com a igualdade de tratamento almejada, todos os trabalhadores passarão a ser titulares de direitos tais quais os subordinados, praticamente eliminando diferenças no patamar de garantias básicas.

Por mais que se defenda aos trabalhadores em geral a compatibilidade dos direitos previstos no art. 7º da Carta brasileira, impõe-se, porém, uma visão ponderada na aplicabilidade da norma constitucional em comento, para viabilizar a definição dos direitos fundamentais dos autônomos, em razão das especificidades intrínsecas à prestação laboral dessa espécie. Não se tem notícia, até hoje, da existência de algum país que tenha conseguido materializar, de forma sólida, o gozo genérico de direitos trabalhistas, como pretendido pelo presente estudo. A elevação do Homem ao centro das atenções do desenvolvimento sustentado, contudo, encaminha o emergir de um novo modelo de regramento, mais inclusivo e solidário.

A criação do Fundo Social do Trabalhador Autônomo consubstancia-se em peça essencial para efetivar ditames de justiça social e de valorização plena do trabalho humano, dentro do ordenamento jurídico brasileiro, podendo servir de paradigma para as demais nações. Quando se fala em direitos fundamentais, pressupõe-se que todos os trabalhadores possam usufruí-los. O respeito do ser humano em sua plenitude demanda esforços conjuntos, para reconhecer o espaço por ele ocupado na construção de uma sociedade mais justa, o que corrobora a implementação de pagamento adicional dos clientes aos prestadores de serviços autônomos.

Superada a polêmica dos elevados encargos trabalhistas e do alto custo da mão de obra no Brasil, sobreleva-se o trabalho diante do capital, já que os direitos possuem um custo que deve ser suportado por aqueles que se beneficiam de modo direto do labor independente. Acredita-se que eventuais oscilações econômicas, em dado momento, chegarão ao equilíbrio. Os efeitos positivos do sistema, por sua vez, serão sentidos pela sociedade, com a elevação significativa do nível de subsistência dos autônomos e o consequente aumento da circulação de riquezas, que reforçarão as bases capitalistas governamentais.

Em tempos de calorosas discussões sobre a chegada próxima de novas reformas trabalhistas e previdenciárias, devemos buscar alternativas para a retomar o crescimento econômico sem que isso implique retrocesso social e flexibilização de direitos historicamente conquistados pelos trabalhadores subordinados. A promoção de direitos trabalhistas aos autônomos também é alternativa de readequar a proteção do Estado e de incrementar a movimentação eficaz da economia.

O progresso da humanidade depende dessa interação de papéis, justificando tratamento mais equânime do Direito para com os autônomos em relação aos subordinados. A tutela constitucional do trabalho caminha junto com a redução do labor informal e o aumento do raio de ação desse ramo específico do Direito, para abranger outras formas de prestação pessoal de serviços. Nosso intento é regulamentar direitos mínimos, humanos e fundamentais aos trabalhadores em geral e resguardá-los, de modo eficaz, com a inserção dos autônomos na tutela legal do Estado. Visualiza-se aí a moldura do futuro de um Direito do Trabalho repaginado frente a novas discussões. Que trabalho? Humano, com respeito às suas mais diferentes facetas.

REFERÊNCIAS BIBLIOGRÁFICAS

ALEXY, Robert. *Teoria dos direitos fundamentais*. São Paulo: Malheiros, 2008.

ALMEIDA, Renato Rua (Coord.); CALVO, Adriana; ROCHA, Andrea Presas (Org.). *Direitos fundamentais aplicados ao direito do trabalho*. São Paulo: LTr, 2010.

ALMEIDA, Vicente Paulo de. *Ativismo judicial*. Disponível em: <http://jus.com.br/artigos/19512/ativismo-judicial/5>. Acesso em: 3 abr. 2014

ALVES, Marcos César Amador (Coord.). *Direito empresarial do trabalho*. Caxias do Sul: Plenum, 2010.

AMANTHÉA, Dennis Veloso. *A evolução da teoria da parassubordinação — o trabalho a projeto*. São Paulo: LTr, 2008.

AMARAL JÚNIOR, Alberto do. *Comércio internacional e a proteção do meio ambiente*. São Paulo: Atlas, 2011.

ANTONMATTEI, Paul-Henri; SCIBERRAS, Jean-Christophe. *Le travailleur économiquement dépendant: quelle protection? — Rapport à M. le Ministre du Travail, des Relations socials, de la Famille et de la Solidarité*. Disponível em: <http://www.travail-emploi-sante.gouv.fr/IMG/pdf/Rapport-Antonmattei-Sciberras-07NOV08.pdf>. Acesso em: 25 mar. 2011.

ANTUNES, Ricardo. *Adeus ao trabalho? Ensaio sobre as metamorfoses e a centralidade no mundo do trabalho*. 15. ed. São Paulo: Cortez, 2011.

_____. *O continente do labor*. São Paulo: Boitempo, 2011.

ARAÚJO, Francisco Rossal (Coord.). *Jurisdição e competência da justiça do trabalho*. São Paulo: LTr, 2006.

ARAÚJO, Jorge Alberto. O Estatuto do Trabalhador Autônomo. O Estatuto do Trabalhador Autônomo. *Cadernos da Amatra IV*, Porto Alegre, HS, ano II, n. 4, p. 26-35, jul./set. 2007.

ARAÚJO, Tarcísio Patrício de; LIMA, Roberto Alves de (Org.). *Ensaios sobre mercado de trabalho e política de emprego*. Recife, Universitária da UFPE, 2001.

ARRUDA, Kátia Magalhães. *Direito constitucional do trabalho — sua eficácia e o impacto do modelo neoliberal*. São Paulo: LTr, 1998.

AZEVEDO, André Felipe Zago de. Brasil segue líder em encargos trabalhistas. *Correio do Povo*, Cenários Econômicos.

BACHA, Edmar Lisboa; MATA, Milton; MODENESI, Rui Lyrio. *Encargos trabalhistas e absorção de mão de obra. Uma interpretação do problema e seu debate*. Rio de Janeiro: IPEA/INPES, 1972.

BAKAS, Adjiedj. *Além da crise*: o futuro do capitalismo. Tradução: Sérgio Alberto Rosenwaldj. Rio de Janeiro: Qualitymark, 2010.

BLANPAIN, Roger (Ed.). *Labour Law in Motion. Diversification of the Labour Force & Terms na Conditions of Employment*. Alphen aan den Rijn: Kluwer Law International, 2005.

BARROS, Alice Monteiro de. *Curso de direito do trabalho*. 6. ed. São Paulo: LTr, 2010.

_____. Flexibilização e Garantias Mínimas. Flexibilização e Garantias Mínimas. *Revista Trabalho & Doutrina*, São Paulo, Saraiva, n. 20, mar. 1999.

BARROSO, Luís Roberto. *Curso de direito constitucional contemporâneo. Os conceitos fundamentais e a construção do novo modelo*. São Paulo: Saraiva, 2009.

BASTOS, Celso Ribeiro; MARTINS, Ives Gandra. *Comentários à Constituição Federal do Brasil*. São Paulo: Saraiva, 1989, v. 2, 2 v.

BARTHÉLÉMY, Jacques. *Évolution du droit social Une tendance à la contractualisation mais un role acrru des droits fondamentaux du travailleur.* Paris: Lamy, 2009.

BATISTA JÚNIOR, Paulo Nogueira. *A economia como ela é...* 3. ed. São Paulo: Boitempo, 2005.

BAUDOR, Guillermo L. Barrios (Coord.). *Comentarios al estatuto del trabajo autónomo.* Aranzadi: Cizur Menor, 2010.

BELTRAN, Ari Possidonio. *Direito do trabalho e direitos fundamentais.* São Paulo: LTr, 2002.

_____. *Os impactos da integração econômica no direito do trabalho. Globalização e direitos sociais.* São Paulo: LTr, 1998.

BENEVIDES, Maria Victoria. *A Questão Social no Brasil* — os direitos econômicos e sociais como direitos fundamentais. Disponível em: <http://www.hottopos.com/vdletras3/vitoria.htm>. Acesso em: 7 fev. 2011.

BENTES, Ivana. *Zero Hora.* Cultura.

BERNARDO, Wesley de Oliveira Louzada. *O princípio da dignidade da pessoa humana e o novo direito civil*: breves reflexões. Disponível em: <http://www.fdc.br/Arquivos/Mestrado/Revistas/Revista08/ Artigos/WesleyLousada.pdf>. Acesso em: 6 set. 2010.

BOBBIO, Norberto. *A era dos direitos.* Nova Edição. Rio de Janeiro: Elsevier, 2004.

BONAVIDES, Paulo. *Curso de direito constitucional.* 25. ed. São Paulo: Malheiros, 2010.

BORJAS, George J. *Labor economics.* 5. ed. New York: McGraw-Hill Companies, 2010.

BOSCO, Carlos Alberto. *Trabalho informal*: realidade ou relação de emprego fraudulenta. 2. ed. Curitiba; Juruá, 2010.

BOTIJA, Eugenio Pérez. *Curso de derecho laboral.* 3. ed. Madrid: Dossat, 1952.

BRITO FILHO, José Cláudio Monteiro de. *Ações afirmativas.* 2. ed. São Paulo: LTr, 2013.

BROCHARD, Jean. *Manuel du contrat de travail.* Paris: Librarie Dalloz, 1960.

CAMERLYNCK, G. H. *Traité de droit du travail.* Paris: Dalloz, 1970, t. VIII.

CAMINO, Carmen. *Direito individual do trabalho.* 3. ed. Porto Alegre: Síntese, 2003.

CANIVET, Guy. L'approche économique du droit par la chambre sociale de la Cour de cassation. *Droit Social*, Paris, n. 11, p. 951-956, nov. 2005.

CANOTILHO, J. J. Gomes; CORREIA, Érica Paula Barcha; CORREIA, Marcus Orione Gonçalves (Coords.). *Direitos fundamentais sociais.* São Paulo: Saraiva, 2010.

CARRERA-FERNANDEZ, José. *Curso básico de microeconomia.* 3. ed. Salvador: EDUFBA, 2009. Disponível em: <http://repositorio.ufba.br/ri/bitstream/ufba/189/1/Curso%20basico%20de%20 microeconomia.pdf>. Acesso em: 9 dez. 13.

CARVALHO, Luiz Inácio B.; MARANHÃO, Délio. *Direito do trabalho.* 17. ed. 3. reimp. Rio de Janeiro: Getúlio Vargas, 1997.

CARVALHO, Régis Franco e Silva de. *Relação de trabalho à luz do novo art. 114 da Constituição Federal.* São Paulo: LTr, 2008.

CASALI, Guilherme Machado. O Princípio da Solidariedade e o art. 3º da Constituição da República Federativa do Brasil. *Revista Eletrônica Direito e Política.* Itajaí, v. 1, n. 1, 3º quadrimestre de 2006. Disponível em: <http://www.univali.br/direitoepolitica>. Acesso em: 6 set. 2010.

CASAUX-LABRUNÉE, Lise. Le portage salarial: travail salarié ou travail indépendant? *Droit Social*, Paris, n. 1, p. 58-71, janv. 2007.

CASTELO, Jorge Pinheiro. O direito do trabalho do século novo. *Revista LTr*, São Paulo, LTr, ano 65, n. 1, p. 13-23, jan. 2001.

CASTRO, Carlos Alberto Pereira de; LAZZARI, João Batista. *Manual de direito previdenciário*. 15. ed. Rio de Janeiro: Forense, 2013.

CATHARINO, José Martins. *Compêndio de direito do trabalho*. 2. ed. São Paulo: Saraiva, 1981, v. 1.

CHADAD, José Paulo Zeetano; PICCHETTI, Paulo (Orgs.). *Mercado de trabalho no Brasil*: padrões de comportamento e transformações institucionais. São Paulo: LTr, 2003.

CIGANA, Caio. *Zero Hora*. Informe Econômico.

COÊLHO, Sacha Calmon Navarro. *Curso de direito tributário brasileiro*. 10. ed. Rio de Janeiro: Forense, 2009.

COHEN, Dany; GAMET, Laurent. Loft story: le jeu-travail. *Droit Social*, Paris, n. 9/10, p. 791-797, sept./oct. 2001.

COMPARATO, Fábio Konder. *A afirmação histórica dos direitos humanos*. 7. ed. São Paulo: Saraiva, 2010.

_____. *Ética. direito moral e religião no mundo moderno*. São Paulo: Companhia das Letras, 2008.

CORRÊA, Cláudia Giglio Veltri; GIGLIO, Wagner D. *Direito processual do trabalho*. 15. ed. São Paulo: Saraiva, 2005.

CORREIA, Marcus Orione Gonçalves; CORREIA, Érica Paula Barcha. *Curso de direito da seguridade social*. 7. ed. São Paulo: Saraiva, 2013.

COSTA, Thales Morais da (Coord.). *Introdução ao direito francês*. Curitiba: Juruá, 2009, v. 2, 2 v.

COUTINHO, Grijalbo Fernandes; FAVA, Marcos Neves (Coord.). *Justiça do trabalho*: competência ampliada. São Paulo: LTr, 2005.

_____. *Nova competência da justiça do trabalho*. São Paulo: LTr, 2005.

CRIVELLI, Éricson. *Direito internacional do trabalho contemporâneo*. São Paulo: LTr, 2010.

DALLARI, Dalmo de Abreu. *Constituição & constituinte*. 4. ed. São Paulo: Saraiva, 2010.

DAVIES, A. C. L. *Perspectives on labour law*. 2. ed. Cambridge: Cambridge, 2009.

DELGADO, Gabriela Neves. *Direito fundamental ao trabalho digno*. São Paulo: LTr, 2006.

_____; NUNES, Raquel Portugal; SENA, Adriana Goulart de (Coords.). *Dignidade humana e inclusão social. Caminhos para a efetividade do direito do trabalho no Brasil*. São Paulo: LTr, 2010.

DELGADO, Maurício Godinho. *Curso de direito do trabalho*. 4. e 12. ed. São Paulo: LTr, 2005 e 2013.

_____. *O poder empregatício*. São Paulo: LTr, 1996.

_____. *Princípios de direito individual e coletivo do trabalho*. São Paulo: LTr, 2001.

DELGUE, Juan Raso. El Derecho del Empleo y la Nueva Dimensión del Trabajo. In: *Congreso Internacional sobre Culturas y Sistemas Juridicos Comparados*. 9 a 14 de febrero, 2004. 19 fls.

DINIZ, Maria Helena. *Curso de direito civil brasileiro*. 25. ed. São Paulo: Saraiva, 2008, v. 1.

_____. DINIZ, Maria Helena. *Manual de direito civil*. São Paulo: Saraiva, 2011.

_____. *Curso de direito civil brasileiro. Teoria geral do direito civil*. 15. ed. São Paulo: Saraiva, 1999, v. 1.

DI PIETRO, Maria Sylvia Zanella de. *Direito administrativo*. 24. ed. São Paulo: Atlas, 2011.

DWORKIN, Ronald. *Levando os direitos a sério*. Tradução de Nelson Boeira. 2. ed. São Paulo: Martins Fontes, 2007.

ECO, Umberto. *Como se faz uma tese*. Tradução de Gílson César Cardoso de Souza. 24. ed. São Paulo: Perspectiva, 2012.

ENGELS, Friedrich; MARX, Karl. *Manifesto do partido comunista*. Tradução de Sueli Tomazini Barros Cassal. Porto Alegre: LPM, 2010.

ESPADA, Cinthia Maria da Fonseca. *O princípio protetor do empregado e a efetividade da dignidade da pessoa humana*. São Paulo: LTr, 2008.

FAGNANI, Eduardo; HENRIQUE, Wilnês; LÚCIO, Clemente Ganz (Orgs.). *Debates contemporâneos, economia social e do trabalho, 4. Previdência Social*: como incluir os excluídos? Uma agenda voltada para o desenvolvimento econômico com distribuição de renda. Debates contemporâneos. São Paulo: LTr, 2008.

_____; POCHMAN, Márcio (Org.). *Debates contemporâneos, economia social e do trabalho, 1. Mercado de trabalho, relações sindicais, pobreza e ajuste fiscal*. São Paulo: LTr, 2007.

FARIA, José Eduardo. *Direitos humanos, sociais e justiça*. São Paulo: Malheiros Editores, 1998.

FELICIANO, Guilherme Guimarães. *Tópicos avançados de direito material do trabalho. Abordagens multidisciplinares*. São Paulo: Damásio de Jesus, 2006, v. 2, 2 v.

_____. Dos Princípios do Direito do Trabalho no Mundo Contemporâneo. Dos Princípios do Direito do Trabalho no Mundo Contemporâneo. *Revista LTr*, São Paulo, LTr, ano 70, n. 4, p. 417-430, abr. 2006.

_____. *Curso crítico de direito do trabalho. Teoria geral do direito do trabalho*. São Paulo: Saraiva, 2013.

_____; PÔRTO, Marcos da Silva. Afirmação e resistência: o trabalho na perspectiva dos Direitos Humanos. *Revista da Anamatra*, Brasília, out. 2003.

FERRARI, Irany; MARTINS FILHO, Ives Gandra; NASCIMENTO, Amauri Mascaro. *História do trabalho, do direito do trabalho e da justiça do trabalho. Homenagem a Armando Casemiro Costa*. São Paulo: LTr, 1998.

FERREIRA FILHO, Manoel Gonçalves. *Direitos humanos fundamentais*. 12. ed. São Paulo: Saraiva, 2010.

_____. *Princípios fundamentais do direito constitucional*. 2. ed. São Paulo: Saraiva, 2010.

FONSECA, Maria Hemília. *Curso de metodologia na elaboração de trabalhos científicos*. Rio de Janeiro: Ciência Moderna, 2009.

_____. *Direito ao trabalho*: um direito fundamental no ordenamento jurídico brasileiro. São Paulo: LTr, 2009.

FRANCO, Vera Helena de Mello Franco. *Contratos. Direito civil e empresarial*. 2. ed. São Paulo: Revista dos Tribunais, 2011.

FREDIANI, Yone (Coord.). *Tendências do direito material e processual do trabalho*. São Paulo: LTr, 2000.

FREITAS, Marco Antônio de; MONTESSO, Cláudio José; STERN, Maria de Fátima Coêlho Borges (Coords.). *Direitos sociais na Constituição de 1988. Uma análise crítica vinte anos depois*. São Paulo: LTr, 2008.

FRIEDMANN, Georges; NAVILLE, Pierre. *Tratado de sociologia do trabalho*. Tradução de Octávio Mendes Cajado. São Paulo: Cultrix, 1973, 2 v.

FORTES, Simone Barbisan; PAULSEN, Leandro. *Direito da seguridade social. Prestações e custeio da previdência, assistência e saúde*. Porto Alegre: Livraria do Advogado, 2005.

FURQUIM, Maria Célia de Araújo. *Nem empregado, nem autônomo*: parassubordinado. São Paulo: LTr, 2013.

GAGLIANO, Pablo Stolze; PAMPLONA FILHO, Rodolfo. *Novo curso de direito civil. Contratos em espécie*. 4. ed. 2. tir. São Paulo: LTr, 2011, v. IV, t.2.

GARATTONI, Marina. Subordinazione, parasubordinazione e collaborazione coordinata e continuativa. In: ALLEVA, Piergiovanni; GHEZZI, Giorgio. (Org.) *Il Diritto del lavoro*. Roma: Ediesse, 2002, v. 2, 16 v.

GARCIA, Manuel Alonso. *Curso de derecho del trabajo*. 3. ed. Barcelona: Ariel, 1971.

GENRO, Tarso Fernando. *Curso de direito individual*. 2. ed. Porto Alegre: LTr, 1994.

_____. Uma Reflexão sobre a Igualdade Jurídica. Uma Reflexão sobre a Igualdade Jurídica. *Revista Justiça do Trabalho*, Porto Alegre, HS, n. 200, p. 8, ago. 2000.

GIGLIO, Wagner. *A conciliação nos dissídios individuais do trabalho*. 2. ed. Porto Alegre: Síntese, 1997.

GOMES, Fábio Rodrigues. *Direito fundamental ao trabalho. Perspectivas histórica, filosófica e dogmático-analítica*. Rio de Janeiro: Lumen Juris, 2008.

GOMES, Orlando. *Questões de direito do trabalho*. São Paulo: LTr, 1974.

GONÇALVES, Leandro Krebs. *Cadernos da Amatra IV*, Porto Alegre, HS, ano V, n. 14º, p. 41-54, nov. 2010.

_____. Parassubordinação: um novo debate sobre os limites da subordinação jurídica e da dependência econômica. In: Congresso Brasileiro de Direito do Trabalho da LTr, n. 51, 2011, São Paulo. *Jornal do Congresso*. São Paulo: LTr, 2011, p. 156-158. Disponível em: <http://www.ltr.com.br/web/jornal/direitodotrabalho.pdf>. Acesso em: 12 jan. 2012.

_____. A Teoria Marxista e a Evolução do Direito Social. *Revista Eletrônica do Tribunal Regional do Trabalho da 4ª Região*, Porto Alegre, n. 100, p. 112-120, jul. 2010. Disponível em: <http://www.trt4.jus.br/portal/portal/trt4/consultas/jurisprudencia/revistaeletronica>. Acesso em: 4 fev. 2011.

_____. Grupo Econômico: Tendências Atuais do Sistema Brasileiro. *Revista do Tribunal Regional do Trabalho da 4ª Região*, Porto Alegre, HS, n. 38, p. 117-139, anual, 2010.

GOULART, Rodrigo Fortunato. O Critério da Dependência Econômica no Direito Estrangeiro — Um Impedimento ao Desenvolvimento Econômico. In: Congresso Brasileiro de Direito do Trabalho da LTr, n. 49, 2009, São Paulo. *Jornal do Congresso*. São Paulo: LTr, 2009.

GRAU, Eros Roberto. *A ordem econômica na Constituição de 1988*. 14. ed. São Paulo: Malheiros, 2010.

GUIMARÃES, José Ribeiro Soares. *Perfil do trabalho decente no Brasil*: um olhar sobre as Unidades da Federação. Brasília: OIT, 2012.

GURGEL, Yara Maria Pereira. *Direitos humanos, princípio da igualdade e não discriminação. Sua aplicação às relações de trabalho*. São Paulo: LTr, 2010.

GUSMÃO, Paulo Dourado de. *Introdução ao estudo do direito*. 15. ed. Rio de Janeiro: Forense, 1992.

HOBSBAWN, Eric. *Era dos extremos. O breve século XX. 1914-1991*. Tradução de Marco Santarrita. 2. ed. 42ª reimp. São Paulo: Companhia das Letras, 2010.

_____. *Mundos do trabalho*. Tradução de Waldea Barcellos e Sandra Bedran. 5. ed. São Paulo: Paz e Terra, 2008.

HOLMES, Stephen; SUNSTEIN, Cass R. *The cost of rights. Why liberty depends on taxes*. New York: W. W. Norton & Company, 2000.

HOUAISS, Antonio; VILLAR, Mauro de Salles. *Dicionário Houaiss da língua portuguesa*. Rio de Janeiro: Objetiva, 2009.

_____. *Dicionário Houaiss*: sinônimos e antônimos. 2. ed. São Paulo: Publifolha, 2008.

HUNT, Lynn. *A invenção dos direitos humanos. Uma História*. Tradução de Rosaura Eichenberg. São Paulo: Companhia das Letras, 2009.

HUSEK, Carlos Roberto. *Curso básico de direito internacional público e privado do trabalho*. 2. ed. São Paulo: LTr, 2011.

IBRAHIM, Fábio Zambitte. *Curso de direito previdenciário*. 17. ed. Rio de Janeiro: Impetus, 2012.

INWOOD, Michael. *Dicionário Hegel*. Rio de Janeiro: Jorge Zahar Editor, 1997.

JEAMMAUD, Antoine. L'assimilation de franchisés aux salariés. *Droit Social*, Paris, n. 2, p. 158, févr. 2002.

_____. L'avenir sauvegardé de la qualification de contrat de travail. À propôs de l'arrêt *Labbane*. *Droit Social*, Paris, n. 3, p. 227-236, mars. 2001.

JORNAL Correio do Povo. Porto Alegre-RS.

JORNAL Zero Hora. Porto Alegre-RS.

KASPARY, Adalberto J. *Nova ortogrtafia integrada*: o que continuou + o que mudou = como ficou. Porto Alegre: Edita, 2011.

KATZ, Michael L; ROSEN, Harvey S. *Microenomics*. 3. ed. Boston: Irwin/McGraw-Hill, 1998.

KELLER, Werner. *O direito ao trabalho como direito fundamental. Instrumentos de efetividade*. São Paulo: LTr, 2011.

KELSEN, Hans. *Teoria pura do direito*. 6. ed. 2. tir. São Paulo: Martins Fontes, 1999.

KERTZMAN, Ivan. *A desoneração da folha de pagamento*. São Paulo: LTr, 2012.

_____. *A seguridade social na Constituição Federal*. 10. ed. Salvador: Juspodivm, 2013.

LEDUR, José Felipe. A Constituição de 1988 e seu Sistema Especial de Direitos Fundamentais do Trabalho. *Revista do TST*, Brasília, 2011. v. 77. p. 154-181. Disponível em: <http://www.tst.jus.br/web/biblioteca/2011-vol.-77/-/document_library_display/D3yj/view/2684887/12559>. Acesso em: 17 mar. 2014.

_____. *A realização do direito do trabalho*. Porto Alegre: Sérgio Antônio Fabris Editor, 1998.

_____. *Os 25 anos da Constituição Federal*. Disponível em: <http://www.trt4.jus.br/portal/portal/trt4/comunicacao/noticia/info/NoticiaWindow?cod=782062&action=2&destaque=false&filtros=>.

LEITE, Carlos Henrique Bezerra. *Constituição e direitos sociais dos trabalhadores*. São Paulo: LTr, 1997.

_____. *Direitos humanos*. 2. ed. Rio de Janeiro: Lumen Juris, 2011.

LIMA. Firmino Alves. *Teoria da discriminação nas relações de trabalho*. Rio de Janeiro: Elsevier, 2011.

LIPSEY, Richard G. *Introdução à economia positiva*. Tradução de Maria Imilda da Costa e Silva e Luiz Fernando Zoratto Sanvivente. São Paulo: Martins Fontes, 1986.

LOPES, Ana Maria D'Ávila Lopes. *Os direitos fundamentais como limites ao poder de legislar*. Porto Alegre: Sergio Antonio Fabris Editor, 2001.

LUÑO, Antonio E. Perez. *Los derechos fundamentales. Temas clave de la Constitucion Española*. 9. ed. Madrid: Tecnos, 2007.

LYON-CAEN, Gérard. *Droit Social International et Européen*. 4. ed. Paris: Dalloz, 1976.

MAGANO, Octavio Bueno. *Manual de direito do trabalho* — direito coletivo de trabalho. v. III. São Paulo: LTr, 1984.

MAIOR, Jorge Luiz Souto Maior. *Curso de direito do trabalho* — a relação de emprego. São Paulo: LTr, 2008, v. II.

_____. *Relação de emprego & direito do trabalho*. São Paulo: LTr, 2007.

_____. A Supersubordinação — Invertendo a lógica do jogo. *Cadernos da Amatra IV*, ano III, n. 9º, Porto Alegre, HS, p. 64-102, out./dez. 2008.

MALUF, Sahid. *Teoria geral do Estado*. 21. ed. São Paulo: Saraiva, 1991.

MANNRICH, Nelson. *Modernização do contrato de trabalho*. São Paulo: LTr, 1998.

_____. (Coord.) *Reforma do mercado de trabalho. A experiência italiana*. São Paulo: LTr, 2010.

MARANHÃO, Délio; CARVALHO, Luiz Inácio B. *Direito do trabalho*. 17. ed. Rio de Janeiro: Fundação Getúlio Vargas, 1993.

MARCHI, Eduardo C. Silveira. *Guia de metodologia jurídica*. 2. ed. São Paulo: Saraiva, 2009.

MARECOS, Diogo Vaz. *Código do trabalho anotado*. Coimbra: Coimbra, 2010.

MARQUES, Rafael da Silva. *Valor social do trabalho na ordem econômica, na Constituição Brasileira de 1988*. São Paulo: LTr, 2007.

MARRAS, Jean Pierre. *Capital e Trabalho. O desafio da gestão estratégica de pessoas no século XXI*. São Paulo: Futura, 2008.

MARTINEZ, Wladimir Novaes. *Princípios de Direito Previdenciário*. 4. ed. São Paulo: LTr, 2001.

MARTINS, Sérgio Pinto. *Direito do trabalho*. 11. ed. São Paulo: Atlas, 2000.

_____. *Direito da seguridade social. Custeio da seguridade social — Benefícios — Acidente do trabalho — Assistência social — Saúde*. 32. ed. São Paulo: Atlas, 2012.

_____. *Comentários à CLT*. 12. ed. São Paulo: Atlas, 2008.

_____. *Manual do FGTS*. 4. ed. São Paulo: Atlas, 2010.

MEIRELES, Edílton. *O novo código civil e o direito do trabalho*. 2. ed. São Paulo: LTr, 2003.

MELLO, Sérgio Renato de. *Comentário e interpretação da Lei Previdenciária no Regime Geral da Previdência Social*. São Paulo: LTr, 2013, v. II.

MOCHÓN, Francisco. *Princípio de economia*. Tradução de Thelma Guimarães. São Paulo: Prentice Hall, 2007.

MONTESSO, Cláudio José; FREITAS, Marco Antônio de; STERN, Maria de Fátima Coêlho Borges Stern (Coords.). *Direitos sociais na Constituição de 1988. Uma análise crítica vinte anos depois*. São Paulo: LTr, 2008

MORAES, Antônio Carlos Flores de; MORAES FILHO, Evaristo de. *Introdução ao direito do trabalho*. 9. ed. São Paulo: LTr, 2003.

MORAES, Maria Celina Bodin de. *O princípio da solidariedade*. Disponível em: <http://www.idcivil.com.br/pdf/biblioteca9.pdf>. Acesso em: 6 set. 2010.

MORETTO, Amílton José. *Debates contemporâneos, economia social e do trabalho, 6. O sistema público de emprego no Brasil*: uma construção inacabada. Debates Contemporâneos. São Paulo: LTr, 2009.

MURARI, Marlon Marcelo. *Limites constitucionais ao poder de direção do empregador e os direitos fundamentais do empregado*. São Paulo: LTr, 2008.

NASCIMENTO, Amauri Mascaro. *Curso de direito do trabalho*. 25. ed. São Paulo: Saraiva, 2010.

_____. *Direito contemporâneo do trabalho*. São Paulo: Saraiva, 2011.

_____; SILVESTRE, Rita Maria (Coord.). *Os novos paradigmas do direito do trabalho (homenagem a Valentim Carrion)*. São Paulo: Saraiva, 2001.

_____. *O salário*. Edição Fac-similada. São Paulo: LTr, 1996.

NETTO, Antônio Delfim (Coord.). *O Brasil do século XXI*. São Paulo: Saraiva, 2011, v. 1.

NONOHAY, Daniel Souza de. Relação de Consumo como Discriminante da Competência da Justiça do Trabalho. *Cadernos da Amatra IV*, Porto Alegre, HS, ano IV, n. 11º, p. 09-13, abr./jun. 2009.

NUNES, Luiz Antônio Rizzatto. *Manuel da monografia jurídica*. 2. ed. São Paulo: Saraiva, 1999.

NUNES, Pedro. *Dicionário de tecnologia jurídica*. 12. ed. Rio de Janeiro: Livraria Freitas Bastos, 1993.

OLEA, Manuel Alonso. *Introdução ao direito do trabalho*. 4. ed. Tradução de Carlos Alberto Barata Silva, em colaboração com Darci Rodrigues de Oliveira Santana. São Paulo: LTr, 1984.

PANADERO, Purificación Morgado. (Coord.). *Trabajo autónomo e igualdad*: reflexiones desde el derecho del trabajo. Aranzadi: Cizur Menor, 2010.

PARKIN, Michael. *Economia*. Tradução de Cristina Yamagami. 8. ed. São Paulo: Addison Wesley, 2009.

PASTORE, José. *Flexibilização dos mercados de trabalho e contratação coletiva*. 2. tir. São Paulo: LTr, 1995.

_____. *A modernização das instituições do trabalho*: encargos sociais, reforma trabalhista e sindical. São Paulo: LTr, 2005.

_____. *As mudanças no mundo do trabalho*. São Paulo: LTr, 2006.

PAULA, Carlos Alberto Reis de. *A especificidade do ônus da prova no processo do trabalho*. São Paulo: LTr, 2001.

PAULSEN, Leandro. *Curso de direito tributário completo*. 4. ed. Livraria do Advogado: Porto Alegre, 2012.

PEDERSINI, Roberto. *Travailleurs économiquement dépendants, droit du travail et relations industrielles*. Disponível em: <http://www.eurofound.europa.eu/eiro/2002/05/study/tn0205102s.htm>. Acesso em: 25 mar. 2011.

PINTO, José Augusto Rodrigues. *Direito sindical e coletivo do trabalho*. São Paulo: LTr, 1998.

PIOVESAN, Flávia. Direitos humanos e o trabalho. *Revista da Amatra II*, São Paulo, ano IV, n. 10, dez. 2003.

PITT, Gwyneth. *Employment law*. 8. ed. London: Sweet & Maxwell, 2011.

PONTES, Alan Oliveira. *O princípio da solidariedade social na interpretação do direito da seguridade social*. Dissertação (Mestrado em Direito do Trabalho), Faculdade de Direito da Universidade de São Paulo. São Paulo, 2006. 227 f. Disponível em: <http://www.teses.usp.br/teses/disponiveis/2/2138/tde-19052010-110621/>. Acesso em: 6 set. 2010.

PORTO, Lorena Vasconcelos. *A subordinação no contrato de trabalho. Uma releitura necessária*. São Paulo: LTr, 2009.

PORTO, Noêmia. *O trabalho como categoria constitucional de inclusão*. São Paulo: LTr, 2013.

PRADO, Ney. *Economia informal e o direito do Brasil*. São Paulo: LTr, 1991.

RAMALHO, Maria do Rosário Palma. *Direito do trabalho. Parte I* — dogmática geral. 2. ed. Coimbra: Almedina, 2009.

_____. *Direito do trabalho. Parte II* — situações laborais individuais. 3. ed. Coimbra: Almedina, 2010.

REIS, Jair Teixeira dos. *FGTS. Cálculo, recolhimento, parcelamento e fiscalização*. São Paulo: LTr, 2013.

RENAULT, Luiz Otávio Linhares; CANTELLI, Paula Oliveira; PORTO, Lorena Vasconcelos; NIGRI, Fernanda (Coords.). *Parassubordinação*. São Paulo: LTr, 2011.

REVISTA Eletrônica Direito e Política. Itajaí, v. 1, n. 1, 3º quadrimestre de 2006. Disponível em: <http://www.univali.br/direitoepolitica>. Acesso em: 6 set. 2010.

REVISTA do Ministério Público do Rio Grande do Sul. Os Desafios dos Direitos Sociais. MELLO, Cláudio Ari (Coord.), Porto Alegre, Livraria do Advogado, n. 56, set./dez. 2005.

RIGAUX, Marc. *Droit du travail ou droit de la concurrence sociale? Essai sur um droit de la dignité de l'Homme au travail (re)mis em cause*. Bruxelles: Bruylant, 2009.

ROCHA, Daniel Machado da; BALTAZAR JÚNIOR, José Paulo. *Comentários à Lei de Benefícios da Previdência Social*. 11. ed. Porto Alegre: Livraria do Advogado, 2012.

RODRIGUES, Aluisio (Coord.). *Direito constitucional do trabalho*. São Paulo: LTr, 1997.

RODRIGUEZ, Américo Plá. *Princípios de direito do trabalho*. São Paulo: LTr, 1997.

_____. *Curso de derecho laboral*. Montevideo: Idea, 1990, t. I, v. I.

_____. *Estudos sobre as fontes do direito do trabalho* — grupo das quartas-feiras. São Paulo: LTr, 1998.

SAAD, Eduardo Gabriel. *Comentários à Lei do Fundo de Garantia do Tempo de Serviço*. 3. ed. São Paulo: LTr, 1995.

SANSEVERINO, Paulo de Tarso. *Princípio da reparação integral. Indenização no Código Civil*. São Paulo: Saraiva, 2010.

_____. *Princípios de direito do trabalho*. 5. tir. São Paulo: LTr, 1997.

SANTORO PASSARELLI, Giuseppe. *Il lavoro parasubordinato*. Milano: Franco Angeli, 1979.

_____. *Flessibilità e diritto del lavoro*. Giappichelli, 1997.

SANTOS, Anselmo Luís dos. *Debates contemporâneos, economia social e do trabalho, 9. Trabalho em pequenos negócios no Brasil. Debates contemporâneos*. São Paulo: LTr, 2013.

SANTOS JÚNIOR, Rubens Fernando Clamer dos. *A eficácia dos direitos fundamentais dos trabalhadores*. São Paulo: LTr, 2010.

SARLET, Ingo Wolfgang. *Dignidade da pessoa humana e direitos fundamentais na Constituição Federal de 1988*. Porto Alegre: Livraria do Advogado, 2001.

_____. *A eficácia dos direitos fundamentais*. 7. ed. Porto Alegre: Livraria do Advogado, 2007.

SCHIAVI, Mauro. *Competência material da justiça do trabalho brasileira*. São Paulo: LTr, 2007.

SCHWARZ, Rodrigo Garcia. Autônomo (Org.). *Dicionário de Direito do Trabalho, de Direito Processual do Trabalho e de Direito Previdenciário Aplicado ao Direito do Trabalho*. São Paulo: LTr, 2012.

_____. A Política Europeia de Emprego e a Ideia de "Flexisegurança" — Um Caminho para a "Modernização" do Direito do Trabalho? A Política Europeia de Emprego e a Ideia de "Flexisegurança" — Um Caminho para a "Modernização" do Direito do Trabalho? *Revista LTr*, São Paulo, LTr, ano 74, n. 1, jan. 2010.

SÉGUIN, Elida; FIGUEIREDO, Guilherme José Purvin de (Coord.) *Meio ambiente do trabalho*. Rio de Janeiro: Verde, 2010.

SEN, Amartya. *Desenvolvimento como liberdade*. São Paulo: Companhia das Letras, 2009.

_____. *Ações de reparação por danos morais decorrentes da relação de trabalho*. 2. ed. São Paulo: LTr, 2008.

SENNA, Luiz Afonso dos Santos. *Economia e planejamento dos transportes*. Rio de Janeiro: Elsevier, 2014.

SEVERINO, Antônio Joaquim. *Metodologia do trabalho científico*. 23. ed. 7. reimp. São Paulo: Cortez, 2007.

SILVA, Carlos Alberto Barata. *Compêndio de direito do trabalho. Parte geral e contrato individual do trabalho*. 2. ed. São Paulo: LTr, 1977.

SILVA, Homero Batista Mateus da. *Curso de direito do trabalho aplicado. Parte geral.* Rio de Janeiro: Elsevier, 2009, v. 1, 10 v.

SILVA, José Afonso da. *Curso de direito constitucional positivo.* 19. ed. São Paulo: Malheiros Editores, 2001.

SILVA, Otávio Pinto e. *Subordinação, autonomia e parassubordinação nas relações de trabalho.* São Paulo: LTr, 2004.

SILVESTRE, Rita Maria; NASCIMENTO, Amauri Mascaro (Coord.). *Os novos paradigmas do direito do trabalho (homenagem a Valentim Carrion).* São Paulo: Saraiva, 2001.

SINGER, Paul Israel. *Economia política do trabalho*: elementos para uma análise histórico-cultural do emprego e da força de trabalho no desenvolvimento capitalista. São Paulo: HUCITEC, 1977.

SMITH, Adam. *Investigação sobre a natureza e as causas da riqueza das nações.* Série Os Pensadores. Tradução de Conceição Jardim Maria do Carmo Cary e Eduardo Lúcio Nogueira. 3. ed. São Paulo: Abril, 1984.

SOARES FILHO, José. *A proteção da relação de emprego. Análise crítica em face das normas da OIT e da legislação nacional.* São Paulo: LTr, 2002

SUPIOT, Alain. *Beyond Employment. Changes in Work and the Future of Labour Law in Europe.* New York: Oxford, 2005.

_____.*Critique du droit du travail.* 2. ed. Paris: Quadrige, 2007.

_____. *Derecho del trabajo.* Traducido por Patricia Rubini-Blanco. Buenos Aires: Heliasta, 2008.

_____. *L'esprit de Philadelphie. La justice sociale face au marche total.* Paris: Seuil, 2010.

_____. Les nouveaux visages de la subordination. *Droit Social*, Paris, n. 2, p. 131-145, févr. 2000.

SÜSSEKIND, Arnaldo. *Curso de direito do trabalho.* 3. ed. Rio de Janeiro: Renovar, 2010.

_____. *Direito constitucional do trabalho.* 2. ed. Rio de Janeiro: Renovar, 2001.

_____. *Direito internacional do trabalho.* 2. ed. São Paulo: LTr, 1987.

_____; MARANHÃO, Délio; VIANNA, Segadas; TEIXEIRA, Lima. *Instituições de direito do trabalho.* 14 e 22. ed. São Paulo: LTr, 1993 e 2005.

SCHWARZ, Rodrigo Garcia. (Org.). *Dicionário de Direito do Trabalho, de Direito Processual do Trabalho e de Direito Previdenciário Aplicado ao Direito do Trabalho).* São Paulo: LTr, 2012.

SWIQTKOWSKI, Andrzej Marian. *Carta de los derechos sociales europeos.* Buenos Aires: Eduntref, 2007.

SOARES FILHO, José. *A proteção da relação de emprego. Análise crítica em face das normas da OIT e da Legislação Nacional.* São Paulo: LTr, 2002

TEIXEIRA FILHO, João de Lima (Coord.). *Relações coletivas de trabalho* — estudo em homenagem ao Ministro Arnaldo Süssekind. São Paulo: LTr, 1989.

TEIXEIRA FILHO, Manoel Antonio. *Breves comentários à reforma do poder judiciário.* São Paulo: LTr, 2005.

_____. *Curso de direito processual do trabalho.* v. I. Processo de conhecimento — 1. São Paulo: LTr, 2009.

TEKLÈ, Tzehainesh. *Labour Law and worker protection in development countries.* Geneva: Oxford, 2010.

TEPEDINO, Gustavo. *O Código Civil, os chamados microssistemas e Constituição*: premissas para uma reforma legislativa. Disponível em: <http://www.advbr.info/textos/direito_civil/biblioteca10.pdf>. Acesso em: 8 fev. 2011.

THOME, Candy Florêncio. A República de Weimar e os Movimentos Operários. *Caderno de Doutrina e Jurisprudência da Ematra XV*, Campinas, n. 5, p. 164, set./out. 2005.

URIARTE, Oscar Ermida. A Aplicação das Normas Internacionais. *Cadernos da Amatra IV*, Porto Alegre, HS, ano V, n. 13, p. 98-106, jun. 2010.

VALVERDE, Antonio Martín. *Derecho del trabajo*. Madrid: Editorial Tecnos, 2007.

VASCONCELLOS, Marco Antonio Sandoval de; GARCIA, Manuel Enriquez Garcia. *Fundamentos da economia*. 4. ed. São Paulo: Saraiva, 2008.

VERICEL, Marc. Le rétablissement de la presómption de non-salariat. *Droit Social*, Paris, n. 3, p. 297-300, mars. 2004.

VILLELA, Fábio Goulart. O Princípio Constitucional da Dignidade da Pessoa Humana no Direito do Trabalho. *Revista LTr*, São Paulo, LTr, ano 74, n. 1, jan. 2010.

VILHENA, Paulo Emílio Ribeiro de. *Relação de emprego* — estrutura legal e supostos. 2. ed. São Paulo: LTr, 1999.

ZAS, Oscar. La Interpretación y Aplicación de las Normas Internacionales de Derechos Humanos em Materia Laboral, com Especial Referencia al Ordenamiento Jurídico Argentino. *Cadernos da Amatra IV*, Porto Alegre, HS, ano V, n. 13, p. 107-130, jun. 2010.

ZYLBERSZTAJN, Décio; SZTAJN, Rachel (Org.). *Direito & economia. análise econômica do direito e das organizações*. 6. tir. Rio de Janeiro: Elsevier, 2005.

ZYLBERSZTAJN, Hélio. Reforma Trabalhista: oportunidade para reconhecer os diferentes mercados de trabalho. In: *Revista de Direito do Trabalho*, São Paulo, ano 31, n. 117, p. 89-103, jan./mar. 2005.

ENDEREÇOS NA INTERNET

http://www.advbr.info/textos/direito_civil/biblioteca10.pdf

http://www.archives.gov/exhibits/charters/constitution_transcript.html

http://www.archives.gov/exhibits/charters/declaration_transcript.html

http://www.archives.gov/exhibits/charters/virginia_declaration_of_rights.html

http://www.assemblee-nationale.fr/histoire/dudh/1789.asp

http://www.boe.es/aeboe/consultas/bases_datos/doc.php?id=BOE-A-2009-3673

http://www.brasilescola.com/historiag/revolucao-francesa-assembleia-nacional.htm

http://www.caixa.gov.br/fgts/conectividade_social_icp.asp

http://www.camera.it/parlam/leggi/03030l.htm

http://www.congreso.es/public_oficiales/L9/CONG/BOCG/A/A_055-12.PDF

http://www.conseil-constitutionnel.fr/conseil-constitutionnel/francais/la-constitution/les-constitutions-de-la-france/constitution-de-1848-iie-republique.5106.html

http://www.direct.gov.uk/en/Employment/Understandingyourworkstatus/Workersemployeesandselfemployment/DG_183998

http://www.direct.gov.uk/en/index.htm

http://www.direitoshumanos.usp.br/index.php/Sistema-Global.-Declara%C3%A7%C3%B5es-e-Tratados-Internacionais-de-Prote%C3%A7%C3%A3o/pacto-internacional-dos-direitos-economicos-sociais-e-culturais-1966.html

http://downloads.caixa.gov.br/_arquivos/fgts/conectividade_social/cns_icp_orientacoes_usuario.pdf

http://www12.senado.gov.br/noticias/materias/2014/05/28/senado-aprova-adicional-de-periculosidade-para-motoboys

http://www.eurofound.europa.eu/eiro/2002/05/study/tn0205102s.htm

http://www.fdc.br/Arquivos/Mestrado/Revistas/Revista08/Artigos/WesleyLousada.pdf

http://www.gddc.pt/direitos-humanos/textos-internacionais-dh/tidhregionais/conv-tratados-18-10-961-ets-35.html

http://g1.globo.com/economia/imposto-de-renda/2014/noticia/2014/04/deducao-de-empregado-domestico-no-ir-vai-so-ate-declaracao-de-2015.html

http://www.hottopos.com/vdletras3/vitoria.htm

http://www.idcivil.com.br/pdf/biblioteca9.pdf

http://www.ilo.org/ilolex/spanish/recdisp1.htm

http://www.ilo.org/wcmsp5/groups/public/---dgreports/---cabinet/documents/genericdocument/wcms_099768.pdf

https://infoeuropa.eurocid.pt/opac/?func=service&doc_library=CIE01&doc_number=000037605&line_number=0001&func_code=WEB-FULL&service_type=MEDIA

http://jus.com.br/artigos/19512/ativismo-judicial/5

http://www.lavoro.gov.it/NR/rdonlyres/ADF61963-C03C-4FDE-B8DD-1F5906942112/0/20030910_DLGS_276.pdf

http://www.legifrance.gouv.fr/affichCodeArticle.do;jsessionid=BF8FA9A272397538505284FD99270115.tpdjo07v_1?idArticle=LEGIARTI000006645878&cidTexte=LEGITEXT000006072050&dateTexte=20080430

http://www.legifrance.gouv.fr/affichCode.